ESTATUTO DO PESSOAL DIRIGENTE DOS SERVIÇOS E ORGANISMOS DA ADMINISTRAÇÃO PÚBLICA

ANOTADO

LEI Nº 2/2004, DE 15 DE JANEIRO

ESTATUTO DO PESSOAL DIRIGENTE DOS SERVIÇOS E ORGANISMOS DA ADMINISTRAÇÃO PÚBLICA *ANOTADO*

LEI Nº 2/2004, DE 15 DE JANEIRO

2023

Margarida Baptista

ALMEDINA

ESTATUTO DO PESSOAL DIRIGENTE DOS SERVIÇOS E ORGANISMOS DA ADMINISTRAÇÃO PÚBLICA *ANOTADO*

LEI Nº 2/2004, DE 15 DE JANEIRO

AUTORA
Margarida Baptista

EDITOR
EDIÇÕES ALMEDINA, S.A.
Avenida Emídio Navarro, 81, 3D
3000-151 Coimbra
Tel.: 239 851 904 · Fax: 239 851 901
www.almedina.net · editora@almedina.net

DESIGN DE CAPA
FBA.
CAPA: EDIÇÕES ALMEDINA, S.A.

PRÉ-IMPRESSÃO
EDIÇÕES ALMEDINA, SA
IMPRESSÃO E ACABAMENTO

Janeiro, 2023
DEPÓSITO LEGAL

....

ALMEDINA | GRUPOALMEDINA

BIBLIOTECA NACIONAL DE PORTUGAL – CATALOGAÇÃO NA PUBLICAÇÃO

PORTUGAL. Leis, decretos, etc.

Estatuto do pessoal dirigente dos serviços e organismos da administração pública anotado : Lei nº 2-2004, de 15 de Janeiro / Margarida Baptista. – 1ª ed. – (Legislação anotada)
ISBN 978-989-40-0960-3

I – BAPTISTA, Margarida

CDU 35.07

Aos meus amigos e colegas,
que constantemente me incentivam.

Aos meus pais.

ABREVIATURAS, SIGLAS E ACRÓNIMOS MAIS UTILIZADOS

AP	Administração Pública
CADAP	Curso de Alta Direção em Administração Pública
CAGEP	Curso Avançado de Gestão Pública
CC PGR	Conselho Consultivo da Procuradoria-Geral da República
Cf.	Conferir/conforme
CPA	Código do Procedimento Administrativo
CPTA	Código de Processo nos Tribunais Administrativos
CRP	Constituição da República Portuguesa
CRESAP	Comissão de Recrutamento e Seleção para a Administração Pública
DG	Diretor(a)-Geral
DGAEP	Direção-Geral da Administração e do Emprego Público
DL	Decreto-Lei
DR	Diário da República
ECD	Estatuto da Carreira Docente
EGP	Estatuto do Gestor Público
EMFA	Estatuto dos Militares das Forças Armadas
EPDAL	Estatuto do Pessoal Dirigente da Administração Local
EPDAP	Estatuto do Pessoal Dirigente da Administração Pública
EPE	Empresa Pública do Estado ou Entidade Empresarial do Estado
FORGEP	Programa de Formação em Gestão Pública
IG	Inspetor(a)-Geral
INA	Instituto Nacional de Administração, IP
IP	Instituto(s) Público(s)
LOE	Lei do Orçamento de Estado
LQIP	Lei-Quadro dos Institutos Públicos
LSI	Lei de Segurança Interna
LTFP	Lei Geral do Trabalho em Funções Públicas

LVCR	Lei dos Vínculos, Carreiras e Remunerações
MAI	Ministério da Administração Interna
MENAC	Mecanismo Nacional Anticorrupção
MNE	Ministério dos Negócios Estrangeiros
PGR	Procuradoria-Geral da República
QUAR	Quadro de Avaliação e Responsabilização
RAA	Região Autónoma dos Açores
RAM	Região Autónoma da Madeira
RCP	Regulamento das Custas Processuais
RCM	Resolução do Conselho de Ministros
RFPAP	Regime da Formação Profissional da Administração Pública
RGPC	Regime Geral de Prevenção da Corrupção
RI	Regulamento Interno
RJVP	Regime Jurídico da Valorização Profissional dos Trabalhadores com Vínculo de Emprego Público
RRCECE	Regime da Responsabilidade Civil Extracontratual do Estado e demais Entidades Públicas
SG	Secretário(a)-Geral
SGA	Secretário(a)-Geral Adjunto
SIADAP	Sistema integrado de Gestão e Avaliação do Desempenho na Administração Pública
SubDG	Subdiretor(a)-Geral
SubIG	Subinspetor(a)-Geral
TACL	Tribunal Administrativo de Círculo de Lisboa
TAF	Tribunal Administrativo e Fiscal
TCAN	Tribunal Central Administrativo Norte
TCAS	Tribunal Central Administrativo Sul
TR	Tribunal da Relação
SPA	Setor Público Administrativo
STA	Supremo Tribunal Administrativo
Vd.	*Vide*/ver
V.g.	*Verbi gratia*

NOTAS PRÉVIAS

As notas que ora se apresentam ao Estatuto do Pessoal Dirigente dos Serviços e Organismos da Administração Pública (ou, mais sinteticamente, Estatuto do Pessoal Dirigente da Administração Pública), aprovado pela Lei nº 2/2004, de 15 de janeiro, e que já foi objeto de várias alterações, consubstanciam o que se deseja serem contributos para auxiliar na leitura, interpretação e aplicação prática das diversas normas que compõem o citado regime jurídico.

Não se pretendeu elaborar uma obra de cariz teórico-doutrinal, mas apenas referenciar, no tocante a cada um dos artigos daquele estatuto, elementos que auxiliem na interpretação do mesmo e na conexão com outros dispositivos normativos, em ordem a encontrar mais celeremente respostas a questões concretas que possam surgir no quotidiano laboral de um jurista solicitado a emitir pareceres, informações, ou peças processuais, no âmbito de procedimentos graciosos ou contenciosos, em que se aborde matéria conexa com o regime jurídico referente ao pessoal dirigente da Administração Pública.

No fundo, estas notas ao Estatuto do Pessoal Dirigente dos Serviços e Organismos da Administração Pública resultam de pesquisas e estudos anteriormente realizados pela autora com vista à preparação de diversas peças jurídicas, seja em procedimentos administrativos graciosos, seja em sede de contencioso administrativo, consubstanciando um repositório de elementos de natureza jurídico-normativa, doutrinal e jurisprudencial, no qual se procurou organizar e consolidar conhecimentos e experiência adquiridos. Acredita-se, no entanto, que este repositório poderá também auxiliar no trabalho de outros juristas que com esta matéria lidam no exercício da sua atividade profissional.

Grande parte das notas apresentadas em cada um dos artigos do Estatuto do Pessoal Dirigente da Administração Pública assenta numa interpretação das respetivas normas, chamando à colação outras diplomas legais que com aquelas têm conexão. Em alguns casos, optou-se por se referenciar alguma doutrina atinente, não só do foro administrativo, mas também civil, penal e de responsabilidade financeira.

A final, apresenta-se uma bibliografia na qual se indicam as várias obras doutrinais que serviram de alicerce a este trabalho, mas também uma resenha dos mais importantes diplomas legais consultados e utilizados nas notas e, ainda, a referência a diversos sítios eletrónicos que foram consultados e que, estando em permanente atualização, permitirão pesquisas futuras sobre a temática deste trabalho.

Espera-se, desde modo, que este Estatuto do Pessoal Dirigente dos Serviços e Organismos da Administração Pública anotado seja um auxiliar na vida profissional de todos os juristas que, quotidiana ou habitualmente, atuam na área do direito administrativo ou que venham, ainda que pontualmente, a intervir na mesma.

Outubro 2022

Margarida Baptista

Estatuto do Pessoal Dirigente dos Serviços e Organismos da Administração Pública

Aprovado pela Lei nº 2/2004, de 15 de janeiro

Alterações introduzidas no diploma:
- Lei nº 128/2015, de 03 de setembro;
- Lei nº 68/2013, de 29 de agosto;
- Lei nº 64/2011, de 22 de dezembro;
- Lei nº 3-B/2010, de 28 de abril;
- Lei nº 64-A/2008, de 31 de dezembro;
- Lei nº 51/2005, de 30 de agosto.

A Assembleia da República decreta, nos termos da alínea c) do artigo 161º da Constituição, para valer como lei geral da República, o seguinte:

CAPÍTULO I
Princípios gerais

SECÇÃO I
Objeto e âmbito de aplicação

ARTIGO 1º
Objeto e âmbito

1 – A presente lei estabelece o estatuto do pessoal dirigente dos serviços e órgãos da administração central, local e regional do Estado.

2 – A presente lei é aplicável aos institutos públicos, salvo no que respeita às matérias específicas reguladas pela respetiva lei-quadro.

3 – A aplicação do regime previsto na presente lei nas Regiões Autónomas dos Açores e da Madeira não prejudica a publicação de diploma legislativo regional que o adapte às especificidades orgânicas do pessoal dirigente da respetiva administração regional.

4 – A presente lei será aplicada, com as necessárias adaptações, à administração local mediante decreto-lei.

5 – A presente lei não se aplica aos cargos dirigentes:

a) Dos órgãos e serviços de apoio ao Presidente da República, à Assembleia da República e aos tribunais;

b) Das Forças Armadas, das forças e serviços de segurança e dos órgãos públicos que exercem funções de segurança interna, nos termos definidos pela Lei de Segurança Interna, bem como do Sistema de Informações da República Portuguesa, do Gabinete Nacional de Segurança e do serviço que tenha por missão assegurar a gestão do sistema prisional;

c) Dos órgãos de gestão dos estabelecimentos de ensino;

d) Dos órgãos de gestão dos estabelecimentos do sector público administrativo de saúde;

e) Do Ministério dos Negócios Estrangeiros que, por força de disposição legal própria, tenham de ser providos por pessoal da carreira diplomática ou para cujo provimento tenha sido escolhido pessoal da mesma carreira ou que sejam exercidos nos serviços externos;

f) Integrados em carreiras.

6 – Os titulares dos cargos de direção superior dos serviços e organismos do Ministério da Justiça que devam ser providos por magistrados judiciais ou por magistrados do Ministério Público são designados por despacho do membro do Governo responsável pela área da justiça.

7 – O titular do cargo de direção superior de 1º grau da Autoridade Nacional de Proteção Civil quando provido por oficial das Forças Armadas ou das forças de segurança, assim como os titulares dos cargos de direção superior dos serviços e organismos do Ministério da Administração Interna quando, nos termos dos respetivos diplomas orgânicos ou estatutários que expressamente o permitam, sejam efetivamente providos por magistrados judiciais ou por magistrados

do Ministério Público, são designados por despacho do membro do Governo responsável pela área da administração interna.

8 – As designações realizadas nos termos do nº 6 e do número anterior operam sem necessidade de recurso a procedimento concursal, em regime de comissão de serviço, por um período de três anos, renovável por igual período, aplicando-se, com as necessárias adaptações, o disposto nos artigos 18º e 19º da presente lei.

Contém as alterações introduzidas pelos seguintes diplomas:
- Lei nº 51/2005, de 30/08;
- Lei nº 64/2011, de 22/12;
- Lei nº 68/2013, de 29/08.

nº 1

1. Os serviços e organismos da Administração Pública são dirigidos por órgãos, individuais ou coletivos, com competências próprias atribuídas por lei.

Em regra, a direção e gestão desses serviços e organismos, assim como das respetivas unidades, é feita por pessoal ao qual se aplica um estatuto próprio, o Estatuto do Pessoal Dirigente da Administração Pública (EPDAP), salvaguardando-se, no caso dos institutos públicos, a que *infra* nos referiremos, as matérias específicas reguladas pela respetiva lei-quadro.

O atual Estatuto do Pessoal Dirigente dos Serviços e Dirigentes da Administração Pública, aprovado pela Lei nº 2/2004, de 15 de janeiro, iniciou a sua vigência a 1 de fevereiro de 2004 (cf. artigo 39º), tendo, até ao presente, sofrido alterações introduzidas pelas Leis nºs 51/2005, de 30 de agosto, 64-A/2008, de 31 de dezembro, 3-B/2010, de 28 de abril, 64/2011, de 22 de dezembro, 68/2013, de 29 de agosto, e 128/2015, de 3 de setembro.

Uma primeira regulamentação, embora parcial, do regime do pessoal dirigente da Administração Pública, após o 25 de Abril de 1974, ocorreu com a publicação do Decreto-Lei (DL) nº 191-F/79, de 26 de junho, o qual não assumiu, porém, a natureza de um verdadeiro estatuto. O primeiro designado estatuto pessoal dirigente dos serviços e organismos da administração central, local do Estado e regional e, com as necessárias adaptações, dos institutos públicos que revestissem a natureza de serviços personalizados ou de fundos públicos, foi aprovado pelo DL nº 323/89, de 26 de setembro, que revogou o diploma de 1979 e outros diplomas que regulavam outras matérias concernentes ao pessoal dirigente da Administração Pública. Tal diploma, por seu turno, foi revogado pela Lei nº 49/99, de 22 de junho, que aprovou um novo estatuto do indicado pessoal dirigente. O regime estabelecido por esta lei foi revogado pela Lei nº 2/2004, de 15 de janeiro, ora em anotação (cf. artigo 38º).

2. O EPDAP aplica-se:

a) Aos/Às dirigentes dos serviços e órgãos da administração direta do Estado;
b) Aos/Às dirigentes dos institutos públicos, salvo no que respeita às matérias específicas reguladas respetiva lei-quadro;
c) Aos/Às dirigentes das Regiões Autónomas dos Açores e da Madeira, sem prejuízo de adaptação mediante diploma legislativo regional;
d) Aos/Às dirigentes da Administração local, mediante diploma de adaptação.

nº 2

3. Os institutos públicos (IP) revestem a natureza de pessoas coletivas de direito público, dotadas de órgãos e património próprio. Regem-se, primacialmente, pela Lei-Quadro dos Institutos Públicos (LQIP), aprovada pela Lei nº 3/2004, de 15 de janeiro[1], cujas normas são de aplicação imperativa e prevalecem sobre as normas especiais em vigor, salvo exceção expressamente enunciada na mesma lei (artigo 1º, nº1 da LQIP).

Os IP integram a administração direta do Estado e das Regiões Autónomas.

São também IP públicos, para efeitos da LQIP e independentemente da respetiva designação, os serviços personalizados e fundos personalizados (como as fundações públicas) do Estado e das regiões autónomas. Por seu turno, não se encontram abrangidos pela LQIP quer as entidades públicas empresariais, quer as sociedades e as associações criadas como pessoas de direito privado pelo Estado, regiões autónomas ou autarquias locais, entidades essas regidas por diplomas específicos (artigo 3º da LQIP).

Além das normas constantes da lei-quadro respetiva, os IP regem-se também pela demais legislação aplicável às pessoas coletivas públicas, em geral, e aos institutos públicos, em especial, bem como pelos respetivos esta-

[1] A LQIP foi, entretanto, objeto de várias alterações – *vide* a referência a este diploma em sede de bibliografia.

tutos e regulamentos internos. No nº 2 do artigo 6º da LQIP, enunciam-se, a título exemplificativo, alguns dos regimes normativos aplicáveis às pessoas coletivas públicas, que são aplicáveis aos IP.

Gozam de regime especial, com derrogação do regime comum previsto na lei-quadro, na estrita medida necessária a acautelar as suas especificidades, as universidades e escolas de ensino superior politécnico, as instituições públicas de solidariedade e segurança social, os estabelecimentos do Serviço Nacional de Saúde, e ainda, os IP enunciados especificamente no nº 3 do artigo 48º da LQIP.

Os IP de regime comum têm como órgão de direção o modelo de conselho diretivo, órgão que, em geral, é composto por um presidente e até dois vogais, podendo ainda ter um vice-presidente[2].

Os membros do conselho diretivo são designados por despacho do membro do Governo da tutela, na sequência de procedimento concursal, aos quais se aplicam, com as necessárias adaptações, as regras de recrutamento, seleção e provimento nos cargos de direção superior da Administração Pública previstos no EPDAP. O despacho de designação necessita ser devidamente fundamentado e é publicado no Diário da República, juntamente com uma nota relativa ao currículo académico e profissional do designado. O mandato dos membros do conselho diretivo do IP tem a duração de cinco anos, podendo ser renovado uma vez por igual período (com interesse, *vide* artigos 17º e seguintes da LQIP).

Os membros do conselho diretivo são solidariamente responsáveis pelos atos praticados no exercício das suas funções, sendo-lhe aplicado o regime definido na LQIP e, a título subsidiário, o EPDAP.

O presidente do conselho diretivo é remunerado nos termos fixados para o cargo de direção superior de 1º grau da Administração Pública, enquanto que o vice-presidente e os vogais do mesmo conselho diretivo são remunerados de acordo com os montantes fixados para o cargo de direção superior de 2º grau da Administração Pública.

Aos membros do conselho diretivo é aplicável o regime previsto no Decreto-Lei nº 148/2000, de 19 de julho (regime de pagamento de custas e de patrocínio judiciário dos membros do Governo e dos altos dirigentes

[2] Como exceções concretas podemos citar o Estádio Universitário de Lisboa, IP, e o Centro Científico e Cultural de Macau, IP, cujo órgão de direção é um presidente, qualificado como cargo de direção superior de primeiro grau (artigo 48º, nº 5, da LQIP).

da Administração Pública quando demandados em virtude do exercício das suas funções), e no Decreto-Lei nº 34/2008, de 26 de fevereiro (Regulamento das Custas Processuais)[3] – cf. artigos 24º e 25º da LQIP.

nº 3

4. Nos termos do nº 3 do artigo em anotação, não obstante o EPDAP ser aplicável nas regiões autónomas, tal não impede que cada uma dessas regiões aprove diploma legislativo regional que adapte aquele às especificidades orgânicas do pessoal dirigente da respetiva administração regional.

Na Região Autónoma da Madeira (RAM), essa adaptação foi realizada através do Decreto Legislativo Regional nº 5/2004/M, de 22 de abril, nomeadamente no que tange às matérias das competências do pessoal dirigente (artigo 3º), regras relativas ao seu provimento (artigo 5º), bem como adaptações de natureza orgânica de acordo com as especificidades existentes nesse domínio nessa administração regional (v.g., artigos 3º e 10º).

O regime contido no citado diploma legislativo regional aplica-se a todos os serviços da administração RAM, incluindo institutos públicos e fundos públicos personalizados cujo pessoal dirigente se encontre sujeito ao regime de prestação de trabalho em funções públicas[4].

Na Região Autónoma dos Açores (RAA), através do Decreto Legislativo Regional nº 2/2005/A, de 9 de maio, foi aprovado o Estatuto do pessoal dirigente dos serviços e organismos da administração regional, o qual acolheu as particularidades da organização administrativa respetiva no que respeita à correspondência das atribuições e designações dos departamentos regionais e dos respetivos titulares (artigo 2º), ao desenvolvimento de

[3] *Vide* notas ao artigo 33º do EPDAP.

[4] No nº 2 do artigo 1º do Decreto Legislativo Regional nº 5/2004/M, de 22 de abril, alude-se ao pessoal dirigente que "se encontre sujeito ao regime da função pública". Dadas as alterações de nomenclatura introduzidas pela Lei nº 12/2008, de 27 de fevereiro (vulgo LVCR) e pela Lei Geral do Trabalho em Funções Públicas (LTFP), aprovada em anexo à Lei nº 35/2014, de 20 de junho, optou-se por atualizar a mesma nos termos referidos no texto da anotação (cf., v.g., nº 1 o artigo 1º e artigo 6º da LTFP). Recorde-se que o trabalho em funções públicas pode ser prestado mediante vínculo de emprego público ou contrato de prestação de serviços (artigo 6º, nº 1, da LTFP). Porém, vínculo de emprego público só possui a pessoa singular que presta a sua atividade a um empregador público, de forma subordinada e mediante remuneração (artigo 6º, nº 2, da LTFP). Nos termos do nº 3 do mesmo artigo 6º da LTFP, o vínculo de emprego público reveste as modalidades de contrato de trabalho em funções públicas, nomeação e comissão de serviço.

cargos que, face à natureza, âmbito e dimensão de serviços desconcentrados, não justificavam a criação de cargos de direção (artigo 6º), âmbito de recrutamento dos cargos dirigentes (artigos 1º, nº 2 e 4º), perfil funcional, regime de exercício de funções (artigo 9º) e regras de remuneração (artigo 6º).

O estatuto do pessoal dirigente da RAA aplica-se aos serviços e organismos da respetiva administração regional e aos institutos públicos regionais que revistam a natureza de serviços personalizados ou de fundos, públicos de acordo com as especificidades previstas no mesmo diploma legislativo regional. Salvaguarda, no entanto, as matérias respeitantes ao recrutamento, provimento, exercício de funções e estatuto remuneratório do pessoal dirigente do Serviço Regional de Proteção Civil e Bombeiros dos Açores, bem como o dos demais serviços integrados na estrutura regional de proteção civil e bombeiros, os quais se regem pelo disposto nos respetivos diplomas orgânicos.

nº 4

5. Na sequência do previsto no nº 4 do artigo ora em anotação, a Lei nº 49/2012, de 29 de agosto, procedeu à adaptação à administração local da Lei nº 2/2004, de 15 de janeiro, aprovando o Estatuto do Pessoal Dirigente da Administração Local (EPDAL). O diploma foi sujeito a alterações introduzidas pelas Leis nºs 82-B/2014, de 31 de dezembro, 42/2016, de 28 de dezembro e 114/2017, de 29 de dezembro.

Nos termos do nº 1 do artigo 2º do EPDAL, a Lei nº 2/2004 (EPDAP) – com a exceção do normativo contido na Secção III do Capítulo I (artigos 6º a 10º, relativos às competências do pessoal dirigente), e com as adaptações previstas na Lei nº 49/2012 – aplica-se ao pessoal dirigente das câmaras municipais e dos serviços municipalizados. Porém, conforme estatui o nº 2 do mesmo artigo 2º do EPDAL, o estatuto do pessoal dirigente de outras entidades que integram o subsetor local da Administração Pública é regulado por lei especial.

Sucede que, até ao momento, não foi ainda publicada lei especial que estabeleça e regule o estatuto do pessoal dirigente de todas as diferentes categorias de entidades incluídas naquele subsetor. Tal já ocorreu relativamente ao pessoal dirigente das Comunidades Intermunicipais, cujo estatuto foi definido na Lei nº 77/2015, de 29 de julho (estabelece o regime jurídico da organização dos serviços das entidades intermunicipais e o estatuto do pessoal dirigente). Outrossim, o mesmo não sucedeu relativamente a outras entidades intermunicipais, como, por exemplo, as associações de freguesias e associações de municípios de fins específicos previstas e reguladas nos artigos 108º e seguintes da Lei nº 75/2013, de 12 de setembro[5].

nº 5

6. O EPDAP não se aplica aos cargos dirigentes:

a) Dos órgãos e serviços de apoio ao Presidente da República, da Assembleia da República e dos Tribunais;
b) Das Forças Armadas, forças e serviços de segurança e órgãos públicos que exercem funções de segurança interna, nos termos definidos pela Lei de Segurança Interna, bem como do Sistema de Informações da República Portuguesa, do Gabinete Nacional de Segurança e do serviço que que tenha por missão assegurar a gestão do sistema prisional;
c) Dos órgãos de gestão dos estabelecimentos de ensino;
d) Dos órgãos de gestão dos estabelecimentos do setor público administrativo de saúde;
e) Dos órgãos e serviços do Ministério dos Negócios Estrangeiros, que, por força de disposição legal própria, tenham de ser providos por pessoal da carreira diplomática ou para cujo provimento tenha sido escolhido pessoal da mesma carreira ou que sejam exercidos nos serviços externos;
f) Integrados em carreiras.

7. *Alínea a)*

O normativo contido no EPDAP não se aplica aos cargos dirigentes dos órgãos e serviços de apoio (pessoal, técnico e de gestão administrativa e financeira) do órgão de soberania Presidente da República. A natureza e a composição desses órgãos e serviços encontram-se estabelecidas na Lei nº 7/96, de 29 de fevereiro e no Decreto-Lei nº 28-A/96, de 4 de abril.

Os referidos serviços distribuem-se pelos Serviços de Apoio Direto ao Presidente (Casa Civil, Casa Militar, Serviços de Segurança, Centro de

[5] Vd. a este respeito, exemplificativamente, o Parecer nº DAJ 270/18, de 17.10.2018, da Comissão de Coordenação e Desenvolvimento Regional do Centro – CCDRC, consultável em http://www.ccdrc.pt/index.php?option=com_docman&view=download&alias=4670-2018-10-17-parecer-daj-270-18&Itemid=848).

Comunicações e Serviço de Apoio Médico) e Serviços de Gestão (Conselho Administrativo e Secretaria-Geral).

O EPDAP também não é aplicável aos cargos dirigentes dos serviços do órgão de soberania Assembleia da República, os quais são dirigidos por um Secretário-Geral e constituem o suporte técnico, de gestão administrativa e financeira, que apoia a Assembleia da República no desenvolvimento da sua atividade própria. Estes serviços são regidos pela Lei nº 28/2003, de 30 de julho, que aprovou a Lei de Organização e Funcionamento dos Serviços da Assembleia da República (LOFAR).

Por último, como se estatui na alínea a) do nº 5 do artigo 1º do EPDAP, este estatuto não se aplica aos cargos dirigentes dos órgãos e serviços de apoio dos Tribunais. Estes órgãos de soberania a quem está atribuído constitucionalmente o exercício do poder judicial, designadamente em virtude da sua necessária independência e imparcialidade face aos demais poderes, possuem estrutura organizativa e serviços de apoio próprio.

O DL nº 177/2000, de 9 de agosto, à semelhança do que já sucedia com o Tribunal Constitucional e o Tribunal de Contas, atribuiu aos tribunais superiores da ordem dos tribunais judiciais e da ordem dos tribunais administrativos e fiscais autonomia administrativa, reconhecendo que a prossecução da função soberana que aos tribunais superiores compete exercer implica o desempenho de tarefas administrativas e de gestão diárias que podiam, com proveito, ser cometidas aos próprios tribunais superiores, com inegáveis vantagens no que respeita à desconcentração de competências do Estado. Desse modo, o diploma estruturador do regime de autonomia preconiza a necessária adaptação dos serviços de apoio ao regime de autonomia.

Em execução do artigo 7º do citado diploma estruturador, o DL nº 73/2002, de 26 de março, procedeu à reorganização dos serviços do Supremo Tribunal Administrativo, conformando-o com a dimensão e natureza das tarefas a desempenhar com a entrada em vigor daquele regime. Por seu turno, com idêntica finalidade, no que tange ao Supremo Tribunal de Justiça, o DL nº 74/2002 de 26 de março, aprovou a Lei de Organização dos Serviços do STJ, procedendo à reorganização dos serviços de apoio deste tribunal superior.[6]

[6] Vd., para melhor ilustração, a descrição dos serviços dos mencionados tribunais superiores e respetivos organogramas nos sítios eletrónicos dos mesmos e, designadamente, nos seguintes *links*: https://www.stadministrativo.pt/tribunal/apresentacao/

No que concerne ao Tribunal Constitucional, a organização e funcionamento dos respetivos Secretaria e Serviços de Apoio encontra-se prevista no DL nº 545/99, de 14 de dezembro, com as alterações introduzidas pelo DL nº 197/2015, de 16 de setembro.

Quanto aos serviços de apoio ao Tribunal de Contas, consulte-se a Lei nº 98/97, de 26 de agosto (Lei de Organização e Processo do Tribunal de Contas[7]), concretamente o artigo 30º (princípios orientadores); o Regulamento do Tribunal de Contas, aprovado pelo Regulamento nº 112/2018-PG, de 24 de janeiro de 2018[8], alterado pela Resolução nº 3/2021-PG, de 24 de fevereiro[9]; o Estatuto dos Serviços de Apoio do Tribunal de Contas (ESATC), aprovado pelo DL nº 440/99, de 2 de novembro, alterado pelo DL nº 184/2001, de 21 de junho; o Regulamento de organização e de funcionamento da Direção-Geral do Tribunal de Contas – Sede (ROF-DGTC), aprovado pelo Despacho nº 45/2021-GP, de 29 de julho e o Regulamento de organização e de funcionamento dos Serviços de Apoio das Secções Regionais dos Açores e da Madeira do Tribunal de Contas (ROF-SASRAM), aprovado pelo Despacho nº 56/2000-GP, de 7 de junho.[10] [11]

8. *Alínea b)*

A alínea b) do nº 5 do artigo 1º do EPDAP exclui do seu âmbito de aplicação os cargos dirigentes *(i)* das Forças Armadas, *(ii)* das forças e serviços de segurança e dos órgãos públicos que exercem funções de segurança interna, nos termos definidos na Lei de Segurança Interna (LSI), bem como

https://www.stadministrativo.pt/tribunal/orgaos-e-servicos/
https://www.stadministrativo.pt/tribunal/organograma/
https://www.stj.pt/?page_id=10171
https://www.stj.pt/?page_id=13564

[7] Alterada pelas Leis nºs 1/2001, de 4 de janeiro, nº 55-B/2004, de 30 de dezembro, 48/2006, de 29 de agosto, 35/2007, de 13 de agosto, 3-B/2010, de 28 de abril, 61/2011, de 07 de dezembro, 2/2012, de 06 de janeiro, 20/2015, de 09 de março, 42/2016, de 28 de dezembro, 2/2020, de 31 de março, e 27-A/2020, de 24 de julho.

[8] Aprovado pelo Plenário Geral, em reunião de 24 de janeiro de 2018, e publicado no Diário da República, Série II, nº 33, de 15 de fevereiro de 2018.

[9] Publicada no Diário da República, Série II, nº 48, de 10 de março.

[10] Publicado na 2ª Série do Diário da República, nº 142, de 21 de junho de 2000, com o nº 12 736/2000.

[11] Todos os referidos diplomas podem ser consultados em https://www.tcontas.pt/pt-pt/TribunalContas/Publicacoes/ColetaneasLegislacao/Documents/legis2021.pdf.

do *(iii)* Sistema de Informações da República Portuguesa, *(iv)* do Gabinete Nacional de Segurança e *(v)* do serviço que tenha por missão assegurar a gestão do sistema prisional.

Atentas as especificidades da carreira militar, fruto da necessária hierarquização da instituição militar e dos deveres próprios a que os militares estão obrigados (conformados pelo dever geral de estar sempre pronto a defender a Pátria, mesmo com sacrifício da própria vida), as Forças Armadas regem-se por um estatuto próprio, o Estatuto dos Militares das Forças Armadas (EMFA), aprovado em anexo ao DL nº 90/2015, de 29 de maio, alterado pela Lei nº 10/2018, de 2 de março e pelo DL nº 75/2021, de 25 de agosto, o qual desenvolve a Lei de Bases do Estatuto da Condição Militar e decorre da Lei de Defesa Nacional e da Lei do Serviço Militar.

Desse modo, resulta natural que aos cargos dirigentes das Forças Armadas, qualquer que seja o seu ramo, não se lhes aplique o EPDAP.

Basta lembrar que as Forças Armadas regem-se por uma hierarquia que é militar e funcional. A hierarquia militar visa estabelecer, em todas as circunstâncias, relações de autoridade e subordinação entre os militares, sendo determinada pelos postos, também designados por patentes, antiguidades e precedências previstos na lei. A carreira militar traduz-se, assim, num conjunto hierarquizado de postos, desenvolvendo-se por categorias, concretizando-se em quadros especiais e a que corresponde o desempenho de cargos e o exercício de funções diferenciadas entre si. Por seu turno, a hierarquia funcional decorre dos cargos e funções militares e respeita a hierarquia dos postos e antiguidade dos militares, ressalvados os casos em que a lei determine de forma diferente. As escalas hierárquicas dos militares são organizadas por ordem decrescente de postos e, dentro destes, de antiguidade relativa. As funções militares são, por inerência, aquelas que implicam o exercício de competências legalmente previstas para os militares, e classificam-se em *(i)* funções de comando, *(ii)* funções de direção ou chefia, *(iii)* funções de Estado-maior, *(iv)* funções de chefia técnica, e *(v)* funções de execução.

Relativamente, às especificidades destas hierarquia e funções militares, remete-se, designadamente, para o estatuído nos artigos 11º a 13º, 26º a 28º, e 33º a 39º do EMFA.

*

A Lei nº 53/2008, de 29 de agosto[12], aprovou a Lei de Segurança Interna (LSI).

A atividade de segurança interna, nos termos do artigo 1º da LSI, consubstancia a atividade desenvolvida pelo Estado para garantir a ordem, a segurança e a tranquilidade públicas, proteger pessoas e bens, prevenir e reprimir a criminalidade e contribuir para assegurar o normal funcionamento das instituições democráticas, o regular exercício dos direitos, liberdades e garantias fundamentais dos cidadãos e o respeito pela legalidade democrática. Por isso, deve observar os princípios do Estado de direito democrático, dos direitos, liberdades e garantias e das regras gerais de polícia. Exerce-se nos termos da Constituição e da lei, designadamente da lei penal e processual penal, da lei-quadro da política criminal, das leis sobre política criminal e das leis orgânicas das forças e dos serviços de segurança.

Uma vez que as medidas previstas na LSI se destinam, em especial, a proteger a vida e a integridade das pessoas, a paz pública e a ordem democrática, designadamente contra o terrorismo, a criminalidade violenta ou altamente organizada, a sabotagem e a espionagem, a prevenir e reagir a acidentes graves ou catástrofes, a defender o ambiente e a preservar a saúde pública, compreende-se que os cargos dirigentes dos órgãos e serviços de segurança e dos que exercem funções de segurança interna, estejam sujeitos a normativo(s) específico(s) no que concerne, designadamente, à respetiva designação ou nomeação, exercício de competências e funções, e cessação do exercício dessas funções.

*

Os órgãos do Sistema de Segurança Interna são o Conselho Superior de Segurança Interna, o Secretário-Geral e o Gabinete Coordenador de Segurança (artigo 11º da LSI).

O Conselho Superior de Segurança Interna é o órgão interministerial de audição e consulta em matéria de segurança interna, sendo presidido pelo Primeiro-Ministro, com a composição enunciada no nº 2 do artigo 12º da LSI.

O Gabinete Coordenador de Segurança é o órgão especializado de assessoria e consulta para a coordenação técnica e operacional da atividade

[12] A LSI sofreu, até à data, alterações introduzidas pelos seguintes diplomas: Retificação nº 66-A/2008, de 28 de outubro, Lei nº 59/2015, de 24 de junho, DL nº 49/2017, de 24 de maio, Lei nº 21/2019, de 25 de fevereiro, Lei nº 73/2021, de 12 de novembro, e DL nº 122/2021, de 30 de dezembro.

das forças e dos serviços de segurança, funcionando na direta dependência do Primeiro-Ministro ou, por sua delegação, do Ministro da Administração Interna[13].

*

As forças e os serviços de segurança são organismos públicos que concorrem para garantir a segurança interna.

Exercem funções de segurança interna:

a) A Guarda Nacional Republicana;
b) A Polícia de Segurança Pública;
c) A Polícia Judiciária;
d) O Serviço de Estrangeiros e Fronteiras;
e) O Serviço de Informações de Segurança.

E ainda, nos casos e nos termos previstos na respetiva legislação:

f) Os órgãos da Autoridade Marítima Nacional;
g) Os órgãos do Sistema da Autoridade Aeronáutica.

*

A organização, as atribuições e as competências das forças e dos serviços de segurança constam das respetivas leis orgânicas, entre as quais se referem:

- Lei nº 63/2007, de 6 de novembro: aprova a orgânica da Guarda Nacional Republicana.
- Lei nº 53/2007, de 31 de agosto: aprova a orgânica da Polícia de Segurança Pública.
- Lei nº 37/2008, de 6 de agosto: aprova a orgânica da Polícia Judiciária.
- Decreto-Lei nº 252/2000, de 16 de outubro (com as alterações introduzidas pelos Decretos-Leis nºs 290-A/2001, de 17 de novembro, 121/2008, de 11 de julho, e 240/2012, de 6 de novembro): cria o Serviço de Estrangeiros e Fronteiras e aprova a sua estrutura orgânica e atribuições.
- Decreto-Lei nº 145/2007, de 27 de abril: aprova a estrutura orgânica e atribuições do Instituto Nacional de Aviação Civil, IP.
- Decreto-Lei nº 145/2007, de 27 de abril: Sistema Nacional de Facilitação e Segurança da Aviação Civil – Comissão Nacional FAL/SEC.
- Decreto-Lei nº 43/2002, de 2 de março: cria o sistema da autoridade marítima, estabelece o seu âmbito e atribuições e define a sua estrutura de coordenação.

[13] Sobre a composição, competências e funcionamento dos citados órgãos, cf. artigos 12º a 24º da LSI.

– Decreto-Lei nº 44/2002, de 2 de março: define a estrutura, organização, funcionamento e competências da autoridade marítima nacional, dos seus órgãos e dos seus serviços.

– Lei nº 30/84, de 5 de setembro (com as alterações introduzidas pela Lei nº 4/95 de 21 de fevereiro, Lei nº 15/96, de 30 de abril, Lei nº 75-A/97, de 22 de julho, Lei Orgânica nº 4/2004 de 6 de novembro e pela Lei Orgânica nº 4/2014, de 13 de agosto): Lei-Quadro do Sistema de Informações da República Portuguesa.

– Lei nº 9/2007, de 19 de fevereiro (alterada pela Lei nº50/2014, de 13 de agosto): estabelece a orgânica do Secretário-Geral do Sistema de Informações da República Portuguesa, do Serviço de Informações Estratégicas de Defesa, e do Serviço de Informações de Segurança.

– Decreto-Lei nº 170/2007, de 3 de maio: aprova a Lei Orgânica do Gabinete Nacional de Segurança.

– Decreto-Lei nº 61/88, de 27 de fevereiro (com as alterações introduzidas pelos DL nº 51/96, de 16 de maio e DL nºs 149/2001, de 7 de maio): aprova a orgânica do Gabinete Coordenador de Segurança.

*

A Direção-Geral de Reinserção e Serviços Prisionais (DGRSP) é o serviço a quem compete assegurar a gestão do sistema prisional. É um serviço central da administração direta do Estado, no âmbito do Ministério da Justiça, dotado de autonomia administrativa. Tem por missão o desenvolvimento das políticas de prevenção criminal, de execução das penas e medidas e de reinserção social e a gestão articulada e complementar dos sistemas tutelar educativo e prisional, assegurando condições compatíveis com a dignidade humana e contribuindo para a defesa da ordem e da paz social – cf. artigos 1º a 3º do DL nº 215/2012, de 28 de setembro (alterado pela Retificação nº 63/2012, de 06 de novembro, que aprovou a respetiva lei orgânica).

A DGRSP é dirigida por um diretor-geral, coadjuvado por três subdiretores-gerais, cargos de direção superior de 1º e 2º graus, respetivamente. É, ainda, órgão da DGRSP o Conselho de Coordenação Técnica.

O recrutamento, provimento (em regime de comissão de serviço), a renovação e a cessação da comissão de serviço dos titulares dos referidos cargos de direção superior de 1º e 2º graus obedecem ao normativo próprio definido na lei orgânica da DGRSP (artigos 5º e 6º) e não às regras consignadas no EPDAP.

O Diretor-Geral possui as competências que lhe são atribuídas no artigo 7º da lei orgânica da DGRSP, sem prejuízo de outras que lhe sejam conferidas por lei ou que nele sejam delegadas ou subdelegadas, a que acrescem as competências previstas para os titulares de cargos de direção superior nos termos do EPDAP. É apoiado por um trabalhador que exerça funções de secretariado, aos quais são aplicáveis as disposições contidas nos nºs 3 a 6 do artigo 33º do EPDAP.

A lei orgânica da DGRSP estabelece também as competências específicas dos dirigentes intermédios de 1º e 2º graus dos respetivos serviços (cf. artigo 11º e anexo ii ao diploma em referência).

9. *Alínea c)*

Os estabelecimentos públicos da educação pré-escolar e dos ensinos básico e secundário, regular e especializado desenvolvem as suas missão e atividade enquadrados no respetivo regime de autonomia, administração e gestão aprovado pelo DL nº 75/2008, de 22 de junho, com as alterações que lhe foram introduzidas pelos DL nºs 224/2009, de 11 de setembro e 137/2012, de 2 de julho. Nos termos desse regime jurídico, a administração e gestão daqueles estabelecimentos públicos (que englobam agrupamentos de escolas e escolas não agrupadas) é assegurada por órgãos próprios, a saber:

a) O conselho geral;
b) O diretor;
c) O conselho pedagógico;
d) O conselho administrativo.

Devido às suas missão, atribuições, competências e finalidades específicas, o recrutamento e seleção para os cargos de direção e gestão, o exercício das respetivas funções, a duração dos mandatos, bem como estatuto remuneratório, regem-se por regas próprias, não lhes sendo aplicável o EPDAP (*vide*, designadamente, os artigos 10º a 41º do DL nº 75/2008, na sua versão atual, o Estatuto da Carreira dos Educadores de Infância e dos Professores dos Ensinos Básico e Secundário, aprovado pelo DL nº 139-A/90, de 28 de abril, na sua versão atual[14], bem como o Decreto-Regulamentar nº 5/2010, de 24 de dezembro).

[14] O DL nº 139-A/90, de 28 de abril, que aprovou o Estatuto da Carreira dos Educadores de Infância e dos Professores dos Ensinos Básico e Secundário (ou, abreviadamente, Estatuto da Carreira Docente ou ECD), foi, entretanto, alterado pelos Decretos-Leis nºs 105/97, de 29 de abril, 1/98, de 2 de janeiro, 35/2003, de 27 de fevereiro, 121/2005, de 26 de

As instituições de ensino superior gozam também de um regime jurídico próprio, que regula, designadamente, a sua constituição, atribuições e organização, o funcionamento e competência dos seus órgãos e, ainda, a tutela e fiscalização pública do Estado sobre as mesmas, no quadro da sua autonomia (Regime Jurídico das Instituições de Ensino Superior – RJIES, aprovado pela Lei nº 62/2007, de 10 de setembro, alterada pela Lei nº 36/2021, de 14 de junho).

Realce-se que o sistema de ensino superior português compreende *(a)* o ensino superior público, composto pelas instituições pertencentes ao Estado e pelas fundações por ele instituídas nos termos da presente lei, bem como *(b)* o ensino superior privado, composto pelas instituições pertencentes a entidades particulares e cooperativas.

As instituições de ensino superior integram *(a)* as instituições de ensino universitário, que compreendem as universidades, os institutos universitários e outras instituições de ensino universitário, e *(b)* as instituições de ensino politécnico, que compreendem os institutos politécnicos e outras instituições de ensino politécnico.

As instituições de ensino superior públicas são pessoas coletivas de direito público, podendo, porém, revestir também a forma de fundações públicas com regime de direito privado, nos termos previstos no RJIES. Em tudo o que não contrariar o RJIES e demais normativos especiais, as instituições de ensino superior públicas estão sujeitas ao regime aplicável às demais pessoas coletivas de direito público de natureza administrativa, designadamente à lei-quadro dos institutos públicos, que vale como direito subsidiário naquilo que não for incompatível com as disposições do RJIES. Neste circunspecto, relembra-se o *supra* mencionado na nota 2 a este artigo do EPDAP, bem como que na alínea a) do nº 1 do artigo 48º da LQIP se estatui que as universidades e as escolas do ensino superior politécnico gozam de regime especial, com derrogação do regime comum que rege os institutos públicos na estrita medida necessária à sua especificidade.

Com efeito, as instituições de ensino superior públicas gozam de autonomia estatutária, pedagógica, científica, cultural, administrativa, financeira, patrimonial e disciplinar face ao Estado, com a diferenciação adequada à

julho, 229/2005, de 29 de dezembro, 224/2006, de 13 de novembro, 15/2007, de 19 de janeiro, 35/2007, de 15 de fevereiro, 270/2009, de 30 de setembro, 75/2010, de 23 de junho e 41/2012, de 21 de fevereiro.

sua natureza. Cada instituição de ensino superior tem estatutos próprios que, no respeito da lei, enunciam a sua missão, os seus objetivos pedagógicos e científicos, concretizam a sua autonomia e definem a sua estrutura orgânica. Porém, essa autonomia não preclude a tutela ou a fiscalização governamental, conforme se trate de instituições públicas ou privadas, nem a acreditação e a avaliação externa, nos termos da lei.

Por seu turno, as entidades instituidoras de estabelecimentos de ensino superior privados são pessoas coletivas de direito privado, não tendo os estabelecimentos personalidade jurídica própria. As instituições de ensino superior privadas regem-se pelo direito privado em tudo o que não for contrariado pelo RJIES ou por outra legislação aplicável, sem prejuízo da sua sujeição aos princípios da imparcialidade e da justiça nas relações das instituições com os professores e estudantes, especialmente no que respeita aos procedimentos de progressão na carreira dos primeiros e de acesso, ingresso e avaliação dos segundos.

Nos termos do artigo 65º do RJIES, as instituições de ensino superior públicas adotam, nos termos da lei, o modelo de organização institucional e de gestão que considerem mais adequado à concretização da sua missão, bem como à especificidade do contexto em que se inserem.

As instituições de ensino superior públicas dispõem de órgãos de governo próprio (autogoverno), nos termos da lei e dos estatutos respetivos.

O governo das universidades e dos institutos universitários é exercido pelos seguintes órgãos:

a) Conselho geral;
b) Reitor;
c) Conselho de gestão.

Os estatutos da instituição podem também prever a criação de um senado académico constituído por representantes das unidades orgânicas, como órgão de consulta obrigatória do reitor nas matérias definidas nos próprios estatutos, tendo em vista assegurar a coesão da universidade e a participação de todas as unidades orgânicas n sua gestão. Os estatutos podem ainda prever a existência de outros órgãos, de natureza consultiva.

No que concerne aos institutos politécnicos, o seu governo é exercido seguintes órgãos:

a) Conselho geral;
b) Presidente;
c) Conselho de gestão.

Os estatutos podem prever a existência de outros órgãos, de natureza consultiva.

Considerando o específico regime jurídico que rege as instituições de ensino superior e a sua e autonomia estatutária, pedagógica, científica, cultural, administrativa, financeira, patrimonial e disciplinar, o EPDAP não se aplica aos respetivos titulares dos cargos de direção e gestão.

10. *Alínea d)*

O DL nº 18/2017, de 10 de fevereiro (alterado pelos Decretos-Leis nºs 44/2018, de 18 de junho, 75/2019, de 30 de maio, e 22/2021, de 12 de maio), regula o regime jurídico e os Estatutos aplicáveis, designadamente, às unidades de saúde do Serviço Nacional de Saúde integradas no Setor Público Administrativo (SPA), em conformidade com os anexos I e IV ao mesmo decreto-lei, do qual fazem parte integrante.

Estas unidades de saúde constituem entidades públicas, dotadas de personalidade jurídica, autonomia administrativa e financeira, com ou sem autonomia patrimonial. Nelas se incluem os hospitais do SPA, que constituem institutos públicos de regime especial, nos termos da lei, integrados na administração indireta do Estado, com autonomia administrativa e financeira e património próprio. Regem-se pelas normas constantes do regime jurídico dos institutos públicos, sem prejuízo das especificidades previstas no citado Decreto-Lei nº 18/2017.

O órgão de direção de um hospital do SPA é o conselho diretivo, composto pelo presidente e por um máximo de quatro vogais, que exercem funções executivas, incluindo um diretor clínico e um enfermeiro-diretor. Os membros do conselho diretivo são designados de entre individualidades que possuam preferencialmente evidência curricular ou formação de gestão em saúde, sendo o diretor clínico um médico, e o enfermeiro-diretor um enfermeiro. O mandato dos membros do conselho diretivo tem a duração de três anos, sendo renovável, por uma única vez, permanecendo aqueles no exercício das suas funções até à designação dos novos titulares, sem prejuízo da renúncia a que houver lugar.

Aos membros do conselho diretivo é aplicável o regime fixado no Estatuto do Gestor Público e, subsidiariamente, o previsto na lei-quadro dos institutos públicos.

Os profissionais que prestam serviço nos hospitais SPA regem-se pelas regras próprias da LTFP, sem prejuízo de lhes puderem ser aplicáveis regras específicas, nos termos previstos no artigo 15º do DL nº 52/2022, de 4 de agosto[15].

11. *Alínea e)*

A missão, as atribuições e competências, bem como a estrutura orgânica do Ministério dos Negócios Estrangeiros (MNE) encontra-se regulada no Decreto-Lei nº 121/2011, de 29 de dezembro.

Ao pessoal dirigente dos serviços centrais daquele ministério integrados na administração direta do Estado enunciados no nº 1 do artigo 4º daquele diploma orgânico (Secretaria-Geral, Direção-Geral de Política Externa, Inspeção-Geral Diplomática e Consular, Direção-Geral dos Assuntos Europeus, e Direção-Geral dos Assuntos Consulares e das Comunidades Portuguesas), bem como aos organismos integrados na administração indireta do Estado referidos no artigo 5º do mesmo diploma (Fundo para as Relações Internacionais, IP, Camões – Instituto de Cooperação e da Língua, IP e Instituto de Investigação Científica Tropical, IP), aplicam-se as normas previstas no EPDAP, com as adaptações previstas na lei orgânica do ministério (*vd.*, por exemplo, artigos 19º e 20º do identificado diploma).

Todavia, já o mesmo não sucede aos serviços periféricos externos do MNE. Com efeito, para a prossecução das suas atribuições no estrangeiro, o MNE dispõe de serviços periféricos externos que se integram na administração direta do Estado e englobam as Embaixadas, os Postos Consulares, as Missões e representações permanentes e as Missões temporárias (artigos 4º, nº 2, e 13º do DL nº 121/2011, de 29 de dezembro).

O pessoal não integrado na carreira diplomática rege-se pelo DL nº 47/2013, de 5 de abril, diploma que estabelece o regime jurídico-laboral dos trabalhadores recrutados para exercer funções nos serviços periféricos externos (SPE) do Ministério dos Negócios Estrangeiros, incluindo os trabalhadores das residências oficiais do Estado, bem como pelo Decreto-Regulamentar nº 3/2013, de 8 de maio.

[15] Aprovou o Estatuto do Serviço Nacional de Saúde. O nº 1 do artigo 100º do mesmo diploma prevê, ainda, que os trabalhadores com vínculo de emprego público que, à data da entrada em vigor do identificado DL (05.08.2022, salvaguardando o previsto no nº 2 do artigo 106º), estejam providos em postos de trabalho dos mapas de pessoal do estabelecimento de saúde, EPE, mantêm integralmente o seu estatuto jurídico, sem prejuízo do disposto na LTFP, na sua redação atual. Podem, porém, podem optar a todo o tempo pelo regime do contrato de trabalho (artigos 100º, nº 4 e 101º do citado Estatuto).

Por seu turno, o pessoal diplomático do MNE rege-se pelo Estatuto da Carreira Diplomática, aprovado pelo Decreto-Lei nº 40/98, de 27 de fevereiro (alterado pelos Decretos-Leis nºs 153/2015, de 2 de setembro, 10/2008, de 17 de janeiro, Lei nº 55-A/2010, de 31 de dezembro, e pelos Decretos-Leis nºs 140/2014, de 16 de setembro, e 79/2015, de 14 de maio).

12. Doutrina do Conselho Consultivo da Procuradoria-Geral da República

Parecer P000051992 (nº convencional PGRP00000459), do Conselho Consultivo da PGR, de 28.05.1992, homologado a 10.07.1992, consultável em http://www.dgsi.pt/pgrp.nsf/-/5A38DEA0ECFCF6C580258296005687DE.

"1 – Os cargos dirigentes do Ministério dos Negócios Estrangeiros são providos, de modo tendencialmente exclusivo (e exclusivamente antes do Decreto-Lei nº 116/88, de 11 de Abril quanto a directores-gerais e subdirectores-gerais e subdirectores-gerais e Decreto-Lei nº 118/91, de 21 de Março quanto a directores de serviços e chefes de divisão), por funcionários do quadro de pessoal diplomático, assumindo, assim, o desempenho de tais cargos um dos modos do exercício de funções próprias da carreira diplomática;

2 – O artigo 18º, nº 2, alínea a), do Decreto-Lei nº 323/89, de 26 de Setembro, não abrange as carreiras de regime especial, que pressupõem uma ordenação e um conteúdo funcional próprios e uma especialização indispensável ao exercício dos respectivos cargos, e são criadas e disciplinadas por diplomas que estabelecem estatutos específicos;

3 – A carreira diplomática, cujo estatuto, ao tempo do inicio da vigência do Decreto-Lei nº 323/89, de 26 de Setembro, constava essencialmente do Decreto-Lei nº 34-A/89, de 31 de Janeiro e é regulada, actualmente, pelo Estatuto aprovado pelo Decreto-Lei nº 76/92, de 6 de Maio, ordena-se segundo categorias específicas e tem regras próprias de ingresso e promoção, constituindo uma carreira de regime especial;

4 – Nos termos da conclusão 2, a norma do artigo 18º, nº 2, alínea a), bem como dos nºs 3 e 4, não abrangia a carreira diplomática, constante actualmente tal disciplina, de modo expresso, do artigo 72º do Estatuto da Carreira Diplomática aprovado pelo Decreto-Lei nº 76/92, de 6 de Maio."

13. *Alínea f)*

O EPDAP igualmente não se aplica aos cargos dirigentes integrados em carreiras.

São exemplos de cargos dirigentes aos quais não se aplica o regime do EPDAP porquanto eles próprios estão integrados em carreiras, com posições e níveis remuneratórios próprios, os trabalhadores com a carreira/categoria de chefe de serviços de administração escolar, os coordenadores técnicos, da carreira de assistente técnico, os encarregados operacionais, da carreira de assistente operacional.

nºs 6 e 7

14. As designações dos *(i)* titulares dos cargos de direção superior dos serviços e organismos do Ministério da Justiça que devam ser providos por magistrados judiciais ou por magistrados do Ministério Público, bem como a designação do *(ii)* titular do cargo de direção superior de 1º grau da Autoridade Nacional de Proteção Civil quando provido por oficial das Forças Armadas ou das forças de segurança e, ainda, as designações dos *(iii)* titulares dos cargos de direção superior dos serviços e organismos do Ministério da Administração Interna quando sejam efetivamente providos por magistrados judiciais ou do Ministério Público, operam sem necessidade de recurso a procedimento concursal.

A iniciativa do procedimento cabe ao membro do Governo com poder de direção ou superintendência e tutela sobre o serviço ou órgão em que se integra o cargo a preencher – ou seja, ao membro do Governo responsável pela área governativa da Justiça no caso *(i)*, e ao membro do Governo responsável pela área governativa da Administração Interna nos casos *(ii)* e *(iii)* –, cabendo-lhe, neste âmbito, identificar as competências do cargo de direção a prover, caracterizando o mandato de gestão e as principais responsabilidades e funções que lhe estão associadas, bem como a respetiva carta de missão.

Um exemplo de titular de cargo de direção superior de organismo do Ministério da Justiça que deve ser provido por magistrado judicial ou do Ministério Público (embora também o possa ser por professores universitários ou advogados) é o do Diretor do Centro de Estudos Judiciários, bem como dos respetivos Diretores-Adjuntos (*vide* artigos 94º e 95º da Lei nº 2/2008, de 14 de agosto, alterada pelas Leis nºs 60/2011, de 28 de abril, e 45/2013, de 3 de julho).

nº 8

15. A designação do pessoal dirigente mencionado nos nºs 6 e 7 do artigo 1º do EPDAP não necessita ser precedida de procedimento concursal, ao contrário dos demais dirigentes.

Os mesmos dirigentes são designados em regime de comissão de serviço, por um período de três anos, renovável por igual período de tempo.

No entanto, aplicam-se a esse pessoal dirigente, com as necessárias adaptações, o regime previsto nos artigos 18º (recrutamento para os cargos de direção superior) e 19º (seleção e provimento nos cargos de direção superior), por exemplo, em termos de requisitos habilitacionais, competência técnica, experiência profissional e formação adequadas ao exercício das respetivas funções.

ARTIGO 2º
Cargos dirigentes

1 – São cargos dirigentes os cargos de direção, gestão, coordenação e controlo dos serviços e órgãos públicos abrangidos pela presente lei.

2 – Os cargos dirigentes qualificam-se em cargos de direção superior e cargos de direção intermédia e, em função do nível hierárquico e das competências e responsabilidades que lhes estão cometidas, subdividem-se, os primeiros, em dois graus e, os segundos, em tantos graus quantos os que a organização interna exija.

3 – São, designadamente, cargos de direção superior de 1º grau os de diretor-geral, secretário-geral, inspetor-geral e presidente e de 2º grau os de subdiretor-geral, secretário-geral-adjunto, subinspetor-geral e vice-presidente.

4 – São, designadamente, cargos de direção intermédia de 1º grau os de diretor de serviços e de 2º grau os de chefe de divisão.

5 – *(Revogado.)*

6 – Os diplomas orgânicos ou estatutários dos serviços e órgãos públicos abrangidos pela presente lei estabelecem, expressamente, a qualificação e grau dos respetivos cargos dirigentes, nos termos do nº 2, a respetiva designação, bem como, tratando-se de cargos de direção intermédia de 3º grau ou inferior, as correspondentes competências.

Contém as alterações introduzidas pelos seguintes diplomas:
- Lei nº 51/2005, de 30/08;
- Lei nº 64-A/2008, de 31/12.

1. Como flui do preceito em anotação, são cargos dirigentes os cargos de direção, gestão, coordenação e controlo dos serviços e organismos públicos. Os cargos dirigentes qualificam-se em cargos de direção superior e cargos de direção intermédia.

Em função do nível hierárquico, das competências e das responsabilidades que lhes estão cometidas, os primeiros (cargos de direção superior) subdividem-se em dois graus, e os segundos (cargos de direção intermédia), subdividem-se em tantos graus quanto os que a organização interna do serviço ou organismo exija. Ou seja, a necessidade da existência de um ou mais graus de direção intermédia depende da estrutura concreta que for cometida aos órgãos e serviços públicos. Assim, em princípio, quanto mais complexa for a organização, quanto mais extensas forem as atribuições e competências legais que lhes caibam prosseguir, ou em maior número os seus trabalhadores e colaboradores e, também, quanto menos flexível for a estrutura organizacional, maior será a necessidade de subdividir os cargos de direção intermédia.

Na tabela seguinte, esquematizam-se os diversos qualificações e graus de cargos dirigentes[16]:

[16] Ressalva-se que as designações dos cargos dirigentes contidas nesta tabela são apenas exemplificativas, por serem as designações mais habitualmente conferidas nos diplomas orgânicos e estatutários da maior parte dos organismos da Administração Pública. Nada obsta, no entanto, à existência de outras designações (atente-se no advérbio exemplificativo usado nos nºs 3 e 4 do preceito em anotação), como a de Diretor(a). É o que sucede, designadamente no Centro de Competências Jurídicas do Estado – JurisAPP, serviço central da administração direta do Estado integrado na Presidência do Conselho de Ministros, o qual é dirigido por um(a) Diretor(a), cargo de direção superior de 1º grau (DL nº 149/2017, de 6 de dezembro, alterado pelo DL nº 91/2019, de 5 de julho).

PESSOAL DIRIGENTE - CARGOS		
Direção superior de 1º grau	**Direção superior de 2º grau**	**Direção intermédia**
Diretor(a)-Geral	Subdiretor(a)-Geral	Diretor/a de serviços - 1º grau
Secretário(a)-Geral	Secretário(a)-Geral-adjunto(a)	Chefe de divisão - 2º grau
Inspetor(a)-Geral	Subinspetor(a)-Geral	Outros - 3º grau ou inferior
Presidente	Vice-Presidente	-

2. Cabe, neste âmbito, chamar à colação parte do regime consignado na Lei nº4/2004, de 15 de janeiro[17], que estabelece os princípios e normas a que deve obedecer a organização da administração direta do Estado (embora não esquecendo, naturalmente, que existe pessoal dirigente nos órgãos e serviços que não integram a administração direta do Estado, abrangendo o EPDAP também vários dos cargos dirigentes existentes em órgãos e serviços da administração indireta do Estado e da administração autónoma)[18]. Porém, através de uma breve referência à administração direta do Estado podemos mais rapidamente identificar alguns dos cargos de direção superior e de direção intermédia vertidos no quadro *supra.*

Cada Ministério dispõe de uma lei orgânica própria, na qual são definidas as respetivas atribuições e a estrutura orgânica necessária ao seu fun-

[17] Com as alterações introduzidas pela Lei nº 51/2005, de 30 de agosto, pelos DL nºs 200/2006, de 25 de outubro, 105/2007, de 3 de abril, pelas Leis nºs 64-A/2008, de 31 de dezembro e 57/2011, de 28 de novembro, pelo DL nº 116/2011, de 5 de dezembro, e pela Lei nº 64/2011, de 22 de dezembro.

[18] Em sentido orgânico (ou seja, entendida como um sistema de órgãos, serviços e agentes do Estado e de outras entidades públicas que visam a satisfação regular e contínua das necessidades coletivas), a AP pode dividir-se em três grandes grupos: a administração *direta* do Estado (que integra todos os órgãos, serviços e agentes integrados na pessoa coletiva Estado que, de modo direto e imediato e sob dependência hierárquica do Governo, desenvolvem uma atividade tendente à satisfação das necessidades coletivas; engloba serviços centrais como os ministérios e as direções-gerais, e serviços periféricos, como, por exemplo, as direções regionais de educação), a administração *indireta* do Estado (que integra as entidades públicas, distintas da pessoa coletiva Estado, dotadas de personalidade jurídica e autonomia administrativa e financeira que desenvolvem uma atividade administrativa que prossegue fins próprios do Estado; compreende três tipos de entidades: serviços personalizados, fundos personalizados e entidades públicas empresariais - EPE), e a administração *autónoma* (que engloba entidades que prosseguem interesses próprios das pessoas que as constituem e que definem autonomamente e com independência a sua orientação e atividade, agrupando três categorias: administração regional autónoma, administração local autónoma e associações públicas).

cionamento. Aqui se identificam os serviços que integram a administração direta e a administração indireta (artigo 4º da Lei nº 4/2004).

A administração direta do Estado é constituída pelos serviços centrais e periféricos que, pela natureza das suas competências e funções, devem estar sujeitos ao poder de direção do respetivo membro do Governo. Nestes incluem-se os serviços de cujas atribuições decorra, designadamente, o exercício de poderes de soberania, autoridade e representação política do Estado ou o estudo e conceção, coordenação, apoio e controlo ou fiscalização de outros serviços administrativos (artigo 2º, nºs 1 e 2, da Lei nº 4/2004).

De acordo com a sua função dominante, os serviços da administração direta do Estado são definidos como serviços executivos, serviços de controlo, auditoria e fiscalização, e serviços de coordenação (artigo 11º da Lei nº 4/2004).

Os serviços executivos garantem a prossecução das políticas públicas da responsabilidade de cada ministério, o que fazem quer prestando serviços no âmbito das suas atribuições, quer exercendo funções de apoio técnico aos respetivos membros do Governo nos domínios da concretização das políticas públicas definidas pelo Governo, de estudos e conceção ou planeamento, da gestão de recursos organizacionais, das relações com a União Europeia, bem como das relações internacionais (artigo 13º da Lei nº 4/2004).

Os serviços executivos de políticas públicas designam-se por direções-gerais, ou, quando sejam periféricos, por direções regionais. Os seus dirigentes superiores de 1º e 2º graus são designados por Diretor(a)-Geral e Subdiretor(a)-Geral.

Por seu turno, os serviços cuja missão dominante consiste no desenvolvimento de atividades de apoio técnico aos respetivos membros do Governo são serviços centrais e designam-se por gabinetes ou secretarias-gerais (artigo 14º da Lei nº 4/2004). Os respetivos dirigentes superiores de 1º e 2º graus são designados por Diretor(a)-Geral e Subdiretor(a), quanto aos gabinetes, e por Secretário(a)-Geral e Secretário(a)-Geral Adjunto, quanto às secretarias-gerais.

Os serviços de controlo, auditoria e fiscalização exercem funções permanentes de acompanhamento e de avaliação da execução de políticas públicas, podendo integrar funções inspetivas ou de auditoria. Se a função dominante exercida for a função inspetiva, esses serviços designam-se por inspeções-gerais (serviços centrais) e inspeções regionais (serviços periféricos). Os respetivos dirigentes superiores de 1º e 2º graus são designados por Inspetor(a)-Geral e Sub-Inspetor(a)-Geral (artigos 15º e 16º da Lei nº 4/2004).

Nos termos definidos no artigo 20º do diploma ora em referência, a organização interna dos serviços executivos e de controlo e fiscalização obedece aos seguintes modelos:

a) *Estrutura hierarquizada*, que é constituída por unidades orgânicas nucleares – as direções de serviços, chefiadas por um(a) diretor(a) de serviços; e por unidades orgânicas flexíveis – as divisões de serviços, chefiadas por um(a) chefe de divisão; na área administrativa pode, ainda, dispor de secções, que são chefiadas por um(a) chefe de secção.
   Os(as) diretores(as) de serviços, chefes de divisão e chefes de secção correspondem a cargos de direção intermédia.
b) *Estrutura matricial*, que é constituída por equipas multidisciplinares com base na mobilidade funcional, as quais são chefiadas por um(a) chefe de equipa.
   Aos(Às) chefes de equipa podem ser cometidas as competências fixadas para os titulares de cargos de direção intermédia, mediante despacho do dirigente máximo do serviço. O seu estatuto remuneratório é equiparado ao de diretor(a) de serviços ou ao de chefe de divisão.
c) *Estrutura mista* (combina as duas anteriores).

3. Cabe ainda referir as Estruturas de Missão, que constituem estruturas temporárias, também designadas por estruturas ou organismos *ad hoc*, os quais podem ser criados por Resolução do Conselho de Ministros quando estejam em causa, missões, atividades e objetivos que não possam, fundamentadamente, ser desenvolvidos pelos serviços existentes (cf. artigo 28º da Lei nº 4/2004 EPDAP).

O órgão máximo da estrutura de missão poderá ter várias designações, v.g. Comissão Instaladora, sendo os titulares dos cargos de direção superiores designados por Presidente e Vogal(ais) da Comissão Instaladora; Direção Executiva, dirigida por um(a) Diretor(a) Executivo(a), ou Coordenação, dirigida por um(a) Coordenador(a) e por um ou mais Coordenadores-adjuntos(as).

Podemos citar, como exemplos a Estrutura de Missão Portugal Digital, criada pela Resolução do Conselho de Ministros (RCM) nº 31/2020, de 20 de abril, e a Estrutura de Missão para a Expansão do Sistema de Informação Cadastral Simplificado, criada pela RCM nº 45/2020, de 16 de junho.

Os responsáveis pelas estruturas de missão exercem as suas funções em regime de comissão de serviço e são livremente nomeados e exonerados.

4. Concluindo, os dirigentes máximos dos serviços são, em regra, titulares de cargos de direção superior de 1º grau, sendo coadjuvados por dirigentes com cargos de direção superior de 2º grau (artigo 23º da Lei nº 4/2004). A qualificação, o grau e a designação do cargo de direção dos dirigentes máximos é definida no diploma legal (orgânico ou estatutário) que cria o serviço em função do nível de competências e responsabilidades que lhes sejam atribuídas (como decorre também do nº 6 do artigo ora em anotação).

Por seu turno, como já sobredito, os cargos de diretor(a) de serviços e de chefe de divisão correspondem a cargos de direção intermédia, respetivamente, de 1º e de 2º graus.

As direções de serviços podem ser colocadas na dependência direta do(a) diretor(a)-geral ou equiparado(a) ou dos(as) subdiretores(as)-gerais ou equiparados(as), neste último caso a fixar por despacho do dirigente máximo. Podem também existir divisões dependentes dos dirigentes máximos dos serviços (artigo 23º da Lei nº 4/2004).

Tratando-se de cargos de direção intermédia de 3º grau ou inferior (por exemplo, chefe de secção), os diplomas orgânicos ou estatutários dos serviços e órgãos públicos deve, também, estabelecer, expressamente, as respetivas competências (nº 6 do artigo 2º do EPDAP).

SECÇÃO II
Princípios de atuação

ARTIGO 3º
Missão

É missão do pessoal dirigente garantir a prossecução das atribuições cometidas ao respetivo serviço, assegurando o seu bom desempenho através da otimização dos recursos humanos, financeiros e materiais e

promovendo a satisfação dos destinatários da sua atividade, de acordo com a lei, as orientações contidas no Programa do Governo e as determinações recebidas do respetivo membro do Governo.

1. Os princípios subjacentes ao Estatuto do Pessoal Dirigente inserem-se numa cultura de mérito e de exigência, que é transversal a toda a Administração Pública e que visa que a atuação dos titulares de cargos dirigentes seja pautada por critérios de qualidade, responsabilidade, eficácia e eficiência, integrada numa gestão por objetivos e orientada para a obtenção de resultados.

Em conexão com os princípios e desideratos referidos no parágrafo anterior, e no que tange ao recrutamento para os cargos de direção superior, o EPDAP consagra a figura da Carta de Missão, documento elaborado e entregue à Comissão de Recrutamento e Seleção para a Administração Pública (CRESAP) pelo membro do Governo com poder de direção, superintendência ou tutela sobre o serviço ou órgão em que se integra o cargo dirigente a preencher, antes do início do procedimento concursal em causa e a publicar juntamente com o respetivo aviso de abertura.

2. Cf., a este respeito, os artigos 18º, nº 3 e 19º-A do EPDAP.

ARTIGO 4º
Princípios gerais de ética

Os titulares dos cargos dirigentes estão exclusivamente ao serviço do interesse público, devendo observar, no desempenho das suas funções, os valores fundamentais e princípios da atividade administrativa consagrados na Constituição e na lei, designadamente os da legalidade, justiça e imparcialidade, competência, responsabilidade, proporcionalidade, transparência e boa fé, por forma a assegurar o respeito e confiança dos trabalhadores em funções públicas e da sociedade na Administração Pública.

1. A respeito da matéria contida neste artigo, confira-se o disposto nos artigos 15º (Responsabilidade), 16º (Exclusividade e acumulação de funções), 17º (Incompatibilidades, impedimentos e inibições) e respetivas anotações.

2. No exercício do cargo no qual foram providos e desempenho das funções cometidas, os dirigentes da AP devem fundar-se no respeito pelos princípios fundamentais em que se alicerça o Estado Português, designadamente os consagrados nos artigos 1º a 3º da Constituição da República Portuguesa: a dignidade da pessoa humana, a consagração de uma sociedade livre, justa e solidária, o respeito pelo pluralismo de expressão, organização política democrática, efetivação dos direitos e liberdades fundamentais, separação e interdependência de poderes, e legalidade democrática.

Nos termos consignados na nossa Lei Fundamental, a AP visa a prossecução do interesse público, no respeito pelos direitos e interesses legalmente protegidos dos cidadãos, razão pela qual todos os órgãos e atores administrativos estão, necessariamente, subordinados à lei, devendo atuar, no exercício das suas funções, com respeito pelos princípios da igualdade, da proporcionalidade, da justiça, da imparcialidade e da boa fé, uma vez que estão exclusivamente ao serviço do interesse público (artigos 266º e 269º, nº 1, da CRP).

Os mesmos (e outros) princípios gerais que devem nortear a atuação da AP e, designadamente, a atuação dos seus dirigentes, encontram-se vertidos, a nível *infra* constitucional, nos artigos 3º a 19º do CPA, como decorre do artigo 2º do mesmo código.

3. Os dirigentes da Administração Pública são responsáveis civil, criminal e disciplinarmente, pelas ações ou omissões praticadas no exercício das suas funções e em razão desse exercício, de que resulte violação dos direitos ou interesses legalmente protegidos dos cidadãos, nos termos previstos no artigo 271º da CRP (concretizado pela Regime da Responsabilidade Civil Extracontratual do Estado e demais Entidades Públicas, aprovado pela Lei nº 67/2007, de 17 de julho). O princípio da responsabilidade encontra-se também previsto no artigo 15º do CPA.

ARTIGO 5º
Princípios de gestão

1 – Os titulares dos cargos dirigentes devem promover uma gestão orientada para resultados, de acordo com os objetivos anuais e plurianuais a atingir, definindo os recursos a utilizar e os programas a

desenvolver, aplicando de forma sistemática mecanismos de controlo e avaliação dos resultados.

2 – A atuação dos titulares de cargos dirigentes deve ser orientada por critérios de qualidade, eficácia e eficiência, simplificação de procedimentos, cooperação, comunicação eficaz e aproximação ao cidadão.

3 – Na sua atuação, o pessoal dirigente deve liderar, motivar e empenhar os seus trabalhadores em funções públicas para o esforço conjunto de melhorar e assegurar o bom desempenho e imagem do serviço.

4 – Os titulares dos cargos dirigentes devem adotar uma política de formação que contribua para a valorização profissional dos trabalhadores em funções públicas e para o reforço da eficiência no exercício das competências dos serviços no quadro das suas atribuições.

Contém as alterações introduzidas pela Lei nº 64/2011, de 22/12.

1. *Vide* artigos 3º e 4º e respetivas notas.

nº 1

2. O princípio de que os titulares de cargos dirigentes devem, no âmbito do seu mandato, prosseguir uma gestão orientada para os resultados resulta, desde logo, da Carta de Missão, instrumento que é elaborado pelo membro do Governo com poder de direção, superintendência ou tutela sobre o organismo ou serviço em que se integra o cargo dirigente, e que é publicitado com o aviso de abertura do procedimento concursal para recrutamento do mesmo dirigente (cf. artigo 19º-A e respetivas anotações).

Quando, na revisão do EPDAP de 2005, foi introduzida a figura da Carta de Missão, esta foi logo apresentada como consubstanciando um instrumento indispensável ao desenvolvimento na Administração Pública de uma cultura de gestão por objetivos, servindo de base para a avaliação de desempenho dos dirigentes máximos da AP (vd. *Breves Recomendações para a Elaboração da Carta de Missão,* Secretário de Estado da Administração Pública, agosto de 2005).[19] Nesse sentido, a Carta de Missão deve conter, expressamente definidos, os objetivos a atingir pelo dirigente no decurso do exercício das suas funções e, assim, esses objetivos devem ser definidos em moldes a permitir que, posteriormente, os resultados obtidos possam

[19] Consultável em https://www.dgaep.gov.pt/.../recomendacoes_elaboracao_cartas...

ser avaliados. Com essa finalidade, deve, sempre que possível, formular-se objetivos devidamente quantificados, bem como definir-se os mesmos segundo uma calendarização que permita a realização progressiva dos objetivos finais da comissão de serviço do dirigente. Será aconselhável, por isso, que os objetivos possam ser fixados para cada ano que constitui a comissão de serviço em causa (geralmente, cinco anos).

3. A importância da prossecução pelos dirigentes de uma gestão orientada para os resultados, com definição de objetivos anuais e plurianuais a atingir, recursos a utilizar, programas a desenvolver para tal e a aplicação sistemática de mecanismos de controlo e avaliação resulta de, e encontra reflexo, no sistema integrado de gestão e avaliação do desempenho na Administração Pública, vulgo SIADAP, aprovado pela Lei nº 66-B/2007, de 28 de dezembro (doravante Lei nº 66-B/2007 ou Lei SIADAP).[20]

É objetivo deste sistema de gestão e avaliação contribuir para a melhoria do desempenho e qualidade de serviço da AP, para a coerência e harmonia interna da ação dos serviços, dirigentes e demais trabalhadores, bem como para a promoção da sua motivação profissional e desenvolvimento de competências (nº 2 do artigo 1º da Lei nº 66-B/2007)[21].

O SIADAP integra três subsistemas: *(i)* o Subsistema de Avaliação do Desempenho dos Serviços da Administração Pública – SIADAP 1; *(ii)* o Subsistema de Avaliação do Desempenho dos Dirigentes da Administração Pública – SIADAP 2; e *(iii)* o Subsistema de Avaliação do Desempenho dos Trabalhadores da Administração Pública – SIADAP 3.

A Lei nº 66-B/2007, de 28 de dezembro aplica-se aos serviços da administração direta e indireta do Estado, bem como, com as necessárias adaptações, designadamente no que se refere às competências dos correspondentes órgãos, aos serviços da administração regional autónoma e à administração autárquica e, ainda, com observância das respetivas competências, aos órgãos e serviços de apoio do Presidente da República, da Assembleia da República, dos Tribunais e do Ministério Público e respetivos órgãos de gestão e de outros órgãos independentes.

[20] O diploma sofreu, entretanto, alterações introduzidas pelas Leis nºs 64-A/2008, de 31 de dezembro, 55-A/2010, de 31 de dezembro, e 66-B/2012, de 31 de dezembro.

[21] Uma vez que o objeto das anotações não se dirige à análise do SIADAP, apenas mencionaremos alguns dos aspetos mais importantes deste regime relacionados com a avaliação do desempenho dos dirigentes.

Pelo contrário, o SIADAP não se aplica às EPE nem aos gabinetes de apoio dos membros do Governo e do Presidente da República, da Assembleia da República, dos Tribunais, do Ministérios Público e de outos órgãos independentes[22] (artigo 2º da Lei nº 66-B/2007, d 28 de dezembro).

Tal como enunciado no artigo 5º da Lei em referência, o SIADAP rege-se por um conjunto de princípios com necessário reflexo na atuação e exercício de funções dos titulares de cargos dirigentes, a saber:

a) *Coerência e integração*, alinhando a ação dos serviços, dirigentes e trabalhadores na prossecução dos objetivos e na execução das políticas públicas;
b) *Responsabilização e desenvolvimento*, reforçando o sentido de responsabilidade dos dirigentes e trabalhadores pelos resultados dos serviços, articulando melhorias dos sistemas operacionais e processos de trabalho e o desenvolvimento das competências dos dirigentes e dos trabalhadores;
c) *Universalidade e flexibilidade*, visando a aplicação dos sistemas de gestão de desempenho a todos os serviços, dirigentes e trabalhadores, mas prevendo a sua adaptação a situações específicas;
d) *Transparência e imparcialidade*, assegurando a utilização de critérios objetivos e públicos na gestão do desempenho dos serviços, dirigentes e trabalhadores, assente em indicadores de desempenho;
e) *Eficácia*, orientando a gestão e a ação dos serviços, dos dirigentes e dos trabalhadores para a obtenção dos resultados previstos;
f) *Eficiência*, relacionando os bens produzidos e os serviços prestados com a melhor utilização de recursos;
g) *Orientação para a qualidade* nos serviços públicos;
h) *Comparabilidade dos desempenhos* dos serviços, através da utilização de indicadores que permitam o confronto com padrões nacionais e internacionais, sempre que possível;
i) *Publicidade dos resultados* da avaliação dos serviços, promovendo a visibilidade da sua atuação perante os utilizadores;
j) *Publicidade na avaliação* dos dirigentes e dos trabalhadores;

[22] Tudo sem prejuízo de o SIADAP poder ser aplicável (não havendo lei ou regulamento em contrário), com as devidas adaptações, aos trabalhadores com vínculo de emprego público que exerçam funções em pessoas coletivas excluídas do seu âmbito de aplicação (artigo 83º do SIADAP, mas também artigo 1º, nº 6, da LTFP).

k) *Participação* dos dirigentes e dos trabalhadores na fixação dos objetivos dos serviços, na gestão do desempenho, na melhoria dos processos de trabalho e na avaliação dos serviços;
l) *Participação* dos utilizadores na avaliação dos serviços.

Constituem objetivos globais deste sistema de gestão e avaliação da AP:
i. Contribuir para a melhoria da gestão da AP em razão das necessidades dos utilizadores, alinhando a atividade dos serviços com os objetivos das políticas públicas;
ii. Desenvolver e consolidar práticas de avaliação e autorregulação da AP;
iii. Identificar as necessidades de formação e desenvolvimento profissional adequadas à melhoria do desempenho dos serviços, dos dirigentes e dos trabalhadores;
iv. Promover a motivação e o desenvolvimento das competências e qualificações dos dirigentes, favorecendo a formação ao longo da vida;
v. Reconhecer e distinguir serviços, dirigentes e trabalhadores pelo seu desempenho e pelos resultados obtidos, estimulando o desenvolvimento de uma cultura de excelência e qualidade;
vi. Melhorar a arquitetura dos processos, gerando valor acrescentado para os utilizadores, numa ótica de tempo, custo e qualidade;
vii. Melhorar a prestação de informação e a transparência da ação dos serviços da AP;
viii. Apoiar o processo de decisões estratégicas através da informação relativa a resultados e custos, designadamente em matéria de pertinência da existência de serviços, das suas atribuições, organização e atividades (artigo 6º da Lei nº 66-B/2007).

O instrumento em que assenta a avaliação de desempenho de cada serviço é o QUAR – Quadro de Avaliação e Responsabilização (artigo 10º da Lei nº 66-B/2007), o qual está sujeito a avaliação permanente, sendo atualizado a partir dos sistemas de informação do serviço. É objeto de publicação na página eletrónica do serviço.

No QUAR devem ficar evidenciados:
a) A missão do serviço;
b) Os objetivos estratégicos plurianuais determinados superiormente;

c) Os objetivos anualmente fixados que, em regra, são hierarquizados;
d) Os indicadores de desempenho e respetivas fontes de verificação;
e) Os meios disponíveis, referidos sinteticamente;
f) O grau de realização de resultados obtidos na prossecução de objetivos;
g) A identificação dos desvios e, sinteticamente, as respetivas causas;
h) A avaliação final do desempenho do serviço (artigo 10º da Lei nº 66-B/2007).

A avaliação do desempenho dos serviços realiza-se com base em três grandes parâmetros:

i) *Objetivos de eficácia* (medida em que um serviço atinge os seus objetivos e obtém ou ultrapassa os resultados esperados);
ii) *Objetivos de eficiência* (relação entre os bens produzidos/serviços prestados e os recursos utilizados);
iii) *Objetivos de qualidade* (conjunto de propriedades e características de bens ou serviços, que lhes conferem aptidão para satisfazer necessidades explícitas ou implícitas dos utilizadores) – cf. artigo 11º da Lei nº 66-B/2007.

A avaliação dos serviços realiza-se por autoavaliação (anual, obrigatória e integrada no relatório de atividades anual) e por heteroavaliação (da responsabilidade do Conselho Coordenador do Sistema de Controlo Interno da Administração Financeira do Estado e que visa obter um conhecimento aprofundado das causas dos desvios evidenciados na autoavaliação ou detetados de outra forma, e apresentar propostas para a melhoria dos processos e resultados futuros) – cf. artigos 14º a 20º da Lei nº 66-B/2007.

O subsistema de avaliação do desempenho dos serviços (SIADAP 1) assume relevante importância não só para os serviços avaliados, mas também para os respetivos dirigentes, uma vez que os resultados da avaliação dos primeiros se refletem na avaliação do desempenho dos segundos (além de se repercutirem nas opções orçamentais com impacto nos serviços e nas opções e prioridades do ciclo de gestão seguinte).

Com efeito, a atribuição da menção de desempenho insuficiente no processo de avaliação dos serviços será considerada pelo membro do Governo responsável para efeitos de aplicação de um conjunto de medidas que podem passar pela celebração de uma nova carta de missão, na qual será expressamente consagrado o plano de recuperação ou correção das deficiências ou desvios detetados (artigos 20º, nº 1 e 26º, nºs 1 a 3 da Lei nº 66-B/2007).

Mais ainda, a atribuição consecutiva de menções de desempenho insuficiente ou a não superação de desvios evidenciados e analisados em sede de heteroavaliação podem constituir fundamento para uma tomada de decisão relativamente à pertinência da existência do serviço, da sua missão, atribuições, organização e atividades, bem como levar ao apuramento de eventuais responsabilidades. Em súmula, poderá, consequentemente, fundamentar uma decisão de cessação antecipada ou de não renovação da comissão de serviço do dirigente responsável pelo serviço (artigos 26º, nº4, e 34º da Lei nº 66-B/2007).

No que tange mais especificamente aos titulares de cargos de direção superior e intermédia, a avaliação do seu desempenho efetua-se nos moldes do subsistema SIADAP 2, regulado nos artigos 29º a 40º da Lei nº 66-B/2007.

O desempenho dos dirigentes superiores e intermédios é objeto de monitorização intercalar, mas a sua avaliação global é realizada apenas no termo das respetivas comissões de serviço ou no fim do prazo para que foram nomeados. Esta avaliação de desempenho não produz quaisquer efeitos na respetiva carreira de origem[23].

O período de monitorização intercalar corresponde ao ano civil, mas pressupõe o desempenho como dirigente por um período não inferior a seis meses, seguidos ou interpolados.

Relativamente ao pessoal integrado em carreira que se encontre em funções de direção ou equiparadas inerentes ao conteúdo funcional da carreira, quando tal exercício não for titulado em comissão de serviço, a avaliação do respetivo desempenho é realizada bienalmente, nos termos do SIADAP 3 (caso em que essa avaliação produz efeitos na carreira de origem, não se aplicando os métodos de avaliação previstos nos artigos 42º, nºs 5 a 7, e 43º da Lei nº 66-B/2007, ou seja, a aplicação da avaliação do biénio anterior ou a ponderação curricular).

A avaliação do desempenho dos dirigentes realiza-se com base nos parâmetros seguintes:

[23] Por seu turno, a avaliação do desempenho, com efeitos na carreira de origem, dos trabalhadores que exercem cargos dirigentes, é realizada bienalmente, nos moldes previstos nos nºs 5 a 7º do artigo 42º (relevância da última classificação atribuída nos termos do SIADAP 3 – a vulgarmente designada "classificação por arrasto" – ou, não sendo tal possível, avaliação do biénio efetuada pelo Conselho Coordenador de Avaliação) e no artigo 43º (ponderação curricular) da Lei SIADAP.

Dirigentes superiores[24]	Dirigentes intermédios
• *Grau de cumprimento dos compromissos* constantes das respetivas cartas de missão, tendo por base os indicadores de medida fixados para a avaliação dos resultados obtidos em objetivos de eficácia, eficiência e qualidade nelas assumidos e na gestão dos recursos humanos, financeiros e materiais afetos ao serviço.[25]	• *Resultados* obtidos nos objetivos (em número não inferior a três) da unidade orgânica que dirigem.
• *Competências* de liderança, de visão estratégica, de representação externa e de gestão demonstradas.	• *Competências* de liderança, técnicas e comportamentais adequadas ao exercício do cargo (em número não inferior a cinco).

4. *Dirigentes superiores*

Para efeitos de monitorização intercalar do seu desempenho, o dirigente máximo do serviço deve dirigir ao respetivo membro do Governo, até ao dia 15 de abril de cada ano, um relatório de atividades que integre a autoavaliação do serviço nos termos previstos no artigo 15º, nº 2, da Lei SIADAP e um relatório sintético explicitando o grau de cumprimento dos compromissos constantes da carta de missão, as principais opções adotadas em matéria de gestão e qualificação dos recursos humanos, de gestão dos recursos financeiros e o resultado global da aplicação do SIADAP 3, quando aplicável, abrangendo expressamente a distribuição equitativa das menções qualitativas atribuídas, no total e por carreira.

Por seu turno, os dirigentes superiores de 2º grau devem apresentar ao dirigente máximo do serviço um relatório sintético explicitando os resultados obtidos face aos compromissos assumidos na carta de missão e sua evolução relativamente aos anos anteriores.

O dirigente máximo do serviço é avaliado pelo membro do Governo que outorgou a carta de missão. Por sua vez, os dirigentes superiores de 2º grau são avaliados pelo dirigente máximo que outorgou a carta de missão nos termos previstos no nº 2 do artigo 30º da Lei nº 66-B/2007, avaliação essa que deverá ser homologada pelo competente membro do Governo.

[24] Inclui os membros dos conselhos diretivos dos institutos públicos sujeitos, para todos os efeitos legais, ao EGP.

[25] Para efeitos de aferição deste parâmetro de avaliação, os dirigentes superiores de 2º grau, no início da sua comissão de serviço, assinam com o dirigente máximo uma carta de missão, a qual constitui um compromisso de gestão, onde devem ser definidos explicitamente os objetivos, se possível quantificados e calendarizados, a atingir no decurso do exercício de funções, bem como os indicadores de desempenho aplicáveis à avaliação dos resultados (artigo 30º, nº 2, da Lei nº 66-B/2007).

A não realização dos objetivos previstos, designadamente dos constantes da carta de missão determina a não renovação ou a cessação da comissão de serviço dos dirigentes superiores (cf. artigo 24º da Lei nº 66-B/2007 e artigo 25º, nº 1, alínea e), subalínea i) do EPDAP).

Do mesmo modo, a não aplicação do SIADAP por razões imputáveis aos dirigentes máximos dos serviços, incluindo os membros dos conselhos diretivos dos institutos públicos, determina a cessão das respetivas funções.

5. *Dirigentes intermédios*

Em ordem a possibilitar a avaliação do desempenho dos dirigentes intermédios, no início da respetiva comissão de serviço e no quadro das suas competências legais, aqueles negoceiam com o respetivo avaliador a definição dos objetivos, quantificados e calendarizados, a atingir no decurso do exercício de funções, bem com os indicadores de desempenho aplicáveis à avaliação dos resultados.

Os dirigentes intermédios de 1º grau são avaliados pelo dirigente superior de quem diretamente dependam, enquanto os dirigentes intermédios de 2º grau são avaliados pelo dirigente superior ou intermédio de 1º grau de quem diretamente dependam.

A não realização dos objetivos previstos determina a não renovação ou a cessação da comissão de serviço dos dirigentes superiores (cf. artigo 39º da Lei nº 66-B/2007 e artigo 25º, nº 1, alínea e), subalínea i) do EPDAP).

6. A atribuição da menção de Desempenho Inadequado constitui fundamento para a cessão da comissão de serviço.

Do mesmo modo, a não aplicação do SIADAP 3 por razões imputáveis ao dirigente intermédio determina a cessão da respetiva comissão de serviço.

Se ocorrer a inobservância não fundamentada das orientações dadas pelo Conselho Coordenador de Avaliação, o facto deverá ser tido em consideração na avaliação de desempenho do dirigente intermédio, no parâmetro que for considerado mais adequado.

Se se tratar de pessoal integrado em carreira em exercício de funções de direção ou equiparadas inerentes ao conteúdo funcional da carreira, quando tal exercício não for titulado em comissão de serviço, a atribuição da menção de Desempenho Inadequado, bem como a não aplicação do SIADAP 3 ao pessoal diretamente afeto ao dirigente, terá os efeitos previstos no artigo 53º da Lei SIADAP, ou seja, o avaliador deverá especificar, por parâmetro, os fundamentos que determinaram tal avaliação, de modo a possibilitar a tomada de decisões no sentido de (i) analisar as razões da insuficiência do desempenho e identificar as necessidades de formação e o plano de desenvolvimento profissional adequados à melhoria do desempenho do dirigente, e (ii) fundamentar decisões de melhor aproveitamento das capacidades do dirigente.

nº 2

7. Na definição dos objetivos a prosseguir pelos titulares dos cargos dirigentes assume clara importância a especificidade funcional do serviço ou organismo que dirigem. Mas será sempre desejável que os objetivos possam ser agrupados em três categorias principais: eficácia, eficiência e qualidade (os quais, como vimos nas notas anteriores, constituem parâmetros de avaliação dos serviços e permitem aferir o grau de cumprimento pelo dirigente dos compromissos assumidos na carta de missão). Isto porque, como se expressa no nº 2 do artigo 5º do EPDAP, os dirigentes devem orientar toda a sua atuação pelos citados critérios da qualidade, eficiência e eficácia, apanágio da observância do princípio da boa administração, consignado no artigo 5º do CPA. Nessa senda, cabe aos dirigentes, porque o são, tomar as medidas adequadas a que os serviços sejam organizados de modo a uma maior aproximação das populações que servem, despindo-os da burocracia não essencial.

Referindo-se ao princípio da desburocratização e eficiência que, no CPA anterior a 2015, era objeto de artigo próprio (artigo 10º), comentam Mário Esteves de Oliveira *et al*:

"A celeridade, a economia e a eficiência das suas decisões são parâmetros em função dos quais a Administração deve pautar o seu poder de conformação do procedimento administrativo. Não se lhe exige nem que seja temerosa (mas expedita) nem complexa (mas económica), nem "picuinhas" ou burocrática (mas eficiente).

E nisto, de desburocratização e eficiência, vai sintetizado muito da essência do procedimento administrativo, como vectores fundamentais que são do princípio da *informalidade.*

Existindo para proteger interesses públicos fundamentais, sejam os interesses dos particulares quês e realizam através do procedimento sejam os da comunidade, com uma função de garantia inderrogável, o procedimento administrativo deve avançar – no que não bula com essa garantia – informalmente, isto é, sem arreigo a formas especiais ou pré-determinadas, como as circunstâncias recomendarem para a decisão vir atempadamente e capaz de produzir o seu melhor efeito." (in *Código do Procedimento Administrativo*, comentado, pág. 132, Almedina, 2ª edição, 2007).

Assim, aos dirigentes cabe – observando necessariamente, o princípio da legalidade no qual se estribam as suas competências – implementar e/ou promover, no serviço que dirigem e respetivos trabalhadores, medidas que conduzam a procedimentos (de iniciativa da própria Administração ou de iniciativa dos particulares) mais céleres, eficientes e eficazes, conducentes a decisões não demoradas no tempo e que atinjam adequadamente os objetivos previstos. Como propugna a nossa Lei Fundamental (artigo 267º), a AP deve ser estruturada de modo a evitar a burocratização, a aproximar os serviços das populações e a assegurar a participação dos interessados na sua gestão efetiva. Tal passa, necessariamente, pela implementação de quadros mentais e organizacionais mais flexíveis e abertos, evitando-se a falta de transparência nos procedimentos e inerente atuação da Administração, cabendo aos titulares dos cargos dirigentes importante contributo nesse sentido.

Com efeito, os dirigentes deverão ter presente que toda a atividade administrativa deve subordinar-se aos princípios da prossecução do interesse público, embora sempre com respeito pelos direitos e interesses legalmente protegidos dos cidadãos, bem como da colaboração com os particulares. Nesse sentido, devem os dirigentes incutir nos serviços uma cultura de administração aberta e de transparência, sendo certo que a lei (constitucional e ordinária) confere aos particulares o direito a obter da administração as informações ou esclarecimentos de que careçam[26], bem como estimular as iniciativas dos cidadãos, acolhendo as suas sugestões e informações (artigos 11º, 12º, 17º e 18º do CPA).

Cf. artigos 266º a 271º da CRP e artigos 1º e 19º do CPA, bem como, v.g. o artigo 7º, nº 1, alíneas a), f), j), l) do EPDAP.

[26] Tudo sem prejuízo do direito dos particulares à proteção dos seus dados pessoais e à segurança e integridade dos suportes, sistemas e aplicações utilizados para o efeito, nos termos do RGPD (e Lei nº 58/2019, de 8 de agosto), bem como, por outro lado, salvaguardando-se devidamente o disposto na lei quanto às matérias de segurança interna e externa, investigação criminal, sigilo fiscal, bancário e judicial (cf. Lei de Acesso aos Documentos Administrativos – LADA, aprovada pela Lei nº 26/2016, de 22 de agosto, na sua atual redação).

nº 3

8. O bom desempenho e a boa imagem dos serviços passa também, como decorre do nº3 deste artigo 5º, do empenho e da motivação dos trabalhadores que exercem funções no mesmo. Por isso é, também, responsabilidade do pessoal dirigente envolver os seus colaboradores, subordinados diretos e indiretos, no espírito e vida da organização. Ou seja, hodiernamente, ser dirigente da AP passa por não ocupar apenas um cargo ou posto hierarquicamente superior, com as competências legais que lhe são inerentes, e exercer as respetivas funções de forma autocrática, mas também por contribuir para a integração dos trabalhadores na organização e levando-os a participar na vida da mesma, fazendo-os sentir que os objetivos da organização são também objetivos dos trabalhadores. São exemplos de uma desejada política/atuação de integração e motivação a receção pessoal e individualizada de novos trabalhadores que entram na organização, a estimulação de apresentação de iniciativas ou sugestões pelos trabalhadores suscetíveis de melhorar a atuação e os resultados do serviço, bem como a melhoria do ambiente organizacional, a realização de inquéritos de satisfação, a implementação de regimes de horários de trabalho flexíveis e que possibilitem aos trabalhadores uma melhor conjugação entre a vida e os deveres profissionais e a vida e os deveres pessoais e familiares, promover ou facilitar a frequência de ações de formação profissional adequadas às funções desempenhadas pelos trabalhadores, a atribuição de prémios de desempenho, louvores, reconhecimento público do mérito, entre outros.

Neste sentido, tenha-se em atenção algumas das competências que o próprio EPDAP confere ao pessoal dirigente, as quais, direta ou indiretamente, se refletem nos trabalhadores seus subordinados: garantir a efetiva participação dos trabalhadores em funções públicas na preparação dos planos e relatórios de atividades e proceder à sua divulgação e publicitação; proceder à difusão interna das missões e objetivos do serviço, das competências das unidades orgânicas e das formas de articulação entre elas, desenvolvendo formas de coordenação e comunicação entre as unidades orgânicas e respetivos trabalhadores em funções públicas (artigo 7º, nº 1, alíneas g) e h) do EPDAP), ambas referentes aos titulares de cargos de direção superior); efetuar o acompanhamento profissional no local de trabalho, apoiando e motivando os trabalhadores em funções públicas e proporcionando-lhes os adequados conhecimentos e aptidões profissionais necessários ao exercício do respetivo posto de trabalho; divulgar junto dos trabalhadores em funções públicas os documentos internos e as normas de procedimento a adotar pelo serviço, bem como debater e esclarecer as ações a desenvolver para cumprimento dos objetivos do serviço, de forma a garantir o empenho e a assunção de responsabilidades por parte dos trabalhadores em funções públicas (artigo 8º, nº 2, alíneas b) e c) do EPDAP).

Na verdade, princípios gerais da atividade administrativa como, nomeadamente, os princípios da igualdade, de proporcionalidade, justiça, razoabilidade, boa-fé, colaboração, participação e decisão, não devem ser encarados apenas como princípios aplicáveis a entidades exteriores à organização, mas outrossim, como suscetíveis de aplicação efetiva dentro da organização administrativa (*vide* artigos 6º a 13º do CPA).

nº 4

9. O princípio vertido neste nº 4, que diretamente visa o objetivo da formação e valorização profissional dos trabalhadores que prestam funções nos serviços da AP, afigura-se relevante, não só nesta sede, mas também porquanto se reflete no reforço da eficiência e melhoria das competências dos serviços sob alçada do dirigente em causa. Na verdade, trabalhadores altamente qualificados e/ou especializados, a quem são dadas oportunidades de valorização contínua e evolutiva, serão, em princípio, trabalhadores mais motivados e empenhados no desempenho das suas funções, o que se traduzirá, inevitavelmente – e desde que não se tratem de situações pontuais e isoladas, mas antes resultem de um traço comum e constante da psicossociologia da organização – na melhoria do desempenho dos próprios serviços, reforçando as respetivas eficiência e eficácia.

Por isso, nos artigos dedicados às competências dos titulares dos cargos dirigentes, o EPDAP atribui aos mesmos várias competências relacionadas com a necessidade de promover políticas de formação e valorização profissional trabalhadores.

É o caso, no que tange aos titulares de cargos de direção superior, no âmbito da gestão geral do respetivo órgão ou serviço, da competência enunciada na alínea j) do nº 1 do artigo 7º o EPDAP (elaborar planos de ação que visem o aperfeiçoamento e a qualidade dos serviços, nomeadamente através de cartas de qualidade, definindo metodologias de melhores práticas de gestão e de sistemas de garantia de conformidade face aos objetivos exigidos), e no âmbito na gestão específica dos recursos humanos, da competência prevista na alínea b) do nº 2 do mesmo artigo 7º (garantir a elaboração e atualização do diagnóstico de necessidades de formação do serviço ou órgão e, com base neste, a elaboração do respetivo plano de formação, individual ou em grupo, bem como efetuar a avaliação dos efeitos da formação ministrada ao nível da eficácia do serviço e do impacto do investimento efetuado).

No que tange aos titulares dos cargos de direção intermédia de 2º grau, podemos apontar a competência prevista na alínea b) do nº 2 do artigo 8º (efetuar o acompanhamento profissional no local de trabalho, proporcionar aos trabalhadores os adequados conhecimentos e aptidões profissionais necessários ao exercício das funções inerentes ao respetivo posto de trabalho), e na alínea e) do nº 2 do mesmo artigo 8º do EPDAP (identificar as necessidades de formação específica dos trabalhadores em funções públicas na sua unidade orgânica, propor a frequência de ações de formação consideradas adequadas ao suprimento das referidas necessidades, sem prejuízo do direito à autoformação).

10. Na promoção da aquisição de conhecimentos iniciais, de formação contínua e da valorização profissional dos trabalhadores, individualmente e por equipa, com vista ao melhor desempenho e à cada vez maior eficácia e melhoria de eficiência dos serviços, os dirigentes devem ter em consideração o atual regime de formação profissional (RFP) na AP, que se encontra previsto e regulado no DL nº 86-A/2016, de 29 de dezembro. O mesmo regime apresenta como objetivos:

a. Capacitar os órgãos e serviços da Administração Pública, através da qualificação dos seus trabalhadores e dirigentes, para responder às exigências decorrentes das suas respetivas missões, atribuições e competências;
b. Desenvolver competências de inovação e gestão da mudança, mediante a aquisição de conhecimentos e o desenvolvimento de capacidades reflexivas e críticas, propiciadoras de comportamentos e atitudes ajustados aos necessários processos de modernização administrativa;
c. Contribuir para a eficiência, a eficácia e a qualidade dos serviços a prestar aos cidadãos e às empresas;
d. Promover a capacitação humana para a governação digital;
e. Assegurar a qualificação profissional dos trabalhadores e dirigentes e melhorar o seu desempenho, segundo referenciais de competências;

f. Contribuir para o reforço da qualificação profissional, garantindo, sempre que necessário, a dupla certificação;
g. Dinamizar uma cultura de gestão do conhecimento organizacional, que incentive e valorize a produção, a difusão e a utilização do conhecimento (artigo 4º).

Com efeito, constitui dever do empregador público, proporcionar ao trabalhador e aos dirigentes o acesso a formação profissional e criar as condições facilitadoras da transferência dos resultados da aprendizagem para o contexto de trabalho, pelo que os órgãos e serviços da AP devem elaborar um plano de formação profissional, de acordo com o diagnóstico de necessidades efetuado. O plano de formação profissional, devidamente orçamentado, insere-se no ciclo de gestão dos órgãos e serviços, fazendo parte integrante do plano de atividades.

Tal plano de formação deve ter em conta, preferencialmente, as políticas de desenvolvimento de recursos humanos e de inovação e modernização administrativas, garantindo uma abordagem prospetiva da atividade formativa; as necessidades prioritárias dos trabalhadores face às exigências dos postos de trabalho que ocupam, aferidas de entre as áreas estratégicas definidas; bem como identificação de necessidades de formação decorrente do processo de avaliação do desempenho.

Tendencialmente, os planos de formação devem assegurar a todos os trabalhadores uma ou mais ações de formação em cada três anos (*vide* artigos 5º a 10º do DL nº 86-A/2016, de 29 de dezembro).

Além de constituir uma obrigação legal do empregador público, o acesso a formação profissional corresponde, em contrapartida, a um direito dos trabalhadores, tal como consignado no artigo 14º do RFP, sendo que, enquanto formandos, aqueles têm direito a frequentar ações de formação necessárias ao seu desenvolvimento pessoal e profissional; apresentar propostas para elaboração do plano de formação do órgão ou serviço a que pertencem; utilizar, dentro do período laboral, o crédito de horas para a formação profissional, em regime de autoformação, nos termos do artigo 16º do mesmo regime.[27]

[27] Correlativamente, na mesma qualidade de formandos, os trabalhadores têm os deveres de cumprir as suas obrigações legais em matéria de formação, *v.g.* respeitar a duração e horários estabelecidos na formação, participar ativamente nas ações de formação, e partilhar a in-

11. Por último, importa ainda chamar a atenção, nesta sede, para uma das modalidades específicas de formação profissional dos trabalhadores que os titulares de cargos dirigentes não devem olvidar, dadas as exigências particulares que originam a necessidade da mesma. Referimo-nos à formação para a valorização profissional, modalidade de formação que se dirige ao reforço das competências profissionais dos trabalhadores, com vista à integração em novo posto de trabalho, na sequência de reorganização de órgãos ou serviços.

Embora referenciada nos artigos 6º e 9º do RFP, esta modalidade de formação mereceu tratamento autónomo vertido no Regime Jurídico da Valorização Profissional dos Trabalhadores com Vínculo de Emprego Público (RJVP), aprovado em anexo à Lei nº 25/2017, de 30 de maio[28].

O identificado diploma estatui, assim, o regime da valorização profissional dos trabalhadores com vínculo de emprego público na sequência dos procedimentos de reorganização e racionalização de efetivos geradores de valorização profissional, tendo por âmbito de aplicação o definido no nº 2 do artigo 1º da LTFP.

Nos termos do artigo 3º do RJVP, a gestão dos trabalhadores em valorização profissional, incluindo o acompanhamento dos processos de reorganização e racionalização, bem como a realização das ações de formação no âmbito dos planos de valorização profissional aplicáveis e a consequente integração dos trabalhadores em novo posto de trabalho para o reinício de funções, compete ao INA – Instituto Nacional de Administração, I.P., enquanto entidade gestora da valorização profissional.

SECÇÃO III
Competências do pessoal dirigente

ARTIGO 6º
Competências

1 – O pessoal dirigente exerce as suas competências no âmbito da unidade orgânica em que se integra e desenvolve a sua atividade de

formação, os recursos didáticos e os métodos pedagógicos, no sentido de difundir conhecimento (artigo 15º do RFP).

[28] Procedeu à segunda alteração à Lei nº 35/2014, de 20 de junho, à quarta alteração à LTFP, e revogou a Lei nº 80/2013, de 28 de novembro.

harmonia com os princípios enunciados na presente lei, sem prejuízo dos casos em que as respetivas leis orgânicas lhe atribuam competência hierárquica sobre outros serviços ou órgãos.

2 – O pessoal dirigente exerce ainda todas as competências específicas que lhe forem conferidas por lei, respetivas leis orgânicas ou estatutos, assim como as que lhe forem delegadas e subdelegadas pelo membro do Governo ou superior hierárquico respetivo.

1. O pessoal dirigente está, como todos os trabalhadores, serviços e organismos da Administração Pública, sujeito ao princípio da legalidade, isto é, deve atuar em obediência da lei e do direito, dentro dos limites dos poderes que lhe forem conferidos e em conformidade com os respetivos fins (artigos 266º da CRP e 3º do CPA).

A doutrina, porém, divide-se tradicionalmente entre *(a)* uma parte que entende que a vinculação da Administração à legalidade corresponde a uma exigência de mera compatibilidade com a lei, ou de preferência ou prevalência de lei, o que se traduziria na imposição (negativa) que a Administração contrarie ou viole as normas legais (resumindo, a Administração poderia atuar desde que não contrarie a lei preexistente ou quando não exista lei); e *(b)* outra parte que entende que a sujeição à legalidade exige uma atuação positiva, de conformidade da conduta administrativa com a lei, isto é, qualquer ato da Administração para ser juridicamente válido tem de ter sido objeto de uma prévia qualificação ou habilitação legal.

A nosso ver – e sendo certo que o princípio da legalidade não tem, obviamente, o mesmo alcance em matéria de gestão pública e de gestão privada –, seguimos o último entendimento. Em sede de atuação da Administração Pública, estamos, com efeito, fora do domínio jurídico civilista ou privatista, no qual vigora o princípio da autonomia da vontade, segundo o qual o sujeito pode atuar desde que não existe lei que o proíba.

Assim, os titulares de cargos dirigentes somente podem atuar na medida em que preexista um diploma legal (incluindo leis orgânicas ou estatutárias) que lhe atribua competências para tal e no âmbito da unidade orgânica em que se integra, ou quando essas competências lhe forem delegadas e subdelegadas por superior hierárquico ou pelo membro do Governo respetivo.

2. Aos dirigentes máximos dos serviços é cometida a responsabilidade pela organização interna dos serviços, permitindo-se-lhes que, por despacho, possam criar, alterar ou extinguir as unidades orgânicas flexíveis (compostas por divisões)[29] dentro de uma estrutura orgânica hierarquizada, definindo as respetivas atribuições e competências, as regras necessárias ao seu funcionamento, articulação e, quando existam, a forma de partilha de funções comuns (artigo 21º, nºs 1, 3 e 5, da Lei nº 4/2004, de 15 de janeiro).

Também no âmbito de uma estrutura orgânica de tipo matricial, cabe aos(às) dirigentes máximos(as) dos serviços, a constituição das equipas multidisciplinares e a designação das suas chefias, de entre os efetivos do serviço (artigo 22º, nº 2, da Lei nº 4/2004, de 15 de janeiro).

3. Ver artigos 7º e 8º do EPDAP, nos quais se enunciam as competências legais genericamente atribuídas, respetivamente aos titulares dos cargos de direção superior e de direção intermédia.

ARTIGO 7º
Competências dos titulares dos cargos de direção superior

1 – Compete aos titulares dos cargos de direção superior de 1º grau, no âmbito da gestão geral do respetivo serviço ou órgão:

a) Elaborar os planos anuais e plurianuais de atividades, com identificação dos objetivos a atingir pelos serviços, os quais devem contemplar medidas de desburocratização, qualidade e inovação;

b) Assegurar, controlar e avaliar a execução dos planos de atividades e a concretização dos objetivos propostos;

c) Elaborar os relatórios de atividades com indicação dos resultados atingidos face aos objetivos definidos, bem como o balanço social, nos termos da lei aplicável;

d) Praticar todos os atos necessários ao normal funcionamento dos serviços e órgãos no âmbito da gestão dos recursos humanos, financeiros, materiais e patrimoniais, designadamente os mencionados no anexo i, que é parte integrante da presente lei, tendo em conta os limites previstos nos respetivos regimes

[29] Porém, tanto a estrutura nuclear do serviço (departamentalização fixa constituída por direções de serviços), como a definição das respetivas atribuições e competências, são aprovadas por portaria conjunta do membro do Governo competente, do Ministro das Finanças e do membro do Governo que tiver a seu cargo a Administração Pública (artigo 21º, nºs 1 a 4, da Lei nº 4/2004, de 15 de janeiro).

legais, desde que tal competência não se encontre expressamente cometida a outra entidade e sem prejuízo dos poderes de direção, superintendência ou tutela do membro do Governo respetivo;

e) Propor ao membro do Governo competente a prática dos atos de gestão do serviço ou órgão para os quais não tenha competência própria ou delegada, assim como as medidas que considere mais aconselháveis para se atingirem os objetivos e metas consagrados na lei e no Programa do Governo;

f) Organizar a estrutura interna do serviço ou órgão, designadamente através da criação, modificação ou extinção de unidades orgânicas flexíveis, e definir as regras necessárias ao seu funcionamento, articulação e, quando existam, formas de partilha de funções comuns;

g) Garantir a efetiva participação dos trabalhadores em funções públicas na preparação dos planos e relatórios de atividades e proceder à sua divulgação e publicitação;

h) Proceder à difusão interna das missões e objetivos do serviço, das competências das unidades orgânicas e das formas de articulação entre elas, desenvolvendo formas de coordenação e comunicação entre as unidades orgânicas e respetivos trabalhadores em funções públicas;

i) Acompanhar e avaliar sistematicamente a atividade do serviço, responsabilizando os diferentes sectores pela utilização dos meios postos à sua disposição e pelos resultados atingidos, nomeadamente em termos de impacte da atividade e da qualidade dos serviços prestados;

j) Elaborar planos de ação que visem o aperfeiçoamento e a qualidade dos serviços, nomeadamente através de cartas de qualidade, definindo metodologias de melhores práticas de gestão e de sistemas de garantia de conformidade face aos objetivos exigidos;

l) Propor a adequação de disposições legais ou regulamentares desatualizadas e a racionalização e simplificação de procedimentos;

m) Representar o serviço ou órgão que dirige, assim como estabelecer as ligações externas, ao seu nível, com outros serviços e órgãos da Administração Pública e com outras entidades congéneres, nacionais, internacionais e estrangeiras.

2 – No âmbito da gestão dos recursos humanos, compete aos titulares dos cargos de direção superior de 1º grau, designadamente:

a) Fazer cumprir as obrigações definidas nos termos da lei para o processo de avaliação do mérito dos trabalhadores em funções públicas, garantindo a aplicação uniforme do regime de avaliação no âmbito do respetivo serviço ou órgão;
b) Garantir a elaboração e atualização do diagnóstico de necessidades de formação do serviço ou órgão e, com base neste, a elaboração do respetivo plano de formação, individual ou em grupo, bem como efetuar a avaliação dos efeitos da formação ministrada ao nível da eficácia do serviço e do impacte do investimento efetuado;
c) Adotar os horários de trabalho mais adequados ao funcionamento dos serviços, observados os condicionalismos legais, bem como estabelecer os instrumentos e práticas que garantam o controlo efetivo da assiduidade;
d) Autorizar a acumulação de atividades ou funções, públicas ou privadas, nos termos da lei;
e) Exercer a competência em matéria disciplinar prevista na lei.

3 – No âmbito da gestão orçamental e realização de despesas, compete aos titulares dos cargos de direção superior de 1º grau, designadamente:

a) Elaborar os projetos de orçamento de funcionamento e de investimento, tendo em conta os planos de atividades e os programas aprovados;
b) Executar o orçamento de acordo com uma rigorosa gestão dos recursos disponíveis, adotando as medidas necessárias à correção de eventuais desvios ou propondo as que ultrapassem a sua competência;
c) Elaborar e aprovar a conta de gerência;
d) Assegurar as condições necessárias ao exercício do controlo financeiro e orçamental pelas entidades legalmente competentes;
e) Autorizar a realização de despesas públicas com obras e aquisição de bens e serviços, dentro dos limites estabelecidos por lei;
f) Autorizar a prestação de serviços e a venda de produtos próprios, fixando os respetivos preços.

4 - No âmbito da gestão de instalações e equipamentos, compete aos titulares dos cargos de direção superior de 1º grau, designadamente:

a) Superintender na utilização racional das instalações afetas ao respetivo serviço ou órgão, bem como na sua manutenção e conservação e beneficiação;

b) Promover a melhoria de equipamentos que constituam infraestruturas ao atendimento;

c) Velar pela existência de condições de saúde, higiene e segurança no trabalho, garantindo, designadamente, a avaliação e registo atualizado dos fatores de risco, planificação e orçamentação das ações conducentes ao seu efetivo controlo;

d) Gerir de forma eficaz e eficiente a utilização, manutenção e conservação dos equipamentos afetos ao respetivo serviço ou órgão.

5 - As competências dos titulares dos cargos de direção superior de 1º grau em matéria de gestão de recursos humanos não prejudicam as competências dos dirigentes dos serviços e órgãos responsáveis pela gestão centralizada de recursos humanos de cada ministério.

Contém as alterações introduzidas pelos seguintes diplomas:
- Lei nº 51/2005, de 30/08;
- Lei nº 64/2011, de 22/12.

1. Neste artigo 7º do EDPAD são enunciadas as competências que a lei atribui aos titulares dos cargos de direção superior de 1º grau[30], as quais se encontram agrupadas por quatro campos de gestão:

- nº 1: competências no âmbito da gestão geral do respetivo órgão ou serviço;
- nº 2: competências no âmbito da gestão dos recursos humanos;
- nº 3: competências no âmbito da gestão orçamental e realização de despesas;
- nº 4: competências no âmbito da gestão de instalação e equipamentos.

2. No que tange à competência atribuída sob a alínea d) do nº 1 (praticar todos os atos necessários ao normal funcionamento dos serviços e órgãos no âmbito da gestão dos recursos humanos, financeiros, materiais e patrimoniais, com os limites e ressalvas ali referidos), deverá atender-se à lista-

[30] Se prejuízo de eventuais outras competências atribuídas em diplomas específicos.

gem constante no Anexo I à Lei nº 2/2004, de 15 de janeiro, cujo conteúdo se reproduz para maior facilidade de leitura:

a) Autorizar a abertura de concursos e praticar todos os atos subsequentes, nomear e exonerar o pessoal do quadro e determinar a conversão da designação provisória em definitiva, bem como autorizar situações de mobilidade e comissões de serviço.
b) Celebrar, renovar e rescindir contratos de pessoal.
c) Autorizar a prestação de trabalho extraordinário, noturno, em dias de descanso e em feriados.
d) Assinar os termos de aceitação e conferir a posse ao pessoal.
e) Autorizar a aceitação ou posse em local diferente daquele em que o pessoal foi colocado, prorrogar o respetivo prazo, solicitar que aquelas sejam autorizadas ou conferidas pela autoridade administrativa ou por agente diplomático ou consular e conceder ao pessoal dos serviços externos o direito ao vencimento a partir da data da aceitação ou da posse, independentemente da entrada em exercício das novas funções.
f) Autorizar a atribuição dos abonos e regalias a que os trabalhadores em funções públicas tenham direito, nos termos da lei.
g) Autorizar a inscrição e participação do pessoal em congressos, reuniões, seminários, colóquios, cursos de formação ou outras iniciativas semelhantes que decorram em território nacional quando importem custos para o serviço, bem como a inscrição e participação em estágios.
h) Praticar todos os atos relativos à aposentação do pessoal, salvo no caso de aposentação compulsiva, e, em geral, todos os atos respeitantes ao regime de segurança social, incluindo os referentes a acidentes em serviço.
i) Praticar os atos da competência dos titulares dos cargos de direção intermédia relativamente a dirigentes e a pessoal que se encontrem na sua dependência.
j) Autorizar, dentro dos limites estabelecidos pelo respetivo orçamento anual, transferências de verbas subordinadas à mesma classificação orgânica e a antecipação até dois duodécimos por rubrica, com limites anualmente fixados pelo Ministério das Finanças.
k) Autorizar a constituição de fundos permanentes das dotações do respetivo orçamento, com exceção das rubricas referentes a pessoal, até ao limite de um duodécimo.

l) Celebrar contratos de seguro e de arrendamento e autorizar a respetiva atualização, sempre que resulte de imposição legal.
m) Autorizar deslocações em serviço, qualquer que seja o meio de transporte, bem como o processamento dos correspondentes abonos ou despesas com a aquisição de bilhetes ou títulos de transporte e de ajudas de custo, antecipadas ou não.
n) Autorizar as despesas resultantes de indemnizações a terceiros ou da recuperação de bens afetos ao serviço danificados por acidentes com intervenção de terceiros.
o) Autorizar despesas eventuais de representação dos serviços, bem como as de carácter excecional.
p) Qualificar como acidente em serviço os sofridos pelo pessoal e autorizar o processamento das respetivas despesas.
q) Autorizar o processamento de despesas cujas faturas, por motivo justificado, deem entrada nos serviços para além do prazo regulamentar.

ARTIGO 8º
Competência dos titulares dos cargos de direção intermédia

1 - Compete aos titulares de cargos de direção intermédia de 1º grau:

a) Definir os objetivos de atuação da unidade orgânica que dirigem, tendo em conta os objetivos gerais estabelecidos;
b) Orientar, controlar e avaliar o desempenho e a eficiência dos serviços dependentes, com vista à execução dos planos de atividades e à prossecução dos resultados obtidos e a alcançar;
c) Garantir a coordenação das atividades e a qualidade técnica da prestação dos serviços na sua dependência;
d) Gerir com rigor e eficiência os recursos humanos, patrimoniais e tecnológicos afetos à sua unidade orgânica, otimizando os meios e adotando medidas que permitam simplificar e acelerar procedimentos e promover a aproximação à sociedade e a outros serviços públicos;
e) Praticar os atos previstos no anexo ii, que é parte integrante da presente lei.

2 – Compete aos titulares dos cargos de direção intermédia de 2º grau:

a) Assegurar a qualidade técnica do trabalho produzido na sua unidade orgânica e garantir o cumprimento dos prazos adequados à eficaz prestação do serviço, tendo em conta a satisfação do interesse dos destinatários;

b) Efetuar o acompanhamento profissional no local de trabalho, apoiando e motivando os trabalhadores em funções públicas e proporcionando-lhes os adequados conhecimentos e aptidões profissionais necessários ao exercício do respetivo posto de trabalho, bem como os procedimentos mais adequados ao incremento da qualidade do serviço a prestar;

c) Divulgar junto dos trabalhadores em funções públicas os documentos internos e as normas de procedimento a adotar pelo serviço, bem como debater e esclarecer as ações a desenvolver para cumprimento dos objetivos do serviço, de forma a garantir o empenho e a assunção de responsabilidades por parte dos trabalhadores em funções públicas;

d) Proceder de forma objetiva à avaliação do mérito dos trabalhadores em funções públicas, em função dos resultados individuais e de grupo e à forma como cada um se empenha na prossecução dos objetivos e no espírito de equipa;

e) Identificar as necessidades de formação específica dos trabalhadores em funções públicas da sua unidade orgânica e propor a frequência das ações de formação consideradas adequadas ao suprimento das referidas necessidades, sem prejuízo do direito à autoformação;

f) Proceder ao controlo efetivo da assiduidade, pontualidade e cumprimento do período normal de trabalho por parte dos trabalhadores em funções públicas da sua unidade orgânica;

g) Autorizar a passagem de certidões de documentos arquivados na respetiva unidade orgânica, exceto quando contenham matéria confidencial ou reservada, bem como a restituição de documentos aos interessados;

h) Praticar os atos previstos no anexo ii, que é parte integrante da presente lei, quando não se encontrem diretamente dependentes dos titulares dos cargos dirigentes referidos no nº 1.

Contém as alterações introduzidas pela Lei nº 51/2005, de 30/08.

1. No presente artigo do EPDAP enunciam-se as competências legais genéricas atribuídas aos titulares dos cargos de direção intermédia de 1º grau (nº 1 do artigo 8º) e de 2º grau (nº 2 do artigo 8º).

2. Salienta-se que tanto os dirigentes intermédios de 1º grau, como os de 2º grau, podem praticar os atos elencados no Anexo II à Lei nº 2/2004, de 15 de janeiro, a saber:

a) Autorizar o exercício de funções a tempo parcial. Justificar ou injustificar faltas.
b) Conceder licenças e autorizar o regresso à atividade, com exceção da licença sem vencimento por um ano por motivo de interesse público e da licença de longa duração.
c) Autorizar o gozo e a acumulação de férias e aprovar o respetivo plano anual.
d) Autorizar o abono do vencimento de exercício perdido por motivo de doença.
e) Autorizar a inscrição e participação do pessoal em congressos, reuniões, seminários, colóquios, cursos de formação em regime de autoformação ou outras iniciativas semelhantes que decorram em território nacional quando não importem custos para o serviço.
f) Autorizar o pessoal a comparecer em juízo quando requisitado nos termos da lei de processo.

3. No entanto, as competências *supra* elencadas só poderão ser exercidas pelos dirigentes intermédios de 2º grau, quando a prática dos identificados atos não se encontre diretamente dependente dos dirigentes intermédios de 1º grau.

ARTIGO 9º
Delegação de competências

1 – Os membros do Governo podem delegar nos titulares dos cargos de direção superior de 1º grau as competências relativas às atribuições dos respetivos serviços e órgãos.

2 – Os titulares dos cargos de direção superior de 1º grau podem delegar em todos os níveis e graus de pessoal dirigente as suas competências próprias.

3 – A delegação de assinatura da correspondência ou de expediente necessário à mera instrução dos processos é possível em qualquer trabalhador em funções públicas.

4 – A delegação e a subdelegação de competências constituem instrumentos privilegiados de gestão, cabendo aos titulares dos cargos de direção superior de 1º grau a promoção da sua adoção, enquanto meios que propiciam a redução de circuitos de decisão e uma gestão mais célere e desburocratizada.

Contém as alterações introduzidas pela Lei nº 51/2005, de 30/08.

nºs 1 e 2

1. O artigo em anotação habilita os membros do Governo a delegarem nos titulares dos cargos de direção superior de 1º grau as competências relativas às atribuições dos órgãos e serviços integrados na respetiva área governativa (nº 1), bem como permite que os dirigentes superiores de 1º grau deleguem em todos os níveis e graus de pessoal dirigente (dirigentes superiores de 2º grau e dirigentes de direção intermédia de 1º, 2º e 3º graus) as competências próprias da área que dirigem.

2. A figura da delegação de competências ou poderes encontra-se regulada genericamente no CPA (artigos 44º a 50º).

A delegação de competências pode ser definida como o ato pelo qual um órgão, legalmente habilitado para o efeito, transfere para outro órgão o poder de exercício normal de uma competência que lhe pertence originariamente. Isto é, o órgão que é titular da competência originária ou primária permite, através do ato de delegação, que outro órgão ou agente[31] da mesma pessoa coletiva ou outro órgão de diferente pessoa coletiva pratique atos administrativos nessa matéria (artigo 44º, nº 1 do CPA).

Na decorrência do princípio da legalidade que impende sobre a Administração pública (artigos 266º da CRP e 3º do CPA), só poderá haver

[31] O nº 2 do mesmo artigo 44º do CPA define que agente é aquele que, a qualquer título, exerce funções públicas ao serviço da pessoa coletiva em regime de subordinação jurídica.

delegação de competências se a lei expressamente o prever. Inexistindo habilitação legal nesse sentido, o ato de "delegação" praticado será ilegal, ficando eivado do vício de nulidade, porquanto envolve uma renúncia ou alienação, não permitida, de competência (artigo 36º do CPA). Por seu turno, os atos praticados ao abrigo dessa delegação ilegal ficarão feridos do vício de incompetência, o qual, consoante os casos, gerará a respetiva nulidade ou anulabilidade[32].

A exigência de prévia habilitação para a delegação de competências encontra-se, inclusive, prevista, no que tange especificamente aos órgãos de soberania, órgãos das região autónoma e órgãos de poder local, a nível constitucional (artigo 111º, nº 2 da CRP).

O nº 3 do artigo 44º do CPA confere a habilitação genérica a que um órgão competente em determinada matéria possa, através de um ato de delegação de poderes, permitir que um seu imediato inferior hierárquico, adjunto ou substituto pratiquem atos de administração ordinária nessa matéria.

A nosso ver, porém, seria mais adequado, nesta sede, referir-se ao *suplente* ao invés do *substituto* do órgão, atento o regime da suplência e da substituição caracterizados nos artigos 42º e 43º do CPA. É que, nos casos em que existe lei que habilita um órgão a suceder, temporária ou pontualmente, no exercício da competência que, normalmente, pertence a outro órgão (substituição), considera-se que o órgão substituto exerce os poderes do órgão substituído como competência própria e exclusiva, ficando suspensa a aplicação da norma atributiva da competência ao órgão substituído (artigo 43º do CPA). Já no caso da suplência, o órgão que a lei designa como suplente nos casos de ausência, falta ou impedimento do titular do órgão ou do agente, vai atuar no exercício da competência daquele órgão ou agente (artigo 42º do CPA). Como referem Mário Esteves de Oliveira *et al*, "quando a norma se refere aos substitutos, reporta-se à sua situação virtual, e não à situação em que eles "substituam" efectivamente os titulares dos órgãos competentes, desencadeada pela ocorrência dos pressupostos constantes do nº 1 do art. 41º. Aí, exercem plenamente, por força da "substituição" ou suplência legal, a competência ordinária e decisória do substituído, cessando temporariamente (por "confusão" digamos assim) o exercício das competências em matéria de administração ordinária que nele estivessem delegadas por aquele." (in *Código do Procedimento*

[32] Sobre a nulidade e anulabilidade dos atos, seu regime e efeitos, cf. artigos 161º a 163º do CPA.

Administrativo comentado, 2ª edição, pág. 219, reportando à versão do CPA anterior às alterações legislativas nele introduzidas em 2015).

O disposto no nº 3 do artigo 44º do CPA aplica-se, igualmente, para a delegação de poderes dos órgãos colegiais nos respetivos presidentes, salvo se existir lei de habilitação específica que estabeleça uma repartição particular de competências entre os diversos órgãos (artigo 44º, nº 4). Estamos aqui novamente perante um exemplo de uma habilitação legal genérica de delegação de poderes.

A delegação para a prática de atos de administração ordinária só pode, assim, dirigir-se à prática de atos administrativos, pois se se tratasse apenas de uma mera repartição interna de tarefas ou atividades, não seria necessária esta habilitação legal conferida nos nºs 3 e 4 do artigo 44º do CPA.

No entanto, uma vez que o conceito de *administração ordinária* é genérico, revestindo algum grau de indeterminabilidade, a delimitação do que serão atos de administração ordinária deverá aferir-se de forma casuística, verificando-se o que, perante uma norma de competência específica sobre uma determinada matéria, se assume como sendo competência decisória ou, ao invés, como competência para a prática de atos de administração ordinária.

Os atos praticados ao abrigo de delegação ou subdelegação de poderes valem como se tivessem sido praticados pelo delegante ou subdelegante (nº 5 do artigo 44º do CPA). Esta estatuição reveste importância, designadamente para efeitos de eventual impugnação do ato. É que, perante um ato praticado pelo órgão delegado ou subdelegado não caberá, por exemplo, em princípio, recurso gracioso para o órgão delegante ou subdelegante, pois tudo se passa como se tivesse sido este a praticar o ato. Porém, excecionalmente, desde que exista expressa disposição legal nesse sentido, poderá haver recurso (especial) para o delegante ou subdelegante de ato praticado pelo delegado ou subdelegado (cf. nº 2 do artigo 199º do CPA).

Salvo disposição legal em contrário, o órgão delegante pode autorizar o delegado a subdelegar.

Por seu turno, o órgão subdelegado pode subdelegar as competências que lhe tenham sido subdelegadas, a não ser que exista disposição legal que tal impeça ou o delegante ou o subdelegante efetue reserva expressa em contrário (artigo 46º do CPA).

O órgão delegante ou subdelegante tem, relativamente ao delegado ou subdelegado, os seguintes poderes:

(i) pode emitir diretivas ou instruções vinculativas para o delegado ou subdelegado quanto ao modo como este deve exercer os poderes delegados ou subdelegados (nº 1 do artigo 49º do CPA);
(ii) pode avocar[33], anular, revogar[34] ou substituir[35] o ato praticado pelo delegado ou subdelegado ao abrigo da delegação ou subdelegação (nº 2 do artigo 49º do CPA).

O ato de delegação ou de subdelegação de competências obedece a formalidades expressamente exigidas por lei, com vista à necessária observância dos princípios da legalidade, imparcialidade e proteção dos direitos e interesses dos cidadãos.

Assim, no ato de delegação ou subdelegação, o órgão delegante ou subdelegante deve especificar:
(i) os poderes que são delegados ou subdelegados; ou
(ii) os atos que o delegado ou subdelegado pode praticar; e
(iii) a norma atributiva do poder delegado, bem como aquela que habilita o órgão a delegar (artigo 47º, nº 1 do CPA).

Os atos de delegação ou subdelegação de poderes (com a necessária especificação destes) estão sujeitos a publicação no Diário da República ou na publicação oficial da entidade pública em causa, bem como na *Internet*, no sítio institucional da mesma entidade (artigos 47º, nº 2 e 159º do CPA).

[33] Através de um ato de avocação, o órgão delegante ou subdelegante, titular da competência originária (e que continua, apesar da delegação ou subdelegação, a poder exercer as competências delegadas ou subdelegadas – desde que previna essa possibilidade), chama a si a condução e/ou a decisão de um ou diversos casos ou procedimentos administrativos concretos. Preclude-se, deste modo, a competência do órgão delegado ou subdelegado, mas apenas no tocante ao(s) caso(s) concreto(s), mantendo-se a mesma quanto aos demais casos. Trata-se de uma situação diferente da avocação genérica da competência delegada ou subdelegada que, na verdade, configura uma revogação da delegação ou subdelegação.

[34] Dispõe o nº 1 do artigo 165º do CPA que a *revogação* consiste no "ato administrativo que determina a cessação dos efeitos de outro ato, por razões de mérito, conveniência ou oportunidade". Já a *anulação* é "ato administrativo que determina a destruição dos efeitos de outro ato, com fundamento em invalidade" (nº 2 do artigo 165º do CPA). Não são suscetíveis de revogação ou anulação administrativa os atos nulos, os atos anulados contenciosamente e os atos revogados com eficácia retroativa (artigo 166º do CPA). Sobre o regime da revogação e da anulação, respetivos condicionantes e efeitos, *vide* artigos 165º a 172º do CPA.

[35] À substituição dos atos administrativos são aplicáveis as normas reguladoras da revogação, conforme consignado no artigo 173º do CPA.

A publicação é requisito de eficácia da delegação de poderes, pelo que os atos praticados ao abrigo de uma delegação não publicada nos termos legais ou antes de se proceder a essa publicação, são inválidos, por razão da incompetência do respetivo autor.[36]

Ao praticar um ato no uso de competências delegadas ou subdelegadas, o órgão delegado ou subdelegado deve mencionar expressamente a qualidade em que atua[37]. Porém, a falta de menção da delegação ou subdelegação ou a menção incorreta da sua existência e do seu conteúdo aquando da prática do ato não afeta a validade deste, não podendo, no entanto, as referidas falta ou incorreção prejudicar os interessados no exercício dos respetivos direitos (artigo 48º do CPA).

Com efeito, a menção da qualidade em que o delegado ou subdelegado atua permite aos destinatários do ato determinar, na eventualidade de quererem reagir contra o mesmo, saber de que meios devem ou podem servir-se para o efeito. Não pode um interessado que, inconformado com o ato e desconhecendo a existência de delegação ou subdelegação de competências, pretenda impugnar o mesmo, através de recurso gracioso para um superior hierárquico do autor do ato, ser prejudicado com a invocação da exceção da caducidade do exercício do direito de ação por não ter, no prazo legal, impugnado contenciosamente o ato, tendo deixado precludir tal prazo. A bem dos princípios da legalidade e da boa-fé, deve o interessado ser informado que o ato foi praticado no exercício de competências delegadas ou subdelegadas, sendo imediatamente impugnável contenciosamente, iniciando-se então o prazo legal de reação impugnatória. Como já foi antes mencionado, nem sempre, a não ser no caso de expressa previsão legal nesse sentido, pode haver lugar a recurso para o delegante ou subdelegante de um ato praticado pelo delegado ou subdelegado (artigo 199º, nº 2, do CPA).

O artigo 45º do CPA enumera, a título meramente exemplificativo (atenta a alocução adverbial ali utilizada), poderes que são indelegáveis:

[36] O que, na prática, se assiste frequentemente é, aquando da publicação do ato de delegação de competências, o órgão delegante proceder a ratificação dos atos praticados pelo "delegado" no âmbito da matéria objeto de delegação antes dessa publicação oficial. Ex.: "*O presente despacho produz efeitos desde o dia ...., ficando por esta forma ratificados todos os atos que, no âmbito das competências ora delegadas, tenham sido praticados por ....*".

[37] Por exemplo: "*Por delegação de ...*", "*Ao abrigo dos poderes delegados através do despacho X, datado de ...., do senhor(a) ......, publicado no DR, 2ª Série, nº X, do dia ....*"

a) A globalidade dos poderes do delegante, pois tal significaria uma renúncia a poderes ou competências que a lei atribuiu expressamente a um determinado órgão.
Conforme dispõe o artigo 36º do CPA, "A competência é definida por lei ou por regulamento e é irrenunciável e inalienável, sem prejuízo do disposto quanto à delegação de poderes, à suplência e à substituição", sendo "nulo todo o ato ou contrato que tenha por objeto a renúncia à titularidade ou ao exercício da competência conferida aos órgãos administrativos, sem prejuízo da delegação de poderes e figuras afins legalmente previstas".
Reitera-se, neste sentido, a já invocada submissão da Administração ao princípio da legalidade (artigos 266º da CRP e 3º do CPA).
b) Os poderes suscetíveis de serem exercidos sobre o próprio delegado (o que configuraria uma óbvia situação de conflito de interesses e de impedimento, com inerente violação das garantias de imparcialidade –*vide* artigos 6º e 69º a 76º do CPA). Por exemplo, não faria sentido que um órgão com competência legal para fiscalizar a atividade de outro ou aplicar sanções disciplinares aos titulares de outro órgão, pudesse delegar neste órgão os citados poderes.
c) Poderes a exercer pelo delegado fora do âmbito da respetiva competência territorial (v.g. não poderá um Ministro delegar num Presidente de Câmara Municipal competência que deva ser exercida através de atos com alcance a todo o território nacional).

Outro exemplo de poderes indelegáveis está previsto no nº 6 do artigo 197º do ETFP e concerne à proibição de delegação da competência para aplicação de sanção disciplinares que a lei atribui exclusivamente aos órgãos/entidades referidos nos nºs 1 a 5 do mesmo preceito legal.

A delegação e a subdelegação de competências extinguem-se (artigo 50º do CPA):

a) Por anulação ou revogação[38] do ato de delegação ou subdelegação;
b) Por caducidade, em virtude de se terem esgotado os efeitos do ato (v.g., por verificação de um termo resolutivo, a revogação da lei habilitante, pela prática de todos os atos para que foi concedida a delegação ou a subdelegação) ou de terem mudado os titulares dos

[38] Vide nota de rodapé nº 30.

órgãos delegante ou delegado, subdelegante e subdelegado (mas não em caso da sua substituição ou suplência).

nº 3

3. Neste número prevê-se a possibilidade de o titular de um cargo dirigente poder efetuar a delegação de assinatura de correspondência ou de expediente necessário à mera instrução de processos em qualquer trabalhador em funções públicas. Isto é, diferentemente do previsto nos nºs 1 e 2 deste artigo, permite-se que a delegação (de assinatura) seja efetuada na pessoa de qualquer trabalhador, mesmo que não seja titular de cargo dirigente.

Apesar de inserido num artigo com a epígrafe de *delegação de competências*, não se trata aqui de uma delegação de poderes em sentido próprio. Com efeito, na delegação de assinatura o titular da competência não transmite qualquer poder a um terceiro, mas apenas incumbe um seu subalterno ou coadjutor de assinar, em seu nome ou em sua representação, um ato por ele praticado. Ou seja, o autor do ato não passa a ser quem apõe a assinatura no instrumento em causa; o responsável exclusivo pelo ato é quem delegou a assinatura em outrem.

Na prática, encontramos exemplos desta figura da delegação de assinatura quando num determinado documento se apõe expressões como "*Pelo*", "*P'lo(a)*", "*Por*", indicando-se, seguidamente, o autor do ato.

nº 4

4. A delegação e a subdelegação de competências são entendidas pelo legislador do EPDAP como instrumentos privilegiados de gestão, no sentido de favorecem a redução de circuitos de decisão e uma gestão mais célere e menos burocrática. Por isso, como propugna o nº 4 do artigo em anotação os titulares dos cargos de direção superior de 1º grau devem promover a sua adoção.

5. A delegação de competências é assim, configurada como um instrumento de desconcentração administrativa e dos valores e interesses que lhe estão associados (cf. Mário Esteves de Oliveira e outros, in *Código do Procedimento Administrativo comentado,* já citado, pág. 210). No ensinamento do Prof. Freitas do Amaral, a delegação de poderes ou de competências é uma forma de desconcentração derivada, pois, além de carecer de permissão legal expressa, só se efetiva através de um ato específico praticado para o efeito pelo órgão titular da competência originária (*vide Curso de Direito Administrativo, Vol. I. Almedina, 3ª edição 7ª reimpressão da edição de novembro de 2006, pág. 837*).

Um sistema de organização administrativa que favorece a desconcentração de poderes ou competências tem por base uma organização vertical dos serviços públicos na qual existe uma distribuição vertical de competência entre os diversos graus ou escalões da hierarquia. Como ensinou/ensina o citado Prof. Freitas do Amaral, "a «desconcentração de competência», ou «administração desconcentrada» *é o sistema em que o poder decisório se reparte entre o superior e um ou vários órgãos subalternos,* os quais, todavia, permanecem, em regra, sujeitos à direcção e supervisão daquele." (*idem*, pág. 834).

E, como também aponta, o ilustre jusadministrativista, "a principal razão pela qual se desconcentram competências consiste em procurar aumentar a eficiência dos serviços públicos. Este acréscimo de eficiência pode traduzir-se, desde logo, na maior rapidez de resposta às solicitações dirigidas à Administração; ou pode revelar-se na melhor qualidade do serviço, já que a desconcentração viabiliza a especialização de funções, propiciando um conhecimento mais aprofundado dos assuntos a resolver; enfim, a desconcentração, enquanto liberta os superiores da tomada de decisões de menor relevância, cria-lhes condições para ponderarem a resolução das questões de maior responsabilidade que lhe ficam reservadas." (Ob. citada, pág. 836).

No entanto, não falta quem aponta desvantagens ao sistema: a multiplicidade de centros decisórios pode inviabilizar uma atuação concertada e coerente da Administração; a especialização que, normalmente, acompanha a desconcentração de competência poderá reduzir o âmbito de atividades dos subalternos, gerando a respetiva desmotivação; pode levar à diminuição da qualidade do serviço por se atribuírem competências a agentes por vezes menos preparados, prejudicando, inerentemente, os interesses dos administrados, etc.

Porém, as vantagens tendem a superar os inconvenientes e a nossa Lei Fundamental favorece a desconcentração administrativa (cf. artigo 267º, nºs 1 e 2, da CRP).

6. Jurisprudência

Acórdão de 27.01.2022, do TCA Sul – Contencioso Tributário – Proc. 1075/05.1BELSB

Relator: Maria Cardoso

Descritores: Incompetência hierárquica – Delegação de poderes – Ratificação.

Sumário:

"I. Uma das condições de validade dos actos administrativos reside em que ele seja praticado por quem tem competência para o efeito.

II. A competência funcional pode ser exclusiva ou delegada, conforme se permita ou não que o órgão normalmente competente autorize que um outro órgão possa exercer determinados poderes.

III. A ratificação destina-se a sanar invalidades de acto anterior, sanando vícios de competência ou proveniente da preterição de uma formalidade na sua formação, mantendo inalterável o conteúdo do acto, pertencendo o poder de ratificar o acto ilegal ao órgão competente para a prática do acto."

*

Acórdão de 13.05.2021, do STA – 1ª Secção – Proc. 096/17.6BEPDL

Relator: Cristina Santos

Descritores: Delegação de poderes – CSTAF – Competência do Supremo Tribunal Administrativo.

Sumário:

"I – O artº 74 nº 3 als. a), b) e c) ETAF habilita o Conselho Superior dos Tribunais Administrativos e Fiscais a delegar poderes no seu Presidente, cujo exercício se mostra previsto no artº 78º al. f) ETAF, com faculdade de subdelegar nos termos do artº 46º nº 1 CPA.

II – Cabe à Secção de Contencioso Administrativo do Supremo Tribunal Administrativo (artº 24º/1/a)/vii ETAF) a competência em 1ª instância para conhecer da impugnação do despacho de injustificação de faltas praticado pelo Presidente do TAF de Ponta Delgada ao abrigo de subdelegação de poderes, outorgada na sequência de poderes delegados pelo Conselho no seu Presidente, na medida em que o jus disputatum evidenciado pelo objecto da causa envolve directamente as competências materiais do CSTAF, sendo incindível do objecto dos actos de delegação e subdelegação.

III – Para haver delegação de poderes é necessário que o órgão delegante seja titular da competência delegada, titularidade dependente de uma norma que a confira, e que uma norma jurídica habilite o delegante a praticar o acto que a tem por conteúdo (artºs 36º/1, 44º/1 e 47º/1 CPA).

IV – Nos termos do artº 49º/1/2 CPA o delegante (ou o subdelegante) pode avocar, revogar, anular ou substituir o acto praticado pelo delegado (ou subdelegado, posto que havendo subdelegação o delegado assume o papel de delegante) bem como emitir directivas ou instruções vinculativas genéricas relativas ao modo de exercício dos poderes delegados (artº 49º/1/2 CPA), o que significa que a competência dispositiva originária permanece na esfera jurídica do delegante (ou subdelegante), assumindo o delegado, em nome próprio, o exercício de uma competência alheia.

V – O segmento do artº 44º nº 5 CPA no sentido expresso de os actos praticados ao abrigo da delegação ou subdelegação de poderes valem como se tivessem sido praticados pelo delegante ou subdelegante, deixa clara a equivalência de natureza jurídica do acto praticado pelo delegado (ou subdelegado) com a do mesmo acto se praticado pelo delegante (ou subdelegante)."

*

Acórdão de 30.10.2020, TCAN – 1ª Secção – Contencioso Administrativo – Proc. 02758/13.8BELSB

Relator: Helena Canelas

Descritores: Delegação de poderes – Norma habilitante – Autarquia local – Contraordenações urbanísticas.

Sumário:

"I – Pela delegação de poderes um órgão, legalmente habilitado para o efeito, permite que outro órgão ou agente pratique atos administrativos sobre a mesma matéria, consubstanciando, assim, um ato pelo qual um órgão opera uma transferência de poderes para o exercício normal de uma competência cuja titularidade lhe pertence, primária ou originariamente, transferência de poderes que se opera dentro do mesmo ente administrativo.

II – Como decorre do inciso "sempre que para tal estejam habilitados por lei", constante disposto no nº 1 do artigo 35º do CPA/91, a possibilidade da delegação de poderes depende de a lei a prever, e sem essa habilitação legal o ato de delegação de poderes é nulo por traduzir uma renúncia ou alienação de competência não admitida.

III – A norma do artigo 98º nº 10 do RJUE (DL. nº 555/99) não é excludente da disposição do artigo 70º nº 3 alínea m) da Lei das Autarquias Locais (Lei nº 169/99), a qual expressamente consagra a possibilidade de as competências para a determinação da instrução de processos de contraordenação e para a designação do respetivo instrutor, poderem ser delegadas ou subdelegadas no pessoal dirigente."

*

Acórdão de 21.11.2019 – TCAS – Secção Contencioso Administrativo – Proc. 956/18.7BESNT

Relator: Pedro Marchão Marques

Descritores: Contraordenação – Licença – Ato que aplica a coima – Competência – Delegação de competências – nulidade.

Sumário:

"i) Nos termos do disposto no art. 47º, nº 1, do CPA, *"[n]o ato de delegação ou subdelegação, deve o órgão delegante ou subdelegante especificar os poderes que são delegados ou subdelegados ou os atos que o delegado ou subdelegado pode praticar, bem como mencionar a norma atributiva do poder delegado e aquela que habilita o órgão a delegar"*.

ii) O delegante deve especificar os poderes delegados (art. 47º, nº 1). Com isto pretende a lei impedir delegações genéricas, o que é, aliás, reforçado com o disposto na alínea a) do artigo 45º do CPA ao determinar não poderem ser objecto de delegação *"a globalidade dos poderes do delegante"*.

iii) A especificação dos poderes delegados deve ser feita positivamente, isto é, por enumeração explícita dos poderes delegados ou dos actos que o delegado pode praticar.

iv) É ao presidente da câmara municipal que compete *"determinar a instrução dos processos de contraordenação e aplicar as coimas, com a faculdade de delegação em qualquer dos outros membros da câmara municipal"* - art. 35º, nº 2, al. n), da Lei nº 75/2013, de Setembro (que estabelece o regime jurídico das autarquias locais, aprova o estatuto das entidades intermunicipais, estabelece o regime jurídico da transferência de competências do Estado para as autarquias locais e para as entidades intermunicipais e aprova o regime jurídico do associativismo autárquico).

v) Não tendo o despacho de delegação de competências especificado a delegação do exercício desse poder no vereador que praticou o acto punitivo, aplicando a coima, ainda que por remissão para a competência própria do presidente (a prevista no citado artigo 35º, nº 2, al. n)), é o mesmo acto nulo."

*

Acórdão de 18.03.2004, Tribunal da Relação de Lisboa – Proc. 9995/2003-9

Relator: Margarida Vieira de Almeida

Descritores: Contraordenação – Delegação de poderes – Extinção.

Decisão Texto Integral (excertos):

(A) veio interpôr o presente recurso por se não conformar com a condenação em 30 dias de inibição da faculdade de conduzir imposta pelo Chefe da 2ª Divisão de Contra-Ordenações e confirmada em sede de recurso pelo despacho proferido no procº 118/03.2 TACSC do 4º Juízo Criminal de Cascais.

Suscita a questão prévia de falta de competência daquela entidade por ter caducado a delegação de poderes conferida por S. Exª, o Senhor Ministro da Administração, Dr. (J), e ainda não ter sido conferida, à data da condenação de que ora recorre, nova Delegação de poderes por S. Exª o Senhor Minstro da Administração, Dr. (F).

Ora, tendo caducado essa delegação de poderes na pessoa do Director Regional, a subdelegação de poderes conferida por aquele à senhora Chefe Repartição é igualmente inválida.

O Tribunal "a quo" entendeu que o facto de ter caducado a delegação de poderes efectuada por S. Exª, o Senhor Ministro primeiramente indicado supra, e de, àquela data, ainda não ter sido proferido despacho por S. Exª, o actual Minstro da Administração Interna, não fazia caducar a subdelegação, mas não lhe assiste razão.

Conforme se pode ler no artº 40º do Código do Procedimento Administrativo,

..." A delegação e a subdelegação de poderes extinguem-se:

a) por revogação do acto de delegação ou subdelegação;

b) por caducidade resultante de se terem esgotado os seus efeitos ou da mudança de titulares dos órgãos delegante ou delegado, subdelegante ou subdelegado. (sublinhado nosso)

E em anotações ao mesmo artigo pode ler-se:

..." da alínea b) resulta que o legislador considera haver uma relação "intuitus personae" entre o delegante e o delegado, e entre o subdelegante e o subdelegado. Assim, mudando o delegante quebra-se o vínculo da relação pessoal e a delegação caduca (sublinhado nosso). O mesmo vale para a subdelegação. Se "A" delegante é substituído no cargo, isso significa automáticamente a caducidade de todas as delegações que este fizera. Caducando a delegação de "A" em "B", isso significa também a caducidade automática das subdelegações que "B" tenha feito em "C"e assim sucessivamente, por "B" passar a não ter poderes de subdelegação.

A delegação é um acto de natureza precária que pode ser revogado sem qualquer fundamento.

Daí que o regime seja efectivamente o invocado pelo recorrente nas suas alegações, embora fazendo menção de um acórdão da Relação de Évora cujo teor afirma não conhecer.

"A latere", dir-se-á que de outra forma nem se percebia para que eram necessárias nomeações, destituições, eleições e todos os demais formalismos próprios de um Estado de Direito.

Termos em que acordam em conferência em conceder provimento ao recurso, julgando procedente a questão prévia invocada, ainda que com fundamentos diversos, e declarando a invalidade do acto administrativo impugnado pelo recorrente por falta de poderes, com todas as legais consequências. (...)"

ARTIGO 10º
Delegação de competências no substituto

(Revogado.)

Contém as alterações introduzidas pela Lei nº 51/2005, de 30/08

SECÇÃO IV
Qualificação e formação

ARTIGO 11º
Qualificação e formação

1 – O exercício da função dirigente está dependente da posse de perfil, experiência e conhecimentos adequados para o desempenho do respetivo cargo, bem como da formação profissional específica definida na presente lei.

2 – A permanente atualização no domínio das técnicas de gestão e desenvolvimento das competências do pessoal dirigente é garantida através do sistema de formação profissional.

3 – Para além das ações decorrentes do disposto no número anterior, a formação dos dirigentes pode ser atualizada pela participação em congressos, seminários, colóquios e palestras.

nº 1

1. O EPDAP faz depender o exercício da função dirigente da reunião dos pressupostos seguintes:

(i) Perfil para o desempenho da função;
(ii) Experiência e conhecimentos adequados para o desempenho do respetivo cargo;
(iii) Posse de formação profissional específica.

2. O perfil e a experiência e conhecimentos adequados e pretendidos para o desempenho de uma determinado cargo dirigente deverão ser, em primeiro lugar, no que respeita aos cargos de direção superior, identificados pelo membro do Governo com poder de direção ou de superintendência e tutela sobre o serviço ou órgão em que se integra o cargo a preencher, ao qual incumbe identificar as competências do cargo de direção a prover, caracterizando o mandato de gestão e as principais responsabilidades e funções que lhe estão associadas, bem como a respetiva carta de missão. Caberá depois à Comissão de Recrutamento e Seleção para a Administração Pública, que conduzirá o procedimento concursal, elaborar uma proposta de perfil de competências do candidato a selecionar, inclusive explicitando as qualificações académicas e a experiência profissionais exigíveis, bem como as competências de gestão e liderança recomendáveis para o exercício do cargo em concreto, remetendo tal proposta para o indicado membro do Governo em ordem à sua homologação (cf. artigos 18º, 19º e 19º-A do EPDAP e anotações aos mesmos).

No que toca aos titulares de cargos de direção intermédia, os pressupostos repetem-se, mas o procedimento de recrutamento, seleção e provimento difere – *vide* artigos 20º e 21º do EPDAP e respetivas notas.

3. Relativamente à pretendida formação profissional específica, veja-se o disposto no artigo 12º do Estatuto e notas expendidas nesse campo.

nºs 2 e 3

4. Para o desempenho de funções dirigentes, os titulares dos cargos não se devem bastar com a formação e experiência profissionais de base que alicerçaram o respetivo recrutamento e seleção, mas devem procurar realizar uma atualização contínua dos seus conhecimentos e experiência em termos de técnicas de gestão e desenvolvimento de competências, através de formação profissional contínua, obtida pela frequência de cursos direcionados para as citadas áreas, bem como para aquelas relacionadas com a área de atuação do órgão ou serviço que dirigem, e ainda através da participação em congressos, seminários, colóquios e palestras.

5. Cf., a esse propósito o artigo seguintes e notas respetivas.

ARTIGO 12º

Formação profissional específica

1 – O desempenho de funções dirigentes é acompanhado pela realização de formação profissional específica em gestão nos domínios da Administração Pública, diferenciada, se necessário, em função do nível, grau, competências e responsabilidades dos cargos dirigentes.

2 – A formação profissional específica privilegia as seguintes áreas de competências:

a) Organização e atividade administrativa;

b) Gestão de pessoas e liderança;

c) Gestão de recursos humanos, orçamentais, materiais e tecnológicos;

d) Informação e conhecimento;

e) Qualidade, inovação e modernização;

f) Internacionalização e assuntos comunitários;

g) Gestão da mudança.

3 – Os cursos adequados à formação profissional específica a que se refere o presente artigo, qualquer que seja a sua designação e duração, são assegurados, preferencialmente, no âmbito da Administração Pública, pelo serviço ou órgão com atribuições na área da formação profissional, devendo os respetivos regulamentos e condições de acesso ser objeto de portaria do membro do Governo responsável pela área da Administração Pública.

4 – A formação específica acima referida pode igualmente ser garantida por instituições de ensino superior, em termos fixados em diploma regulamentar.

5 – Os titulares dos cargos dirigentes frequentam um dos cursos a que se refere o nº 1 durante os dois primeiros anos de exercício de funções ou, em caso de impossibilidade por causa que não lhes seja imputável, no mais breve prazo.

Contém as alterações introduzidas pelos seguintes diplomas:
– Lei nº 51/2005, de 30/08;
– Lei nº 64/2011, de 22/12.

nºs 1 a 5

1. O DL nº 86-A/2016, de 29 de dezembro, que define o regime de formação profissional na administração pública (RFPAP), enforma o conceito de formação profissional como "o processo global e permanente de aquisição e desenvolvimento de competências exigidas para o exercício de uma atividade profissional ou para a melhoria do desempenho, promotor da valorização e do desenvolvimento pessoal e profissional dos trabalhadores e dirigentes da Administração Pública e que não confira grau académico" (artigo 3º, alínea f)).

O mesmo diploma estabelece que uma das áreas estratégicas consiste na formação inicial e contínua para cargos dirigentes (alínea c) do nº 2 do artigo 19º).

2. Na sequência do previsto no artigo 12º do EPDAP, o preceito ora em anotação explicita que exercício de funções dirigentes é acompanhado pela realização de formação profissional específica, em gestão, nos domínios da Administração Pública. Essa formação deve ser, preferencialmente, assegurada pelo serviço ou órgão com atribuições na área da formação profissional e por instituições de ensino superior.

Nesse sentido, dispõe-se no artigo 19º do RFPAP que compete ao INA – Instituto Nacional de Administração, I.P.[39], garantir, direta ou indiretamente, a realização da formação nas áreas estratégicas e monitorizar a oferta formativa das entidades formadoras, nas áreas estratégicas. A estrutura curricular dos referenciais de formação nas áreas estratégicas é proposta em articulação com a DGAEP – Direção-Geral da Administração e do Emprego Público.

3. São entidades formadoras no sistema de formação profissional da Administração Pública:

a) O INA;
b) As entidades setoriais de formação (órgãos e serviços que disponham de unidades de formação de âmbito ministerial como tal reconhecidas nas respetivas leis orgânicas ou estatutos, e unidades de formação

[39] O INA é um instituto público integrado na administração indireta do Estado, com personalidade jurídica própria, dotado de autonomia administrativa, financeira e patrimonial, e que tem por missão fundamental a criação, transmissão e difusão do conhecimento no domínio da Administração Pública, contribuindo, através da formação, ensino, investigação científica e da assessoria técnica, para a inovação e modernização da Administração Pública e para a qualificação, capacitação e valorização dos recursos humanos da mesma. Foi criado pelo DL nº 19/2021, de 15 de março que extinguiu a Direção-Geral da Qualificação dos Trabalhadores em Funções Públicas (criada pelo DL nº 48/2012, de 29 de fevereiro, que procedeu à restruturação da orgânica do ensino e formação na Administração Pública, extinguindo o Instituto Nacional de Administração – INA, por sua vez criado pelo DL nº 160/79, de 30 de maio).

dos órgãos e serviços com mais de 1500 trabalhadores em funções públicas reconhecidas nas respetivas leis orgânicas ou estatutos);

c) Os órgãos e serviços da AP;

d) As entidades formadoras públicas ou privadas que sejam reconhecidas pelos respetivos ministérios da tutela e eu se encontrem inseridas, nomeadamente, nos sistemas educativo, científico ou tecnológico;

e) As associações sindicais e profissionais;

f) Quaisquer outras entidades formadoras privadas (artigos 20º e 21º do RFPAP).

O DL nº 19/2021, de 15 de março, alterou o modelo de ensino e formação da na AP e criou o INA, IP, extinguindo a Direção-Geral de Qualificação dos Trabalhadores em Funções Públicas, com o objetivo de reforçar a qualificação, formação e capacitação dos trabalhadores da AP, sublinhando a respetiva especificidade. O mesmo diploma estabelece no seu artigo 3º a possibilidade de constituição de colaborações e parcerias entre o INA e as instituições de ensino superior e do sistema científico e tecnológico com larga experiência no ensino da AP. Nesse contexto, prevê igualmente a constituição de um consórcio com vista ao desenvolvimento de ações de formação de quadros técnicos superiores e dirigentes da AP, no âmbito do qual devem ser desenvolvidos, designadamente, os respetivos programas de formação específicos.[40]

A Portaria nº 669/2022, de 7 de setembro, definiu os termos em que é constituído o referido consórcio[41], denominado «Formação Avançada para a Administração» (Consórcio FA>AP).

4. A áreas de formação profissional específica para os titulares de cargos dirigentes são as seguintes:

a) Organização e atividade administrativa;

b) Gestão de pessoas e liderança;

[40] Encontra-se ainda prevista a possibilidade de constituição de outros consórcios com vista ao desenvolvimento de ações de formação de trabalhadores da AP relativamente a outras áreas de atividade do INA, sem prejuízo de outros mecanismos de colaboração com as diversas instituições de ensino superior e do sistema científico e tecnológico que o INA entenda instituir.

[41] Bem como os termos em que devem ser constituídos os consórcios previstos no nº 3 do artigo 3º do DL nº 19/2021, de 15 de março (ver nota de rodapé anterior).

c) Gestão de recursos humanos, orçamentais, materiais e tecnológicos;
d) Informação e conhecimento;
e) Qualidade, inovação e modernização;
f) Internacionalização e assuntos comunitários;
g) Gestão da mudança.

Esta formação deve ser frequentada nos dois primeiros anos de exercício de funções dirigentes ou no mais breve prazo, em caso de impossibilidade por motivo não imputável ao(à) dirigente.

5. Para os cargos de direção superior, a Portaria nº146/2011, de 7 de abril, determina que os titulares dos cargos de direção superior frequentem, com aproveitamento, o Curso Avançado de Gestão Pública (CAGEP), o qual tem por objetivo transmitir aos mesmos dirigentes uma plataforma comum de conhecimentos e competências transversais, potenciadora de uma liderança forte e mobilizadora, de acordo com as exigências da moderna gestão pública (artigo 2º, nºs 2 e 3 da Portaria citada). O CAGEP integra também a área estratégia de formação em competências de liderança, definida pelo Despacho nº 3431/2019, de 19 de março, do Ministro das Finanças, publicado no DR, 2ª série, nº 62, de 28.03.2019.[42]

Além do CAGEP, são também cursos específicos para alta direção os seguintes:

– FORGEP – Programa de Formação em Gestão Pública, cujos destinatários são os(as) titulares dos cargos de direção intermédia, e que visa transmitir a estes dirigentes um conjunto transversal de conhecimentos e competências técnicas e comportamentais potenciador de um desempenho e sintonia as modernas exigências da gestão pública (nºs 3 e 4 do artigo 2º da Portaria nº 146/2011)[43].

– CADAP – Curso de Alta Direção em Administração Pública, cujos destinatários são os titulares de cargos de direção superior e intermédia e trabalhadores licenciados da Administração Pública central, e que tem por objetivos proporcionar o desenvolvimento de conhecimentos e competências adequadas ao exercício de funções dirigentes na AP, através de uma formação altamente qualificada nos aspetos científico, técnico e comportamental, alicerçada numa cultura de AP profissional, tecnologicamente

[42] O regulamento do CAGEP encontra-se no Anexo I à Portaria nº 146/2011.

[43] Cf. regulamento do FORGEP no Anexo II à Portaria nº 146/2011.

avançada e orientada para a qualidade dos serviços públicos prestados aos utentes[44]. A frequência do CADAP, com aproveitamento, substitui a frequência do CAGEP e do FORGEP, sendo os titulares de tal diploma valorizados em qualquer procedimento concursal como possuidores de um nível de formação superior aos dos candidatos que tenham frequentado o CAGEP ou o FORGEP (nºs. 5 a 7 do artigo 2º da Portaria nº146/2011).

6. Nos termos definidos no artigo 20º do DL nº 86-A/2016, de 29 de dezembro e na Portaria nº 264/2006, de 17 de março, as instituições do ensino superior podem garantir a formação específica para alta direção em Administração Pública, consubstanciada nos cursos CAGEP, FORGEP e CADAP.

As instituições de ensino superior garantem a formação após obtenção de reconhecimento para o efeito, mediante apresentação de candidatura. Este reconhecimento é concedido pelo período de três anos.

O reconhecimento das instituições de ensino superior foi efetuado por despacho dos Ministros de Estado e das Finanças e da Ciência, Tecnologia e Ensino Superior, de 1 de agosto de 2007, conforme Aviso nº 17143/2007, de 27 de agosto, publicado no DR, 2ª série, de 12 de setembro, da DGAEP. Este reconhecimento foi prorrogado pelo Despacho dos Secretários de Estado da Administração Pública e do Ensino Superior nº 17049/2011, de 10 de novembro, publicado no DR, 2ª série, nº 243, de 21 de dezembro de 2011.

Apresenta-se, seguidamente, a lista das instituições de ensino superior reconhecidas para ministrar cursos de alta direção[45]:

[44] Cf. regulamento do CADAP no Anexo III à Portaria nº 146/2011.

[45] Fonte: https://www.dgaep.gov.pt/index.cfm?OBJID=97F62D56-0406-45B3-9A40-F29AAD3D1D36.

Lista das instituições de ensino superior reconhecidas para ministrar cursos de alta direção	
Curso	**Instituição de ensino superior**
Curso Avançado de Gestão Pública	Universidade Nova de Lisboa
	Universidade Católica
	Instituto Superior de Ciências do Trabalho e da Empresa
	Instituto Superior de Gestão
	Universidade do Minho
Programa de Formação em Gestão Pública	Universidade Nova de Lisboa
	Universidade Católica
	Instituto Superior de Ciências do Trabalho e da Empresa
	Universidade do Minho
	Instituto Superior de Gestão
Curso de Alta Direção em Administração Pública	Universidade do Minho
	Universidade Nova de Lisboa
	Universidade Católica
	Instituto Superior de Ciências do Trabalho e da Empresa

7. Ainda em sede da formação inicial e contínua do pessoal dirigente da AP e no sentido da sua atualização e melhoria contínua dos serviços que dirigem, cabe mencionar a Resolução do Conselho de Ministros nº 55/2020, de 31 de julho, que aprovou a Estratégia para a Inovação e Modernização do Estado e da Administração Pública 2020-2023.

Foram identificados quatros eixos transformadores da AP: Eixo I – Investir nas pessoas; Eixo II – Desenvolver a gestão; Eixo III – Explorar a tecnologia; e Eixo IV – Reforçar a proximidade.

Com interesse para a matéria em anotação, chama-se à colação alguns trechos do diploma que se reportam ao *Eixo I – Investir nas pessoas*:

"Os principais desafios que se colocam passam por mobilizar e valorizar os trabalhadores, incluindo lideranças renovadas, dinâmicas e mobilizadoras, desenvolvendo as competências e a motivação de todos para a criação de valor para a sociedade. Isto exige a aquisição de novos conhecimentos ao longo da vida, em diversas funções e ambientes de trabalho onde prevaleçam os valores do serviço público.

A transformação da Administração Pública assenta nas pessoas que nela trabalham. As equipas de trabalhadores e dirigentes constituem a peça-chave da capacidade adaptativa da Administração Pública, que garante respostas prontas e o desenvolvimento proativo de soluções para novos desafios, seja na prestação de serviços públicos ou na conceção, execução e avaliação de políticas públicas integradas.

As ferramentas tecnológicas apoiam as mudanças nos processos produtivos e nos serviços prestados, mas a inovação é uma capacidade humana que deve ser desenvolvida e incorporada pelas entidades públicas nos seus modelos de gestão.

No domínio das pessoas, é necessário satisfazer necessidades básicas de integração nas organizações e de política salarial. Mas é também necessário considerar as condições dos ambientes de trabalho, assim como o desenvolvimento das competências pessoais e profissionais. A combinação destes investimentos propiciará as condições para a motivação e o envolvimento ativo no funcionamento da Administração Pública. Em suma, é necessário apostar no diálogo social e na criação de mecanismos de gestão das pessoas que envolvam os trabalhadores públicos como parceiros do processo contínuo de transformação do Estado e da Administração Pública. Nesta dimensão, as lideranças assumem um papel incontornável."

Especificamente relacionado com o pessoal dirigente e a função de liderança, cite-se o que foi definido como *Objetivo Estratégico 1 – Desenvolver e renovar as lideranças:*

"Este primeiro objetivo visa dotar as lideranças das competências certas para os desafios do futuro da Administração Pública e a capacidade de utilizar os instrumentos adequados para impulsionar a inovação, desenvolver as equipas e fomentar o trabalho colaborativo, utilizando os recursos de forma eficiente na criação de valor para a sociedade.

Para apoiar este objetivo estratégico foram identificadas medidas orientadas para a consolidação de uma estrutura de aprendizagem da liderança no setor público, para o alargamento de um modelo de capacitação de futuros líderes e para o enriquecimento dos percursos de aprendizagem dos dirigentes através da experiência internacional."

E como *medidas* tendentes ao alcançar desse objetivo estratégico, enunciam-se as seguintes:

"Medida 1.1 – Desenvolver a oferta formativa no Centro de Desenvolvimento de Liderança do INA – Direção Geral da Qualificação dos Trabalhadores em Funções Públicas (INA), com novos modelos de aprendizagem que promovam a transferência de conhecimento prático e o desenvolvimento individual das lideranças, atuais e futuras.

Medida 1.2 – Preparar a sucessão da liderança formando uma nova geração de trabalhadores com competências de liderança através de programas de capacitação avançada, sob a designação «Futuros Líderes».

Medida 1.3 – Criar um programa de mobilidade para dirigentes noutros países, com a designação «Liderança em Intercâmbio», para fomentar a aprendizagem através do contacto com outras experiências, no setor público, privado e social.

Medida 1.4 – Reforçar a formação para dirigentes, designadamente em formato *online*, tornando-o, em algumas áreas temáticas, o formato preferencial."

De acordo com as identificadas quatro medidas, apontam-se, respetivamente as seguintes *metas* para 2023:

Medida 1.1 – Capacitar 80% dos dirigentes em cargos de direção superior.

Medida 1.2. – Capacitar em liderança 1000 trabalhadores não dirigentes.

Medida 1.3. – Envolver 50 dirigentes em cargos de direção intermédia no programa "Liderança em Intercâmbio".

Medida 1.4. – Incremento de 25% no número de participantes nas formações *online;*

- Implementação do Programa FOCUS@SEA até 2022 (programa de formação em competências digitais para dirigentes da área governativa do mar).
- Inclusão de um módulo sobre a conciliação da vida profissional, pessoal e familiar em 100 % das formações de dirigentes intermédios e superiores.

8. Por último, cabe realçar que a não frequência pelo titular de cargo dirigente de um dos cursos a que se refere o nº 1 deste artigo 12º, nos prazos previstos no nº 5, por causa que lhe seja imputável, ou a sua frequência, mas sem aproveitamento, conduz à cessação da respetiva comissão de serviço (alínea g) do nº 1 do artigo 25º do EPDAP).

SECÇÃO V
Exercício de funções

ARTIGO 13º
Horário de trabalho

O pessoal dirigente está isento de horário de trabalho, não lhe sendo, por isso, devida qualquer remuneração por trabalho prestado fora do período normal de trabalho.

1. Nos termos enunciados no nº 1 do artigo 117º da LTFP, os trabalhadores titulares de cargos dirigentes (e também os que chefiem equipas multidisciplinares, características de serviços ou órgãos com estrutura matricial[46]), gozam de isenção de horário, nos termos dos respetivos estatutos.

2. Esta isenção de horário não dispensa os dirigentes da observância do dever geral de assiduidade, nem do cumprimento da duração semanal de trabalho legalmente estabelecida (artigos 73º e 117º, nº 3 da LTFP e 34º, corpo e alínea c) do EPDAP).

Mais, a isenção de horário de que gozam os dirigentes implica a não sujeição aos limites máximos dos períodos normais de trabalho, não lhes sendo devida qualquer remuneração suplementar por trabalho prestado para além do período normal de trabalho (artigo 118º, nº 5 da LTFP). Esta não possibilidade legal de os dirigentes serem remunerados por trabalho suplementar ou pelo que, vulgarmente, se designa por horas extraordinárias, explica-se pelo facto de os titulares de cargos dirigentes auferirem de regime remuneratório especial geralmente usufruindo de suplementos remuneratórios específicos e de abono para despesas de representação (*vide* artigo 31º do EPDAP).

3. Ao contrário dos demais trabalhadores que gozam de isenção de horário (nº 2 do artigo 117º da LTFP), os titulares de cargos dirigentes não beneficiam do direito aos dias de descanso semanal obrigatório, aos feriados obrigatórios e aos dias e meios dias de descanso complementar, nem

[46] Recorde-se que, como anotado no artigo 2º do EPDAP, aos(às) chefes de equipa podem ser cometidas as competências fixadas para os titulares de cargos de direção intermédia, mediante despacho do dirigente máximo do serviço, sendo o seu estatuto remuneratório equiparado ao de diretor(a) de serviços ou ao de chefe de divisão.

ao descanso diário de onze horas consecutivos, conferido aos trabalhadores em geral. Têm, no entanto, direito a observar um período de descanso que permita a respetiva recuperação entre dois períodos diários de trabalho consecutivos (cf. artigo 118º, nºs 5 e 6 da LTTFP).

ARTIGO 14º
Avaliação

(Revogado.)

Contém as alterações introduzidas pelos seguintes diplomas:
- Lei nº 51/2005, de 30/08
- Lei nº 64-A/2008, de 31/12

ARTIGO 15º
Responsabilidade

No exercício das suas funções, os titulares de cargos dirigentes são responsáveis civil, criminal, disciplinar e financeiramente, nos termos da lei.

1. Como estatui o artigo 4º do EPDAP, os titulares dos cargos dirigentes estão exclusivamente ao serviço do interesse público, pelo que, no desempenho das suas funções, devem observar os valores fundamentais e princípios da atividade administrativa consagrados na Constituição e na lei, designadamente os da legalidade, justiça e imparcialidade, competência, responsabilidade, proporcionalidade, transparência e boa fé, por forma a assegurar o respeito e confiança dos trabalhadores em funções públicas e da sociedade na Administração Pública.

Uma vez que, como preceituam a Constituição e a legislação ordinária, a atuação da AP se dirige à prossecução do interesse público – mas salvaguardando o respeito pelos direitos e interesses legalmente protegidos dos cidadãos –, todos os órgãos e atores administrativos, incluindo, naturalmente, todos os titulares de cargos dirigentes, estão, necessariamente, subordinados à lei, devendo atuar, no exercício das suas funções, com respeito pelos princípios da igualdade, da proporcionalidade, da justiça, da imparcialidade e da boa fé (artigos 266º e 269º, nº 1, da CRP, artigos 3º a 19º do CPA).

Nessa senda, dispõe o artigo 15º do EPDAP que os dirigentes da Administração Pública são responsáveis civil, criminal, financeira e disciplinarmente, pelas ações ou omissões praticadas no exercício das suas funções e em razão desse exercício, de que resulte violação dos direitos ou interesses legalmente protegidos dos cidadãos, nos termos previstos no artigo 271º da CRP (concretizado pela Regime da Responsabilidade Civil Extracontratual do Estado e demais Entidades Públicas, aprovado pela Lei nº 67/2007, de 17 de julho).

O princípio da responsabilidade encontra-se também previsto no artigo 16º do CPA.

2. *A responsabilidade disciplinar*

Os titulares de cargos dirigentes são passíveis de responsabilidade disciplinar pela sua atuação ou omissão. Esta responsabilidade disciplinar prende-se, designadamente, com o dever de obediência a que os dirigentes (tal como ao demais trabalhadores e agentes da Administração Pública) estão sujeitos, seja os dirigentes de graus intermédios relativamente aos seus legítimos superiores hierárquicos (artigo 73º, nºs 1, 2, alínea f) e 8, e 176º, nº 1, da LTFP), seja os dirigentes máximos dos órgãos e serviços da administração direta e indireta do Estado, os quais são disciplinarmente responsáveis perante o membro do Governo que sobre eles exerça a respetiva superintendência ou tutela (artigo 176º, nº 2, da LTFP).

O dever de obediência consiste em acatar e cumprir as ordens dos legítimos superiores hierárquicos, dadas em objeto de serviço e com a forma legal (artigo 73º, nºs 2, alínea f) e 8, da LTFP). Tal dever relaciona-se diretamente com a estrutura hierárquica da AP, que assenta em três vértices: autoridade – obediência – disciplina.

A sujeição ao poder disciplinar inicia-se com a constituição do vínculo de emprego público, em qualquer das suas modalidades: desde a celebração do contrato, a aceitação da nomeação, a posse ou o início legal de funções – quando este anteceda as anteriores (artigos 76º e 176º, nº 3 da LTFP). De realçar que a cessação do vínculo de emprego público ou a alteração da situação jurídico-funcional do trabalhador não impedem a sua punição por infrações cometidas no exercício da função (artigo 176º, nº 4, da LTFP).[47]

[47] Porém, em caso de cessação do vínculo de emprego público, o procedimento disciplinar ou a execução das sanções disciplinares de multa, suspensão, despedimento disciplinar ou

Saliente-se que, para que exista um dever de obediência por parte do trabalhador, têm de estar reunidos os seguintes pressupostos: a) existir uma ordem, b) dada pelo legítimo superior hierárquico[48], c) em objeto de serviço, e d) na forma legal.

Poderá, no entanto, suceder que o trabalhador (incluindo um dirigente) que atue no cumprimento de ordens ou instruções emanadas de legítimo superior hierárquico e em matéria de serviço, possa vir a ser responsabilizado disciplinarmente.

No entanto, será excluída a responsabilidade do trabalhador ou agente e, também, do dirigente que atue no cumprimento de ordens ou instruções emanadas do legítimo superior hierárquico e em matéria de serviço, desde que, previamente, delas tenha reclamado ou tenha exigido a sua transmissão ou confirmação por escrito. Todavia, esse dever de obediência dessa quando o cumprimento das ordens ou instruções implique a prática de qualquer crime (nºs 2 e 3 do artigo 271º da CRP).

O artigo 177º da LTFP explicita, a nível infraconstitucional, as situações em que será excluída a responsabilidade disciplinar do trabalhador compelido, pelo dever de obediência, a acatar uma ordem a ou instrução que repute de ilegais. Assim:

i. O princípio base é que é excluída a responsabilidade disciplinar do trabalhador quando este tenha previamente reclamado da ordem ou instrução ou exigido a sua confirmação por escrito.
ii. Se a decisão da reclamação ou a transmissão ou confirmação da ordem ou instrução por escrito não tiverem lugar no período de tempo em que o cumprimento daquelas possa ser demorado sem prejuízo, o trabalhador deve comunicar, por escrito, ao seu superior

demissão (artigo 180º, nº 1, alíneas b) a d) da LRFP), suspende-se por um período máximo de 18 meses, podendo prosseguir desde que reunidos os seguintes pressupostos cumulativos: *(i)* o trabalhador constitua um novo vínculo de emprego público para as mesmas funções a que o procedimento disciplinar diz respeito, e *(ii)* desde que do seu início, ressalvado o tempo de suspensão, não decorram mais de 18 meses até à notificação da decisão final ao trabalhador visado pelo procedimento (artigo 176º, nº 5 da LTFP).

[48] Neste ponto, cumpre salientar que todos aqueles que, na hierarquia de uma dada organização, ocupem uma posição que confira poder de direção são superiores hierárquicos do trabalhador. Nem todos, porém, são seus legítimos superiores hierárquicos. Com efeito, *legítimo superior hierárquico* será apenas quem na estrutura da organização ocupe uma posição que confira poder de direção na unidade, serviço específico ou especialidade funcional em que se insere quem recebe a ordem – abrange as chefias imediatas, as intermédias e as supremas.

hierárquico imediato, os termos exatos da ordem ou instrução recebidas e da reclamação ou do pedido de confirmação formulados, bem como a não satisfação destes, executando seguidamente a ordem ou instrução.

iii. Quando a ordem ou instrução sejam dadas com a menção de que deve ser cumprida de imediato, e sem prejuízo do referido anteriormente, o trabalhador executa a ordem ou instrução e, logo após, comunica, por escrito, ao seu superior hierárquico imediato, os termos exatos da ordem ou instrução recebidas e a sua reclamação ou pedido de confirmação daquelas.

iv. Cessa o dever de obediência por parte do trabalhador sempre que o cumprimento de uma ordem ou instrução implique a prática de qualquer crime[49].

Em súmula, podemos sintetizar as circunstâncias que conduzem à responsabilidade disciplinar do trabalhador/dirigente ou à exclusão da mesma nos moldes seguintes:

Há lugar a responsabilidade disciplinar	Há exclusão da responsabilidade disciplinar
• Quando o trabalhador tenha executado uma ordem ou instrução ilegal sem dela ter previamente reclamado ou pedido a redução a escrito. • Quando a ordem ou instrução seja dada com a menção de cumprimento imediato, se não reclamar ou pedir redução a escrito logo após execução. • Quando a ordem ou instrução implique a prática de um crime e seja executada, ainda que precedida de reclamação ou confirmação por escrito (porque cessou o dever de obediência).	• Quando a ordem ou instrução executada for legal. • Quando a ordem ou instrução executada seja ilegal, mas o trabalhador tenha dela previamente reclamado ou exigido a sua transmissão por escrito, fazendo menção de que considera a mesma ilegal. • Quando a ordem ou instrução seja dada com a menção de cumprimento imediato, se reclamar ou pedir redução a escrito logo após execução, com a menção de considerar aquela ilegal. • Quando não executar uma ordem ou instrução que implique a prática de qualquer crime.

Para além da violação do dever de obediência a que os dirigentes (como outros trabalhadores da AP) estão sujeitos, igualmente a infração a qualquer outro dever que sobre os mesmos impenda [e os titulares de cargos dirigentes devem, igualmente, com as devidas adaptações, honrar os

[49] Embora a lei não seja expressa neste aspeto, entendemos que, para sua maior salvaguarda, o trabalhador deve comunicar, por escrito, ao superior hierárquico imediato que não executou a ordem ou instrução e as razões para tal.

demais deveres gerais dos trabalhadores da AP, consignados no artigo 73º da LTFP, como os deveres de isenção e de prossecução do interesse público] é suscetível de originar a instauração de procedimento disciplinar ao mesmo com a possibilidade de aplicação de uma sanção disciplinar, a título principal e acessório.

Com efeito, a LTFP prevê o seguinte elenco típico de sanções disciplinares aplicáveis aos trabalhadores em funções públicas pelas infrações que cometam (cf. artigos 180º a 188º da LTFP), que se sintetizam no quadro seguinte:

Tipo	Caraterização
Repreensão escrita	Chamada de atenção do trabalhador devido a uma irregularidade que tenha praticado.
Multa	Sanção pecuniária fixada numa quantia certa, não superior ao valor correspondente a seis remunerações base diárias por cada infração e a um valor total correspondente à remuneração base de 90 dias por ano.
Suspensão	Afastamento total do trabalhador do órgão ou serviço durante o período da sanção: 20 a 90 dias por cada infração, num máximo de 240 dias por ano.
Despedimento disciplinar ou Demissão	Afastamento definitivo do órgão ou serviço do trabalhador com contrato de trabalho em funções públicas (despedimento) ou do trabalhador nomeado (demissão), cessando o vínculo de emprego público.
Cessação da comissão de serviço	Cessação compulsiva do exercício de cargo dirigente ou equiparado. Pode ser aplicada a título principal ou acessório, mas é sempre aplicada acessoriamente aos titulares de cargos dirigentes ou equiparados por qualquer infração disciplinar punida com sanção disciplinar igual ou superior à de multa.

Como veremos a propósito do estatuído no artigo 25º do EPDAP, a sanção disciplinar específica da cessação de comissão de serviço é aplicável, *a título principal*, aos titulares de cargos e equiparados que[50]:

[50] Elenco taxativo.

a. Não procedam disciplinarmente contra os trabalhadores seus subordinados pelas infrações de que tenham conhecimento;
b. Não participem criminalmente infração disciplinar de que tenham conhecimento no exercício das suas funções, que revista caráter penal;
c. Autorizem, informem favoravelmente ou omitam informação, relativamente à situação jurídico-funcional de trabalhadores, em violação de normas que regulam o vínculo de emprego público;
d. Violem as normas relativas à celebração de contratos de prestação de serviço.
(artigo 188º, nº 1, da LTFP).

A mesma sanção disciplinar de cessação da comissão de serviço é, *sempre*, aplicada, a *título_acessório*, aos titulares de cargos dirigentes e equiparados por qualquer infração disciplinar punida com uma sanção disciplinar igual ou superior à de multa (artigo 188º, nº 2, da LTFP).

Por outro lado, o Regime Geral de Prevenção da Corrupção (RGPC), aprovado em anexo ao DL nº109-E/2021, de 9 de dezembro[51] (que abordaremos *infra* com mais detalhe, quando nos referirmo-nos à responsabilidade de índole criminal), estatui também a responsabilidade disciplinar dos dirigentes das entidades públicas abrangidas por aquele regime em caso de violação, por aqueles, dos deveres ali previstos a propósito (i) dos PPR e infrações conexas, (ii) do Código de Conduta (iii) dos canais de denúncia, (iv) conflito de interesses e (v) sistema de controlo interno.

A violação dos enunciados deveres constitui uma infração de natureza disciplinar, punível em conformidade com o Código do Trabalho ou a LTFP, consoante os casos, podendo determinar a cessação da respetiva comissão de serviço, nos termos do EPDAP (cf. artigos 32º e 33º do RGPC).

3. *A responsabilidade civil*

A responsabilidade civil dos dirigentes resulta do princípio da responsabilidade consignado no já citado artigo 271º da CRP, mas decorre, a montante, do princípio da responsabilidade das entidades públicas previsto no artigo 22º da mesma lei fundamental.

Com efeito, dispõe o artigo 22º da CRP que "O Estado e as demais entidades públicas são civilmente responsáveis, em forma solidária com os

[51] Iniciou vigência a 07.07.2022.

titulares dos seus órgãos, funcionários ou agentes, por acções ou omissões praticadas no exercício das suas funções e por causa desse exercício, de que resulte violação dos direitos, liberdades e garantias ou prejuízo para outrem."

Nesta senda, o já mencionado artigo 16º da CPA consigna o princípio da responsabilidade da AP ao estatuir que esta responde, nos termos da lei, pelos danos causados no exercício da sua atividade.

No âmbito da responsabilidade civil incluem-se a responsabilidade contratual e a responsabilidade extracontratual. Para efeito para presentes notas, interessa-nos, essencialmente, salientar o que diz respeito à responsabilidade extracontratual, já que a responsabilidade contratual, como a própria designação indica, respeita ao cumprimento das obrigações derivadas de um contrato, às formas e aos efeitos do não cumprimento das obrigações e não se reflete (pelo menos, a título direto), na responsabilidade civil do trabalhador, colaborador ou dirigente da AP.[52]

O regime geral da responsabilidade civil extracontratual encontra-se consignado na Secção V do Capítulo II (Fontes das obrigações) do Título I (Das obrigações em geral) do Livro II (Direito das Obrigações) do Código Civil (CC)[53], e ainda em diversos preceitos dispersos do mesmo diploma.

A responsabilidade civil extracontratual abrange:

(a) A responsabilidade por factos ilícitos (artigos 483º e seguintes do CC);
(b) A responsabilidade pelo risco (artigos 499º e seguintes do CC); e
(c) A responsabilidade por factos lícitos (artigos 339º, n.º 2, 1322º, nº 1, 1347º, nº 3, 1348º, nº 2, 1349º, nº 3 e 1367º do CC).

[52] Mesmo em sede do diploma primacial que que rege a matéria da responsabilidade civil, ou seja, o Código Civil, o regime da responsabilidade contratual é tratado em capítulo diferente (artigos 798º e seguintes do CC) do regime da responsabilidade extracontratual (artigos 483º a 510º, 339º, n.º 2, 1322º, nº 1, 1347º, nº 3, 1348º, nº 2, 1349º, nº 3 e 1367º do CC). Porém, o mesmo Código trata conjuntamente um conjunto de problemas comuns às duas formas de responsabilidade, fixando um regime próprio da figura da obrigação de indemnizar a que ambas podem dar origem (artigos 562º e seguintes do CC). Nesse sentido, vd. Pires de Lima e Antunes Varela, in *Código Civil Anotado,* Tomo I, págs. 470 e segs., Coimbra Editora, 1987).

[53] Secção que se divide em duas subsecções, a primeira relativa à responsabilidade por factos ilícitos (que, no fundo, é uma responsabilidade de âmbito subjetivo (artigos 483º a 498º do CC) e a segunda tratando da responsabilidade pelo risco, ou seja, a responsabilidade por factos objetivos (artigos 499º a 510º do CC).

(a) Responsabilidade por factos ilícitos

O princípio basilar da responsabilidade civil por factos ilícitos está consignado no artigo 483º do CC que, no seu nº1, dispõe que "Aquele que, com dolo ou mera culpa, violar ilicitamente o direito de outrem ou qualquer disposição legal destinada a proteger interesses alheios fica obrigado a indemnizar o lesado pelos danos resultantes de tal violação." Esclarece o nº 2 do mesmo preceito que só existe obrigação de indemnizar independentemente da culpa nos casos especificados pela lei (por exemplo, nos casos que se possam subsumir a responsabilidade pelo risco e, como prevê a Lei nº 67/2007, de 17 de julho, em situações de responsabilidade pelo sacrifício).

São, assim, pressupostos da responsabilidade civil:

(i) A existência de um facto (ato ou omissão);
(ii) Que o mesmo seja ilícito (ilicitude);
(iii) A imputação do facto ao lesante (que haja culpa por parte do agente (mera culpa/negligência ou dolo);
(iv) Que do facto tenham resultado danos na esfera de outrem;
(v) Que haja um nexo de causalidade entre o facto e o resultado danoso.[54]

Para além da atuação (positiva) ilícita, também as simples omissões dão lugar à obrigação de reparar danos quando, independentemente de outros requisitos legais, a lei ou um negócio jurídico imponha o dever de praticar o ato omitido (artigo 486º do CC).

Salvo existência de presunção legal de culpa, cabe ao lesado provar a culpa do autor da lesão. Se outro critério legal não estiver previsto, a culpa do agente será apreciada tendo em consideração a diligência de um bom pai de família[55].

[54] Nesse sentido, *vide* Pires de Lima e Antunes Varela, *Código Civil Anotado*, Tomo I, págs. 471 e seguintes.

[55] O bom pai de família será o homem cumpridor dos seus deveres. Deriva da expressão do direito romano *bonus pater familiae*, que era utilizada para designar o homem médio, o abstrato cidadão normal, segundo os padrões sociais, cívicos e familiares da sociedade, por cujo comportamento eram aferidos certos conceitos como o de diligência, servindo, assim, para definir ou qualificar a culpa do agente. Quando, na jurisprudência, se refere que alguém usou da "diligência própria de um bom chefe de família", quer-se significar que a pessoa em causa não agiu com culpa ou, pelo menos, com culpa legalmente relevante (cf., *v.g.* Acórdão do STJ nº 039296, de 09.12.1987; Acórdão do STJ de 21.06.2022, proc. 3762/18.5T8AVR.P1.S1, ambos consultáveis em www.dgsi.pt). Como, igualmente, explicam Pires de Lima e Antunes

Porém, não se considera responsável pelas consequências do facto ilícito danoso quem, no momento em que o facto ocorreu, se encontrava incapacitado de entender ou querer, independentemente da causa para tal. Só assim não será se o agente se tiver colocado dolosamente nesse estado e este for transitório (artigos 487º e 488º do CC).

A lei prevê a responsabilidade não só dos autores (imediatos ou mediatos), mas também dos instigadores ou auxiliares do ato ilícito e, se forem vários, todos eles devem responder pelos danos que hajam causado (artigo 491º do CC).

Quando sobre uma pessoa recaia, por lei ou por negócio jurídico, o dever de vigilância sobre outrem, em virtude da incapacidade natural desta, aquela é responsável pelos danos causados a terceiros, salvo se comprovar que cumpriu o seu dever de vigilância ou que os danos sempre teriam ocorrido ainda que cumprido esse dever.

Igualmente, incorre em responsabilidade quem tiver em seu poder coisa móvel ou imóvel, com o dever de a vigiar, bem como quem tiver assumido o encargo da vigilância de quaisquer animais, se ocorrerem danos causados pela coisa ou pelos animais, salvo se provar que não houve culpa da sua parte ou que os danos teriam ocorrido ainda que não existisse culpa sua (artigos 491º e 493º, nº 1 do CC).

Se uma pessoa, no exercício de uma atividade perigosa (pela sua própria natureza ou pela natureza dos bens utilizados), causar danos a outrem, fica também obrigada a reparar esses danos, exceto se provar que empregou todas as providências exigidas pelas circunstâncias a fim de os evitar (nº 2 do artigo 493º do CC).

Por último, o proprietário ou o possuidor de um edifício ou outra obra que ruir total ou parcialmente, em resultado de vício de construção ou defeito de conservação, responde pelos danos causados, salvo se provar que

Varela, ob. cit., nos termos do nº 2 do artigo 487º do CC, "a culpa deve ser apreciada *in abstracto*, ou seja, em atenção à diligência de um bom pai de família e não à diligência normal do causador do dano. (...) Mandando atender às *circunstâncias de cada caso*, a lei apenas quer dizer que a diligência relevante para a determinação da culpa é a que um homem normal (um bom pai de família) teria em face do condicionalismo próprio do caso concreto.// A referência expressiva ao *bom pai de família* acentua mais a nota *ética* ou *deontológica* do bom cidadão (do *bonus cives*) do que o critério puramente estatístico do *homem médio*. Quer isto significar que o julgador não está vinculado às práticas de *desleixo*, de *desmazelo* ou de *incúria*, que porventura se tenham generalizado, se outra for a conduta exigível dos homens de boa formação e de são procedimento."

não houve culpa da sua parte ou que, mesmo adotando a diligência devida, não se teriam evitado os danos. Também a pessoa obrigada, por lei ou negócio jurídico, a conservar o edifício ou obra responde, em lugar do proprietário ou possuidor, quando os danos forem resultado, exclusivamente, de defeito de conservação (artigo 492º do CC).

A indemnização pelos danos causados será diferente quando a responsabilidade do agente se fundar em mera culpa (negligência) ou se existir dolo ou culpa grave. No caso da mera culpa, prevê a lei que a indemnização a atribuir poderá ser fixada equitativamente, em montante inferior ao que corresponderia aos danos causados, tendo em atenção o grau de culpabilidade do agente, a situação económica deste e do lesado e as demais circunstâncias do caso que o justifiquem (artigo 494º do CC).

Na fixação da indemnização deve atender-se aos danos patrimoniais sofridos pelo lesado (e terceiros, nos casos previstos legalmente), bem como aos danos não patrimoniais que, pela sua gravidade, mereçam a tutela do direito (*vide* artigos 495º e 496º do CC).

Sendo vários os responsáveis pelos danos, a sua responsabilidade é solidária[56]. No entanto, os responsáveis poderão exercer direito de regresso contra os demais, na medida das respetivas culpas e das consequências delas decorrentes. Presumem-se iguais as culpas das pessoas responsáveis (artigo 497º do CC).

O direito de indemnização prescreve no prazo de três anos, a contar da data em que o lesado teve conhecimento do direito que lhe assiste, embora

[56] Existe responsabilidade solidária quando uma obrigação é partilhada por várias partes relativamente a uma dívida ou outro compromisso. Quando existe uma responsabilidade solidária, uma pessoa tem o direito de reclamar o pagamento de uma dívida ou o ressarcimento de um dano a qualquer um dos responsáveis ou inclusive a todos eles, sem que nenhum se possa recusar para evadir a sua responsabilidade. Ou seja, no caso de uma dívida, o credor da mesma pode reclamar a totalidade do pagamento a qualquer um dos indivíduos (inclusive apenas a um deles) que forem responsáveis solidários. Estes não podem decidir cumprir só uma parte ou pedir ao credor que se dirija a um dos outros responsáveis. O mesmo significa que um responsável solidário tem a obrigação de ressarcir a totalidade do reclamado apesar de existirem também outros devedores. Difere da responsabilidade subsidiária na medida em que nesta o devedor principal responde pela dívida em primeira linha e o responsável subsidiário responde em segunda linha; o responsável subsidiário (se tiver o benefício da excussão prévia e o invocar) só responde pela dívida se e quando tiverem sido previamente excutidos ou esgotados todos os bens do património do devedor principal.

com desconhecimento da pessoa do responsável e da extensão integral dos danos (artigo 498º, nº 1 do CC[57]).

Prescreve no mesmo prazo de três anos, a contar do cumprimento, o direito de regresso entre os responsáveis (nº 2 do artigo 498º do CC).

Todavia, se o facto ilícito constituir crime para o qual a lei estabeleça prescrição sujeita a prazo mais longo, é esse o prazo aplicável. A prescrição do direito de indemnização não importa a prescrição da ação de reivindicação nem da ação de restituição por enriquecimento sem causa, se houver lugar a uma e a outra (nºs 3 e 4 do artigo 498º do CC).

(b) Responsabilidade pelo risco

O antecedentemente enunciado é extensivo aos casos de responsabilidade pelo risco, como as devidas aplicações e caso não exista preceito legal em contrário.

Nesta sede, o CC aborda especificamente a responsabilidade do comitente (artigo 500º), do Estado e de outras pessoas coletivas públicas (artigo 501º), os danos causados por animais (artigo 502º), os danos derivados de acidentes causados por veículos (artigo 503º), e os danos causados por instalações de energia elétrica ou gás (artigo 509º).

O comitente, ou seja, aquele que encarrega alguém (comissário) de qualquer comissão, é responsável, independentemente de culpa, pelos danos que o comissário causar, desde que sobre este recaia também o dever de indemnizar. Mais, a responsabilidade do comitente só existe se o facto danoso for praticado pelo comissário (ainda que intencionalmente ou contra a instruções do comitente) no exercício da função que lhe foi confiada.

Ao comitente assiste o direito de regresso contra o comissário, ou seja, o direito a exigir o reembolso de tudo quanto haja pago, salvo se houver também culpa da sua parte (caso em que o direito de regresso entre os responsáveis será feito na medida das respetivas culpas e das consequências que delas advieram, presumindo-se iguais as culpas, nos termos do nº 2 do artigo 497º do CC).

O Estado e as demais pessoas coletivas públicas respondem civilmente pelos danos causados a terceiros pelos seus órgãos, agentes ou represen-

57 Sem prejuízo da prescrição ordinária se tiver decorrido o respetivo prazo a contar da ocorrência do facto danoso. Nos termos do artigo 309º do CC, o prazo ordinário da prescrição é de 20 anos.

tantes no exercício de atividades de gestão privada, em moldes idênticos aos *supra* descritos para a relação comitente/comissário.

Quem utilizar quaisquer animais no seu próprio interesse é responsável pelos danos que aqueles causarem, desde que os mesmos danos resultem do perigo especial que envolve a sua utilização.

No âmbito da responsabilidade objetiva ou pelo risco, há que referir as situações derivadas de acidentes causados pela utilização de veículos de circulação terrestre: aquele que tiver a direção efetiva de qualquer veículo de circulação terrestre e o utilizar no seu próprio interesse, ainda que por intermédio de comissário[58], é responsável pelos danos provenientes dos riscos próprios do veículo, mesmo que este não se encontre em circulação. Também quem conduza o veículo por conta de outrem responde pelos danos que causar, a não ser que prove que não houve culpa da sua parte[59].

Igualmente, em sede de responsabilidade pelo risco, a lei prevê a responsabilidade solidária pelos danos se o risco recair sobre várias pessoas, mesmo que haja culpa de alguma ou algumas (isto é, mesmo que se possa configurar a responsabilidade por facto ilícito por parte dos agentes envolvidos) – artigo 507º do CC.

A responsabilidade de quem tiver a direção efetiva do veículo e o utilizar no seu próprio interesse, ainda que por intermédio de comissário, só é excluída quando o acidente for imputável ao próprio lesado ou a terceiro, ou quando resulte de causa de força maior estranha ao funcionamento do veículo (artigo 505º do CC).

Por último, cabe referir que quem tiver a direção efetiva de instalação destinada à condução ou entrega de energia elétrica ou gás, utilizando-a no seu próprio interesse, responde tanto pelo prejuízo que derive dessa atividade, como pelos danos resultantes da própria instalação, salvo se na altura do acidente esta estiver de acordo com as regras técnicas em vigor e em perfeito estado de conservação. Por outro lado, os danos devidos a causa de força maior, ou seja, de causa exterior independente do funcionamento e utilização da instalação, não obrigam a reparação.

[58] Pensemos, por exemplo, nas situações de alguém que no exercício das suas funções ou por causa delas, circule em veículo automóvel conduzido por motorista sob as suas ordens ou instruções ou sob as ordens ou instruções da entidade em que se insira.

[59] Porém, se conduzir o veículo fora do exercício das suas funções de comissário, responde como estando a utilizar o veículo no seu próprio interesse (nºs 1 e 3 do artigo 503º do CC).

Os artigos 508º e 510º do CC preveem os limites máximos da responsabilidade decorrente de danos causados por acidente de viação e por instalação de energia elétrica ou gás acima mencionados.[60]

(c) Responsabilidade por factos lícitos

Nas situações em que a lei prevê a obrigação de indemnizar os danos sofridos por um lesado em resultado de uma atuação de terceiro que não é ilícita, essa indemnização não tem por fundamento, quer incida sobre o agente, quer sobre aqueles que tiraram proveito do ato ou contribuíra para o resultado, os princípios em que assenta as outras formas de responsabilidade civil já abordadas.

Na modalidade de responsabilidade que ora abordamos, o ato é lícito, mas produz danos sobre coisa ou direito patrimonial de terceiro, os quais devem ser indemnizados.

Um dos exemplos previstos no CC em que uma ação lícita poderá dar origem à obrigação de indemnizar é a da atuação em estado de necessidade (artigo 339º do CC). Com efeito, embora se considere "lícita a acção daquele que destruir ou danificar coisa alheia com o fim de remover o perigo actual de um dano manifestamente superior, quer do agente, quer de terceiro", o "autor da destruição ou do dano é, todavia, obrigado a indemnizar o lesado pelo prejuízo sofrido, se o perigo for causado por sua culpa exclusiva[61]; em qualquer outro caso, o tribunal pode fixar uma indemnização equitativa e condenar nela, não só o agente, como aqueles que tiraram proveito do acto ou contribuíram para o estado de necessidade."[62] [63]

[60] Esclarece-se que o enunciar do regime jurídico aqui referido, embora possa, em certos aspetos, não se relacionar diretamente com a atividade da Administração Pública e dos seus órgãos, trabalhadores e agentes, explica-se tendo em atenção que o Estado atua em diversos aspetos da vida social e económica através de entidades terceiras, inclusive de direito privado, nomeadamente através da celebração de contratos de concessão. Por outro lado, não se pode olvidar que a AP desenvolve também atuação de natureza meramente técnica ou de gestão privada (cf., v.g. os nºs 1 e 3 do artigo 1º do CPA).

[61] Por exemplo, se o ato foi determinado pela necessidade de evitar o alastramento de um incêndio ou de inundação devida a culpa exclusiva do agente.

[62] Será o caso, nomeadamente, de um incêndio ou inundação resultante de caso fortuito ou imputável a terceiro, ou em que as providências realizadas aproveitem tanto ao agente como a outras pessoas.

[63] O Decreto-Lei nº 48051, de 21.11.1967, que referiremos mais adiante, previa uma obrigação paralela de indemnizar relativamente ao Estado e demais entidades públicas, quando, em estado de necessidade e por motivo de interesse público imperioso, tivessem de sacrificar, no

Outras situações de atuação lícita que, não obstante, poderá originar responsabilidade do agente e obrigação de indemnizar, são as previstas nos seguintes preceitos do CC:

i. Artigo 1322º, nº 1: danos causados em prédio alheio pelo proprietário de enxame de abelhas, quando tenha necessidade de o perseguir e capturar;
ii. Artigo 1347º: danos causados em prédio vizinho por obras, instalações ou depósitos de substâncias corrosivas ou perigosas, se for de recear que os mesmos possam ter efeitos nocivos;
iii. Artigo 1248º: danos resultantes de minas, poços abertos ou escavações realizados pelo proprietário de um prédio num prédio vizinho (como gerados por desmoronamentos ou deslocações de terras);
iv. Artigo 1349º: prejuízos sofridos pelo proprietário em resultado da passagem forçada momentânea no seu prédio, por parte de terceiro, para reparação de edifício ou construção ou para recuperar coisas suas que ali acidentalmente se encontrem;
v. Artigo 1367º: prejuízo causado num prédio pelo proprietário de árvores ou arbustos sitos em prédio confinante que tenha de se deslocar ao primeiro para proceder à apanha de frutos que não seja possível realizar do seu lado.

4. *A responsabilidade civil extracontratual do Estado e das demais entidades públicas*

O princípio da responsabilidade das entidades públicas (e dos seus dirigentes, trabalhadores ou agentes) pelas ações ou omissões praticadas no exercício das suas funções e em razão desse exercício, encontra-se concretizado no Regime da Responsabilidade Civil Extracontratual do Estado e demais Entidades Públicas, aprovado pela Lei nº 67/2007, de 17 de julho[64] (RRCECE).

todo ou em parte, coisa ou direito de terceiro. Atualmente, como igualmente mencionaremos, matéria semelhante encontra-se regulada no artigo 16º do Regime da Responsabilidade Extracontratual do Estado e demais Entidades Públicas, aprovado em anexo à Lei nº 67/2007, de 31 de dezembro.

[64] O diploma foi alterado pela Lei nº 31/2008, de 17 de julho, a qual teve por fim concretizar no direito interno as normas contidas na Diretiva nº 89/665/CEE, do Conselho, de 21 de dezembro ("Diretiva-recursos"), na parte em impõe aos Estados membros a atribuição de indemnizações por violação do direito comunitário no âmbito de procedimentos pré-contratuais de direito público.

Atenta a importância deste regime em termos da eventual responsabilidade da AP e dos seus trabalhadores ou agentes (neles se incluindo, naturalmente, os titulares de cargos dirigentes), entende-se enunciar, a título meramente informativo e sem nos debruçarmos sobre os aspetos mais complexos e controversos que têm incidido sobre a interpretação e aplicação desta lei (o que extravasa o âmbito do presente trabalho), alguns dos principais aspetos do apontando regime da responsabilidade civil extracontratual do Estado e demais entidades públicas.

A Lei nº 67/2007, de 31 de dezembro, revogou expressamente o DL nº 48051, de 21.11.1967, que até 29.01.2008 regulou a responsabilidade civil extracontratual do Estado e demais pessoas coletivas públicas "no domínio dos actos de gestão pública" (artigo 1º do diploma revogado).

Nos termos consignados no nº 1 do artigo 2º do DL nº 48051, o Estado e demais pessoas coletivas públicas respondiam "civilmente perante terceiros pelas ofensas dos direitos destes ou das disposições legais destinadas a proteger os seus interesses, resultantes de actos ilícitos culposamente praticados pelos respectivos órgãos ou agentes administrativos no exercício das suas funções e por causa desse exercício."

Do teor de tal preceito, decorria a interpretação doutrinal e jurisprudencial comum de que aquele diploma não era aplicável aos atos integrados na função jurisdicional e na função legislativa. Assim, o dever de indemnizar por danos resultantes da função político-legislativa, bem como da função jurisdicional, não se encontrava densificado na ordem jurídica nacional, pelo menos na legislação ordinária. A única exceção – e no tocante ao exercício da função jurisdicional – encontrava-se no regime jurídico da indemnização por privação ilegal ou injustificada da liberdade e da condenação penal injusta, o qual estava previsto nos artigos 225º, 226º e 462º do Código do Processo Penal vigente (a manutenção da vigência dessas normas foi expressamente ressalvada no novo regime da RCECE – artigo 13º, nº 1 da Lei nº 67/2007). Para colmatar aquela ausência de densificação normativa, a jurisprudência e a doutrina foram alicerçando no artigo 22º da CRP a possibilidade de um terceiro exigir uma indemnização por danos resultantes da atuação ou omissão do Estado nos vários aspetos funcionais, designadamente jurisdicional e legislativo, independentemente de os titulares dos respetivos órgãos serem ou não individualmente responsáveis (nesse sentido, Jorge Miranda e Rui Medeiros, *Constituição Portuguesa Anotada*, Tomo I, pág. 210, Coimbra Editora, 2005; Carlos Alberto Fernandes

Cadilha, *Regime da responsabilidade civil extracontratual do Estado e demais entidades públicas, anotado*, Coimbra Editora, 2008, pág. 237).

Contudo, até à Lei nº 67/2007, questionou-se se a norma do artigo 22º da CRP era imediatamente exequível, isto é, se poderia ser aplicada pelos Tribunais, numa ação de responsabilidade civil, não obstante a ausência de uma lei concretizadora. As jurisprudência e doutrina dominantes seguiam a posição de que a norma em questão era "directamente aplicável, por se reportar a um direito de natureza análoga aos direitos, liberdades e garantias, e que caberia aos tribunais, através da aplicação dos princípios gerais em matéria de responsabilidade civil da Administração, criar as disposições necessárias para assegurar o exercício do direito de reparação por parte dos particulares lesados." (Carlos Cadilha, obra citada, página 237).

Ou seja, na medida em que consagra um direito fundamental à reparação dos danos causados por atuação ou omissão ilícitas do Estado e demais entidades públicas, a norma contida no artigo 22º da CRP "constitui – por imperativo constitucional (artigos 17º e 18º, nº 1, da Constituição) – uma **norma directamente aplicável**, sendo aplicável, não apenas *contra legem*, mas também na *ausência de lei*, cabendo ao órgão aplicador estabelecer, a partir das coordenadas constitucionais e do sistema legal, os critérios de decisão no caso concreto." (Jorge Miranda e Rui Medeiros, obra citada, pág. 213).[65]

Do artigo 22º da CRP decorre também a exigência (constitucional, passe a redundância) da responsabilidade solidária das entidades públicas com os titulares dos órgãos, funcionários e agentes perante ações ou omissões por estes praticadas no exercício das suas funções e por causa desse exercício.

Por seu turno, o dever de indemnizar que incide sobre os trabalhadores do Estado encontra-se previsto no já citado artigo 271º da Lei Fundamental.

[65] A questão do âmbito de aplicação e da aplicabilidade direta do artigo 22º da CRP encontra-se também abordada no Relatório e parecer da Comissão de Assuntos Constitucionais, Direitos, Liberdades e Garantias (consultável em www.parlamento.pt) que se debruçou sobre o Projeto de Lei nº 148/IX, apresentado por em 16.10.2002 por um grupo de deputados do Grupo Parlamentar Socialista (Diário da Assembleia da República, II Série A, nº 34, de 17.10.2002). Recorde-se que o presente Regime da RCECE decorre da Proposta de Lei nº 56/X, subscrita pelo XVII Governo Constitucional (Diário da Assembleia da República, II Série A, nº 81, de 28.01.2007), mas teve como antecedentes a Proposta de Lei nº 95/VIII, do XIV Governo Constitucional e o citado Projeto de Lei nº 148/IX (ambos caducados entretanto por demissão dos Governos da época). A terceira versão do regime não introduziu alterações de monta.

Do teor do nº 1 deste preceito constitucional, decorre que o dever de indemnizar por parte dos "funcionários e agentes" do Estado encontra-se circunscrito a uma responsabilidade meramente subjetiva, dada a referência a "acções ou omissões de que resulte violação dos direitos ou interesses legalmente protegidos dos cidadãos". Igualmente decorre, desse preceito, que essa responsabilidade será pela prática de atos ilícitos, com exclusão da responsabilidade pelo risco.

Tal matéria foi concretizada e regulamentado nos artigos 8º e 14º do RRCECE.

Na exposição de motivos constante da Proposta de Lei nº 56/X, que deu origem à Lei nº 67/2007, de 31 de dezembro, pode ler-se, no que interessa a esta temática, o seguinte:

> "O novo diploma procura, entretanto, dar, finalmente, resposta à necessidade, de há muito sentida, de adaptar o regime legal da responsabilidade civil extracontratual das entidades públicas às exigências ditadas pela Constituição da República. Neste sentido aperfeiçoa-se o regime da responsabilidade pelo exercício da função administrativa, estendendo o campo de aplicação do regime da responsabilidade solidária ao domínio das condutas praticadas com culpa grave; (...)
>
> Trata-se, na verdade, de reconhecer que as obrigações funcionais dos agentes públicos podem ser vastas e complexas, o que os pode levar a cometer um maior número de faltas sem culpa grave, e de admitir que a exposição do agente, nestes casos, ao pagamento de indemnizações de montante superior aos proventos que a função lhes proporciona pode fazer com que o receito de ser responsabilizado por culpa leve o iniba nas suas iniciativas, prejudicando a serenidade e a independência dos seus juízos. (...)
>
> Ainda no que se refere à responsabilidade civil da Administração, as principais alterações propostas consistem já no referido alargamento da regra da solidariedade, em conformidade com a Constituição, ao domínio das condutas praticadas com culpa grave; a consagração legal da responsabilidade objectiva da Administração pelo funcionamento anormal dos seus serviços; e a introdução de um regime de presunção de culpa, nos casos em que os danos são causados por actos jurídicos, o que compreende actos administrativos e actos de conteúdo normativo. (...)"

O regime da RCECE aprovado pela Lei nº 67/2007, é aplicável, em síntese:

a) *A nível subjetivo* (artigo 1º):

i. Às pessoas coletivas públicas: Estado, Regiões Autónomas e demais pessoas coletivas de direito público;

ii. Às pessoas coletivas de direito privado (ou seja, constituídas ao abrigo de normas de direito privado) que exerçam poderes de autoridade;

iii. Às pessoas singulares: titulares dos órgãos, agentes ou funcionários de pessoas coletivas de direito público; trabalhadores, titulares de órgãos sociais, representantes legais ou auxiliares de pessoas coletivas de direito privado que exerçam poderes de autoridade; Magistrados judiciais e do Ministério Público.

b) *A nível objetivo:*

i. À responsabilidade civil por danos decorrentes do exercício da função administrativa (artigos 7º a 11º);

ii. À responsabilidade civil por danos decorrentes do exercício da função jurisdicional (artigos 12º a 14º);

iii. À responsabilidade civil por danos decorrentes do exercício da função político-legislativa (artigo 15º);

iv. À indemnização pelo sacrifício (artigo 16º)[66].

A responsabilidade civil de que pode resultar a obrigação de indemnização é tipificada como:

a) *Subjetiva*: a qual terá de ser:

i. Ilícita (artigo 9º); e

ii. Culposa, diferenciando-se entre:

ii. a) Culpa leve (artigos 7º, nº 1, 10º);

ii. b) Culpa grave e Dolo (artigos 8º, 10º).

[66] A responsabilidade civil por danos decorrentes do exercício da função administrativa poderá, abstratamente, entender-se como englobando a indemnização pelo sacrifício, mas uma vez que o legislador optou por dedicar-lhe um capítulo distinto na lei (Capítulo V – artigo 16º), dispondo sobre o dever de indemnizar em termos muitos amplos, abrangendo os encargos ou danos especiais e anormais que resultem de atos praticados, por razões de interesse público, no exercício de quaisquer das funções do Estado (administrativa, jurisdicional, político e legislativa), será preferível considerar a indemnização pelo sacrifício autonomamente.

b) *Objetiva*:
i. Pelo risco (artigo 11º);
ii. Pelo sacrifício (artigo 16º).

No artigo 6º do RRCECE prevê-se o exercício do direito de regresso por parte das pessoas coletivas públicas, relativamente aos titulares de órgãos, funcionários e agentes/trabalhadores, nos casos em que aquele se encontre especialmente previsto no diploma, a saber:

i) artigo 8º, nºs 3 e 4: responsabilidade solidária do Estado e demais pessoas coletivas de direito público com os respetivos titulares de órgãos, funcionários e agentes por danos resultantes de atos ou omissões ilícitas por estes cometidas com dolo ou com culpa, diligência e zelo manifestamente inferiores àqueles a que se encontram obrigados em razão do cargo[67];
ii) artigo 11º, nº 2: responsabilidade solidária do Estado e demais pessoas coletivas de direito público com terceiro lesado, por danos decorrentes de atividades, coisas ou serviços administrativos especialmente perigosos (responsabilidade pelo risco), quando concorra facto culposo desse terceiro[68];
iii) artigo 14º: responsabilidade dos magistrados por danos decorrentes dos atos que pratiquem no exercício das respetivas funções, quando tenham agido com dolo ou culpa grave, respondendo primeiramente o Estado, uma vez que aqueles não podem ser diretamente responsabilizados.

No caso da responsabilidade solidária do Estado e demais pessoas coletivas de direito público prevista no artigo 8º do RRCECE, o exercício do direito de regresso é obrigatório, sem prejuízo da instauração de procedimento disciplinar[69] ao titular do órgão ou trabalhador que tenha praticado, com dolo ou culpa grave, o ato ilícito.[70]

[67] O normativo é também aplicável às pessoas coletivas de direito privado e respetivos trabalhadores, titulares de órgãos sociais, representantes legais ou auxiliares, mercê do disposto no nº 5 do artigo 1º.

[68] Ver nota anterior.

[69] A qual também consubstancia um dever do superior hierárquico, perante conhecimento ou participação de uma infração suscetível de ser qualificada como disciplinar, como dos artigos 71º e 76º da LTFP.

[70] Já quanto aos atos praticados por magistrados judiciais e do Ministério Público, com dolo ou culpa grave, no exercício das suas funções, a obrigatoriedade do exercício do direito de regresso parece ficar em dúvida atento o teor do nº 2 do art. 14º.

Uma vez que, em sede destas notas ao EPDAP, nos reportamos ao exercício da função administrativa, não se abordará mais a matéria relevante para a responsabilização do Estado por atos cometidos ou omissões ocorridas no âmbito das suas funções político-legislativa e judicial. O enunciado seguinte respeitará, consequentemente, a uma referência (dos pontos de vista literal, sistemático e teleológico) ao normativo contido nos artigos 6º e 7º a 11º da do regime anexo à Lei nº 67/2007. Assim:

No âmbito da responsabilidade civil extracontratual do Estado e demais entidades públicas por danos resultantes do exercício da função administrativa, englobam-se:

a) a responsabilidade por facto ilícito (artigos 7º a 10º); e
b) a responsabilidade pelo risco (artigo 11º).

São pressupostos da responsabilidade por facto ilícito[71] a existência de:

i. facto voluntário (ato em sentido próprio, que pode consistir numa ação ou numa omissão);
ii. ilicitude;
iii. culpa do agente;
iv. dano;
v. nexo de causalidade.

Nos termos do disposto no artigo 9º, consideram-se *ilícitas* "as acções ou omissões dos titulares dos órgãos, funcionários e agentes que violem disposições ou princípios constitucionais, legais ou regulamentares ou infrinjam regras de ordem técnica ou deveres objectivos de cuidado e de que resulte a ofensa de direitos ou interesses legalmente protegidos", bem como quando "a ofensa de direitos ou interesses legalmente protegidos resulte do funcionamento anormal do serviço".

O pressuposto *culpa* consiste "na preterição da diligência pela qual a lei exigia que o autor do facto voluntário e ilícito tivesse pautado a sua conduta" (Marcelo Rebelo de Sousa e André Salgado de Matos, *Responsabilidade Civil Administrativa,* Direito Administrativo Geral, Tomo III, Dom Quixote, 2008, página 25).

[71] Recorde-se o que anteriormente referimos quando sintetizamos o quadro normativo da responsabilidade civil previsto no CC.

São modalidades da culpa:

i. o *dolo*, a que subjaz a intenção de provocar um determinado resultado danoso, seja a título:
   a) direto: quando o autor do ato quis primacialmente esse resultado;
   b) necessário: quando o autor do ato quis a produção de outro resultado, mas sabia que tal implicaria a produção do resultado danoso;
   c) eventual: quando o autor do ato não pretendia primariamente esse resultado, mas outro, mas conformou-se com a possibilidade da ocorrência do resultado danoso (todas as modalidades englobadas no artigo 8º do RRCECE).

ii. a *negligência*, à qual subjaz a violação, consciente ou inconscientemente, dos deveres de cuidado que impendiam sobre o agente. Esta poderá ser qualificada como:
   a) grave: quando o agente[72] empregou diligência manifestamente inferior àquela a que se encontrava obrigado em função do cargo por si ocupado (artigo 8º); ou
   b) leve: restantes situações (artigo 7º, nº 1, 10º, nºs 2 e 3).

No regime da RCECE, a culpa deve ser apreciada segundo o critério da "diligência e aptidão que seja razoável exigir, em função das circunstâncias de cada caso, de um titular de órgão, funcionário ou agente zeloso e cumpridor" (artigo 10º, nº 1).

Presume-se (presunção ilidível) a existência de culpa leve:

a) na prática de atos jurídicos ilícitos (artigo 10º, nº 2);
b) sempre que tenha havido incumprimento de deveres de vigilância (artigo 10º, nº 3).

Em termos de responsabilidade civil administrativa, a culpa poderá ser ainda qualificada como sendo:

a) *pessoal ou subjetiva*: quando haja dolo ou negligência do titular do órgão ou de seu trabalhador (artigos 7º, nº 1 e 8º);
b) decorrente do *funcionamento anormal do serviço (faute de service* ou culpa do serviço): quando, embora seja objetivamente comprovável que

[72] Aqui a expressão "agente" é utilizada no sentido de "aquele que age ou actua" e não no sentido empregue antes da Lei nº 12-A/2008, de 27.02., como "agente titular de um contrato administrativo de provimento" como contraposto a "funcionário público nomeado".

um determinado dano resultou de uma má organização ou de um mau funcionamento do serviço, não se mostra possível imputar o resultado ao comportamento concreto de um titular do órgão, funcionário ou agente determinado (*culpa coletiva*) ou não é possível provar a autoria pessoal da ação ou omissão (*culpa anónima*) - artigo 7º, nº 3 e 4.

Consideram-se, porém, causas de exclusão da ilicitude dos trabalhadores:

i) O cumprimento de um dever: cumprimento de ordens/instruções de superior hierárquico, em matéria de serviço, quando previamente delas tenha reclamado/exigido a sua transmissão/confirmação por escrito (artigos 271º, nº 2 da CRP e 177º da LTFP);
ii) O estado de necessidade[73];
iii) O consentimento do lesado[74];
iv) A legítima defesa[75].

Por sua vez, o pressuposto *dano* ou *prejuízo* traduz-se na diminuição ou extinção de uma vantagem que é objeto de tutela jurídica.

Os danos indemnizáveis serão os:

a) *Danos gerais*:
   i. Patrimoniais e não patrimoniais/morais (artigos 3º, nº 3 do RRCECE e 496º, nº 1 do CC);
   ii. Atuais ou presentes e futuros (artigos 3º, nº 3 do RRCECE e 564º, nº 2 do CC);
   iii. Lucros cessantes e danos emergentes (artigo 564º, nº 1 do CC).
b) *Danos especiais* (artigo 2º do RRCECE);
c) *Danos anormais* (artigo 2º do RRCECE).

No âmbito das omissões, o dever de indemnizar, pode resultar:

a) Da ausência de uma atividade jurídica que envolva o dever (i) de decidir, (ii) de regulamentar leis, ou (iii) de executar sentenças;

[73] Recorde-se o que referimos em sede de responsabilidade civil por facto lícito (artigo 339º do CC).

[74] Por exemplo, a nível de responsabilidade médica, o (registo do) consentimento informado por parte de um paciente adquire uma especial importância, dado que cabe ao médico informá-lo dos riscos que possam advir de uma determinada intervenção cirúrgica.

[75] Constitui legítima defesa o facto praticado como meio necessário para repelir a agressão atual e ilícita de interesses juridicamente protegidos do agente ou de terceiro (artigo 32º do Código Penal).

b) Da ausência de uma atividade material: uma prestação positiva, de fiscalização ou controlo, ou de execução coerciva de atos administrativos, em resultado de lei, regulamento, ato administrativo ou contrato administrativo[76].

Por último, para que exista responsabilidade civil ilícita é necessário que haja um *nexo de causalidade* entre o facto voluntário e o dano, isto é, que o resultado danoso possa ser objetivamente imputado ao ato ou omissão do agente (artigos 7º, nº 1 e 8º).

Refira-se que a qualificação da culpa como grave/dolo ou leve tem também importância no tocante a quem deverá ser judicialmente demandado pelo lesado em resultado da ação ou omissão ilícitas da AP e/ou de um seu trabalhador.

No caso de culpa leve (negligência), a lei atribui a legitimidade passiva à entidade pública, como decorre do disposto no artigo 7º do RRCECE – o Estado e as demais pessoas coletivas de direito público são exclusivamente responsáveis:

(i) pelos danos que resultem de ações ou omissões ilícitas, cometidas com culpa leve, pelos titulares dos seus órgãos, funcionários ou agentes, no exercício da função administrativa e por causa desse exercício;

(ii) pelos danos decorrentes por violação de norma ocorrida no âmbito de procedimento de formação dos contratos referidos no artigo 100º do CPTA, de acordo com os requisitos da responsabilidade civil extracontratual definidos pelo direito comunitário;

(iii) quando os danos não tenham resultado do comportamento concreto de um titular de órgão, funcionário ou agente determinado, ou não seja possível provar a autoria pessoal da ação ou omissão, mas devam ser atribuídos a um funcionamento anormal do serviço[77].

[76] Exs.: dever de prestação de cuidados de saúde hospitalar, não realizados; ausência de fiscalização sobre o estado das estradas, vias férreas e pontes; falta de vigilância de menores com guarda confiada a instituições públicas; não execução de um ato de demolição de um edifício.

[77] Existe funcionamento anormal do serviço quando, atendendo às circunstâncias e a padrões médios de resultado, fosse razoavelmente exigível ao serviço uma atuação suscetível de evitar os danos produzidos (nº 4 do artigo 7º do RRCECE).

Já em situações de culpa grave/dolo, o artigo 8º do RRCECE atribui responsabilidade solidária aos trabalhadores, titulares dos órgãos e ao Estado e demais entidades públicas, se as ações ou omissões em causa tiverem sido cometidas por aqueles no exercício das suas funções e por causa desse exercício. Uma eventual ação para efetivação da responsabilidade civil extracontratual deverá, assim, ser instaurada pelo lesado contra o trabalhador e/ou titular do órgão e o Estado ou entidade pública com personalidade jurídica.

O tribunal administrativo aferirá o grau de culpa (grave) tendo como referência o conceito "em razão do cargo" (nº 1 do artigo 8º do RRCECE) e atendendo ao grau de diligência e aptidão em função da posição profissional do titular do órgão/trabalhador, apreciado segundo a diligência exigível a um titular do órgão/trabalhador médio, tendo em conta: i) o conteúdo funcional do cargo, ii) a qualificação profissional, iii) o nível de exigência normalmente estabelecido para o cumprimento das respetivas tarefas, e iv) o circunstancialismo do caso concreto [com que se deparou o autor do dano].

O direito à indemnização por responsabilidade civil extracontratual do Estado e demais pessoas coletivas, respetivos titulares de órgãos e trabalhadores prescreve no prazo de três anos, a contar da data em que o lesado teve conhecimento do direito que lhe compete (artigo 5º do RRCECE e artigo 498º, nº 1 do CC). Todavia, se o facto ilícito constituir crime com prazo prescricional mais longo, é este que se aplica (nº 2 do artigo 5º do RRCECE, nº 3 do artigo 498º do CC e 118ºdo Código Penal).

O direito de regresso, por parte das entidades públicas, em relação a titulares de órgãos/trabalhadores, é obrigatório (nº 1 do artigo 6º do RRCECE), nos casos em que estes tenham agido com dolo ou (culpa grave) com diligência e zelo manifestamente inferiores à queles a que se encontravam obrigados em razão do cargo (nº 1 do artigo 8º). Este direito de regresso, por parte das entidades públicas, em relação a titulares de órgãos/trabalhadores, prescreve também no prazo de 3 anos, a contar do cumprimento, ou seja, do momento em que essa entidade pública, na sequência de decisão condenatória, satisfaz o crédito indemnizatório em relação ao autor (artigos 5º do RRCECE e 498º, nº 2 do CC).

O direito de regresso exerce-se após trânsito em julgado da sentença condenatória, na sequência do pagamento de indemnização no âmbito de um pedido de reparação de danos (artigos 6º, nº 2 e 8º, nº 3 do RRCECE)[78].

[78] Após o trânsito em julgado, a secretaria judicial do tribunal remete certidão da sentença à entidade(s) competente(s) para acionarem o direito de regresso (nº 2 do artigo 6º do RRCECE).

Quando o Estado/pessoa coletiva de direito público seja condenado em responsabilidade civil fundada no comportamento ilícito adotado por um titular de órgão e/ou trabalhador(es), sem apuramento do grau de culpa do(s) responsável(eis), a ação judicial prossegue nos próprios autos, para esse apuramento e do eventual direito de regresso (nº4 do artigo 8º do RRCECE).

Quando a ação tenha sido intentada, pela prática de atos jurídicos ilícitos, contra a entidade pública e titular de órgão e/ou trabalhador – o prosseguimento do processo apenas tem lugar quando não estiver definida na sentença o grau de culpa do titular de órgão e/ou trabalhador.

A sentença sobre o grau de culpa do titular de órgão e/ou trabalhador apenas o(s) vincula se tiver(em) intervenção no processo como réu(s).

No caso de não ter havido intervenção no processo do titular de órgão e/ou trabalhador, o prosseguimento do processo carece de um requerimento da entidade pública, após trânsito em julgado da sentença condenatória.

Quando não seja suscitada a intervenção como réu(s) no processo do titular de órgão e/ou trabalhador nem o prosseguimento do processo, a entidade pública pode propor uma ação de regresso autónoma.

Para terminar, refira-se, sucintamente, as outras duas formas de responsabilidade do Estado e outros entes públicos no âmbito da atividade administrativa: a responsabilidade pelo risco e a responsabilidade pela imposição de um sacrifício através de facto lícito.

Nos termos do artigo 11º do RRCECE, o Estado e as demais pessoas coletivas de direito público respondem pelos danos decorrentes de atividades, coisas ou serviços administrativos especialmente perigosos, salvo quando, nos termos gerais, se prove que houve força maior ou concorrência de culpa do lesado, podendo o tribunal, neste último caso, tendo em conta todas as circunstâncias, reduzir ou excluir a indemnização. Quando um facto culposo de terceiro tenha concorrido para a produção ou agravamento dos danos, o Estado e as demais pessoas coletivas de direito público respondem solidariamente com o terceiro, sem prejuízo do direito de regresso[79].

Por último, em termos de responsabilidade civil extracontratual do Estado e demais entes públicos, refira-se a estatuição prevista no artigo 16º do RRCECE, sob a epígrafe "Indemnização pelo sacrifício". Como já antes mencionamos, trata-se da previsão de um dever de indemnizar do Estado e

[79] Regime muito semelhante ao constante no CC relativamente à responsabilidade pelo risco.

outras entidades públicas que não resulta de factos ilícitos, mas antes deriva de atuação lícita, a qual, no entanto, é suscetível de gerar encargos ou danos especiais e anormais[80] para os terceiros lesados. Nessa situação, para cálculo da indemnização, deverá atender-se, nomeadamente, ao grau de afetação do conteúdo substancial do direito ou interesse violado ou sacrificado.

5. *A responsabilidade criminal*

Os titulares de cargos dirigentes são responsáveis criminalmente pelos factos (atos ou omissões) que sejam tipificados pela lei como ilícitos penais[81], que pratiquem no exercício das suas funções[82].

No Capítulo IV do Título V (Crimes contra o Estado) do Livro II (Parte Especial), o Código Penal (CP) português tipifica um elenco de "Crimes cometidos no exercício de funções públicas", reportando-se a ilícitos cometidos por "funcionários", nos quais se incluem os titulares de cargos dirigentes.[83]

Com efeito, o CP explicita no nº 1 do seu artigo 386º o conceito de *funcionário*, que, para efeitos da lei penal[84], abrange:

a) O empregado público civil e militar;
b) Quem desempenhe cargo público em virtude de vínculo especial;
c) Quem, mesmo que a título provisório ou temporário, seja mediante remuneração, seja a título gratuito, voluntária ou obrigatoriamente, tiver sido chamado a desempenhar ou a participar no desempenho

[80] Esta disposição tem de conjugar-se com os conceitos definidos no artigo 2º do RRCECE: "Para os efeitos do disposto na presente lei, consideram-se especiais os danos ou encargos que incidam sobre uma pessoa ou um grupo, sem afectarem a generalidade das pessoas, e anormais os que, ultrapassando os custos próprios da vida em sociedade, mereçam, pela sua gravidade, a tutela do direito."

[81] Atento o princípio da tipicidade, só pode ser punido criminalmente o facto descrito e declarado passível de pena por lei anterior ao momento da sua prática (artigo 1º do Código Penal/CP).

[82] Neste capítulo apenas nos referiremos, naturalmente, aos ilícitos praticados pelo titular do cargo dirigente, nessa qualidade.

[83] Não se incluem os titulares de cargos políticos, cujo elenco consta do artigo 2º da Lei nº 52/2019, de 31 de julho (regime do exercício de funções por titulares de cargos políticos e altos cargos públicos).

[84] Mas a equiparação a funcionário, para efeito da lei penal, de quem desempenhe funções políticas, é regulada por lei especial (nº 4 do artigo 386º do CP), v.g. a citada Lei nº 52/2019, de 31 de julho.

de uma atividade compreendida na função pública administrativa ou jurisdicional;

d) Os juízes do Tribunal Constitucional, do Tribunal de Contas, os magistrados judiciais, os magistrados do Ministério Público, o Procurador-Geral da República, o Provedor de Justiça, os membros do Conselho Superior da Magistratura, os membros do Conselho Superior dos Tribunais Administrativos e Fiscais e os membros do Conselho Superior do Ministério Público;

e) O árbitro, o jurado, o perito, o técnico que auxilie o tribunal em inspeção judicial, o tradutor, o intérprete e o mediador;

f) O notário;

g) Quem, mesmo provisória ou temporariamente, mediante remuneração ou a título gratuito, voluntária ou obrigatoriamente, desempenhar ou participar no desempenho de função pública administrativa ou exercer funções de autoridade em pessoa coletiva de utilidade pública, incluindo instituições particulares de solidariedade social;

h) Quem desempenhe ou participe no desempenho de funções públicas em associação pública.

Nos nºs 2 e 3 do mesmo artigo 386º do CP, são equiparados a funcionário, para efeitos da lei penal[85]:

a) Os membros de órgão de gestão ou administração ou órgão fiscal e os trabalhadores das empresas públicas, nacionalizadas, de capitais públicos ou com participação maioritária de capital público e ainda de empresas concessionárias de serviços públicos;

b) No caso das empresas com participação igual ou minoritária de capitais públicos, os titulares de órgão de gestão ou administração designados pelo Estado ou por um outro ente público;

c) Para efeitos do disposto nos artigos 335º[86] e 372º a 374º[87] do CP:

   1. Os magistrados, funcionários, agentes e equiparados de organizações de direito internacional público, independentemente da nacionalidade e residência;

   2. Os funcionários nacionais de outros Estados;

[85] *Vd.* nota anterior.

[86] Crime de tráfico de influência.

[87] Respetivamente, os crimes de recebimento ou oferta indevidos de vantagem, corrupção passiva e corrupção ativa.

3. Todos os que exerçam funções idênticas às descritas no nº 1 do artigo 386º do CP no âmbito de qualquer organização internacional de direito público de que Portugal seja membro;
4. Os magistrados e funcionários dos tribunais internacionais, desde que Portugal tenha declarado aceitar a competência desses tribunais;
5. Todos os que exerçam funções no âmbito de procedimentos de resolução extrajudicial de conflitos, independentemente da nacionalidade e residência;
6. Os jurados e árbitros nacionais de outros Estados.

No CP são tipificados como crimes cometidos no exercício de funções públicas:

A. *Recebimento ou oferta indevidos de vantagem*, ilícito no qual incorre (artigo 372º):
   a. O funcionário que, no exercício das suas funções ou por causa delas, por si ou por interposta pessoa, com o seu consentimento ou ratificação, solicitar ou aceitar, para si ou para terceiro, vantagem patrimonial ou não patrimonial, que não lhe seja devida (sancionado com pena de prisão até cinco anos ou com pena de multa até 600 dias);
   b. Quem, por si ou por interposta pessoa, com o seu consentimento ou ratificação, der ou prometer a funcionário, ou a terceiro por indicação ou conhecimento daquele, vantagem patrimonial ou não patrimonial, que não lhe seja devida (punido com pena de prisão até três anos ou com pena de multa até 360 dias)[88].
B. *Corrupção passiva* (artigo 373º), ilícito no qual incorre o funcionário que por si, ou por interposta pessoa, com o seu consentimento ou ratificação, solicitar ou aceitar, para si ou para terceiro, vantagem patrimonial ou não patrimonial, ou a sua promessa, para a prática de um qualquer outro ato ou omissão contrários aos deveres do cargo, ainda que anteriores àquela solicitação (punido com pena de prisão de um a oito anos); se o ato ou omissão não forem contrários aos deveres do cargo e a vantagem não for devida, o agente é sancionado com pena de prisão de um a cinco anos.

[88] Excluem-se dos tipos a) e b) as condutas socialmente adequadas e conformes aos usos e costumes (nº 3 do artigo 372).

C. *Corrupção ativa* (artigo 374º), no qual incorre quem por si ou por interposta pessoa, com o seu consentimento ou ratificação, der ou prometer a funcionário, ou a terceiro por indicação ou com o conhecimento daquele, vantagem patrimonial ou não patrimonial com o fim indicado no nº 1 do artigo 373º (punido com pena de prisão de um a cinco anos); se o fim for o indicado no nº 2 do artigo 373º, o agente é punido com pena de prisão até três anos ou com pena de multa até 360 dias.
A tentativa é punível (nº 3 do artigo 374º do CP).

As molduras das penas abstratamente aplicáveis aos ilícitos previstos nos artigos 372º a 374º do CP, poderão ser agravadas nos termos previstos no artigo 374º-A do mesmo código, chamando-se, no caso vertente, atenção para os termos da agravação estatuída nos nºs 4 a 7, que respeitam a agentes que sejam funcionários titulares de alto cargo público.

Para tal efeito, são considerados *titulares de alto cargo público*[89] (nº 8 do artigo 374º-A do CP):

i. Os gestores públicos e membros de órgão de administração da sociedade anónima de capitais públicos, que exerçam funções executivas;
ii. Os titulares de órgãos de gestão de empresa participada pelo Estado, quando designados por este;
iii. Os membros de órgãos de gestão de empresas que integram os setores empresarial regional ou local;
iv. Os membros dos órgãos diretivos dos institutos públicos;
v. Os membros do conselho de administração de entidade pública administrativa independente;
vi. Os titulares de cargos de cargos de direção superior de 1º grau e de 2º grau e equiparados, e dirigentes máximos dos serviços das câmaras municipais e dos serviços municipalizados, quando existam.

Poderá ser determinada a dispensa ou a atenuação da pena sempre que o agente tenha denunciado o crime antes da instauração do procedimento criminal, nas situações enunciadas no nº 1 do 374º-B do CP. Pode ainda haver dispensa da pena, sempre que durante o inquérito ou a instrução e

[89] O elenco é idêntico ao enunciado no nº 1 do artigo 3º da Lei nº 52/2019, de 31 de julho, na versão vigente, que aprovou o regime do exercício de funções por titulares de cargos políticos e altos cargos públicos.

verificando-se o disposto naquelas situações, o agente tiver contribuído decisivamente para a descoberta da verdade (nº 2 do artigo 374º-B).

A pena poderá ser especialmente atenuada se, até ao encerramento da audiência de julgamento em primeira instância, o agente colaborar ativamente na descoberta da verdade, contribuindo relevantemente para a prova dos factos (nº 5 do artigo 374º-B).

D. *Peculato* (artigo 375º), ilícito no qual incorre o funcionário que ilegitimamente se apropriar, em proveito próprio ou de outra pessoa, de dinheiro ou qualquer coisa móvel ou imóvel ou animal, públicos ou particulares, que lhe tenha sido entregue, esteja na sua posse ou lhe seja acessível em razão das suas funções (sancionado com pena de prisão de um a oito anos, se pena mais grave não lhe couber por força de outra disposição legal; ou punido com pena de prisão até três anos ou com pena de multa, se os bens ou objetos forem de diminuto valor, nos termos definidos na alínea c) do artigo 202º do CP); se o funcionário der de empréstimo, empenhar ou, de qualquer outra forma, onerar valores ou os objetos referidos, é punido com pena de prisão até três anos ou com pena de multa, se pena mais grave não lhe couber por força de outra disposição legal.

E. *Peculato de uso* (artigo 376º), no qual incorre o funcionário que fizer uso ou permitir que outra pessoa faça uso, para fins alheios àqueles a que se destinem, de coisa móvel, de veículos, de outras coisas móveis ou de animais de valor apreciável, públicos ou particulares, que lhe forem entregues, estiverem na sua posse ou lhe forem acessíveis em razão das suas funções; bem como o funcionário que, sem que especiais razões de interesse público o justifiquem, der a dinheiro público destino para uso público diferente daquele a que está legalmente afetado (punido com pena de prisão até um ano ou com multa até 120 dias).

F. *Participação económica em negócio* (artigo 377º), ilícito no qual incorre:

  a. O funcionário que, com intenção de obter, para si ou para terceiro, participação económica ilícita, lesar em negócio jurídico os interesses patrimoniais que, no todo ou em parte, lhe cumpre, em razão da sua função, administrar, fiscalizar, defender ou realizar (sancionado com pena de prisão até cinco anos);

  b. O funcionário que, por qualquer forma, receber, para si ou para terceiro, vantagem patrimonial por efeito de ato jurídico-civil relativo interesses de eu tinha, por força das suas funções, no momento do ato, total ou parcialmente, a disposição, administração ou fiscalização, ainda que sem os lesar (sancionado com pena de prisão até seis meses ou com pena de multa até 60 dias);

c. O funcionário que receber, para si ou para terceiro, por qualquer forma, vantagem patrimonial por efeito da cobrança, arrecadação, liquidação ou pagamento que, por força das suas funções, total ou parcialmente, esteja encarregado de ordenar ou fazer, desde que não se verifique prejuízo para a Fazenda Pública ou para os interesses que lhe estão confiados (sancionado com pena de prisão até seis meses ou com pena de multa até 60 dias).

Relativamente aos crimes de peculato e participação económica em negócio, a pena será especialmente atenuada se até ao encerramento da audiência de julgamento em primeira instância, o agente colaborar ativamente na descoberta da verdade, contribuindo relevantemente para a prova dos factos (artigo 377º-A do CP).

G. *Violação de domicílio por funcionário* (artigo 378º), o qual é imputado ao funcionário que, abusando dos poderes inerentes às suas funções, praticar o crime previsto no nº 1 do artigo 190º[90], ou violar o domicílio profissional de quem, pela natureza da sua atividade, estiver vinculado ao dever de sigilo (punido com pena de prisão até três anos ou com pena de multa).

H. *Concussão* (artigo 379º), ilícito no qual incorre o funcionário que, no exercício das suas funções ou de poderes de facto delas decorrentes, por si ou por interposta pessoa com o seu consentimento ou ratificação, receber, para si, para o Estado ou para terceiro, mediante indução em erro ou aproveitamento de erro da vítima, vantagem patrimonial que lhe não seja devida, ou seja superior à devida, nomeadamente contribuição, taxa, emolumento, multa ou coima (punido com pena de prisão até dois anos ou com pena de multa até 240 dias, se pena mais grave lhe não couber por força de outra disposição legal.); se o facto for praticado por meio de violência ou ameaça com mal importante, o agente é punido com pena de prisão de um a oito anos, se pena mais grave lhe não couber por força de outra disposição legal.

[90] Violação de domicílio ou perturbação da vida privada.

I. *Emprego de força pública contra a execução da lei ou de ordem legítima* (artigo 380º), o qual é imputado ao funcionário que, sendo competente para requisitar ou ordenar emprego da força pública, requisitar ou ordenar este emprego para impedir a execução de lei, mandado regular da justiça ou ordem legítima de autoridade pública (punido com pena de prisão até dois anos ou com pena de multa até 240 dias).

J. *Recusa de cooperação* (artigo 381º), no qual incorre o funcionário que, tendo recebido requisição legal de autoridade competente para prestar a devida cooperação à administração da justiça ou a qualquer serviço público, se recusar a prestá-la, ou sem motivo legítimo a não prestar (punido com pena de prisão até um ano ou com pena de multa até 120 dias).

K. *Abuso de poder* (382º), imputado ao funcionário que, fora dos casos previstos nos artigos 378º a 381º do CP, abusar de poderes ou violar deveres inerentes às suas funções, com intenção de obter, para si ou para terceiro, benefício ilegítimo ou causar prejuízo a outra pessoa (sancionado com pena de prisão até três anos ou com pena de multa, se pena mais grave lhe não couber por força de outra disposição legal).

L. *Violação de regras urbanísticas por funcionário* (382º-A), infração na qual incorre o funcionário que informe ou decida favoravelmente processo de licenciamento ou de autorização ou preste neste informação falsa sobre as leis ou regulamentos aplicáveis, consciente da desconformidade da sua conduta com as normas urbanísticas (punido com pena de prisão até três anos ou multa); se o objeto da licença ou autorização incidir sobre via pública, terreno da Reserva Ecológica Nacional, Reserva Agrícola Nacional, bem do domínio público ou terreno especialmente protegido por disposição legal, o agente é punido com pena de prisão até cinco anos ou multa.

M. *Violação de segredo por funcionário* (383º), ilícito no qual incorre o funcionário que, sem estar devidamente autorizado, revelar segredo de que tenha tomado conhecimento ou que lhe tenha sido confiado no exercício das suas funções, ou cujo conhecimento lhe tenha sido facilitado pelo cargo que exerce, com intenção de obter, para si ou para outra pessoa, benefício, ou com a consciência de causar prejuízo ao interesse público ou a terceiros (punido com pena de prisão até três anos ou com pena de multa); se o funcionário praticar o facto anterior criando perigo para a vida ou para a integridade física de outrem ou para bens patrimoniais alheios de valor elevado é punido com pena de prisão de um a cinco anos[91].

N. *Violação de segredo de correspondência ou de telecomunicações* (artigo 384º), no qual incorre o funcionário de serviços dos correios, telégrafos, telefones ou telecomunicações que, sem estar devidamente autorizado: a) suprimir ou subtrair carta, encomenda, telegrama ou outra comunicação confiada àqueles serviços e que lhe é acessível em razão das suas funções; b) abrir carta, encomenda ou outra comunicação que lhe é acessível em razão das suas funções ou, sem a abrir, tomar conhecimento do seu conteúdo; c) revelar a terceiros comunicações entre determinadas pessoas, feitas pelo correio, telégrafo, telefone ou outros meios de telecomunicações daqueles serviços, de que teve conhecimento em razão das suas funções; d) gravar ou revelar a terceiro o conteúdo, total ou parcial, das comunicações referidas, ou tornar-lhe possível ouvi-las ou tomar delas conhecimento; ou e) permitir ou promover os factos referidos nas alíneas anteriores (sancionado com pena de prisão de seis meses a três anos ou com pena de multa não inferior a 60 dias).

O. *Abandono de funções* (385º), no qual incorre o funcionário que ilegitimamente, com intenção de impedir ou de interromper serviço público, abandonar as suas funções ou negligenciar o seu cumprimento (punido com pena de prisão até um ano ou com pena de multa até 120 dias).

O conceito e a qualidade de funcionário do agente do facto ilícito assume, na lei penal, importância para a qualificação de determinados ilícitos e/ou para o agravamento das respetivas molduras penais abstratas aplicáveis. Citam-se, exemplificativamente:

i. Artigo 132º, nºs 1 e 2, alínea m) – *Homicídio qualificado*: o facto de o crime de homicídio ser praticado por funcionário e este tiver atuado com grave abuso de autoridade (pressupostos cumulativos) são circunstâncias suscetíveis de revelar especial censurabilidade ou perversidade, qualificando o tipo ilícito homicídio (punível com pena de prisão de doze a vinte e cinco anos).

[91] Mas o procedimento criminal depende de participação da entidade que superintender no respetivo serviço ou de queixa do ofendido (artigo 383º, nº 3 do CP).

ii. Artigo 256º, nº 4 – *Falsificação ou contrafação de documento:* se os factos referidos nos nºs 1 e 3 do mesmo artigo, foram praticados por funcionário, no exercício das suas funções, o agente será punido de prisão de um a cinco anos.
iii. Artigo 257º – *Falsificação praticada por funcionário*: o funcionário que, no exercício das suas funções: (a) omitir em documento, a que a lei atribui fé pública, facto que esse documento se destina a certificar ou autenticar; (b) intercalar ato ou documento em protocolo, registo ou livro oficial, sem cumprir as formalidades legais; com intenção de causar prejuízo a outra pessoa ou ao Estado, ou obter para si ou para outra pessoa benefício ilegítimo, é punido com pena de prisão de um a cinco anos.
iv. Artigo 258º, nº 4 – *Falsificação de notação técnica:* é aplicável o disposto no nº 4 do artigo 256º do CP.
v. Artigo 259º, nº 3 – *Danificação ou subtração de documento e notação técnica:* é aplicável o disposto no nº 4 do artigo 256º do CP.
vi. Artigo 316º, nºs 3 a 6 – *Violação do segredo de Estado:* agravamento da moldura penal abstrata se o agente violar dever especificamente imposto pelo estatuto da sua função ou do serviço, ou da missão que lhe foi conferida por autoridade competente, ou tendo acesso a segredos de Estado em razão da sua função ou do serviço ou da missão que lhe foi conferida por autoridade competente.
vii. Artigo 317º, nº 2 – *Espionagem:* agravamento da moldura penal abstrata se o agente violar dever especificamente imposto pelo estatuto da sua função ou do serviço, ou da missão que lhe foi conferida por autoridade competente.
viii. Artigo 319º – *Infidelidade diplomática:* quem, representando oficialmente o Estado Português, com intenção de provocar prejuízo a direitos ou interesses nacionais: (a) conduzir negócios de Estado com governo estrangeiro ou organização internacional; ou (b) perante eles assumir compromissos sem para isso estar devidamente autorizado em nome de Portugal, será punido com pena de prisão de um a oito anos[92].

[92] O procedimento criminal depende de participação do Governo Português (nº 2 do artigo 319º do CP).

ix. Artigo 368º – *Favorecimento pessoal praticado por funcionário:* quando crime de favorecimento previsto no artigo 367º do CP for praticado por funcionário que intervenha ou tenha competência para intervir no processo, ou por quem tenha competência para ordenar a execução de pena ou de medida de segurança, ou seja incumbido de a executar, a moldura da pena é agravada (passa de pena de prisão até 3 anos ou pena de multa para pena de prisão até cinco anos).

Por último, há ainda que salientar que embora o CP disponha que nenhuma pena envolve, como efeito necessário, a perda de direitos civis, profissionais ou políticos, a lei pode fazer corresponder a certos crimes a proibição do exercício de determinados direitos ou profissões (artigo 65º do CP). É o que sucede relativamente a funcionários (recorde-se o conceito de funcionário para efeitos da lei penal, já acima enunciado) que, no exercício da atividade para que foram nomeados ou por causa dessa atividade, cometam crime suscetível de ser punido com pena de prisão superior a três anos, ou cuja pena seja dispensada se se tratar de crime de recebimento ou oferta indevidos de vantagem ou de corrupção.

Com efeito, nessas situações, o funcionário em causa será também proibido do exercício das suas funções por um período que vai de dois a oito anos, quando o facto (a) for praticado com flagrante e grave abuso da função ou com manifesta e grave violação dos deveres que lhe são inerentes; (b) revelar indignidade no exercício do cargo; ou (c) implicar a perda da confiança necessária ao exercício da função (nº 1 do artigo 66º do CP).

O mesmo se aplica ao gerente ou administrador de sociedade de tipo previsto no Código das Sociedades Comerciais que cometa crime de recebimento ou oferta indevidos de vantagem ou de corrupção.

A referida proibição do exercício de funções cessa quando, pelo mesmo facto, tiver lugar a aplicação de medida de segurança de interdição de atividade, nos termos do artigo 100º do CP[93].

[93] Nos termos do artigo 100º do CP, quem for condenado por crime cometido com grave abuso de profissão, comércio ou indústria que exerça, ou com grosseira violação dos deveres inerentes, ou dele for absolvido só por falta de imputabilidade, é interdito do exercício da respetiva atividade quando, em face do facto praticado e da personalidade do agente, houver fundado receio de que possa vir a praticar outros factos da mesma espécie. O período de interdição é fixado entre um a cinco anos, mas pode ser prorrogado por outro período até três anos se, findo o prazo fixado na sentença, o tribunal considerar que aquele não foi suficiente para remover o perigo que fundamentou a medida. O decurso do período de inter-

Por outro lado, não conta para o prazo de proibição o tempo em que o agente estiver privado da liberdade por força de medida de coação processual, pena ou medida de segurança.

Sempre que o titular de cargo público, funcionário público ou agente da AP for condenado pela prática de crime, o tribunal deve comunicar a condenação à autoridade de que aquele depender (e, tratando-se de gerentes ou administradores das sociedades referidas anteriormente, ao registo comercial). Cf. artigo 66º do CP.

Poderá acontecer, no entanto, que embora tenha sido definitivamente condenado a pena de prisão, o funcionário/arguido não seja demitido da função pública que desempenhava. Nesse caso, o mesmo deverá ser suspenso da respetiva função enquanto durar o cumprimento da pena. A esta suspensão ligam-se os efeitos que, de acordo com a legislação respetiva, acompanham a sanção disciplinar de suspensão do exercício de funções[94].

Salvo disposição legal em contrário, a proibição e a suspensão do exercício de função pública determinam a perda dos direitos e regalias atribuídos ao titular, funcionário ou agente, pelo tempo correspondente.

Todavia, a referida proibição do exercício de função pública não impossibilita aquele titular, funcionário ou agente de ser nomeado para cargo ou para função que possam ser exercidos sem as condições de dignidade e confiança que o cargo ou a função de cujo exercício foi proibido exigem (artigo 68º do CP).

O regime sobredito, previsto nos artigos 66º, 67º e 68º do CP, é correspondentemente aplicável a profissões ou atividades cujo exercício dependa de título público ou de autorização ou homologação da autoridade pública.

6. *Ainda em sede de responsabilidade criminal: o regime geral da prevenção da corrupção*

No âmbito da responsabilidade penal do funcionário, incluindo o titular de alto cargo público, assume importância o regime geral de prevenção

dição suspende-se durante o tempo em que o agente estiver privado da liberdade por força de medida de coação processual, pena ou medida de segurança. Mas se a suspensão durar dois anos ou mais, o tribunal reexamina a situação que fundamentou a aplicação da medida, confirmando-a ou revogando-a.

[94] Além do não exercício de funções, implicará a perda das remunerações correspondentes e da contagem do tempo de serviço para antiguidade. Porém, não prejudicará o direito à manutenção, nos termos legais, das prestações do respetivo regime de proteção social (nºs 3 e 4 do artigo 182º da LTFP).

da corrupção (RGPC), designadamente na sequência das diversas medidas definidas em diplomas legais publicados nos últimos anos.[95]

No programa do XXII Governo Constitucional foi inscrito, como um dos seus objetivos prioritários, o combate à corrupção e à fraude, considerado como um "instrumento de construção de uma sociedade mais justa, igualitária e inclusiva do restabelecimento de laços de confiança sólidos entre os cidadãos, as comunidades e as suas instituições democráticas".[96]

Através da Resolução do Conselho de Ministros (RCM) nº 37/2021, de 6 de abril, foi aprovada a Estratégia Nacional Anticorrupção 2020-2024, concebida para "englobar uma visão de longo prazo, congregadora de esforços e geradora de dinâmicas ao nível dos diferentes poderes do Estado, das distintas áreas de governação dos setores privado e social", com "capacidade para enfrentar coerente e consistentemente este fenómeno" (cf. preâmbulo do diploma).

A Estratégia Nacional Anticorrupção (ENA) vertida no anexo à RCM nº 37/2021, de 6 de abril, no respetivo sumário executivo caracteriza, nos seguintes moldes, o fenómeno da corrupção:

> "(...) Não existe uma definição de corrupção comum a todos os países. No entanto, é consensual que numa conduta corruptiva se verifica o abuso de um poder ou função públicos de forma a beneficiar um terceiro, contra o pagamento de uma quantia ou outro tipo de vantagem.
>
> O Código Penal Português prevê, nos artigos 372º a 374º-B, os crimes de recebimento indevido de vantagem e os crimes de corrupção. Os crimes de corrupção apresentam-se, essencialmente, com duas configurações: a corrupção ativa e a corrupção passiva, conforme o agente esteja, respetivamente, a oferecer/prometer ou a solicitar/aceitar uma vantagem patrimonial ou não patrimonial indevida, distinguindo-se ainda, cada uma, conforme o ato solicitado ou a praticar seja ou não contrário aos deveres do cargo do funcionário corrompido.

95 Sem olvidar que que, desde 1994, se encontra em vigor legislação específica que permite a realização de ações de prevenção relativamente a crimes de corrupção, peculato, participação económica em negócio, fraudes e infrações económico-financeiras com dimensão transnacional, internacional ou praticadas de forma organizada, bem como de em 2008 ter sido criado o Conselho de Prevenção da Corrupção com a missão de desenvolver atividades no domínio da prevenção da corrupção e infrações conexas.

96 Cf., por exemplo, os preâmbulos da Resolução do Conselho de Ministros (RCM) nº 37/2021, de 6 de abril e do DL nº 109-E/2021, de 9 de dezembro.

Integram também o conceito criminal de corrupção, ainda que inexista abuso de um poder ou função públicos, os crimes de corrupção no comércio internacional e na atividade privada, previstos na Lei nº 20/2008, de 21 de abril, na sua redação atual, e os previstos no Regime de Responsabilidade Penal por Comportamentos Antidesportivos, aprovado pela Lei nº 50/2007, de 31 de agosto, na sua redação atual.

No entanto, o conceito de corrupção alcança na sociedade um sentido mais abrangente, abarcando outras condutas, também criminalizadas, cometidas no exercício de funções públicas, como o peculato, a participação económica em negócio, a concussão, o abuso de poder, a prevaricação, o tráfico de influência ou o branqueamento.

Numa perspetiva mais social e menos jurídica do fenómeno, a organização não governamental Transparência Internacional define a corrupção como «o abuso de um poder confiado para ganhos privados» (...)".

A ENA identifica como *objetivos* a longo prazo:

a) A promoção da transparência e da integridade como valores comuns, integrantes de uma cultura partilhada por todos os cidadãos;
b) O fortalecimento das instituições públicas e da confiança que os cidadãos nelas devem depositar;
c) O fomento e a garantia de existência de igualdade de tratamento e de oportunidades para todos os cidadãos;
d) A melhoria da saúde das finanças públicas, do ambiente de negócios e do desempenho da economia;
e) O reforço da segurança interna quanto a ameaças externas.

E, sequentemente, identifica como *prioridades*:

1. Melhorar o conhecimento, a formação e as práticas institucionais em matéria de transparência e integridade.
2. Prevenir e detetar os riscos de corrupção na ação pública.
3. Comprometer o setor privado na prevenção, deteção e repressão da corrupção.
4. Reforçar a articulação entre instituições públicas e privadas.
5. Garantir uma aplicação mais eficaz e uniforme dos mecanismos legais em matéria de repressão da corrupção, melhorar os tempos de resposta do sistema judicial e assegurar a adequação e efetividade da punição.

6. Produzir e divulgar periodicamente informação fiável sobre o fenómeno da corrupção.
7. Cooperar no plano internacional no combate à corrupção.

No que respeita à razão de ser das presentes notas, salienta-se a estratégia *Formar para a integridade*, tendo como alvo os dirigentes e funcionários da Administração:

"A Administração Pública deve cultivar a integridade como virtude, trabalhá-la como competência e assumi-la como exigência funcional.

Uma Administração Pública formada por agentes dotados de elevados padrões deontológicos é condição chave para a redução dos riscos de corrupção.

A constituição de um vínculo de emprego público, o ingresso em determinadas profissões e a nomeação para certos cargos devem pressupor elevados padrões de exigência, não só no plano técnico como no da ética. A possibilidade de introdução, em provas de admissão, de módulos que permitam uma aferição inicial do domínio e grau de incorporação pelos candidatos de valores e princípios com reflexos na integridade constituiria um primeiro obstáculo ao acesso a funções públicas de cidadãos que não preencham mínimos éticos.

Independentemente do tipo de provas de ingresso em funções públicas, a formação subsequente, em todos os setores da Administração, deve incorporar conteúdos com uma forte componente de preparação para a probidade e de prevenção de práticas corruptivas.

Para o efeito, deve privilegiar-se o envolvimento institucional de entidades com responsabilidades na formação de dirigentes e funcionários públicos, como o Instituto Nacional de Administração, I. P. (INA, I. P.), a Direção-Geral da Administração e do Emprego Público e outras entidades com capacidade para o exercício de atividades formativas, como a Fundação para os Estudos e Formação nas Autarquias Locais ou o Instituto de Gestão e Administração Pública, bem como estruturas equivalentes existentes nas Regiões Autónomas dos Açores e da Madeira e o Centro de Estudos Judiciários, em relação às magistraturas.

Os cursos e programas previstos na Portaria nº 146/2011, de 7 de abril, designadamente o Curso Avançado de Gestão Pública, o Programa de Formação em Gestão Pública e o Curso de Alta Direção em Administração Pública deverão ser incrementados com a inclusão de conteúdos orientados para a prevenção e a deteção da corrupção.

A existência, implementação, atualização e observância de programas de cumprimento normativo (mapas de riscos de corrupção, códigos de conduta, manuais de boas práticas) devem ter inscrição nos processos avaliativos, como forma de se assegurar a efetividade desses programas nas dinâmicas da Administração.

Tendo em vista a implementação dos programas de cumprimento normativo, deve igualmente promover-se a realização periódica de ações de formação que capacitem os dirigentes e funcionários para detetar fenómenos de corrupção e para perante eles reagir, bem como ações que contribuam para a interiorização dos planos de prevenção ou gestão de riscos e do código de ética ou de conduta.

A formação, para além de permitir a interiorização dos instrumentos vigentes no serviço ou organismo em que se insere o dirigente ou funcionário, é também um meio para representar os dilemas típicos do agente público que é sujeito a uma proposta corruptiva ou a um possível conflito de interesses. A reflexão sobre este tipo de situações, em abstrato, pode favorecer a tomada de decisões éticas em casos concretos e contribuir para o reforço de u uma cultura organizacional mais comprometida com a ética pública.

A promoção da formação de formadores no domínio da ética e das boas práticas em serviços públicos reveste -se também de grande importância, considerando-se central, também aqui, a intervenção do INA, I. P. O aumento da disponibilidade de formadores permitirá realizar mais ações de formação, reforçando os valores organizacionais, a assimilação dos códigos de ética e de conduta, a identificação das situações de conflitos de interesses e o mapeamento de riscos.

Sem prejuízo de uma intervenção mais centralizada a que se aludiu supra, os serviços e organismos da Administração Pública devem criar estruturas internas capazes de desenvolver ações formativas próprias, que tenham em conta as especificidades da sua atividade."

Assume também interesse para a análise do EPDAP, a estratégia *Reforçar a transparência e dimensão de integridade no exercício da atividade política de altos cargos públicos*, da qual realçamos alguns trechos:

"(...)

No fim da legislatura passada, entre junho e setembro de 2019, foram aprovados quatro diplomas resultantes dos trabalhos da Comissão Eventual para o Reforço da Transparência no Exercício de Funções Públicas, criada no seio da Assembleia da República em 2016.

Esses diplomas introduziram alterações ao regime de subsídios de apoio à atividade política dos deputados, ao Estatuto dos Deputados – nomeadamente na parte respeitante ao regime de incompatibilidades, obrigações declarativas e registo de interesses – e ao regime do exercício de funções por titulares de cargos políticos e altos cargos públicos, regulando -se, designadamente, quanto a impedimentos de intervenção em determinados procedimentos administrativos e de contratação e de desempenho de determinadas funções durante e após o exercício dos respetivos cargos e ainda quanto a obrigações declarativas e respetivo regime sancionatório – tendo sido criada uma entidade – a Entidade para a Transparência – com o objetivo de fiscalizar a declaração única de rendimentos, património e interesses dos titulares de cargos políticos e de altos cargos públicos.

(...)

A criação de uma declaração única de rendimentos, património, interesses, incompatibilidades e impedimentos e a previsão da sua apresentação por via eletrónica, reduzindo a complexidade dos procedimentos, concorre para melhorar as condições de cumprimento das obrigações declarativas.

A não apresentação intencional da declaração única ou da respetiva atualização, após notificação, passou a ser punida por crime de desobediência qualificada, com pena de prisão até três anos.

A falsidade, por incongruência entre os elementos patrimoniais ou rendimentos que o titular de cargo político, de alto cargo público ou magistrado estava obrigado a declarar, em valor superior a 50 salários mínimos mensais, e os elementos declarados, com intenção de ocultação, passou também a ser punida com prisão até três anos. (...)".

Igualmente como estratégia da primeira prioridade surge a prossecução da *Transparência na governança dos fundos públicos:*

"A utilização de fundos, europeus ou outros, destinados a apoiar a execução de políticas públicas deve ser monitorizada através de estruturas de governança adequadas, publicitadas e escrutináveis.

Os principais fundos europeus estão já vinculados, na sua execução, a modelos de governança que garantem a existência de sistemas de controle interno e o escrutínio, tanto pelas autoridades nacionais como pelas competentes instâncias europeias. Impõe-se, no entanto, aperfeiçoar tais modelos, reforçando a transparência através da publicitação dos processos e implementando mecanismos que permitam não só antecipar situações de fraude e concretizar os princípios da segregação de funções de gestão e prevenção de conflitos de interesse, como também assegurar a prestação de contas e reforçar as auditorias e ações de prevenção junto dos beneficiários.

O modelo de governança do Plano de Recuperação e Resiliência (PRR) prevê a existência de estruturas a três níveis: um nível de coordenação política, um nível de acompanhamento e um nível de coordenação técnica e de monitorização. As funções de auditoria são asseguradas pela Inspeção-Geral de Finanças (IGF), em articulação com entidades com atribuições em matéria de prevenção de corrupção e de fraude.

Este modelo mostra-se idóneo à prevenção e deteção dos conflitos de interesses, da fraude e da corrupção, através de um sistema de controlo interno que permite a verificação da realização física e financeira das intervenções, bem assim como a prevenção e deteção precoce de irregularidades.

Ainda no sentido de assegurar uma maior transparência, prevê-se a instituição de um mecanismo que possibilitará a consulta de informação individualizada sobre os investimentos financiados, facilitando também o tratamento dessa informação por agregados diferentes.

Também a área de atribuição de subvenções públicas pelo Estado e outras pessoas coletivas públicas deve conhecer uma intervenção, atenta a necessidade de criação de um regime geral que complemente o da Lei nº 64/2013, de 27 de agosto. (...)

Por outro lado, as decisões administrativas que concedam vantagens económicas acima de determinado valor devem ser tomadas por mais de um decisor, consagrando-se assim o princípio dos «quatro olhos», devendo igualmente ser publicitadas para se garantir o adequado escrutínio. (...)".

Preveem-se campanhas de sensibilização com o objetivo de prevenir e detetar os riscos de corrupção na ação pública, que englobam:

1. A adoção de programas de cumprimento normativo no setor público (programas de *public compliance*), incluindo os seguintes componentes:

a. Análise de riscos e planos de prevenção ou gestão de riscos;
b. Código de ética ou de conduta;
c. Mecanismos de controlo do cumprimento das normas;
d. Formação dos destinatários e difusão do programa de cumprimento;
e. Mecanismos de deteção do incumprimento, designadamente por via da criação de canais de denúncia interna;
f. Sanções para o incumprimento;
g. Investigações internas;
h. Designação do responsável pelo programa de cumprimento normativo;
i. Avaliação periódica e sempre que se justificar;
j. Documentação da atividade.

2. A materialização de um Regime Geral de Prevenção da Corrupção (RGPC).
3. A implementação de um Mecanismo de Prevenção da Corrupção.
4. A articulação das inspeções-gerais, entidades equiparadas e inspeções regionais com o Mecanismo de Prevenção da Corrupção.
5. O reforço da eficácia do Tribunal de Contas.

Através do DL nº109-E/2021, de 9 de dezembro, foi criado o Mecanismo Nacional Anticorrução (MENAC) e aprovado, em anexo ao diploma, o RGPC[97] [98].

O MENAC é uma entidade administrativa independente, com personalidade jurídica de direito público e poderes de autoridade, dotada de autonomia administrativa e financeira, que desenvolve atividade de âmbito nacional no domínio da prevenção da corrupção e infrações conexas.

[97] O DL nº 109-E/2021, de 9 de dezembro, determina a revogação da Lei nº 54/2008, de 4 de setembro, que criou o Conselho de Prevenção da Corrupção. Porém, nos termos das disposições conjugadas do artigo 27º e nº 3 do artigo 28º do DL nº 109-E/2021, essa revogação só produz efeitos a partir da data de instalação do MENAC. A Portaria nº 164/2022, de 22 de junho, regula a instalação do MENAC, entrando em vigor no dia do início de funções do respetivo Presidente e cessando a sua vigência na data da instalação definitiva de tal entidade (artigos 5º e 6º da Portaria citada). O presidente do MENAC foi nomeado pela RCM nº 56/2022, de 5 de julho, a qual produziu efeitos à data da respetiva aprovação, ou seja, 23.06.2022.

[98] O DL nº 109-E/2021, de 9 de dezembro, entrou em vigor a 07.07.2022 (artigo 29º do diploma). Todavia, o RGPC publicado como seu anexo só iniciará vigência um ano depois, ou seja, a 07.07.2023 (nº1 do artigo 28º do citado diploma, com a exceção do previsto no nº 2 do mesmo preceito).

O MENAC possui uma dupla missão: (a) a promoção da transparência e da integridade na ação pública e (b) a garantia da efetividade de políticas de prevenção da corrupção e de infrações conexas (nº 1 do artigo 2º do DL nº 109-E/2021).

A lei confere ao MENAC poderes de iniciativa, de controlo e sancionatórios enunciados no nº 3 do referido artigo 2º, e prevê que o mesmo estabeleça formas de cooperação com diversas entidades (Ministério Público, Polícia Judiciária, Direção-Geral de Política de Justiça, Comissão de Coordenação de Políticas de Prevenção e Combate ao Branqueamento de Capitais e ao Financiamento do Terrorismo, Tribunal de Contas, autoridades congéneres de outros Estados, organizações internacionais e respetivos membros, no âmbito do combate à corrupção e à criminalidade conexa, associações da sociedade civil que se dediquem ao estudo e ao acompanhamento do fenómeno da corrupção e criminalidade conexa e com outras entidades de direito público ou privado), podendo solicitar ao membro do Governo competente que as inspeções-gerais ou entidades equiparadas e inspeções regionais realizem *ações de inspeção e auditoria* (artigo 7º do DL nº 109-E/2021).

Está sujeito à jurisdição e controlo do Tribunal de Contas (artigo 22º, *idem*).

O RGPC aplica-se (artigo 1º do anexo ao DL nº 109-E/2021):

a) *Às p*essoas coletivas com sede em Portugal que empreguem 50 ou mais trabalhadores;
b) *Às s*ucursais em território nacional de pessoas coletivas com sede no estrangeiro que empreguem 50 ou mais trabalhadores;
c) Aos serviços e pessoas coletivas da administração direta e indireta do Estado, das regiões autónomas, das autarquias locais e do setor público empresarial que empreguem 50 ou mais trabalhadores;
d) *Às e*ntidades administrativas independentes com funções de regulação da atividade económica dos setores privado, público e cooperativo e ao Banco de Portugal (com exceção das matérias referentes à sua participação no desempenho das atribuições cometidas ao Sistema Europeu de Bancos Centrais).

No entanto, os serviços e as pessoas coletivas da administração direta e indireta do Estado, das regiões autónomas, das autarquias locais e do setor público empresarial que não sejam considerados entidades abrangidas devem adotar instrumentos de prevenção de riscos de corrupção e infrações conexas adequados à sua dimensão e natureza, incluindo os que promovam a transparência administrativa e a prevenção de conflitos de interesses.

A aplicação do RGPC é acompanhada pelo MENAC, a quem compete: a) emitir orientações e diretivas a que deve obedecer a conceção e termos de execução dos programas de cumprimento normativo, b) avaliar a aplicação do RGPC, c) definir o planeamento do seu controlo e fiscalização, d) fiscalizar o cumprimento das normas estabelecidas, sem prejuízo da competência de outras entidades; e) instaurar, instruir e decidir os processos relativos à prática das contraordenações previstas no RGPC; f) Gerir a informação sobre o cumprimento das normas do RGPC (artigo 4º do RGPC).

Para efeitos do RGPC, cabem no conceito de corrupção e infrações conexas os crimes de corrupção, recebimento e oferta indevidos de vantagem, peculato, participação económica em negócio, concussão, abuso de poder, prevaricação, tráfico de influência, branqueamento ou fraude na obtenção ou desvio de subsídio, subvenção ou crédito, previstos no Código Penal, na Lei nº 34/87, de 16 de julho, no Código de Justiça Militar, aprovado em anexo à Lei nº 100/2003, de 15 de novembro, na Lei nº 50/2007, de 31 de agosto, na Lei nº 20/2008, de 21 de abril, e no Decreto-Lei nº 28/84, de 20 de janeiro, todas nas respetivas redações atuais (artigo 3º do RGPC).

As entidades abrangidas pelo RGPC devem adotar e implementar um programa de cumprimento normativo a fim de prevenirem, detetarem e sancionarem atos de corrupção e infrações conexas, levados a cabo contra ou através da entidade, o qual deve incluir, pelo menos: a) um plano de prevenção de riscos de corrupção e infrações conexas (PPR); b) um código de conduta; c) um programa de formação; e d) um canal de denúncias.

Devem designar, como elemento da direção superior ou equiparado, um responsável pelo cumprimento normativo, que garante e controla a aplicação do programa de cumprimento normativo, e que exerce as suas funções de modo independente, permanente e com autonomia decisória. A entidade deve assegurar que este responsável dispõe da informação interna e dos meios humanos e técnicos necessários ao bom desempenho da sua função. No caso de as entidades abrangidas se encontrarem em relação de grupo, pode ser designado um único responsável pelo cumprimento normativo (artigo 5º do RGPC).

O Plano de Prevenção de Riscos de Corrupção e infrações conexas (PRR) deve abranger toda a organização e atividade, incluindo áreas de administração, de direção, operacionais ou de suporte, e conter os seguintes elementos:

a) A identificação, análise e classificação dos riscos e das situações que possam expor a entidade a atos de corrupção e infrações conexas, incluindo aqueles associados ao exercício de funções pelos titulares dos órgãos de administração e direção, considerando a realidade do setor e as áreas geográficas em que a entidade atua;
b) Medidas preventivas e corretivas que permitam reduzir a probabilidade de ocorrência e o impacto dos riscos e situações identificados.

Do PPR devem ainda constar:

a) As áreas de atividade da entidade com risco de prática de atos de corrupção e infrações conexas;
b) A probabilidade de ocorrência e o impacto previsível de cada situação, de forma a permitir a graduação dos riscos;
c) Medidas preventivas e corretivas que permitam reduzir a probabilidade de ocorrência e o impacto dos riscos e situações identificados;
d) Nas situações de risco elevado ou máximo, as medidas de prevenção mais exaustivas, sendo prioritária a respetiva execução;
e) A designação do responsável geral pela execução, controlo e revisão do PPR, que pode ser o responsável pelo cumprimento normativo. Caso as entidades abrangidas se encontrem em relação de grupo, pode ser adotado e implementado um único PPR que abranja toda a organização e atividade do grupo – incluindo áreas de administração, de direção, operacionais ou de suporte das entidades do grupo.

A execução do PPR obriga ao seu controlo nos seguintes termos:

a) Elaboração, no mês de outubro, de relatório de avaliação intercalar nas situações identificadas de risco elevado ou máximo;
b) Elaboração, no mês de abril do ano seguinte a que respeita a execução, de relatório de avaliação anual, contendo nomeadamente a quantificação do grau de implementação das medidas preventivas e corretivas identificadas, bem como a previsão da sua plena implementação;
c) Revisão a cada três anos ou sempre que se opere uma alteração nas atribuições ou na estrutura orgânica ou societária da entidade que justifique a revisão.

As entidades abrangidas devem assegurar a publicidade do PPR e dos relatórios aos seus trabalhadores no prazo de 10 dias contados desde a sua implementação e respetivas revisões ou elaboração, através da *intranet* e na sua página oficial na *internet* (caso existam).

Estão, igualmente, obrigadas a comunicar o PPR e os relatórios aos membros do Governo responsáveis pela respetiva direção, superintendência ou tutela, para conhecimento, e aos serviços de inspeção da respetiva área governativa, bem como ao MENAC, no prazo de 10 dias contados desde a sua implementação e respetivas revisões ou elaboração. As entidades públicas abrangidas que não estejam sob direção, superintendência ou tutela de membro do Governo comunicam o PPR e os relatórios apenas ao MENAC em idêntico prazo (artigo 6º do RGPC).

No âmbito do RGPC assume importância e constitui um dever das entidades abrangidas a adoção de um Código de Conduta, consubstanciado num normativo que estabeleça o conjunto de princípios, valores e regras de atuação de todos os dirigentes e trabalhadores em matéria de *ética profissional, tendo em consideração as normas penais referentes à corrupção e às infrações conexas e os riscos de exposição da entidade a estes crimes.*

No Código de Conduta são identificadas, pelo menos, as sanções disciplinares que, nos termos da lei, podem ser aplicadas em caso de incumprimento das regras nele contidas e as sanções criminais associadas a atos de corrupção e infrações conexas.

Por cada infração deve ser elaborado um relatório do qual consta a identificação das regras violadas, da sanção aplicada, bem como das medidas adotadas ou a adotar, nomeadamente no âmbito do sistema de controlo interno.

O Código de Conduta é revisto a cada três anos ou sempre que se opere alteração nas atribuições ou na estrutura orgânica ou societária da entidade que justifique a revisão.

As entidades abrangidas asseguram a publicidade do código de conduta aos seus trabalhadores, através da *intranet* e na sua página oficial na *Internet*, caso as tenham, no prazo de 10 dias contados desde a sua implementação e respetivas revisões.

As entidades públicas abrangidas comunicam aos membros do Governo responsáveis pela respetiva direção, superintendência ou tutela, para conhecimento, e aos serviços de inspeção da respetiva área governativa, bem como ao MENAC, o seu código de conduta e o relatório no prazo de 10 dias contados desde a sua implementação e respetivas revisões ou elaboração. Por seu turno, as entidades públicas abrangidas que não estejam sob direção, superintendência ou tutela de membro do Governo comunicam o seu código de conduta e o relatório apenas ao MENAC, no prazo de 10 dias contados desde a sua implementação e respetivas revisões ou elaboração (artigo 7º do RGPC)[99].

As entidades abrangidas pelo RGPC devem dispor de canais de denúncia interna, devendo dar seguimento a denúncias de atos de corrupção e infrações conexas nos termos do disposto da Lei nº 93/2021, de 20 de dezembro[100] e respondem pelas contraordenações previstas na mesma legislação (artigo 8º do RGPC).

As entidades abrangidas pelo RGPC estão obrigadas a assegurar a realização de programas de formação interna a todos os seus dirigentes e trabalhadores, com vista a que estes conheçam e compreendam as políticas e procedimentos de prevenção da corrupção e infrações conexas implementados. O conteúdo e a frequência da formação dos dirigentes e trabalhadores devem ter em conta a diferente exposição dos dirigentes e trabalhadores aos riscos identificados. As horas da formação contam como horas de formação contínua que o empregador deve assegurar ao trabalhador (artigo 9º do RGPC)[101].

Devem ainda ser implementados pelas entidades abrangidas pelo RGPC mecanismos de avaliação do programa de cumprimento normativo, abrangendo os controlos previstos nos PPR, Sistema de Controlo Interno e Procedimentos de Controle Interno, conforme aplicável, visando avaliar a respetiva eficácia e garantir a sua melhoria.

Nos termos estatuídos no artigo 11º do RGPC, a responsabilidade pela adoção e pela implementação dos programas de cumprimento normativos previstos no regime recais sobre o órgão de administração ou dirigente das

[99] Exemplo de um Código de Conduta adotado já na vigência do RGPC é o Código de Conduta e Ética da Autoridade de Segurança Alimentar e Económica (ASAE), publicado sob o Aviso nº 17191/2022, no DR, 2ª série, nº 170, de 02.09.2022.

[100] A Lei nº 93/2021, de 20 de dezembro, entrou em vigor a 18.06.2022 e transpôs a Diretiva (UE) 2019/1937, do Parlamento Europeu e do Conselho, de 23.10.2019, relativa à proteção das pessoas que denunciam violações do direito da União Europeia.

[101] As entidades abrangidas diligenciam no sentido de dar a conhecer às entidades com as quais se relacionam as políticas e procedimentos de prevenção implementados (nº 4 do artigo 8º do RGPC).

entidades abrangidas (sem prejuízo da competência conferida por lei a outros órgãos, dirigentes ou trabalhadores).

Assim, o dirigente m*áximo é responsável pelo cumprimento pela entidade que dirige das seguintes obrigações:*

1. Publicação na *intranet* e na página oficial da entidade na *Internet* dos elementos seguintes (transparência administrativa – artigo 12º):
    a. Lei orgânica e outros diplomas habilitantes, órgãos de direção e fiscalização, estrutura orgânica e organograma;
    b. Documentos de enquadramento estratégico e operacional e elenco dos principais serviços prestados ao público na área de missão;
    c. Plano de atividades, orçamento e contas, relatório de atividades e balanço social;
    d. Documentos de enquadramento legal ou que comportem interpretação do direito vigente relativos às áreas de missão;
    e. Informação básica sobre direitos e obrigações dos cidadãos e sobre os procedimentos a observar na relação destes com a Administração Pública;
    f. Guias descritivos dos mais relevantes procedimentos administrativos relativos aos bens ou serviços prestados;
    g. Tabelas atualizadas dos preços dos bens ou serviços prestados;
    h. Compromissos plurianuais e pagamentos e recebimentos em atraso;
    i. Relação dos benefícios e subvenções concedidos, com indicação do respetivo valor;
    j. Relação de doações, heranças, ofertas ou donativos recebidos, com indicação do respetivo valor;
    k. Avisos sobre o recrutamento de dirigentes e trabalhadores, bem como os despachos de designação dos dirigentes;
    l. Avisos sobre os procedimentos pré -contratuais mais relevantes;
    m. Contactos para interação com o cidadão e as empresas, incluindo formulário para reclamações e sugestões;
    n. Informação sobre sistemas procedimentais ou de gestão acreditados pelo Instituto Português de Acreditação, I. P., se aplicável.[102]

[102] Na divulgação de informação, deve ser assegurada a acessibilidade, o uso, a qualidade, a compreensibilidade, a tempestividade e a integridade dos dados. A informação básica sobre direitos e obrigações dos cidadãos e sobre os procedimentos a observar na relação destes

2. Adoção *de medidas* destinadas a prevenir os conflitos de interesses, assegurando a isenção e a imparcialidade dos membros dos respetivos órgãos de administração, seus dirigentes e trabalhadores e a prevenir situações de favorecimento, designadamente no âmbito do sistema de controlo interno (artigo 13º).

Com esse fim, os membros dos órgãos de administração, dirigentes e trabalhadores das entidades públicas abrangidas assinam uma declaração de inexistência de conflitos de interesses conforme modelo a definir por portaria dos membros Governo responsáveis pelas áreas da justiça e da Administração Pública, nos procedimentos em que intervenham respeitantes às seguintes matérias ou áreas de intervenção: a) contratação pública; b) concessão de subsídios, subvenções ou benefícios; c) licenciamentos urbanísticos, ambientais, comerciais e industriais; d) procedimentos sancionatórios.

Os membros dos órgãos de administração, dirigentes e trabalhadores de entidades públicas abrangidas que se encontrem ou que razoavelmente prevejam vir a encontrar-se numa situação de conflito de interesses[103] devem comunicar a situação ao superior hierárquico ou, na sua ausência, ao responsável pelo cumprimento normativo, que toma as medidas adequadas para evitar, sanar ou cessar o conflito.

3. Divulgação, junto dos trabalhadores que detenham vínculo de emprego público, designadamente na intranet, todas as normas, minutas e procedimentos a observar nos pedidos de autorização, alteração e cessação de acumulação de funções – sem prejuízo do disposto nos artigos 19º e seguintes da LTFP (artigo 14º do RGPC).

com a Administração Pública consta do Portal *ePortugal* enquanto portal único de acesso aos serviços prestados pela Administração Pública. A publicação, divulgação e disponibilização, para consulta ou outro fim, de informações, documentos e outros conteúdos que, pela sua natureza e nos termos legais, possam ou devam ser disponibilizados ao público, sem prejuízo do uso simultâneo de outros meios, deve estar disponível em formatos abertos, que permitam a leitura por máquina, para ser colocada ou indexada no Portal de Dados Abertos da Administração Pública.

[103] Considera-se *conflito de interesses* qualquer situação em que se possa, com razoabilidade, duvidar seriamente da imparcialidade da conduta ou decisão do membro do órgão de administração, dirigente ou trabalhador, nos termos dos artigos 69º e 73º do CPA (nº 4 do artigo 13º do RGPC).

As referidas entidades devem proceder à revisão das autorizações de acumulação de funções concedidas sempre que tal se justifique por motivo de alteração de conteúdo funcional do trabalhador com vínculo de emprego público.

4. Implementação de um sistema de controlo interno proporcional à natureza, dimensão e complexidade da entidade e da atividade por esta prosseguida e que tenha por base modelos adequados de gestão dos riscos, de informação e de comunicação, em todas as áreas de intervenção, designadamente as identificadas no respetivo PPR (artigo 15º do RGPC).

O sistema de controlo interno[104] engloba, nomeadamente, o plano de organização, as políticas, os métodos, procedimentos e boas práticas de controlo definidos pelos responsáveis, que contribuam para assegurar o desenvolvimento das atividades de forma ordenada, eficiente e transparente, e visa garantir, designadamente: a) o cumprimento e a legalidade das deliberações e decisões dos titulares dos respetivos órgãos; b) o respeito pelas políticas e objetivos definidos; c) o cumprimento das disposições legais e regulamentares; d) a adequada gestão e mitigação de riscos, tendo em atenção o PPR; e) o respeito pelos princípios e valores previstos no código de conduta; f) a prevenção e deteção de situações de ilegalidade, corrupção, fraude e erro; g) a salvaguarda dos ativos; h) a qualidade, tempestividade, integridade e fiabilidade da informação; i) a prevenção do favorecimento ou práticas discriminatórias; j) os adequados mecanismos de planeamento, execução, revisão, controlo e aprovação das operações; k) a promoção da concorrência; l) a transparência das operações.

5. Promoção da concorrência na contratação pública (artigo 16º do RGPC):

As entidades públicas abrangidas devem adotar as medidas que, de acordo com as circunstâncias, se revelem adequadas e viáveis no sentido de

[104] O sistema de controlo interno consta de manuais de procedimentos, tendo por base as melhores práticas nacionais e internacionais. Para efeitos de avaliação da respetiva adequação e eficácia, as entidades públicas abrangidas promovem o acompanhamento regular da implementação do sistema de controlo interno, designadamente através da realização de auditorias aleatórias, reportando superiormente os seus resultados e eventuais condicionantes, e implementam as necessárias medidas corretivas ou de aperfeiçoamento.

favorecer a concorrência na contratação pública e de eliminar constrangimentos administrativos à mesma, desincentivando o recurso ao ajuste direto, designadamente: a) planeamento atempado das necessidades, de modo a concentrar a respetiva contratação no mínimo de procedimentos; b) gestão adequada dos contratos plurianuais de aquisição de bens e serviços com caráter de continuidade, como os relativos a segurança, limpeza, alimentação e manutenção de equipamentos, para que os procedimentos tendentes à sua renovação sejam iniciados em momento que permita a sua efetiva conclusão antes da cessação da vigência dos anteriores; c) fixação de prazos adequados e identificação de atos tácitos relativamente a autorizações e pareceres prévios à contratação pública; d) adesão a mecanismos de centralização de compras.

Para além da responsabilidade civil, disciplinar ou financeira a que haja lugar, no Capítulo IV[105] (artigos 20º e seguintes) do RGPC consta definido um regime contraordenacional que determina que são puníveis como contraordenações os seguintes comportamentos:

a) Não adoção ou implementação do PPR ou a adoção ou implementação de um PPR a que falte algum ou alguns dos elementos considerados obrigatórios;
b) Não adoção de um código de conduta ou a adoção de um código de conduta que não considere as normas penais referentes à corrupção e às infrações conexas ou os riscos da exposição da entidade a estes crimes;
c) Não implementação de um sistema de controlo interno por parte das entidades públicas abrangidas;
d) Não elaboração dos relatórios de controlo do PPR;
e) Não revisão do PPR;
f) Não publicitação do PPR e dos respetivos relatórios de controlo aos trabalhadores;
g) Não comunicação do PPR ou dos respetivos relatórios de controlo por partes das entidades públicas abrangidas;

[105] Nos termos do nº 2 do artigo 28º do DL nº 109-E/2021, de 9 de dezembro, o regime sancionatório regulado no Capítulo IV do RGPC só entra em vigor um ano após a entrada em vigor daquele DL, ou seja, no dia 07.07.2023, no caso das entidades públicas abrangidas pelo RGPC. Já para as entidades de direito privado referidas no nº 3 do mesmo artigo 28º, o referido regime sancionatório só será aplicável a partir de 07.07.2024.

h) Não elaboração do relatório por infração ou a elaboração do relatório sem identificação de algum ou alguns dos elementos obrigatórios;
i) Não revisão do Código de Conduta, nos termos em que é obrigatório;
j) Não publicitação do Código de Conduta aos trabalhadores;
k) Não comunicação do código de ética e dos pertinentes relatórios por parte das entidades públicas abrangidas.

A responsabilidade pela prática das contraordenações enunciadas pode recair, para além da coletiva, sobre titulares do órgão de administração ou dirigentes das pessoas coletivas ou entidades equiparadas, sobre o responsável pelo cumprimento normativo, sobre os responsáveis pela direção ou fiscalização de áreas de atividade em que seja praticada alguma contraordenação.

Com efeito, as pessoas coletivas ou entidades equiparadas são responsáveis pelas contraordenações previstas no regime quando os factos tiverem sido praticados pelos titulares dos seus órgãos, mandatários, representantes ou trabalhadores no exercício das respetivas funções ou em seu no e por sua conta.

Por seu turno, os titulares do órgão de administração ou dirigentes das pessoas coletivas ou entidades equiparadas, o responsável pelo cumprimento normativo, os responsáveis pela direção ou fiscalização de áreas de atividade em que seja praticada alguma contraordenação são responsáveis quando pratiquem os factos ou quando, conhecendo ou devendo conhecer a sua prática, não adotem as medidas adequadas para as fazerem cessar imediatamente.

Sendo várias as pessoas responsáveis, a sua responsabilidade *é solidária*.

Está igualmente prevista a responsabilidade subsidiária dos titulares do órgão de administração ou dirigentes das pessoas coletivas ou entidades equiparadas:

(i) Pelo pagamento das coimas aplicadas por contraordenações praticadas anteriormente ao período de exercício do cargo, quando por culpa sua o património da pessoa coletiva ou entidade equiparada se tiver tornado insuficiente para o pagamento;
(ii) Pelo pagamento das coimas aplicadas por contraordenações praticadas por factos anteriores ao mesmo período, quando a decisão definitiva que as aplicar for notificada durante o período de exercício do cargo e lhes seja imputável a falta de pagamento.

O RGPC prevê ainda a aplicação da sanção acessória de publicidade da condenação às pessoas coletivas de direito privado que pratiquem alguma das contraordenações previstas no nº 1 do artigo 20º (publicação da condenação, na íntegra ou por extrato, a expensas do infrator, num jornal nacional, regional ou local, consoante o que se afigure mais adequado, bem como na página oficial na Internet do MENAC pelo período de 90 dias).

Para além do mais, e sem prejuízo da responsabilidade civil, criminal ou contraordenacional a que haja lugar, a violação dos deveres previstos a propósito (i) dos PPR e infrações conexas, (ii) do Código de Conduta (iii) dos canais de denúncia, (iv) conflito de interesses e (v) sistema de controlo interno, por dirigentes das entidades públicas abrangidas constitui uma infração de natureza disciplinar, punível em conformidade com o Código do Trabalho ou a LTFP, consoante os casos, podendo determinar a cessação da respetiva comissão de serviço, nos termos do EPDAP.

Incorrem ainda em infração disciplinar os titulares de cargos de direção ou equiparados das entidades administrativas independentes com funções de regulação da atividade económica dos setores privado, público e cooperativo e do Banco de Portugal e os trabalhadores de quaisquer entidades abrangidas que deixem de participar infrações ou prestem informações falsas ou erradas, relativas ao presente regime, de que tenham conhecimento no exercício ou por força das suas funções, sem prejuízo da responsabilidade civil, criminal ou contraordenacional que ao caso couber.

Este regime sancionatório não é aplicável à cessação de funções dos titulares dos órgãos de administração das entidades administrativas independentes com funções de regulação da atividade económica dos setores privado, público e cooperativo e do Banco de Portugal.

O MENAC ou as inspeções-gerais ou entidades equiparadas e inspeções regionais, consoante os casos, têm um dever de comunicar à entidade com competência disciplinar, a violação, pelas entidades abrangidas, dos deveres impostos na lei (artigos 32º e 33º do RGPC).

7. *Ainda em sede de responsabilidade criminal: obrigação de declaração de património/rendimentos*

Como mencionaremos em anotação aos artigos seguintes do EPDAP, os titulares de altos cargos públicos (enunciados no artigo 3º da Lei nº 52/2019, de 31 de julho[106], na sua redação atual) estão obrigados à apresentação, no

[106] Lei que regula o regime do exercício de funções por titulares de cargos políticos e altos cargos públicos, suas obrigações declarativas e respetivo regime sancionatório.

prazo de sessenta dias a partir da data de início do exercício das respetivas funções, de declaração de rendimentos, património, interesses, incompatibilidades e impedimentos, bem como a apresentar nova declaração, atualizada, no prazo de sessenta dias a contar da cessação das funções que tiverem determinado a apresentação da declaração precedente. Devem também apresentar uma nova declaração no prazo de trinta dias, sempre que no decurso do exercício de funções (a) se verifique uma alteração patrimonial efetiva que altere o valor declarado referente a algumas das alíneas do nº 2 do artigo 13º da citada Lei nº 52/2019, de 31 de julho, m montante superior a cinquenta salários mínimos mensais; (b) ocorram factos ou circunstâncias que obriguem a novas inscrições nos termos do nº 3 do mesmo preceito legal (artigos 13º e 14º da Lei nº 52/2019).

Em caso de não apresentação ou de apresentação incompleta ou incorreta dessa declaração e das suas atualizações, mesmo após devidamente notificados para tal pela entidade competente, os titulares de altos cargos públicos incorrem (i) em declaração de perda de mandato, demissão ou destituição judicial, conforme os casos; (ii) em inibição por um período de um a cinco anos para o exercício do cargo, no caso de antigo titular de cargo, desde que não corresponda ao exercício de funções como magistrado de carreira (artigo 18º da Lei nº 52/2019).

Mas também a não apresentação da declaração ou a ocultação de elementos patrimoniais é tipificada como ilícito criminal. Assim (artigo 18º-A da Lei nº 52/2019):

(a) A não apresentação da declaração devida no artigo 13º da Lei nº 52/2019, após notificação, é punida como crime de desobediência qualificada, com pena de prisão até três anos:

(b) É punido com pena de prisão de um a cinco anos, se consequências mais graves não tiverem lugar quem:
   a. Não apresentar a declaração devida nos termos dos nºs 3 e 4 do artigo 14º da mesma lei, após notificação:
   b. Não apresentar intencionalmente a declaração devida nos termos da alínea a) do nº 2 do artigo 14º (ou seja, na sequência da verificação de uma alteração patrimonial efetiva em montante superior a cinquenta salários mínimo nacionais);
   c. Omitir das declarações apresentadas, com intenção de ocultar:
      i. Os elementos patrimoniais constantes das alíneas a) a d) do nº 2 do artigo 13º da Lei nº 52/2019; ou

ii. O aumento dos rendimentos, do ativo patrimonial ou da redução do passivo, bem como os factos que os originaram, nos termos do nº6 do artigo 14º da mesma lei.

Porém, se os factos referidos não forem acompanhados de qualquer incumprimento declarativo junto da autoridade tributária durante o período de exercício de funções ou até ao termo do prazo de três anos após o fim do exercício do cargo ou função que lhe deu origem, a conduta é punida com pena de prisão até 360 dias.

Por outro lado, os acréscimos patrimoniais não justificados apurados ao abrigo do regime fiscal tributário, de valor superior a cinquenta salários mínimos mensais, são tributados, para efeitos de IRS, à taxa especial de 80% (nºs 3 e 4 do artigo 18º-A da Lei nº52/2019).[107]

8. *A responsabilidade financeira*

Tendo por finalidade a prossecução da satisfação das necessidades coletivas da sociedade, os órgãos políticos e/ou administrativos do Estado desenvolvem uma atividade financeira – núcleo central das finanças públicas – visando a afetação de bens ou serviços (bens públicos) adequados àquela satisfação. Como exarou em parecer o CC da PGR, "Em economias monetárias – como o são e tendem a ser cada vez mais as economias modernas – os dinheiros públicos, os seus fluxos, são o núcleo das finanças públicas, que podem definir-se simplificadamente como 'as regras e operações relativas aos dinheiros públicos' e aos activos patrimoniais".[108]

Ora, os dinheiros públicos são confiados a certos agentes político-administrativos que os devem administrar segundo regras e princípios específicos (que constituem o denominado direito financeiro) e que respondem pela integridade, bem como pela validade e regularidade das operações que incidem sobre esses valores. Entre esses princípios, encontramos o "princípio da confiança, fundamento e regra básica de quaisquer poderes exercidos sobre bens ou dinheiros públicos, com consequências claras: limitação fun-

[107] A aplicação do disposto no normativo vindo de enunciar aos membros dos órgãos de governo próprios das Regiões Autónomas depende da adoção do regime previsto na Lei nº 52/2019, de 31 de julho, na redação vigente, nos Estatutos Político-Administrativos respetivos.

[108] In Parecer do CC da PGR, nº 142/2000, de 31.05.2001, citado por António Henriques Gaspar in *Responsabilização por actos de gestão pública*, 19 de janeiro de 2018, consultável em http://seminarios.tcontas.pt/seminario3/textos/ seminario3__20180119__presidente-stj.pdf.

cional dos poderes de gestão financeira; partilha necessária dos poderes entre diversos gestores ou órgãos de decisão, sujeição à legalidade genérica e à legalidade específica (orçamento), publicidade, transparência, clareza e responsabilização («*accountability*»)"[109]. Essa responsabilidade traduz-se, nomeadamente, na obrigação de prestar contas.

Como refere João Ricardo Catarino, "a responsabilidade pelas contas não se esgota num dever de atuação em conformidade com a lei, isto é, de estrito cumprimento formal dos trâmites nela previstos, mas alarga-se hoje inequivocamente às questões substantivas de economia, eficiência, eficácia e de boa gestão dos recursos financeiros do Estado.

Tal dever de sujeição resulta de um conjunto de razões claras. Em primeiro lugar, todos os organismos públicos estão obrigados a possuir, devidamente aprovado, um orçamento que preveja as respetivas receitas e as despesas, organizado nos termos exigidos pelas regras de contabilidade pública. Depois, devem executar o seu orçamento de acordo com as regras legais aplicáveis, observando todos os trâmites para a realização da despesa pública ao longo do ano económico que estiver em causa.

Para além disso, estão ainda obrigados a exercer um controlo rigoroso da execução dos respetivos orçamentos. A lei vincula-os a prestar contas acerca da utilização dos recursos públicos de que disponham, não importa qual seja a sua origem, natureza ou função." (in *Finanças Públicas e Direito Financeiro*, páginas 362-363, Almedina, 2012).

A responsabilidade financeira não se confunde com qualquer outra espécie ou forma de responsabilidade, como ressalta expressamente da lei (v.g. o próprio artigo 15º do EPDAP ora em anotação, ou o artigo 59º, nº 1 da Lei nº 98/97, de 26 de agosto – Lei de organização e de processo do Tribunal de Contas).

O exercício das funções de gestão financeira requer, necessariamente, controlos, pois a gestão de dinheiros alheiros pressupõe a responsabilidade de quem os gere, não podendo existir funções financeiras, sejam políticas ou meramente administrativas, sem formas adequadas de responsabilidade.

O controlo da atividade financeira pode ser de natureza interna (ou seja, mecanismos criados dentro da própria organização, segundo normativos legais e contabilísticos[110]), ou pode ser exercido externamente e de forma independente. O modelo tradicional de controlo financeiro externo tem

[109] *Idem* – cf. nota de rodapé antecedente.

[110] P. ex. as inspeções-gerais ou serviços de auditoria interna.

sido o modelo jurisdicional. "Nesse sentido, a jurisdição de contas será função dos tribunais de contas, que se traduz numa actividade específica e materialmente jurisdicional: a aplicação da lei a casos concretos, no julgamento das contas, com a definição, se for o caso, das responsabilidades a que houver lugar" (António Henriques Gaspar, ob. citada).

Em Portugal, o Tribunal de Contas é, nos termos consignados no artigo 214º da CRP, o órgão supremo da legalidade das despesas públicas e de julgamento de contas que a lei mandar submeter-lhe, competindo-lhe, nomeadamente (a) dar parecer sobre a Conta Geral do Estado, incluindo a da segurança social, (b) dar parecer sobre as contas das Regiões Autónomas dos Açores e da Madeira, (c) efetivar a responsabilidade por infrações financeiras, nos termos da lei, (d) exercer as demais competências que lhe forem atribuídas por lei.[111]

A Lei de Organização e Processo do Tribunal de Contas, aprovada pela Lei nº98/97, de 26 de agosto[112], define-o como a entidade que fiscaliza a legalidade e a regularidade de receitas e despesas públicas, aprecia a boa gestão financeira e efetiva responsabilidades por infrações financeiras, possuindo jurisdição e poderes de controlo financeiro no âmbito da ordem jurídica portuguesa, tanto no território nacional como no estrangeiro (artigo 1º).

Estão sujeitas à jurisdição e os poderes de controlo do Tribunal de contas as seguintes entidades (artigo 2º):

(i) O Estado e os seus serviços;
(ii) As regiões autónomas e os seus serviços;
(iii) As autarquias locais, as suas associações ou federações e seus serviços, bem como áreas metropolitanas;
(iv) Os institutos públicos;
(v) As instituições de segurança social;
(vi) As associações publicas, associações de entidades públicas e privadas que sejam financiadas maioritariamente por entidades públicas ou sujeitas ao seu controlo de gestão;

[111] Relembre-se que, integrando uma das categorias de tribunais previstas na CRP, o Tribunal de Contas é um órgão de soberania, é independente, estando apenas sujeito à lei, e as suas decisões são obrigatórias para todas as entidades públicas e privadas, prevalecendo sobre as de quaisquer outras autoridades (artigos 202º, 203º, 205º e 209º da CRP; cf. também artigos 7º e 8º da Lei nº98/97, na sua redação vigente).

[112] Objeto de várias retificações e alterações, sendo a última a realizada pela Lei nº 12/2022, de 27 de junho.

(vii) As empresas públicas, incluindo as entidades públicas empresariais;
(viii) As empresas municipais, intermunicipais e regionais;
(ix) As empresas concessionárias de gestão de empresas públicas, de sociedades de capitais públicos ou de sociedades de economia mista controladas, as empresas concessionárias ou gestoras de serviços públicos e as empresas concessionárias de obras públicas;
(x) As fundações de direito privado que recebam anualmente, com caráter de regularidade, fundos provenientes do Orçamento do Estado ou das autarquias locais, relativamente à utilização desses fundos;
(xi) As entidades de qualquer natureza que tenham participação de capitais públicos ou sejam beneficiárias, a qualquer título, de dinheiros ou outros valores públicos, na medida necessária à fiscalização da legalidade, regularidade e correção económica e financeira da aplicação dos mesmos dinheiros e valores públicos.

No âmbito da sua competência material essencial, a lei atribui em especial, e entre outras, ao Tribunal de Contas, as seguintes:

a) Fiscalizar previamente a legalidade e o cabimento orçamental dos atos e contratos de qualquer natureza que sejam geradores de despesa ou representativos de quaisquer encargos e responsabilidades, diretos ou indiretos, para as entidades referidas no nº 1 e nas alíneas a), b) e c) do nº 2 do artigo 2º (ou seja, as enunciadas sob as alíneas (i) a (viii) do parágrafo antecedente), bem como para as entidades, de qualquer natureza, criadas pelo Estado ou por quaisquer outras entidades públicas para desempenhar funções administrativas originariamente a cargo da Administração Pública, com encargos suportados por financiamento direto ou indireto, incluindo a constituição de garantias, da entidade que os criou;
b) Verificar as contas dos organismos, serviços ou entidades sujeitos à sua prestação;
c) Julgar a efetivação de responsabilidades financeiras de quem gere e utiliza dinheiros públicos, independentemente da natureza da entidade a que pertença, nos termos da presente lei;
d) Apreciar a legalidade, bem como a economia, eficácia e eficiência, segundo critérios técnicos, da gestão financeira das entidades referidas

nos nºs 1 e 2 do artigo 2º, incluindo a organização, o funcionamento e a fiabilidade dos sistemas de controlo interno (artigo 5º).

Os serviços de controlo interno, nomeadamente as inspeções-gerais ou quaisquer outras entidades de controlo ou auditoria dos serviços e organismos da AP, bem como das entidades que integram o setor público empresarial, estão sujeitos a um dever especial de colaboração com o Tribunal de Contas, o que compreende, designadamente (a) a comunicação ao Tribunal dos seus programas anuais e plurianuais de atividades e respetivos relatórios de atividades; (b) o envio dos relatórios das suas ações, por decisão do ministro ou do órgão competente para os apreciar, sempre que contenham matéria de interesse para a ação do Tribunal, concretizando as situações geradoras de eventuais responsabilidades com indicação documentada dos factos, do período a que respeitam, da identificação completa dos responsáveis, das normas violadas, dos montantes envolvidos e do exercício do contraditório institucional e pessoal, (c) a realização de ações, incluindo o acompanhamento da execução orçamental e da gestão das entidades sujeitas aos seus poderes de controlo financeiro, a solicitação do Tribunal, tendo em conta os critérios e objetivos por este fixados (artigo 12º da Lei 97/98).

Os poderes de controlo financeiro do Tribunal de Contas revestem as modalidades seguintes:

1. *Fiscalização orçamental* (artigo 36º da Lei nº 97/98):

O Tribunal de Contas fiscaliza a execução do Orçamento do Estado, incluindo o da segurança social, até à publicação da Conta Geral do Estado, podendo, para tal, solicitar a quaisquer entidades, públicas ou privadas, as informações necessárias.

2. *Fiscalização prévia* (artigos 44º a 48º):

Visa verificar se os atos, contratos ou outros instrumentos geradores de despesa ou representativos de responsabilidades financeiras diretas ou indiretas estão conformes às leis em vigor e se os respetivos encargos têm cabimento em verba orçamental própria; relativamente aos instrumentos geradores de dívida pública, a fiscalização prévia tem por fim verificar, designadamente, a observância dos limites e sublimites de endividamento e as respetivas finalidades, estabelecidas pela Assembleia da República.

A fiscalização prévia exerce-se através do visto ou da declaração de conformidade.

Estão sujeitos à fiscalização prévia do Tribunal de Contas:

a) Todos os atos de que resulte o aumento da dívida pública fundada dos serviços e fundos do Estado e das regiões autónomas com autonomia administrativa e financeira, das autarquias locais, suas associações ou federações de serviços e áreas metropolitanas, dos institutos públicos e das instituições de segurança social;
b) Os atos que modifiquem as condições gerais de empréstimos visados;
c) Os contratos de obras públicas, aquisição de bens e serviços, bem como outras aquisições patrimoniais que impliquem despesa, de valor inferior a 750 000 euros (excluindo o montante do imposto sobre o valor acrescentado que for devido), ou de montante inferior a 950 000 euros, quanto ao valor global dos atos e contratos que estejam ou aparentem estar relacionados entre si, quando reduzidos a escrito pro força da lei[113];
d) As minutas de contratos de valor igual ou superior ao fixado nas leis do Orçamento, cujos encargos, ou parte deles, tenham de ser satisfeitos no ato da sua celebração[114];
e) Os atos ou contratos que formalizem modificações objetivas a contratos visados e que impliquem um agravamento dos respetivos encargos financeiros ou responsabilidades financeiras em valor superior[115] a 750 000 euros (excluindo o montante do imposto sobre o valor acrescentado que for devido), ou a 950 000 euros, quanto ao valor global dos atos e contratos que estejam ou aparentem estar relacionados entre si.[116]

Constitui fundamento de recusa do visto a desconformidade dos atos, contratos e instrumentos referidos com as leis em vigor, que implique (i) nulidade, (ii) encargos sem cabimento em verba orçamental ou violação direta das normas financeiras, (iii) ilegalidade que altere ou possa alterar

[113] Os mesmos contratos ficam dispensados de fiscalização prévia se não tiverem, legalmente, de ser reduzidos a escrito (artigo 48º da Lei nº 97/98).

[114] Ficam dispensados de fiscalização prévia se de valores inferiores aos referidos no artigo 48º da Lei nº 97/98.

[115] Esse valor superior deve resultar da soma do valor inicial ao de anteriores modificações objetivas.

[116] Estão, pelo contrário, isentos de fiscalização prévia os atos, contratos e demais instrumentos enunciados no artigo 47º da Lei nº 97/98.

o respetivo resultado financeiro (neste caso, o Tribunal pode, em decisão fundamentada, conceder o visto e fazer recomendações aos serviços e organismos no sentido de suprir ou evitar tais ilegalidades no futuro).

Os atos, contratos e demais instrumentos sujeitos à fiscalização prévia do Tribunal de Contas podem, todavia, produzir todos os seus efeitos antes do visto ou da declaração de conformidade, exceto quanto aos pagamentos a que derem causa. Nestes casos, a recusa do visto implica apenas ineficácia jurídica dos atos, contratos e demais instrumentos após a data de notificação da notificação da respetiva decisão aos serviços ou organismos interessados. Todavia, os trabalhos realizados ou os bens ou serviços adquiridos após a celebração do contrato e até à data da notificação da recusa do visto podem ser pagos após essa notificação, desde que o respetivo valor não ultrapasse a programação contratualmente estabelecida para o mesmo período. Já os atos, contratos e demais instrumentos sujeitos a fiscalização prévia cujo valor seja superior a 950 000 euros não produzem quaisquer efeitos antes do visto ou declaração de conformidade.

O sobredito não é aplicável aos contratos celebrados na sequência de procedimento de ajuste direto por motivos de urgência imperiosa resultante de acontecimentos imprevisíveis pela entidade adjudicante, que não lhe sejam em caso algum imputáveis, e não possam ser cumpridos os prazos correspondentes aos demais procedimentos previstos na lei.

3. *Fiscalização concomitante* (artigo 49º):

Traduz-se na realização de auditorias (i) aos procedimentos e atos administrativos que impliquem despesas de pessoal, (ii) aos contratos que não devam ser remetidos para fiscalização prévia, (iii) à execução de contratos visados, e (iv) à atividade financeira exercida antes do encerramento da respetiva gerência.

Se, na sequência das referidas auditorias, se apurar a ilegalidade de procedimento pendente ou de ato ou contrato ainda não executado, a entidade competente para autorizar a despesa deve ser notificada para remeter o ato ou contrato à fiscalização prévia e não o executar antes do visto, sob pena de responsabilidade financeira.

Os relatórios das referidas auditorias podem ser instrumentos de processo de verificação da respetiva conta o servir de base a processo de efetivação de responsabilidades ou de multa.

4. *Fiscalização sucessiva* (artigos 50º a 56º):

No âmbito desta modalidade de fiscalização, o Tribunal de Contas:

(i) Verifica as contas das entidades sujeitas ao seu âmbito de competência (enunciadas no artigo 2º da Lei nº 97/98);

(ii) Avalia os sistemas de controlo interno das mesmas entidades;

(iii) Aprecia a legalidade, economia, eficiência e eficácia da gestão financeira daquelas entidades:

(iv) Assegura a fiscalização da comparticipação nacional nos recursos próprios comunitários e da aplicação dos recursos financeiros oriundos da União Europeia;

(v) Relativamente à dívida pública direta do Estado, verifica, designadamente, se foram observados os limites de endividamento e demais condições gerais estabelecidas pela Assembleia da República em cada exercício orçamental;

(vi) Verifica os empréstimos e as operações financeiras de gestão da dívida pública direta, bem como os respetivos encargos, provenientes, designadamente, de amortizações de capital e de pagamentos de juros[117].

Entre outras, e no que para o tema nos interessa, estão sujeitas à elaboração e prestação de contas, as entidades seguintes:

(a) Os serviços do Estado e das regiões autónomas, incluindo os localizados no estrangeiro, personalizados ou não, qualquer que seja a sua natureza jurídica, dotados de autonomia administrativa ou de autonomia administrativa e financeira, incluindo os fundos autónomos e organismos em regime de instalação;

(b) A Agência de Gestão da Tesouraria e Dívida Pública (IGCP, EPE);

(c) A Caixa Geral de Aposentações;

(d) As autarquias locais, suas associações e federações e seus serviços autónomos, áreas metropolitanas e assembleias distritais[118];

[117] Para tal fim, a Agência de Gestão da Tesouraria e da Dívida Pública (IGCP, EPE) informa mensalmente o Tribunal de Contas sobre os empréstimos e as operações de gestão da dívida pública direta do Estado.

[118] Quanto às assembleias distritais, cabe referir que embora a existência das mesmas se encontre prevista no nº 2 do artigo 291º da CRP ("Haverá em cada distrito, em termos a definir por lei, uma assembleia deliberativa, composta por representantes dos municípios."), a Lei nº 36/2014, de 26 de junho, que aprovou o Regime Jurídico das Assembleias Distri-

(e) Os conselhos administrativos ou comissões administrativas ou de gestão, juntas de caráter permanente, transitório ou eventual, outros administradores ou responsáveis por dinheiros ou outros ativos do Estado ou de estabelecimentos que ao Estado pertençam, embora disponham de receitas próprias;
(f) As associações públicas, associações de entidades públicas e privadas que sejam financiadas maioritariamente por entidades públicas ou sujeitas ao seu controlo de gestão;
(g) As empresas públicas, incluindo as entidades públicas empresariais;
(h) As empresas municipais, intermunicipais e regionais;
(i) As empresas concessionárias de gestão de empresas públicas, de sociedades de capitais públicos ou de sociedades de economia mista controladas, as empresas concessionárias ou gestoras de serviços públicos e as empresas concessionárias de obras públicas;
(j) As fundações de direito privado que recebam anualmente, com caráter de regularidade, fundos provenientes do Orçamento do Estado ou das autarquias locais, relativamente à utilização desses fundos;

tais, revogando o anterior regime consignado no DL nº 5/91, de 8 de janeiro, determinou a transferência da universalidade jurídica que as compunha para entidades recetoras terceiras. O mesmo diploma visou também de regular a transição dos trabalhadores, serviços e património que compunham as assembleias distritais. Paralelamente o referido diploma, no seu artigo 5º, veio estabelecer que as assembleias distritais passassem a ter como competências apenas as próprias deliberações, bem como a elaboração e aprovação do seu regimento. Estas entidades passaram ainda, nos termos do artigo 9º do diploma em questão, de deixar de ter a possibilidade de angariar receitas, assumir despesas, contrair empréstimos e contratar ou manter trabalhadores. Resulta assim que as assembleias distritais passaram a deter apenas competências de gestão interna, uma vez que se pretendia operar a extinção das mesmas. Ou seja, as assembleias distritais deixariam de existir enquanto entidade jurídica autónoma, passando a universalidade jurídica que as compõe a ser transferida para determinadas entidades recetoras. Acresce que o artigo 11º do citado regime estatui ainda que a assembleias distritais se extinguem automaticamente com a instituição em concreto das regiões administrativas ou em caso de revisão constitucional por força da qual seja revogada a imperatividade da respetiva existência. Deste modo, duvida-se que, na realidade, exista, atualmente, alguma assembleia distrital sujeita a prestação de contas perante o Tribunal de Contas. Quanto muito, tal prestação de contas será prestada indiretamente pelas entidades recetoras da universalidade jurídica que compunha cada uma daquelas.

(k) Os serviços que exerçam funções de caixa da Direção-Geral do Tesouro, "da Direção-Geral das Alfândegas e da Direção-Geral dos Impostos"[119];
(l) Os estabelecimentos com funções de tesouraria;
(m) Os cofres de qualquer natureza de todos os organismos e serviços públicos, seja qual for a sua origem e o destino das suas receitas;
(n) As entidades obrigadas à elaboração de contas consolidadas, sem prejuízo da prestação de contas separadas pelas entidades previstas no artigo 2º da Lei nº 97/98, que integram os respetivos perímetros de consolidação;
(o) Outras entidades ou organismos a definir por lei.

As contas são prestadas por anos económicos e elaboradas pelos responsáveis da respetiva gerência. A falta injustificada de remessa de contas nos prazos legais, pode determinar (i) a realização de uma auditoria, tendo em vista apurar as circunstâncias da falta cometida e da eventual omissão da elaboração das contas, a qual procede à reconstituição e exame da respetiva gestão financeira, para fixação do débito aos responsáveis, se possível, bem como (ii) a aplicação de sanção.

A verificação externa das contas das entidades abrangidas tem por objeto apreciar, designadamente:

a) Se as operações efetuadas são legais e regulares;
b) Se os respetivos sistemas de controlo interno são fiáveis;
c) Se as contas e as demonstrações financeiras elaboradas pelas entidades que as prestam refletem fidedignamente as suas receitas e despesas, bem como a sua situação financeira e patrimonial;
d) Se são elaboradas de acordo com as regras contabilísticas fixadas.

[119] Os dois últimos organismos foram integrados na atual Autoridade Tributária e Aduaneira (AT), serviço central de administração direta integrado no Ministério das Finanças, com início de atividades a 01.01.2012. Com efeito, o DL nº 118/2011 de 15 de novembro, criou a AT, operando a fusão da DGCI – Direção Geral dos Impostos (antiga Direção Geral das Contribuições e Impostos), da DGITA – Direção Geral de Informática e Apoio aos Serviços Tributários e Aduaneiros e da DGAIEC – Direção Geral das Alfândegas e Impostos Especiais sobre o Consumo, e sucedendo em todas as atribuições e competências destas Direções-Gerais, tendo passado a administrar os impostos, os direitos aduaneiros e os demais tributos em Portugal, bem como a exercer o controlo da fronteira externa da União Europeia e do território aduaneiro nacional.

O relatório final aprovado – o qual é notificado ao Ministério Público – deve, nomeadamente, mencionar:

(i) O juízo sobre a legalidade e regularidade das operações examinadas e sobre a consistência, integralidade e fiabilidade das contas e respetivas demonstrações financeiras, bem como sobre a impossibilidade da sua verificação, se for caso disso;

(ii) A concretização das situações de facto e de direito integradoras de eventuais infrações financeiras e seus responsáveis, se for caso disso;

(iii) A apreciação da economia, eficiência e eficácia da gestão financeira, se for caso disso;

(iv) As recomendações em ordem a serem supridas as deficiências da respetiva gestão financeira, bem como de organização e funcionamento dos serviços.

Como preceitua o artigo 57º da Lei nº 57/98, sempre que os relatórios das ações de controlo do Tribunal, bem como os relatórios das ações de controlo interno[120], evidenciem factos constitutivos de responsabilidade financeira, os respetivos processos são remetidos ao Ministério Público, sem prejuízo do disposto no nº 3 do artigo 5º e no artigo 89º.

Quando o Ministério Público declare não requerer procedimento jurisdicional, devolve o respetivo processo à entidade remetente.

A efetivação das responsabilidades financeiras realiza-se através de duas espécies processuais:

a. Processo de julgamento de contas, o qual visa efetivar as responsabilidades financeiras evidenciadas em relatórios de verificação externa de contas;
b. Processos de julgamento de responsabilidades financeiras, o qual visa efetivar as responsabilidades financeiras emergentes de factos evidenciados em relatórios das ações de controlo do Tribunal elaborados fora do processo de verificação externa de contas ou em relatórios dos órgãos de controlo interno.

[120] Incidente sobre contas que não sejam objeto de verificação externa. Abrange a análise e conferência da conta apenas para demonstração numérica das operações realizadas que integrem o débito e o crédito da gerência com evidência dos saldos de abertura e de encerramento e, se for caso disso, a declaração de extinção de responsabilidade dos tesoureiros caucionados (artigo 53º da Lei nº 97/98).

A responsabilidade financeira pode revestir natureza *reintegratória* (cf. artigos 59º a 64º da Lei nº 98/97) ou natureza *sancionatória* (artigos 65º a 68º da mesma lei).

Responsabilidade financeira reintegratória

Esta modalidade de responsabilidade financeira visa a plena reconstituição da situação anterior à ocorrência da lesão dos interesses públicos, com a restituição dos valores ou bens públicos alcançados. É uma responsabilidade típica dos trabalhadores/agentes do Estado que desempenhem funções na área da contabilidade ou que tenham praticado atos contábeis.

Nesta sede, há lugar à (i) reposição de valores desaparecidos ou desviados ou resultantes de pagamentos indevidos (reposição por alcances, desvios e pagamentos indevidos) ou à (ii) reposição de montantes não arrecadados em prejuízo de entidades públicas (reposição por não arrecadação de receitas).

(i)

Estamos perante uma situação de *alcance* quando, independentemente da ação do agente nesse sentido, haja desaparecimento de dinheiros ou de outros valores do Estado ou de outras entidades públicas.

Por seu turno, existe *desvio de dinheiros ou valores públicos* quando se verifique o seu desaparecimento por ação voluntária de qualquer agente público que a eles tenha acesso por causa do exercício das funções públicas que lhe estão cometidas.[121]

Por último consideram-se *pagamentos indevidos* para o efeito de reposição os pagamentos ilegais que causarem dano para o erário público, incluindo aqueles a que corresponda contraprestação efetiva que não seja adequada ou proporcional à prossecução das atribuições da entidade em causa ou aos usos normais de determinada atividade.

[121] O alcance e o desvio de dinheiros públicos representam uma violação do dever de lealdade, honra e dignidade, que põe em causa, independentemente do valor em causa, a confiança que deve existir em qualquer relação de trabalho ou de emprego público. Por isso, os tribunais têm considerado que esse tipo de conduta é inviabilizadora da manutenção da relação laboral e, consequentemente, determinante da aplicação da sanção de demissão ou de despedimento por facto imputável ao trabalhador (cf., por exemplo, o acórdão do STA, de 23.09.2003, proc. 823/2003).

Em qualquer destas três situações, o Tribunal de Contas pode condenar o responsável a repor as importâncias abrangidas pela infração, sem prejuízo de qualquer outro tipo de responsabilidade em que o mesmo possa ainda incorrer (v.g., de natureza disciplinar, civil e/ou penal).

Do mesmo modo, sempre que, por violação de normas financeiras, incluindo no domínio da contratação pública, resulte para a entidade pública, a obrigação de indemnizar, o Tribunal pode condenar os responsáveis na reposição das quantias correspondentes.

A reposição inclui os juros de mora sobre os respetivos montantes, nos termos previstos no Código Civil, contados desde a data da infração, ou, não sendo possível determiná-la, desde o último dia da respetiva gerência.

(ii)

Perante situações de prática, autorização ou sancionamento, com dolo ou culpa grave, que impliquem a não liquidação, cobrança ou entrega de receitas com violação das normas legais aplicáveis, pode o Tribunal de Contas condenar o responsável na reposição das importâncias não arrecadadas em prejuízo do Estado ou de entidades públicas.

Nos casos (i) e (ii), a responsabilidade pela reposição dos montantes respetivos incide sobre o(s) agente(s) da ação.

No entanto, essa mesma responsabilidade recairá sobre os membros do Governo e os títulos dos órgãos executivos das autarquias locais nos termos fixados para a responsabilidade civil e criminal nos nºs 1 e 2 do artigo 36º do Decreto nº 22257, de 25.02.1933[122].

A responsabilidade reintegratória recai também nos gerentes, dirigentes ou membros dos órgãos de gestão administrativa e financeira ou equiparados e exatores dos serviços, organismos e outras entidades sujeitos à jurisdição do Tribunal de Contas, podendo recair, ainda, nos funcionários

[122] Reorganiza o Tribunal de Contas, dispondo sobre as suas competências e serviços. Aprova e publica em anexo o quadro de pessoal e respetivos vencimentos, assim como a tabela dos emolumentos que lhe são devidos. Dispõe o preceito citado o seguinte: "São civil e criminalmente responsáveis por todos os actos que praticarem, ordenarem, autorizarem ou sancionarem, referentes a liquidação de receitas, cobranças, pagamentos, concessões, contratos ou quaisquer outros assuntos, sempre que deles resulte ou possa resultar dano para o Estado:// 1º Os Ministros quando não tenham ouvido as estações competentes ou quando esclarecidos por estas em conformidade com as leis, hajam adoptado resolução diferente. (...) // 3º Os funcionários que nas suas informações para os Ministros não esclareçam os assuntos da sua competência em harmonia com a lei."

ou agentes que, nas suas informações para os membros do Governo ou para os gerentes, dirigentes ou outros administradores, não esclareçam os assuntos da sua competência de harmonia com a lei.

Salienta-se que esta responsabilidade reintegratória nos casos sobreditos só ocorre se a ação for praticada com *culpa*.

O grau de culpa do(s) agente(s) é avaliado pelo Tribunal de harmonia com as circunstâncias do caso, tendo em consideração as competências do cargo ou a índole das principais funções de cada responsável, o volume e fundos movimentados, o montante material da lesão dos dinheiros ou valores públicos, o grau de acatamento de eventuais recomendações do Tribunal e os meios humanos e materiais existentes no serviço, organismo ou entidade sujeitos à sua jurisdição. Em caso de negligência, o Tribunal pode reduzir ou relevar a responsabilidade em que houver incorrido o infrator, devendo fazer constar da decisão as razões justificativas da redução ou da relevação.

Refira-se, nesta matéria, o entendimento exposto por António Henriques Gaspar, in ob. citada, páginas 14-15: "A obrigação de repor, própria da responsabilidade financeira, podendo eventualmente coincidir com uma certa forma de avaliação de danos, não é, no entanto, aferida pela medida destes, encontrada no âmbito de delimitação do conteúdo da obrigação de indemnizar. O objecto da reparação resulta directa e expressamente da lei, independentemente de qualquer necessidade de avaliação sobre a produção e a medida dos danos; a eventual identidade ou aproximada coincidência, dir-se-ia quase natural, entre a medida legal da reposição e uma certa perspectiva de consideração dos danos, não afecta ou anula, nem se sobrepõe à diferente valoração e qualificação *ex vi legis*.

Por último, e determinante, a possibilidade de relevação jurisdicional, que é exclusiva da responsabilidade financeira, sendo inteiramente alheia ao regime da responsabilidade civil.

A responsabilidade financeira é, pois, diversa da responsabilidade civil, porque é independente do prejuízo efectivo da Administração, embora as circunstâncias específicas da acção ou omissão possam ser relevantes, e tem o objecto definido na própria lei, independentemente da verificação de danos. A responsabilidade financeira, que é uma forma interna de responsabilidade, tem carácter marcadamente substitutivo da responsabilidade civil, tem uma feição preventiva e sancionatória que marca a fisionomia própria da noção. No que respeita à cumulação de responsabilidades, não se suscita dúvida quanto à autonomia de responsabilidades no caso de uma eventual qualificação penal ou disciplinar dos factos que constituam fonte de responsabilidade financeira e respectivas consequências, sempre que tais factos, por si mesmos e nas circunstâncias em que ocorram, possam integrar alguma infracção penal ou disciplinar."

A responsabilidade reintegratória pode ser *direta* se efetivada sobre o(s) agente(s) da ação.

Será uma responsabilidade *subsidiária* quando efetivada nos membros do Governo, gerentes, dirigentes ou membros dos órgãos de gestão administrativa e financeira ou equiparados e exatores dos serviços, organismos e outras entidades sujeitos à jurisdição do Tribunal de Contas, se forem estranhos ao facto, quando:

a) Por permissão ou ordem sua, o agente tiver praticado o facto sem se verificar a falta ou impedimento daquele a que pertenciam as correspondentes funções;
b) Por indicação ou nomeação sua, pessoa já desprovida de idoneidade moral, e como tal reconhecida, haja sido designada para o cargo em cujo exercício praticou o facto;
c) No desempenho das funções de fiscalização que lhe estiverem cometidas, houverem procedido com culpa grave, nomeadamente quando não tenham acatado as recomendações do Tribunal em ordem à existência de controlo interno.

De notar que, sendo vários os responsáveis financeiros pelas ações referidas, a sua responsabilidade, tanto direta como subsidiária, é *solidária,* e o pagamento da totalidade da quantia a repor por qualquer deles extingue o procedimento instaurado ou obsta à sua instauração, sem prejuízo de eventual direito de regresso.

O procedimento por responsabilidade financeira reintegratória extingue-se pela prescrição e pelo pagamento da quantia a repor em qualquer momento (nº 1 do artigo 69º da Lei nº 97/98).

É de dez anos o prazo prescricional do procedimento por responsabilidade financeira reintegratória, contado a partir da data da infração ou, não sendo possível determiná-la, do último dia da respetiva gerência.

O prazo de prescrição, todavia, suspende-se com a entrada conta no Tribunal ou com o início da auditoria e até à audição do responsável, não podendo ultrapassar os dois anos.

O mesmo prazo interrompe-se com a citação do demandado em processo jurisdicional.

Porém, a prescrição tem sempre lugar quando tiver decorrido o prazo de prescrição acrescido de metade (artigo 70º da Lei nº 97/98).

Responsabilidade financeira sancionatória

Esta vertente da responsabilidade visa o estabelecimento de uma sanção, ou seja, de uma consequência desfavorável para o infrator da norma, que será determinada consoante o desvalor do facto.

A competência sancionatória do Tribunal de Contas traduz-se no poder de aplicar multas quando verificadas as infrações enunciadas nos artigos 65º e 66º da Lei nº 98/97, a saber:

a) Não liquidação, cobrança ou entrega nos cofres do Estado das receitas devidas;
b) Violação das normas sobre a elaboração e execução dos orçamentos, bem como da assunção, autorização ou pagamento de despesas públicas ou compromissos;
c) Falta de efetivação ou retenção indevida dos descontos legalmente obrigatórios a efetuar ao pessoal;
d) Violação de normas legais ou regulamentares relativas à gestão e controlo orçamental, de tesouraria e de património;
e) Adiantamentos por conta de pagamentos nos casos não expressamente previstos na lei;
f) Utilização de empréstimos públicos em finalidade diversa da legalmente prevista, bem como pela ultrapassagem dos limites legais da capacidade de endividamento;
g) Utilização indevida de fundos movimentados por operações de tesouraria para financiar despesas públicas;
h) Execução de atos ou contratos que não tenham sido submetidos à fiscalização prévia quando a isso estavam legalmente sujeitos ou que tenham produzido efeitos em violação do artigo 45º da lei;
i) Utilização de dinheiros ou outros valores públicos em finalidade diversa da legalmente prevista;
j) Não acatamento reiterado e injustificado das recomendações do Tribunal;
k) Violação de normas legais ou regulamentares relativas à contratação pública, bem como à admissão de pessoal;
l) Não acionamento dos mecanismos legais relativos ao exercício do direito de regresso, à efetivação de penalizações ou a restituições devidas ao erário público;

m) Falta injustificada de prestação de contas ao Tribunal ou pela sua apresentação com deficiências tais que impossibilitem ou gravemente dificultem a sua verificação;
n) Remessa intempestiva e injustificada das contas ao Tribunal;
o) Falta injustificada de prestação tempestiva de documentos que a lei obrigue a remeter;
p) Falta injustificada de prestação de informações pedidas, de remessa de documentos solicitados ou de comparência para a prestação de declarações;
q) Falta injustificada da colaboração devida ao Tribunal;
r) Inobservância dos prazos legais de remessa ao Tribunal dos processos relativos a atos ou contratos que produzam efeitos antes do visto;
s) Introdução nos processos de elementos que possam induzir o Tribunal em erro nas suas decisões ou relatórios.

A aplicação de multas não prejudica a efetivação da responsabilidade pelas reposições devidas.

O Tribunal de Contas gradua as multas tendo em consideração a gravidade dos factos e as suas consequências, o grau de culpa (dolo ou negligência), o montante material dos valores públicos lesados ou em risco, o nível hierárquico dos responsáveis, a sua situação económica, a existência de antecedentes e o grau de acatamento de eventuais recomendações do Tribunal.

Em sede de responsabilidade sancionatória aplica-se, com as necessárias adaptações, o regime substantivo enunciado nos artigos 61º e 62º da Lei nº 97/98, no que tange à incidência subjetiva da responsabilidade subjetiva, bem como à sua efetivação direta e subsidiária[123].

[123] Não prevê a lei a aplicação, mesmo com as necessárias adaptações, do regime consignado no seu artigo 63º (responsabilidade solidária). Considerando o princípio constitucional de que ninguém pode ser sancionado se não existir lei expressa que tipifique o facto como ilícito (criminal, contraordenacional, etc), só podemos concluir que nos procedimentos financeiros sancionatórios não se pode aplicar o normativo ínsito no referido artigo 63º ao(s) agente(s) responsável(eis). Nesse sentido, cf. Acórdão do Tribunal de Contas nº 8/2013, de 02.05.2013, 3ª Secção, PL P. nº 7 ROM-SRM/2013 – P. de Multa nº 4/2012-SRM. Igualmente, com idêntica interpretação, cita-se António Henriques Gaspar, ob. citada, pág. 21: "Nos termos do artigo 61º nº 2 da LOPTC, a responsabilidade financeira reintegratória dos membros do Governo e dos titulares de órgão executivos das autarquias locais (artigo 248º da Lei nº 42/2016, de 28 de Dezembro), nos caos de alcance, desvio de dinheiros ou valores e pagamentos indevidos, fica restrita às circunstâncias em que poderiam ser responsáveis civil ou criminalmente, especificadas nos segmentos 1º, 2º e 3º do artigo 36º do Decreto nº 22257."

Nos casos de falta de apresentação de contas ou de documentos, a decisão fixa um prazo razoável para que o responsável proceda à sua entrega ao Tribunal. O incumprimento de tal ordem faz incorrer o responsável no crime de desobediência qualificada, cabendo ao Ministério Público a instauração do respetivo procedimento no tribunal competente.

Ao regime substantivo da responsabilidade financeira sancionatória (e atenta a natureza dessa responsabilidade) aplica-se, subsidiariamente, o disposto nos títulos I e II da parte geral do Código Penal.

O procedimento por responsabilidades sancionatórias extingue-se:

a) Pela prescrição;
b) Pela morte do responsável;
c) Por amnistia;
d) Pelo pagamento;
e) Pela relevação da responsabilidade nos termos do nº 9 do artigo 65º da Lei.

O prazo prescricional do procedimento por responsabilidade financeira sancionatória é de cinco anos, contado a partir da data da infração ou, não sendo possível determiná-la, do último dia da respetiva gerência.

O prazo de prescrição, todavia, suspende-se com a entrada conta no Tribunal ou com o início da auditoria e até à audição do responsável, não podendo ultrapassar os dois anos.

O mesmo prazo interrompe-se com a citação do demandado em processo jurisdicional.

Ocorre sempre a prescrição quando tiver decorrido o prazo de prescrição acrescido de metade (artigo 70º da Lei nº 97/98).

9. *Ainda a responsabilidade financeira: a responsabilidade no âmbito da execução orçamental*

Importa ainda nos referirmos, em sede de responsabilidade financeira da AP e dos seus agentes, nomeadamente dos titulares de cargos dirigentes, especificamente a matéria da responsabilidade no âmbito da execução orçamental[124].

[124] Não desconhecemos que existe doutrina que distingue entre responsabilidade orçamental e responsabilidade financeira, considerando esta uma responsabilidade mais ampla. Com efeito, em termos estritos, fala-se em responsabilidade orçamental como a correspondente à responsabilidade do Governo e da AP pela execução do Orçamento do Estado; a respon-

Com efeito, o sistema de controlo da administração financeira do Estado compreende os domínios orçamental, económico, financeiro e patrimonial, visando assegurar o exercício coerente e articulado do controlo no âmbito das administrações públicas[125].

Nos termos do artigo 69º da Lei do Enquadramento Orçamental, aprovada pela Lei nº 151/2015, de 11 de setembro, na sua redação atual, integram o sistema de controlo da administração financeira do Estado a própria entidade responsável pela execução, os órgãos de fiscalização interna, as entidades hierarquicamente superiores de superintendência ou de tutela e os organismos de inspeção e de controlo do setor das administrações públicas.[126]

sabilidade financeira diz, por seu turno, respeito à utilização que é feita dos recursos financeiros do Estado considerados em sentido amplo. A responsabilidade financeira é, por natureza pública e decorre da violação culposa das normas legais que regulam a utilização desses recursos financeiros por todos os que têm o dever funcional de assegurar a legalidade financeira, podendo, para além da aplicação de multas, impor também o dever de reposição ao património, ao erário público. Tal justifica que se entenda a responsabilidade financeira como "uma responsabilidade mais ampla que emerge da violação das leis financeiras, em que a ação ou omissão culposa dos concretos agentes configura sempre uma violação (que pode ou não ser material) dos interesses financeiros públicos: o Estado e as outras entidades públicas tipificadas serão sempre os lesados pela atividade ilícita dos seus funcionários e agentes e nunca os corresponsáveis da lesão oi causadores da sua atuação." (João Ricardo Catarino, ob. citada, págs. 371-372). No caso das presentes notas, optou-se por ainda enquadrar a responsabilidade orçamental (ou pela execução orçamental) no âmbito da responsabilidade financeira, embora reconhecendo o caráter específico da primeira e as diferenças entre ambas.

125 Recorremos neste capítulo à expressão utilizada, designadamente, no âmbito da Lei de Enquadramento Orçamental (LEO), aprovada pela Lei nº151/2015, de 11 de setembro, na versão vigente, porquanto a nível do regime orçamental (que abrange os princípios e regras orçamentais, o processo orçamental, as regras de execução, de contabilidade e reporte orçamental e financeiro, as regras de fiscalização, de controlo e auditoria orçamental e financeira), não existe uma só Administração Pública, mas o setor das administrações públicas, que abrange todos os serviços e entidades dos subsetores da administração central, regional, local e da segurança social, que não tenham natureza e forma de empresa, de fundação ou de associação públicas; e ainda, as entidades que, independentemente da sua natureza e forma, tenham sido incluídas em casa subsetor no âmbito do Sistema Europeu de Contas Nacionais e Regionais, na última lista de entidades que compõem o setor das administrações públicas divulgada até 30 de junho, pela autoridade estatística nacional (INE – Instituto Nacional de Estatística, IP), designadas por entidades públicas reclassificadas (artigo 2º da LEO).

126 No âmbito do controlo político, cabe à Assembleia da República acompanhar a execução do Orçamento do Estado e dos demais orçamentos da administração central e da entidade contabilística Estado (ECE), bem como aprovar a Conta Geral do Estado (nº 1 do artigo 71º da LEO).

As entidades responsáveis pelo controlo dispõem de poderes de controlo sobre quaisquer entidades, públicas ou privadas, nos casos em que estas beneficiem de subvenções ou outros auxílios financeiros concedidos pela entidade Estado e pelas demais entidades públicas ou aqueles poderes que se mostrem imprescindíveis ao controlo, por via indireta e cruzada[127], da execução orçamental.

No artigo 72º da LEO estatui-se que a responsabilidade no âmbito da execução orçamental recai sobre:

a) Os titulares dos cargos políticos, os quais respondem a título político, financeiro, civil e criminal, pelos atos e omissões que pratiquem no âmbito do exercício das suas funções de execução orçamental, nos termos da CRP e demais legislação aplicável (à qual compete tipificar as infrações criminais e financeiras, bem como as respetivas sanções); e
b) Os dirigentes e os trabalhadores das entidades públicas, os quais são responsáveis disciplinar, financeira, civil e criminalmente pelos seus atos e omissões, dos quais resulte violação das normas de execução orçamental, nos termos do artigo 271º da CRP e da legislação aplicável.

Daqui se constata que, enquanto sobre os titulares dos cargos políticos incide responsabilidade a título político, financeiro, criminal e civil, pelos atos e omissões que pratiquem no âmbito do exercício das suas funções de execução orçamental, já sobre os trabalhadores e dirigentes da AP recai, além de responsabilidade criminal, civil e financeira, também responsabilidade a nível disciplinar. A diferença decorre naturalmente do facto de os últimos não exercerem cargos de natureza política, não podendo ser responsáveis a esse nível; e, por outro lado, os primeiros não estão sujeitos a uma hierarquia administrativa, não possuindo superiores hierárquicos e não podendo, *destarte*, ser alvo de procedimento disciplinar com eventual aplicação de sanções disciplinares.

Por último, cabe mencionar-se que, por vezes, tem sido suscitada a questão da compatibilidade do regime de responsabilidade previsto no

[127] O controlo cruzado é efetuado apenas nos casos em que se revele indispensável e na medida do estritamente necessário ao controlo da execução orçamental e verificação da legalidade, regularidade e correção económica e financeira da aplicação dos dinheiros e outros ativos públicos (nº 2 do artigo 70º da LEO).

nº 2 do artigo 61º da Lei nº 98/97, de 26 de agosto, e a norma do nº 2 do artigo 72º, nº 2 da LEO.

Relembre-se que, nos termos do nº 2 do artigo 61º da Lei nº 98/97, a responsabilidade financeira reintegratória dos membros do Governo e dos titulares de órgão executivos das autarquias locais, nos casos de alcance, desvio de dinheiros ou valores e pagamentos indevidos, fica restrita às circunstâncias em que poderiam ser responsáveis civil ou criminalmente (tal como especificadas nos nºs 1, 2 e 3 do artigo 36º do Decreto nº 22257).

Por seu turno, o nº 2 do artigo 72º da LEO alarga o âmbito pessoal do nº 1 do artigo 36º, do Decreto nº 22257, mas no que respeita à responsabilidade por violação de normas de execução orçamental deixa intocada, no campo da tipicidade, a previsão do nº 1 do artigo 62º do Lei nº 98/97.

No fundo, porém, as duas disposições complementam-se e é colocada em causa a regra geral da tipicidade das infrações financeiras, tal como definidas na lei substantiva própria, que continua a ser a Lei nº 98/97, de 26 de agosto – essencialmente os seus artigos 59º e 65º.

Os nºs 1, 2 e 3 do artigo 36º do Decreto 22257, por remissão do nº 2 do artigo 61º da Lei nº 98/97, definem os titulares ou agentes de funções que podem ser responsáveis e os termos ou condições em que o podem ser nas diversas formas de responsabilidade. Mas a especificação, a natureza e os tipos de cada forma de responsabilidade encontram-se nas respetivas normas de previsão, sejam civis, criminais ou financeiras.

Na dimensão substantiva, no que respeita à responsabilidade financeira por violação de normas orçamentais, o nº 2 do artigo 72º da LEO parece alargar as categorias de responsáveis; além dos ministros, acrescenta todos os titulares de cargos políticos. A definição de cargo político depende de cada estatuto, mas a fonte mais direta deverá o enunciado do artigo 3º da Lei nº 34/87, de 16 de julho.

De qualquer modo, a definição, a extensão e o conteúdo de cada forma de responsabilidade alicerça-se na CRP em matéria penal e nas relações da Administração com terceiros, mas nas restantes formas depende da liberdade de escolha do legislador.[128]

10. A respeito da matéria contida neste artigo, confira-se o disposto nos artigos 16º (Exclusividade e acumulação de funções), 17º (Incompatibilidades, impedimentos e inibições) e respetivas anotações.

[128] Neste sentido, vd. António Henriques Gaspar, ob. citada, págs. 21-22.

11. Jurisprudência

Responsabilidade disciplinar

Acórdão de 21.03.2013, do TCAS – Contencioso Administrativo – 2º Juízo – Proc. 05587/09

Relator: Paulo Pereira Gouveia

Descritores: Cessação de comissão de serviço.

Sumário:

"I. Quanto ao pessoal dirigente da Administração Pública, a pena de cessação da comissão de serviço prevista no ED/84 não deixou de existir.

II. A norma (geral) que se infere do art. 25º-2-b) da Lei 2/2004 é igual à norma (geral) que se infere do art. 11º-2 ED/84 (isto é: a comissão de serviço pode, a todo o tempo, ser dada por finda durante a sua vigência na sequência de procedimento disciplinar em que se tenha concluído pela aplicação de sanção disciplinar).

III. A norma que se infere do nº 2 do art. 27º ED/84 (isto é: a pena de cessação da comissão de serviço será sempre aplicada acessoriamente por qualquer infração disciplinar punida com pena igual ou superior à de multa cometida por dirigente ou equiparado) é uma regra, pessoal e materialmente especial em relação ao art. 11º ED e também em relação ao art. 25º-2-b) da Lei 2/2004."

*

Acórdão de 08.02.2007, do TCAS – Contencioso Administrativo – 1º Juízo Liquidatário – Proc. 06701/02

Relator: João Beato de Sousa

Descritores: Pessoal dirigente – Cessação de comissão de serviço – Pena disciplinar – Competência.

Sumário:

"O membro do Governo competente para determinar a cessação da comissão de serviço do dirigente, nos termos do artigo 20º nº 2, b), da Lei nº 49/99, de 22/6, é também competente para aplicar a sanção disciplinar que é pressuposto necessário da referida cessação."

*

Acórdão de 09.06.2004, do TCAS – Contencioso Administrativo – 1º Juízo Liquidatário – Proc. 02968/99

Relator: Xavier Forte

Descritores: Processo Disciplinar – Cessação de comissão de serviço – Exigibilidade de conduta diversa – Circunstâncias atenuantes especiais – Princípios da justiça e da proporcionalidade – Nulidade insuprível resultante de falta de audiência do arguido.

Sumário:

"I)- Sabendo o arguído /recorrente do que se passava, designadamente quanto ao exercício de actividade privada pelo Engenheiro Civil Principal, seu subordinado, no âmbito de licenciamento dos postos de abastecimento de combustíveis, constantes da matéria fáctica provada, e dos respectivos atrasos, através de algumas queixas de requerentes e que o próprio arguido reconhece tê-las recebido, o mesmo não procedeu disciplinarmente contra a actuação delitiva daquele subordinado, pelo que incorreu, assim, na pena de cessação da comissão de serviço.

II)- Estas circunstâncias não são dirimentes da responsabilidade do recorrente, pois não apresentam o peso excludente dessa mesma responsabilidade disciplinar, nem retiraram ao arguido a sua liberdade de proceder, dado que tinha conhecimento daquela actuação, pelo que, no estrito cumprimento das suas funções de Director, devia fiscalizar e actuar, adequadamente, instaurando o competente processo disciplinar.

III)- Também não se verifica qualquer situação que diminua, substancialmente, a sua culpa, em termos de lhe poder ser aplicada pena de escalão inferior, o que só deverá ocorrer em casos excepcionais, tendo em conta a necessária subsunção das infracções disciplinares a normas punitivas concretas.

IV)- Uma vez que a sanção aplicada se mostra em consonância com a infracção cometida, nos termos das disposições referidos no acto punitivo, daí não se verificar a violação daqueles princípios constitucionais.

V)- Dado que é irrelevante, para a manutenção da pena, a existência ou não da circunstância especial invocada, o vício correspondente, ainda que se verificasse, não podia determinar a anulação da decisão punitiva, uma vez que se verificaram os pressupostos da sua aplicação."

Responsabilidade civil

Acórdão de 16.10.2012, do STJ, 1ª Secção – Contencioso Administrativo, Proc. 950/10.6TBFAR-A.G1.S1

Relator: Garcia Calejo

Descritores: Responsabilidade extracontratual – EP-Estradas de Portugal – Competência material – Tribunal Administrativo.

"Estabelece o art. 1º nº 5 da Lei 67/2007 de 31/12 (diploma que aprovou o regime de responsabilidade civil extracontratual do Estado e demais entidades públicas) que «as disposições que, na presente lei, regulam a responsabilidade das pessoas colectivas de direito público, bem como dos titulares dos seus órgãos, funcionários e agentes, por danos decorrentes do exercício da função administrativa, são também aplicáveis á responsabilidade civil de pessoas colectivas de direito privado e respectivos trabalhadores, titulares de órgãos sociais, representantes legais ou auxiliares, por acções ou omissões que adoptem no exercício de prerrogativas de poder público ou que sejam regulados por disposições ou princípios de direito administrativo». Quer dizer esta disposição, mesmo em relação às entidades privadas, faz aplicar-lhes o regime de responsabilidade civil extracontratual do Estado, no que toca a acções ou omissões levadas a cabo «no exercício de prerrogativas de poder público» ou que sejam «regulados por disposições ou princípios de direito administrativo». Ou seja, desde que as pessoas colectivas de direito privado (e respectivos trabalhadores, titulares de órgãos sociais, representantes legais ou auxiliares) actuem em moldes de direito público, desenvolvam uma actividade administrativa, deve aplicar-se às suas acções e omissões o regime de responsabilidade civil extracontratual do Estado. Como diz Carlos Alberto Cadilha «(...) tal como de resto sucede em relação a órgãos e serviços que integram a Administração Pública, o regime da responsabilidade administrativa é apenas aplicado no que se refere às acções ou omissões em que essas entidades tenham intervindo investidas de poderes de autoridade ou segundo um regime de direito administrativo, ficando excluídos os actos de gestão privada e, assim, todas as situações em que tenham agido no âmbito do seu estrito estatuto de pessoas colectivas privadas». Concretiza este art. 1º nº 5 da Lei 67/2007, na prática, o princípio delineado no art. 4º nº 1 al. i) do ETAF que, recorde-se, atribuiu competência aos tribunais administrativos e fiscais para apreciar (e decidir) a responsabilidade civil extracontratual dos sujeitos privados aos quais seja aplicável o regime específico da responsabilidade do Estado e demais pessoas colectivas de direito público. Indica, pois, aquela disposição as situações em que as entidades privadas poderão ser submetidas a um regime de responsabilidade administrativa e, consequentemente, poderão ser demandadas perante os tribunais administrativos em acções de responsabilidade civil, nos termos do referido art. 4º nº 1 al. i) do ETAF."

*

Acórdão de 19.02.2013, do TR Coimbra, Proc. 57/12.1TBCLB.C1
Relator: Artur Dias
Descritores: Responsabilidade civil do Estado – Responsabilidade extracontratual – Competência material – Contrato administrativo – Concessão de obras públicas.
Sumário:

"I. Na sua qualidade de concessionária chamada, através de contrato administrativo de concessão de obras públicas, a colaborar com a Administração na execução de uma via pública, a Ascendi Douro, Estradas do Douro Interior, S.A., apesar da sua natureza privada, está sujeita ao regime específico da responsabilidade civil extracontratual do Estado e demais pessoas colectivas de direito público (artº 1º, nº 5 da Lei nº 67/2007, de 31/12).

II. Consequentemente, a competência para preparar e julgar a acção que tem por objecto a sua responsabilidade civil extracontratual por danos ocasionados pela execução da dita via pública recai – apesar de o pedido ter sido direccionado também contra outras entidades privadas – sobre os tribunais administrativos e fiscais [artº 4º, nº 1, al. i) do ETAF]."

*

Acórdão de 27.03.2003, do STJ9.02.2013, do TR Coimbra, Proc. 03B084
Relator: Abílio de Vasconcelos
Descritores: Responsabilidade civil do Estado – Função judicial – Ministério Público – Culpa funcional – Apreensão de veículo.

"Assim é que segundo o art. 22 da C.R.P. "O Estado e as demais entidades públicas são civilmente responsáveis, em forma solidária com os titulares dos seus órgãos, funcionários ou agentes, por acções ou omissões praticadas no exercício das suas funções e por causa desse exercício, de que resulte a violação dos direitos, liberdades e garantias ou prejuízo para outrem".

Consagra este preceito constitucional o principio da responsabilidade patrimonial directa das entidades públicas por danos causados aos cidadãos que, segundo Gomes Canotilho e Vital Moreira, em anotações a esse artigo na Constituição da República Portuguesa Anotada, 3ª ed. pg. 168, ao lado do principio da legalidade (artº 3º) e do princípio da judicialidade (artº 20º), é um dos princípios estruturantes do Estado de Direito democrático, enquanto elemento do direito geral das pessoas á reparação dos danos causados por outrem.

E, visa este mesmo preceito, como é aceite na nossa doutrina, a responsabilidade do estado por danos resultantes do exercício das funções política, legislativa, administrativa e jurisdicional, tanto mais que nele nenhuma restrição é feita (cfe, entre outros, Rui de, in "Ensaio sobre a Reponsabilidade Civil do Estado por Actos Legislativos, 1992, pgs. 86 e segs., e Gomes Canotilho in R. L. J. ano 124, pgs.).

Por outro lado, abrange esse normativo constitucional quer a responsabilidade do Estado por actos ilícitos, quer por actos lícitos, quase pelo risco (cfr. o Ac. do S.t.j. de 01/06/1994, e os autores nele citados, publicando na C. J – Acs. S.T.J. – Ano II, tema II, pg. 126, e o Ac. de 28/04/1998 no B.M.J. nº 476, pgs 137 e segs.

No mesmo sentido aponta Barbosa de Melo no parecer publicado na C.J. Ano XI, Tema 4, pgs. 36.

Assim, para que terceiros possam ser ressarcidos dos prejuízos produzidos pelas acções ou omissões do Estado basta a prova da existência do dano e do nexo de causalidade adequada entre esse dano e aquelas acções ou omissões."

*

Acórdão de 20.01.1987, do STA, 2ª Subsecção do Contencioso Administrativo, Proc. 023967

Relator: Artur Dias

Descritores: Responsabilidade civil extracontratual – Autarquia local – Responsabilidade de funcionários e agentes – Culpa funcional.

Sumário:

"I – Nos termos do disposto no art. 6 do DL 48051. 67.11.21 a antijuridicidade equivale a ilicitude. São ilícitos todos os actos dos agentes municipais que infrinjam regras de ordem técnica ou de prudência comum.

II – De acordo com o disposto no art. 4 do DL 48051 a culpa dos titulares dos órgãos ou dos agentes e apreciada nos termos do art. 487 do Código Civil, por isso a culpa afere-se em abstracto, considerando a diligencia exigível a um homem médio, o que adaptado as circunstâncias da responsabilidade do Estado e demais entes públicos se traduz na diligencia exigível a um funcionário ou agente típico (respeitador da lei e dos regulamentos e das leges artis aplicáveis aos actos ou operações materiais que tem o dever de praticar)."

*

Acórdão de 04.11.2008, do STA, 1ª Subsecção do Contencioso Administrativo, Proc. 0104/08

Relator: Costa Reis

Descritores: Responsabilidade civil extracontratual – Direito de indemnização – Expropriação por utilidade pública – Reversão do prédio expropriado – Compra e venda – Contrato – Desvio do destino dos bens – Ilicitude.

Sumário:

"I – A responsabilidade civil extracontratual rege-se pelo disposto no DL 48.051, de 21/11/67, e que, de acordo com o que nele se estabelece, mesma só pode operar se se provar a prática de um facto (ou a sua omissão), a ilicitude deste, a culpa do agente, o dano e o nexo de causalidade entre o facto e o dano.

II – O conceito de ilicitude que se colhe no transcrito artº 6º do DL 48.051 é mais abrangente que o estabelecido no artº 483º do Código Civil uma vez que neste o dever de indemnizar só nasce se o facto ilícito decorrer de uma violação, com dolo ou mera culpa, de uma disposição legal destinada a proteger os interesses de terceiros, ao passo que naquele se considera ilícito não só o acto que viole estas disposições legais, mas também aquele que viole as normas regulamentares ou os princípios gerais aplicáveis e ainda as regras de ordem técnica e de prudência comum que devam ser tidas em consideração.

III – O juízo de culpa pressupõe a existência de um comportamento padrão – definido por lei ou estabelecido de acordo com o comportamento diligente, responsável, ponderado próprio de um bónus pater famílias – sobre o qual se há-de aferir a conduta do agente, traduzindo-se esse juízo na desconformidade entre essa conduta padrão que o agente podia e devia realizar e aquilo que efectivamente realizou.

IV – A venda não é livremente celebrada se for forçada pela decisão da entidade pública de adquirir o bem por qualquer meio, recorrendo, se necessário, aos mecanismos expropriativos e não o é porque, nestas circunstâncias, o vendedor não tem liberdade de dispor dos seus bens conforme a sua vontade.

V – Decorre do disposto no artº 5º do Código das Expropriações, aprovado pelo DL 438/91, de 9/11, que a consequência legalmente prevista para as situações em que as entidades expropriantes alteram o destino que presidiu à expropriação e os aplicam noutros fins é a reversão dos prédios expropriados.

VI – Deste modo, a acção fundada em responsabilidade civil extracontratual não é o meio normal de ressarcimento dos prejuízos decorrentes da expropriação ou da venda forçada e de que ela só poderá ser interposta nos casos em que não seja possível ressarcir todos prejuízos sofridos com a reversão dos prédios expropriados."

*

Acórdão de 13.01.2005, do STJ, 7ª Secção, Revista nº4130/04
Relator: Ferreira de Sousa
Descritores: Responsabilidade civil do Estado – Pressupostos
Sumário:

"I – A responsabilidade civil extracontratual do Estado e demais entidades públicas por actos ilícitos está consagrada no artº 22 da CRP e regulamentada no DL nº 48051, de 21-11-67.

II – Consideram-se ilícitos os actos jurídicos que violem as normas legais e regulamentares ou os princípios gerais aplicáveis e os actos materiais que infrinjam estas normas e princípios ou ainda as regras de ordem técnica e de prudência comum que devam ser tidas em consideração (artº 6 do DL nº 48051).

III – Os pressupostos da responsabilidade civil em apreço são o facto voluntário, a ilicitude, a imputação do facto ao lesante (ou seja, a culpa, a qual é apreciada nos termos do artº 487 do CC), o dano e o nexo de causalidade entre o facto e o dano (artºs 1 a 3 do DL nº 48051)."

*

Acórdão de 30.01.2012, do STJ, 2ª Secção, Proc. 1840/06.2TJVNF.P1.S1

Relator: Álvaro Rodrigues

Descritores: Recurso para o Supremo Tribunal de Justiça – Produtor – Ato administrativo – Invalidade – Pessoa coletiva de direito público – Competência material – Tribunal administrativo – Responsabilidade extracontratual – Pressupostos – Ilicitude.

Sumário:

"I. No domínio da responsabilidade extracontratual das pessoas colectivas de direito público, quer se entenda haver lugar á aplicação do vetusto diploma legal que regia a responsabilidade civil extracontratual do Estado e demais pessoas colectivas públicas no domínio dos actos de gestão pública – o DL nº 48051, de 21-11-1967 que só há pouco cessou a sua vigência – quer se entenda que a matriz legislativa aplicável ao caso é o art. 483º do CC, a incontornável verdade é que o primeiro requisito da responsabilidade civil extracontratual é a ilicitude do acto praticado ou, como alguns autores modernos preferem, a existência de acto ilícito ou ilegal, tanto relativamente ás entidades públicas como aos entes privados.

II. Inexistem, portanto, diferenças substanciais relativamente aos pressupostos ou requisitos da responsabilidade civil extracontratual em ambos os domínios. Nas palavras do eméritoadministrativista que foi o Prof. Marcello Caetano, relativamente ao Direito Administrativo «quanto aos actos jurídicos, incluindo, portanto, os actos administrativos, consideram-se ilícitos os que «violem as normas legais e regulamentares ou os princípios gerais aplicáveis»: quer dizer, a ilicitude coincide com a ilegalidade do acto e apura-se nos termos gerais em que se analisam os respectivos vícios» (M. Caetano, Manual de Direito Administrativo, vol. II, 4ª reimpressão, 1991, pg. 1225).

III. Para João Caupers, são pressupostos da obrigação de indemnizar no domínio jurídicoadministrativo, acto ilegal (art. 6º do DL nº 48051) culpa, prejuízo e nexo de causalidade entre o acto e o prejuízo (J. Caupers, Direito Administrativo, Aequitas Editorial Notícias, 1995, pág. 220).

IV. No domínio jurídico-civil, é consabido que ilicitude se define como a violação de um deverjurídico, podendo, nos termos do art. 483º do CC, assumir as formas de violação do direito de outrem e da violação da lei que protege interesses alheios. Porém, como ensinou Antunes Varela, ilicitude e violação de um direito de outrem «não constituem expressões sinónimas, sendo esta violação apenas uma das formas que a ilicitude pode revestir», (A. Varela, Das Obrigações em Geral, I, 10ª edição, pág. 542."

*

Acórdão de 15.04.2014, do STA, 1ª Subsecção do Contencioso Administrativo, Proc. 01504/13

Relator: São Pedro

Descritores: Responsabilidade civil extracontratual do Estado – Presunção de culpa – Acidente escolar

Sumário:

"I. O art. 493º, 2 do CC não é aplicável á responsabilidade civil do Estado e demais entes públicos.

II. Havendo culpa do lesado não a obrigação de indemnizar não pode fundar-se na culpa presumida (art. 570º, 2 do CC).

III. É ao lesado que cabe o ónus da prova dos pressupostos da responsabilidade civil, pelo que a falta de prova de que os agentes do Estado não cumpriram os deveres de vigilância e de cuidado afasta a ilicitude da sua conduta, e consequentemente a obrigação de indemnizar os danos ocorridos com a morte de um estudante que, contra as instruções dos professores e funcionários, se afastou do local onde se encontrava com os demais, e veio a cair num poço de uma mina abandonada."

*

Acórdão de 09.10.2014, do STA, 1ª Secção do Contencioso Administrativo, Proc. 0279/14

Relator: Costa Reis

Descritores: Ação de responsabilidade civil extracontratual do Estado – Hospital – Prova – Ilicitude – Culpa – Obrigação de indemnizar.

Sumário:

"(...)

II – As leges artis, quando não escritas, são métodos e procedimentos, comprovados pela ciência médica, que dão corpo a standards contextualizados de actuação, aplicáveis aos diferentes casos clínicos, por serem considerados pela comunidade científica, como os mais adequados e eficazes.

III. O juízo de culpa pressupõe a existência de um comportamento padrão a observar em determinadas circunstâncias sobre o qual se há-de aferir a conduta do agente traduzindo-se esse juízo numa censura – desconformidade entre aquele comportamento que o agente podia e devia ter tido e aquilo que efectivamente realizou.

IV. Por ser assim, age com culpa, violando o dever objectivo de cuidado, o médico cujo procedimento clínico fica aquém do standard técnico/científico da actuação exigível ao profissional médio, nas circunstâncias do caso concreto.

V. A obrigação de indemnizar importa a reparação de todos os danos sofridos e a reconstituição, na medida do possível, da situação que existiria se o evento que os provocou não tivesse tido lugar e que não sendo possível a reconstituição in natura ou, sendo-o, seja excessivamente onerosa para o devedor, será fixada em dinheiro tendo «como medida a diferença entre a situação patrimonial do lesado, na data mais recente que puder ser atendida pelo Tribunal, e a que existiria nessa data se não existissem danos.» (vd. art.s 562º e 566º, nºs 1 e 2, do CC).

VI. Podendo essa indemnização ser fixada com recurso a juízos de equidade quando o seu cálculo não puder ser feito de forma diferente, dentro dos limites do que se tiver por provado (artº 566º/3 do CC), tendo-se em conta o grau de culpabilidade do agente, a situação económica do lesado e as demais circunstâncias do caso."

*

Acórdão de 10.07.2014, do TCA Sul, 2º Juízo do Contencioso Administrativo, Proc. 06207/10

Relator: Cristina dos Santos

Descritores: Ação de responsabilidade civil extracontratual do Estado – Hospital – Prova – Ilicitude – Culpa – Obrigação de indemnizar.

Sumário: Servidão non aedificandi – Indemnização de Sacrifício – Jus aedificandi.

"1. O direito de construir (*jus aedificandi*) constituído pela respectiva licença assume a natureza de direito subjectivo privado de natureza real, oponível *erga omnes* e insusceptível de ser sacrificado, ainda que em favor do interesse público, sem o pagamento de uma justa indemnização – artº 62º nºs 1 e 2 CRP.

2. Mesmo não existindo nenhuma das situações previstas no artº 8º nº 2 do Código das Expropriações, a constituição de uma servidão administrativa dará sempre lugar a indemnização no âmbito do artº 16º do RRCEE (Lei 67/2007 de 31.12), quando a mesma produza, na esfera jurídica do proprietário, um prejuízo concreto, grave e anormal.

3. Designadamente, quando o proprietário vê reduzido o valor económico e de mercado do bem por força da eliminação ou redução da capacidade edificativa que o prédio possuía antes de estar onerado com a servidão *non aedificand* constituída para protecção de estrada no âmbito do artº 3º nºs. 1 e 2 DL 13/94 de 15.01."

Responsabilidade criminal

Acórdão de 20.06.2012, do TR Coimbra, Proc. 591/02.1JACBR.C1

Relator: Jorge Dias

Descritores: Corrupção passiva – Funcionário.

Sumário:

"1. O conceito de funcionário, definido pelo artigo 386 do CP, é um conceito amplo, diferente do conceito de funcionário para efeitos administrativos e, cada vez mais amplo como resulta das sucessivas alterações legislativas;

2. O conceito, para o direito penal, consagra qualquer atividade realizada com fins próprios do Estado e, a atividade relacionada com a liquidação de patrimónios em processo de falência ou a venda em ação executiva é fim próprio do Estado levada a efeitos através do órgão de soberania Tribunais;

3. Aquele que desempenha atividade compreendida na função pública administrativa ou jurisdicional, de forma temporária, mediante remuneração, recebendo e executando ordens emanadas da autoridade, tem a qualidade de funcionário para efeitos do disposto nos artigos 386º CP."

*

Acórdão de 28.05.2014, do TR Coimbra, Proc. 287/07.8TAGVA.C1
Relator: Maria José Nogueira
Descritores: Participação económica em negócio – Consumação – Elementos do tipo – Coautoria – Funcionário – Ilicitude na comparticipação.
Sumário:

"I. O crime previsto no artigo 377º do Código Penal consuma-se com a lesão dos interesses patrimoniais confiados ao funcionário – operada ao nível do próprio negócio jurídico, em função dos termos do seu conteúdo que são lesivos para os identificados interesses –, ainda que o agente não atinja o exaurimento do seu plano de obter a participação económica pretendida.

II. Estando demonstrado que o arguido, ao contratar, em representação de uma IPSS – da qual era presidente de direcção –, a co-arguida, teve intervenção em acto jurídico, cuja prática, em função da desnecessidade do cargo, produziu lesão aos interesses que se encontravam ao seu cuidado, agindo com uma finalidade lucrativa – no caso, em benefício da co-arguida, sua filha – traduzida em participação económica, assim criando um dano para a imagem da administração, para o interesse público na sua boa gestão, transparência e legalidade, cuja defesa, em razão da concreta função assumida, no todo ou em parte, sobre ele impendia, utilizando as faculdades/poderes que lhe estavam confiados para alcançar participação económica de carácter patrimonial – a saber: o montante dos salários devidos por força do contrato de trabalho –, foram indubitavelmente atingidos os bens jurídicos que o tipo de crime do artigo 377º do CP visa tutelar, porquanto se evidencia um «quinhoar nos interesses que subjazem ao negócio jurídico em causa, tomando parte nele, numa lógica de colheita interesseira de proventos».

III. Sendo incontestável, à luz da alínea c) do nº 1 do artigo 386º do CP, a qualidade de funcionário em que interveio o arguido – presidente da direcção de uma IPSS reconhecida como pessoa colectiva de utilidade pública –, e decorrendo do acervo factual provado uma actuação em co-autoria com a co-arguida – pessoa a quem a almejada participação económica ilícita se destinava; beneficiária, portanto, da acção, de acordo com a intenção do *intraneus* (o funcionário) –, por força do disposto no artigo 28º, nº 1, do referido diploma legal, impõe-se a extensão à co-arguida, não funcionária (*extraneus*), da qualidade detida pelo arguido."

*

Acórdão de 25.06.2015, do TR Lisboa, Proc. 3443/11.0TDLSB.L1-9
Relator: Fernando Estrela
Descritores: Concurso público – Ajuste direto – Participação económica em negócio – Meio de prova.
Sumário:

"(...) IV. A contratação de advogados, seja a título individual ou colectivo, através de ajuste directo tem sido frequentemente objecto de recusa de visto pelo Tribunal de Contas, considerando que a contratação de serviços jurídicos não está excluída, a priori, da sujeição a um procedimento concursal, tanto no âmbito da vigência do Decreto-Lei nº 197/99, de 8 de Junho, como na do Código dos Contratos Públicos (aprovado pelo Decreto-Lei nº 18/2008, de 29 de Janeiro).

V. É entendimento do Tribunal de Justiça que as obrigações decorrentes do direito primário relativas à igualdade de tratamento e à transparência se aplicam de pleno direito a contratos excluídos do âmbito das directivas e a contratos relativos a serviços incluídos no Anexo II B36. O referido acórdão afirma também inequivocamente que a obrigação de transparência decorrente dos princípios do Tratado CE implica que os referidos contratos sejam precedidos de um procedimento que, ainda que não siga as regras da directiva, deve envolver necessariamente uma publicitação prévia, que permita a potenciais interessados manifestar o seu interesse na obtenção do contrato. Os serviços jurídicos estão incluídos no Anexo II B da Directiva 2004/18/CE, aplicando-se-lhes integralmente a jurisprudência acabada de referir.

VI. Os elementos subjectivos do crime pertencem á vida íntima e interior do agente. Contudo, é possível captar a sua existência através e mediante a factualidade material que os possa inferir ou permitir divisar, ainda que por meio de presunções ligadas ao princípio da normalidade ou às regras da experiência comum.

VII. O crime de participação económica em negócio é, em qualquer das suas modalidades, um crime de dano (quanto ao grau de lesão do bem jurídico protegido) e de resultado.

VIII. O crime é cometido por funcionário. Na modalidade prevista no nº 1, a qualidade de funcionário é uma circunstância agravante do crime de infidelidade (artigo 224º) (crime específico impróprio). Nas modalidades previstas nos nºs 2 e 3, a qualidade de funcionário funda o ilícito, uma vez que não há incriminação geral correspondente para não funcionários (crime específico próprio).

IX. A qualidade de funcionário é comunicável, nos termos do artigo 28º, nº 1, aos comparticipantes que a não possuam. O crime de participação económica tem a natureza de um crime de comparticipação necessária imprópria (ver sobre este conceito a anotação ao artigo 10º), não sendo punível a contra-parte no negócio ou acto jurídico realizado pelo funcionário."

*

Acórdão de 15.11.2011, do TR Lisboa, Proc. 504/04.6JLSBB.L1.5
Relator: Artur Vargues
Descritores: Corrupção – Corrupção ativa – Corrupção passiva – Indícios suficientes – Prova indiciária.
Sumário:
"(...)

III. O bem jurídico protegido no crime de corrupção é a legalidade da actuação dos agentes públicos, a quem está interdito mercadejar com o cargo;

IV. Com a alteração ao art.372, do Código Penal, introduzida pela Lei nº108/01, de 28Nov., foi eliminada a referência à «contrapartida» do acto em face da vantagem solicitada ou aceite pelo funcionário, com o que o legislador pretendeu afastar a indispensabilidade do sinalagma entre a conduta do funcionário e a do corruptor;

V. Para que se verifique a consumação do crime não se mostra necessário que o acto seja praticado, não se exige a proporcionalidade entre o valor do suborno e o valor ou importância do acto e não é elemento essencial a existência de um acordo expresso para a adopção de uma conduta já perfeitamente determinada de forma precisa em todos os seus aspectos, até porque é também incriminada a corrupção subsequente, em que o funcionário no momento da prática do acto não perspectivava pedir ou aceitar uma vantagem, nem esta lhe tinha sido oferecida, pelo que afastada está também a concepção que reporta o suborno a critérios de causalidade adequada;

VI. Aquele preceito incriminador continua a exigir a demonstração de uma qualquer relação entre o contributo do corruptor (a vantagem) e o do funcionário, a prática de um acto conexionado, implícita ou explicitamente, com as suas funções (já praticado ou a praticar);

VII. O crime de corrupção passiva está consumado, desde logo, com o conhecimento pelo interlocutor ou destinatário da manifestação de vontade de aceitação da vantagem pelo funcionário e o de corrupção activa, com o conhecimento pelo funcionário destinatário da manifestação de vontade de oferta/promessa da vantagem, isto quer o funcionário aceda ou não á pretensão do corruptor; VIII. Estando suficientemente indiciado que o funcionário recebeu vantagens patrimoniais, traduzidas no pagamento de despesas respeitantes a deslocações e alojamento no estrangeiro, como compensação do fornecimento por ele de informações sobre actividades de determinado serviço público, justifica-se a pronúncia pelo crime de corrupção passiva para acto ilícito."

*

Acórdão de 28.09.2011, do TR Lisboa, Proc. 76/10.2GTEVR-3
Relator: Carlos Almeida
Descritores: Corrupção passiva – Tipicidade – Elemento subjetivo – Pessoa coletiva de direito privado – Funcionário – Suspensão.
Sumário:
"I. O tipo objectivo da corrupção passiva para acto ilícito compreende os seguintes elementos:

- Relativamente ao círculo de autores, exige que o agente seja funcionário, no sentido definido pelo artigo 386º do Código Penal;
- No que concerne à acção, impõe que ela se traduza num acto de solicitação ou de aceitação;
- Quanto ao objecto da acção, requer que se trate de uma vantagem patrimonial ou não patrimonial ou da sua promessa indevidas.

II. O tipo subjectivo pressupõe a existência, para além do dolo, que tem por referência todos os elementos do tipo objectivo, de um elemento subjectivo especial que se traduz numa determinada conexão do comportamento objectivo do agente com a prática de um acto ou omissão contrários aos deveres do cargo, compreendidos na sua competência funcional ou nos poderes de facto dela decorrentes.

III. Se uma associação de direito privado sem fins lucrativos realizar exames teóricos e práticos aos candidatos à obtenção de carta de condução, título que, na sequência dos resultados obtidos nesses exames, é depois emitido pelo Estado, os respectivos examinadores devem ser qualificados, para efeitos penais, como funcionários por participarem no desempenho de uma actividade compreendida na função pública administrativa – alínea c) do nº 1 do artigo 386º do Código de Processo Penal.

IV. A extensão de tipicidade decorrente do artigo 28º, nº 1, do CP não pode ser aplicada ao crime de corrupção por outra ter sido a intenção da norma incriminadora.

V. Se não fosse assim, qualquer acordo entre o corruptor e o corrupto (que, não sendo hoje elemento típico, existe numa grande parte dos casos de corrupção) neutralizaria a opção do legislador de valorar diferentemente a corrupção passiva e a corrupção activa e de criar tipos autónomos a que correspondem também molduras penais distintas.

VI. As profissões, funções e actividades de que os arguidos podem ser suspensos ao abrigo do disposto no artigo 199º do CPP são apenas aquelas cujo exercício lhes pode vir a ser proibido nos termos do artigo 66º do CP.

VII. Isto significa que a suspensão apenas pode ocorrer quanto à actividade no exercício da qual o crime foi praticado e não quanto a outras actividades que lhe sejam próximas."

*

Acórdão de 17.03.2015, do TR Évora, Proc. 29/08.0TAAVS
Relator: Felisberto Proença da Costa
Descritores: Peculato – Elementos essenciais do crime – Consumação.
Sumário:
"(...)

2 – O crime de peculato é um crime de dano, quanto ao grau de lesão do bem jurídico protegido e de resultado, quanto à forma de consumação do ataque ao objecto da acção.

3 – O objecto do crime de peculato é duplo: por um lado, a tutela de bens jurídicos patrimoniais; e, por outro, a tutela da probidade e fidelidade dos funcionários.

4 – São elementos típicos do crime de peculato:

a) Que o agente seja um funcionário para efeitos do artigo 386º do C. P.;

b) Que tenha a posse do bem (dinheiro ou coisa móvel) em razão das suas funções;

c) Que se passe a comportar como se fosse proprietário do dinheiro, o que deve revelar-se por actos objectivamente idóneos e concludentes que traduzam a "inversão do título de posse ou detenção";

d) Que o agente faça seu o dinheiro, com consciência de que se trata de bem alheio do qual tem a posse em razão das suas funções e que tenha consciência e vontade de fazer seu o bem para seu próprio benefício ou de terceiro.

5 – A consumação ocorre quando o agente inverte o título de posse, passando a agir como se fosse proprietário da coisa que recebeu e detinha precariamente."

*

Acórdão de 19.05.2015, do TR Lisboa, Proc. 115/08.7TASPS.L1-5
Relator: José Adriano
Descritores: Peculato – Abuso de confiança.

Sumário:

"I. Para o crime de peculato, tal como para o crime de abuso de confiança, o que releva para definir a consumação do crime, é a apropriação, não o propósito de apropriação. Aquela consuma-se com a atitude de o arguido dissipar o dinheiro, que lhe foi entregue para determinados fins, em seu próprio proveito ou de terceira pessoa ou, simplesmente, dar-lhe um destino diverso daquele que lhe deveria dar. Qualquer dessas atitudes revela que o arguido agiu como se o dinheiro fosse dele, usou-o como se fosse o respectivo dono, apropriando-se do mesmo.

II. É esse o momento da inversão do título da posse, pois, enquanto até ali, o agente possuía em nome de terceiro – tendo aquele recebido o bem por título não translativo da propriedade –, a partir de então agiu como dono da coisa que lhe foi entregue.

III. Aquela apropriação, implicando a aludida inversão do título de posse, extrai-se da prática de actos concludentes de que resulte a intenção de o agente fazer sua a coisa.

IV. A recusa na entrega desse valor é manifestamente ilícita, porque não justificada e não pode deixar de traduzir uma verdadeira apropriação do dinheiro por parte do arguido, que lhe deu um destino diferente daquele a que se destinava, que era pagar aos credores do executado, cujos créditos haviam sido reconhecidos na execução em curso., pelo que perante ais factos não poderia tribunal ter dado como não provado que o arguido se apropriou de tal montante."

*

Acórdão de 20.06.2012, do TR Porto, Proc. 357/10.5TAAMT.P1
Relator: Eduarda Lobo
Descritores: Crime de peculato de uso – Consumação.
Sumário:

"O crime de peculato de uso previsto no art° 376° n° 1 do Cód. Penal consuma-se com a utilização, pelo funcionário, de veículo ou outra coisa móvel de valor apreciável, para fins alheios àqueles a que se destinam, independentemente de o fim visado pelo agente se ter ou não concretizado."

*

Acórdão de 27.11.2013, do TR Coimbra, Proc. 98/07.0JALRA.C3
Relator: Brízida Martins
Descritores: Abuso de poder.
Sumário:

"1. O crime de abuso de poder constitui um crime de função e, por isso, um crime próprio, o funcionário que detém determinados poderes funcionais faz uso de tais poderes para um fim diferente daquele para que a lei os concede;

2. O crime é integrado, no primeiro limite do perímetro da tipicidade, pelo mau uso ou uso desviante de poderes funcionais, ou por excesso de poderes legais ou por desrespeito de formalidades essenciais.

Mas, com um elemento nuclear: o mau uso dos poderes não resulta de erro ou de mau conhecimento dos deveres da função, mas tem de ser determinado por uma intenção específica que enquanto fim ou motivo faz parte do próprio tipo legal."

Responsabilidade financeira

Acórdão nº 436/2016, de 13 de outubro, do Tribunal Constitucional, 3ª Secção, Proc. nº 558/13

Relator: Catarina Sarmento e Castro

Decisão:

"Julga inconstitucional, por violação dos artigos 20º, nº 1, e 219º, nº 1, ambos da Constituição da República Portuguesa, a interpretação, extraída do artigo 69º, nº 2, alínea d), da Lei de Organização e Processo do Tribunal de Contas, no sentido de que o pagamento voluntário da multa, admitido e realizado ainda antes do trânsito em julgado da sentença condenatória, determina a extinção do procedimento por responsabilidade sancionatória e, consequentemente, o não conhecimento de recurso já interposto, pelo Ministério Público, contra tal sentença."

*

Acórdão do Tribunal de Contas, nº 1/2014, in DR I Série de 07.10.2014

Sumário: Fixa a jurisprudência no sentido de que "A citação é causa de interrupção da prescrição do procedimento por responsabilidades financeiras sancionatórias".

"(III). Em síntese

• A responsabilidade financeira é uma forma de responsabilidade autónoma, que não se confunde com as demais formas de responsabilização, designadamente, civil e penal, apesar de tributárias destas últimas;

• O processo de julgamento de responsabilidades financeiras rege-se pelo disposto na LOPTC e, supletivamente, pelo Código de Processo Civil e pelo Código de Processo Penal, este último em matéria sancionatória [artigo 80º, nº 1, alíneas a) e c)];

• A prescrição do procedimento criminal interrompe-se com a notificação da acusação, ou, na falta desta, com a notificação da decisão instrutória – vd. artigo 121º, do Código Penal.

• Em matéria de efetivação de responsabilidade financeira, reintegratória ou sancionatória, a LOPTC manda dar conhecimento ao demandado de que contra ele corre uma ação jurisdicional através de uma citação, em ordem a contestar ou proceder ao pagamento do devido;

• Em razão do disposto nos artigos 80º, alínea a) e 91º, nº 3 da LOPTC, o processo no Tribunal de Contas rege-se, ainda, e supletivamente, pelo CPCivil, sendo que as citações e notificações aplicam-se as regras constantes deste último diploma legal.

• Tem, assim, aplicação no processo de responsabilidade financeira o efeito interruptivo da prescrição resultante da citação do demandado, atento o disposto nos artigos 564º, do CPCivil [anterior artigo 481º], e 323º, nº 1, do Código Civil. A interrupção da prescrição constitui um princípio geral aplicável a todo o ordenamento jurídico e assenta no facto de o titular do direito manifestar clara e pessoalmente ao sujeito passivo a intenção de exercer o seu direito, colocando-o, assim, em condições de assegurar a respetiva defesa.

IV. Decisão

Pelo exposto, o Plenário Geral do Tribunal de Contas decide o seguinte:

• Julgar procedente o presente recurso;

• Fixar a seguinte jurisprudência:

A citação é causa de interrupção da prescrição do procedimento por responsabilidades financeiras sancionatórias."

*

Acórdão do Tribunal de Contas nº 8/2013, de 02.05.2013, 3ª Secção, PL P. nº 7 ROM-SRM/2013 – P. de Multa nº 4/2012-SRM

Coletivo de Juízes Conselheiros: Helena Ferreira Lopes, Manuel Mota Botelho, Carlos Alberto L. Morais Antunes.

Descritores: Responsáveis/Membros do Governo/"Infrações" por violação do dever de colaboração.

Sumário:

"1. O Decreto nº 22257, de 25/02/1933, quando diz que os membros do Governo são responsáveis "por todos os atos que praticarem, autorizarem ou sancionarem, referentes a liquidação de receitas, cobranças, pagamentos, concessões, contratos ou quaisquer outros assuntos sempre que deles resulte ou possa resultar dano para o Estado", desde que se verifiquem os pressupostos no nº 1 do referido Decreto, está a referir-se exclusivamente a atos administrativos de natureza financeira praticados exclusivamente por responsáveis financeiros, e, por esta via, a infrações financeiras;

2. A "infração" a que se refere o disposto na alínea b) do nº 1 do artigo 66º da LOPTC é uma "infração" à violação do dever de colaboração para com o Tribunal, que, não sendo financeira, está fora do âmbito do nº 2 do artigo 61º da LOPTC;

3. Não lhe é, por isso, aplicável o disposto no Decreto 22.257, de 25 de Fevereiro de 1933, para o qual remete o nº 2 do artigo 61º da LOPTC; 4. É neste contexto que deve ser interpretado o disposto no nº 3 do artigo 67º da LOPTC, quando refere que o artigo 62º é aplicável à responsabilidade sancionatória, com as necessárias adaptações."

"(...)

A multa resultante da violação do disposto na alínea b) do nº 1 do artigo 66º da LOPTC destina-se a efetivar o dever de colaboração das entidades, que, por força da lei, estejam obrigadas a remeter determinados documentos, não constituindo fundamento de responsabilidade financeira; o que está em causa na previsão do referido artigo é a violação do dever de colaboração para com o Tribunal de Contas, em que tanto as entidades públicas como privadas podem incorrer.

O artigo 61º, nº 3, da LOPTC, ao dizer que a responsabilidade pela reposição a que se referem os artigos 59º e 60º – inseridos na secção "Da responsabilidade financeira reintegratória" – recai sobre os membros do Governo nos termos e condições fixados para a responsabilidade civil e criminal no artigo 36º do Decreto nº 22.257, de 25 de Fevereiro de 1933", está, obviamente, a referir-se à responsabilidade financeira reintegratória.

Dispõe, contudo, o disposto no nº 2 do artigo 67º, nº 2, da LOPTC, que os artigos 61º e 62º da LOPTC são aplicáveis, com as necessárias adaptações à responsabilidade sancionatória (artigo 67º, nº 3, da LOPTC).

A infração em causa – alínea b) do nº 1 do artigo 66º da LOPTC – está inserida na Secção III, com o título "Da responsabilidade sancionatória".

Nesta secção estão previstos dois tipos de infrações, a saber: *(i)* infrações financeiras sancionatórias (artigo 65º) e **(ii)** "Outras infrações" (artigo 66º).

Quer isto dizer que o artigo 67º, nº 2, da LOPTC, ao estatuir que à responsabilidade sancionatória se aplica, com as necessárias adaptações, o disposto nos artigos 61º e 62º, está também a incluir nas suas previsões a "infração" por que o Demandado foi sentenciado?

Afigura-se-nos que a resposta só pode ser negativa.

Para tanto, aduzimos os seguintes argumentos:

1) A violação do dever de colaboração para com um órgão de soberania, tal como já referimos, é um dever de natureza adjetiva a que qualquer entidade pública ou privada está obrigada;

2) Trata-se, assim, de uma "infração" em que o responsável pode não ser um responsável financeiro.

3) A sanção neste tipo de infrações mais do que punir visa constranger ao cumprimento dos deveres correspondentes;

4) O Decreto nº 22.257, de 25/02/1933, quando diz que os membros do Governo são responsáveis "por todos os atos que praticarem, autorizarem ou sancionarem, referentes a liquidação de receitas, cobranças, pagamentos, concessões, contratos ou quaisquer outros assuntos sempre que deles resulte ou possa resultar dano para o Estado", desde que se verifiquem os pressupostos no nº 1 do referido Decreto, está a referir-se exclusivamente a atos administrativos de natureza financeira praticados exclusivamente por responsáveis financeiros, e, por esta via, a infrações financeiras, e nunca a "infrações" por violação do dever de colaboração com o Tribunal;

5) Estamos, por isso, perante uma "infração" que, não sendo financeira, está fora do âmbito de previsão do disposto no nº 2 do artigo 61º da LOPTC, não lhe sendo, por essa via, aplicável o disposto no Decreto 22.257, de 25 de Fevereiro de 1933;

6) É neste contexto que deve ser interpretado o disposto o nº 3 do artigo 67º da LOPTC, quando refere que o artigo 62º é aplicável à responsabilidade sancionatória, com as necessárias adaptações. (...)" (realces e sublinhados no original).

*

Acórdão de 23.09.2003, do STA, Proc. 0823/03
Relator: António Madureira
Descritores: Infração disciplinar – Alcance – Medida da pena.
Sumário:

"I – Um funcionário que utilizou o cartão Euroshell, pertencente a uma viatura dos serviços, através da introdução de combustível no seu automóvel particular, por sete vezes, entre 26/8/2000 e 30/12/2000, bem como do pagamento de portagens em deslocações particulares, este por duas vezes, cometeu uma infracção enquadrável na previsão legal da alínea d) do nº 4 do artigo 26º do Estatuto Disciplinar dos Funcionários da Administração Central, Regional e Local, aprovado pelo Decreto-Lei nº 29/84, de 16/1, determinante da aplicação da pena de demissão, por força do disposto no artigo 1º do mesmo preceito, ou seja, incorreu numa situação de "alcance ou desvio de dinheiros públicos", e não na infracção prevista no artigo 25º, alínea g) do mesmo diploma, ou seja, na situação de uso "de quaisquer bens pertencentes à Administração cuja posse ou utilização lhe esteja confiada para fim diferente daquele a que se destinam".

II – É que o uso desse cartão significou o acesso imediato ao dinheiro público titulado pela respectiva conta, donde resulta que o respectivo ilícito revista um significado de uma efectiva apropriação do dinheiro dispendido, estando, portanto, em causa, não o mero uso do cartão enquanto tal, mas sim a projecção lesiva, em termos de erário público que dela resulta."

*

Acórdão nº 15/2018, de 28.11.2018, do Tribunal de Contas, 3ª Secção – Plenário, Proc. 2/2017-JRF-SRATC

Relator: José Mouraz Lopes

(com um voto de vencido)

Descritores: Infração financeira reintegratória – Infração financeira sancionatória – Aquisição de serviços de assessoria jurídica – Senhas de presença – Associação de Municípios – Despesas não autorizadas – Publicitação da sentença.

Excertos:

"(...) 19. A responsabilidade financeira (sancionatória e reintegratória) é uma forma especial de responsabilidade, própria e autónoma, que recai sobre determinados sujeitos que gerem, administram ou recebem dinheiros públicos (contáveis) e que são, na sua diversidade, o agente ou agentes da ação, nos termos dos artigos 61º nº 1, 59º e 67º nº 3 da LOPTC.

20. A ilicitude financeira subjacente aos ilícitos financeiros estabelecidos na lei, quer de natureza sancionatória, quer reintegratória, tem na sua base a inobservância ou a violação de uma obrigação genérica de serviço com repercussões financeiras.

21. Nos termos do nº 2 do artigo 61º da LOPTC, no caso específico dos contáveis que são membros do Governo (até à entrada em vigor da Lei nº 42/2016, de 28 de dezembro, que alterou a redação daquele artigo 61º nº 2, apenas para eles,) a referida responsabilidade é exigida nos termos e condições fixadas para a responsabilidade civil e criminal nos nºs 1 e 3 do artigo 36º do Decreto nº 22257, de 25 de fevereiro de 1933.

22. Dispõe o artigo 36º citado, que «são civis e criminalmente responsáveis por todos os atos que praticarem, ordenarem, autorizarem ou sancionarem, referentes a liquidação de receitas, cobranças, pagamentos, concessões, contratos ou quaisquer outros assuntos sempre que deles resulte ou possa resultar dano para o Estado: 1º – os ministros quando não tenham ouvido as estações competentes ou quando esclarecidos por estas em conformidade com as leis, hajam adotado resolução diferente; (...) 3º – os funcionários que nas suas informações para os Ministros não esclareçam os assuntos da sua competência em harmonia com a lei».

23. Trata-se de um requisito constitutivo da responsabilidade financeira, traduzido no «agir em função de informações necessárias» (assim, António Cluny,

Responsabilidade Financeira e Tribunal de Contas, Coimbra Editora, 2011, p. 163), específico e apenas exigível para aqueles servidores públicos (os membros do Governo e, após a Lei nº 42/2016, de 28 de dezembro, os titulares dos órgãos executivos das autarquias). Requisito que é cumulativo aos restantes elementos estabelecidos para os demais agentes e servidores públicos, constantes dos artigos 2º, 61º, e 62º nº 1, 3 a 6 da LOPTC. É, por isso, um requisito que restringe, subjetivamente para aqueles servidores, e só para eles, o âmbito da responsabilização financeira.

24. A Lei nº 42/2016, de 28 de dezembro, através do seu artigo 248º, veio estabelecer que «a responsabilidade prevista no número anterior recai sobre os membros do Governo e os titulares dos órgãos executivos das autarquias, nos termos e condições fixadas para a responsabilidade civil e criminal nos nºs 1 e 3 do artigo 36º do Decreto nº 22257, de 25 de fevereiro de 1933».

25. A partir de 2 de janeiro de 2017, nos termos do artigo 276º da Lei nº 42/2016, de 28 de dezembro, exigiu-se como elemento típico constitutivo da responsabilidade financeira (sancionatória e reintegratória) dos responsáveis autárquicos referidos [titulares dos órgãos executivos das autarquias locais] os mesmos requisitos até então exigidos para a responsabilização financeira dos membros do Governo. Ou seja, (i) a não audição das estações competentes ou (ii) quando esclarecidos por estas em conformidade com a lei, hajam adotado resolução diferente.

26. Deve referir-se que a Lei nº 51/2018, de 16 de agosto, com entrada em vigor prevista para 1.01.2019, no seu artigo 3º, veio introduzir uma alteração à norma em causa, através de um aditamento à Lei nº 73/203, de 3 de setembro [Lei das Finanças Locais], criando um novo artigo [artigo 80º-A], que expressamente refere o seguinte: «1 – Nas autarquias locais, a responsabilidade financeira prevista no nº 2 do artigo 61º da Lei nº 98/97, de 9 de março, na sua redação atual, recai sobre os membros do órgão executivo quando estes não tenham ouvido os serviços competentes para informar ou, quando esclarecido por estes em conformidade com as leis, hajam tomado decisão diferente. 2 – A responsabilidade financeira prevista no número anterior recai sobre os trabalhadores ou agentes que, nas suas informações para o órgão executivo, seus membros ou dirigentes, não esclareçam os assuntos da sua competência de harmonia com a lei».

27. Como é visível, a norma em causa comporta uma explicitação/densificação que vem sublinhar, no domínio autárquico, a exclusividade de aplicação da mesma norma aos membros do órgão executivo das autarquias locais. E apenas a estes.

28. Como se referiu, está em causa um elemento típico da responsabilidade, especifico para estes servidores públicos (membros do Governo e titulares dos

órgãos executivos das autarquias) que restringe, subjetivamente para aqueles servidores, o âmbito da responsabilização financeira.

29. No que respeita às autarquias, trata-se de uma norma que se aplica exclusivamente aos titulares de órgãos executivos das autarquias locais e nenhum outro membro de órgão autárquico ou de um outro qualquer servidor público. A natureza específica daquela norma, tem como destinatários diretos e exclusivos aqueles agentes.

30. Ao recorrente foi imputada a autoria de infrações enquanto membro do Conselho de Administração da Associação de Municípios ....". "Ainda que tenha sido eleito para tais funções enquanto Presidente do Município" ... "a referida Associação é uma entidade completamente diferente, na sua natureza, do Município a que o recorre presidia e para o qual foi eleito.

31. As autarquias locais são pessoas coletivas territoriais dotadas de órgãos representativos, com um estatuto constitucionalmente suportado [e necessário] configurando o governo do poder local. As autarquias locais dispõem de poderes públicos autónomos e definidos, com vista à realização dos seus objetivos constitucionalmente definidos, sustentada numa legitimidade eleitoral inequívoca e direta.

32. As Associações de Municípios são agrupamentos de municípios, legalmente facultativos, com vista à realização de interesses comuns e/ou fins múltiplos ou específicos, que se configuram como associações com personalidade jurídica própria, sujeitas a regras diferenciadas, consoante a sua finalidade.

33. As Associações de Municípios, contrariamente às autarquias, «não dispõem de poderes definidos e exercidos em condições de auto-responsabilidade» [neste sentido José de Melo Alexandrino, «Direito das autarquias locais», in Tratado de Direito Administrativo Especial, volume IV, p.35] não sendo, por isso, passíveis de se confundirem com a administração autárquica direta consubstanciada no Município.(...)

35. O exercício das funções de presidente da AM... não é por isso, de todo, confundível ou passível de ser confundido, na sua natureza e funções, com as de presidente do Município ......, que também exerce, mas que não estão em causa neste processo. Ainda que tenha sido eleito para tais funções enquanto Presidente do Município ....., a referida Associação, como se referiu, é uma entidade juridicamente diferenciada, na sua natureza, do Município a que o recorrente presidia e para o qual foi eleito.

36. Por isso não se aplica a este órgão (Presidente da AM...) o regime jurídico a que se alude no artigo 6º nº 2 da LOPTC, nomeadamente na versão vigente e decorrente da Lei nº 42/2016, de 28 de dezembro.

(...)

54. Sobre esta dimensão do recurso, refere o recorrente que a «decisão de publicitação da sentença, considerando a sua publicidade com nome e cargo do Demandado, invocando-se para tanto o interesse público, não concretiza este interesse e por isso não deve ser publicitada com a identificação do demandado com o respetivo cargo».

55. Interessa, antes de mais, nesta parte identificar o que refere a sentença, na sua parte final. A sentença, na decisão, refere no ponto F, o seguinte: «Registe e publique (Nota: em razão do interesse publico considera-se legítima, adequada, necessária e proporcional, a explicitação do nome e cargo da pessoa visada, na publicação da sentença. A identificação dos restantes deverá ser eliminada – Resolução nº 3/2018-PG, de 28 de maio)». É, assim, sobre esta dimensão da decisão que importa apreciar o recurso.

56. Sobre a questão da publicação e difusão das decisões jurisdicionais proferidas pelo Tribunal de Contas importa, antes de mais, atentar especificamente no quadro normativo que as rege, bem como nas competências amplas do Tribunal de Contas como entidade fiscalizadora da legalidade e regularidade das receitas e das despesas públicas e, ainda, como entidade com competência especifica e exclusiva para a efetivação da responsabilidade financeira.

57. Assim e num primeiro momento importa referir que nos termos do artigo 8º nº 2 da LOPTC «as decisões jurisdicionais do Tribunal de Contas são obrigatórias para todas as entidades públicas e privadas».

58. Por outro lado, a LOPTC estabelece no artigo 9º um regime especifico de publicidade de atos do Tribunal de Contas. Concretamente no nº 1 do artigo citado, estabelece que «são publicados na 1ª série do Diário da República os acórdãos que fixem jurisprudência». No número 2 do mesmo artigo estabelecem-se um conjunto de atos com publicação na 2ª série do Diário da República, nomeadamente: a) o relatório e parecer da Conta Geral do Estado; b) os relatórios e pareceres sobre as contas das regiões autónomas, c) o relatório anual de atividades do Tribunal de Contas; d) as instruções e o Regulamento do Tribunal de Contas; e) os valores e a relação das entidades a que se refere a alínea a) do artigo 40º [«entidades dispensadas da remessa de contas segundo critérios previamente definidos, que respeitam os critérios e práticas correntes de auditoria e visam conseguir uma adequada combinação entre amostragem e risco financeiro, a prioridade do controlo das contas mais atuais, com maiores valor e risco financeiro, e a garantia de que todos os serviços e organismos sejam controlados pelo menos um vez em cada ciclo de quatro anos»]; f) os relatórios e decisões que o Tribunal de Contas entenda deverem ser

publicados, após comunicação às entidades interessados». O nº 3 do mesmo artigo refere ainda que «os atos previstos na alínea b), bem como os previstos nas alíneas d), e) e f) do nº 2 das secções regionais são também publicados nos jornais oficiais das respetivas regiões. Diga-se, ainda, que nos ternos do nº 4 da mesma norma «o Tribunal de Contas pode ainda decidir a difusão dos seus relatórios através de qualquer meio de comunicação social, após comunicação às entidades interessadas».

59. Nos termos do artigo 80º da LOPTC, «o processo no Tribunal de Contas rege-se pelo disposto na presente lei, pelo Regulamento do Tribunal e, supletivamente, pelo Código de Processo Civil».

60. O Regulamento do Tribunal de Contas, Regulamento nº 112/2018, publicado no Diário da República, nº 33/2018, II Série, de 15 de fevereiro de 2018, estabelece no seu artigo 13º que «o Tribunal de Contas define uma estratégia de comunicação, adequada ao cumprimento do seu mandato, com observância dos princípios da transparência, da prestação de contas e da proteção de dados pessoais, designadamente através da divulgação do resultado dos seus trabalhos em tempo oportuno». No artigo 14º, nº 1, concretamente sobre a publicidade dos atos, o Regulamento estabelece que «Os atos do Tribunal são publicitados, depois de notificados ou comunicados aos interessados, sendo caso disso, em conformidade com os princípios que informam a política de comunicação do Tribunal, exceto quando se delibere, por motivos ponderosos, a limitação do âmbito da publicitação». Por sua vez e quanto aos atos da 3ª Secção, o nº 2 refere que este «ocorre decorrido o prazo para a interposição de recurso, com a menção da situação relativa ao estado do trânsito em julgado.

61. A especificidade do regime jurídico da publicação das decisões do Tribunal de Contas (ainda que conformem decisões jurisdicionais envolvendo matéria de responsabilidade financeira, sancionatória ou reintegratória) decorre da natureza pública dos interesses subjacentes às funções constitucionalmente atribuídas ao Tribunal, ou seja fiscalizar a legalidade e regularidades das receitas e das despesas públicas, apreciar a boa gestão financeira e efetivar a responsabilidade por infrações financeiras (cf. artigos 214º da CRP e 1º da nº 1 da LOPTC). Trata-se de uma função que envolve exclusivamente a tutela de interesses públicos, nomeadamente de natureza financeira e, nessa medida, a publicitação ampla da atividade do Tribunal assume um especial relevo.

62. É essencialmente por isso que a lei admite a publicação de relatórios e decisões (de caráter jurisdicional), num regime mais amplo do que a notificação das decisões judiciais proferidas noutras áreas jurídicas, maxime no âmbito do direito processual civil.

63. A publicação das decisões de forma mais ampla justifica-se, assim por via dos interesses públicos subjacentes à atividade do Tribunal, nomeadamente no âmbito da responsabilidade financeira, onde será justificativo desse interesse público para os cidadãos saber quem e em que circunstâncias foi alguém julgado por infrações financeiras, tendo em conta que é, apenas o erário público e a forma como é bem ou mal gerido, que está em causa. Naturalmente tal publicação deverá ocorrer sem pôr em causa direitos individuais, em conformação com o disposto no artigo 18º da CRP, nomeadamente através da realização de um juízo de ponderação (necessidade e utilidade) e proporcionalidade que deve conformar toda a atuação jurisdicional que restringe ou possa restringir direitos fundamentais.

64. Importa, no entanto, acrescentar ao regime jurídico referido, a novel dimensão normativa decorrente da proteção de dados que decorre da aprovação e entrada em vigor do Regulamento (EU) 2016/679, do Parlamento Europeu e do Conselho, relativo à proteção das pessoas singulares no tratamento de dados pessoais e na livre circulação desses dados, aplicável a partir de 25 de maio de 2018, nos termos do artigo 99º do referido Regulamento.

65. Assegurando o princípio fundamental estabelecido na Carta Europeia dos Direitos Fundamentais relativo à exigência de proteção de dados individuais [direito à proteção dos dados de carater pessoal que lhes digam respeito], como direito fundamental (artigo 8º nº 1), o Regulamento estabelece um conjunto de normas amplas no sentido da proteção daquele direito. O próprio Regulamento, no entanto, afirma no seu preâmbulo, no considerando 4 (e nas normas que o concretizam) o princípio de que o direito à proteção de dados não é absoluto, devendo ser «considerado em relação à sua função na sociedade e ser equilibrado com outros direitos fundamentais em conformidade com o princípio da proporcionalidade».

66. O âmbito de aplicação do Regulamento abrange a atividade jurisdicional da competência do Tribunal de Contas, na medida em que, no âmbito jurisdicional, apenas está afastado a aplicação do mesmo Regulamento aos casos de tratamento de dados «efetuado pelas autoridades competentes para efeitos de prevenção, investigação, deteção e repressão de infrações penais ou da execução de sanções penais, incluindo a salvaguarda e a prevenção de ameaças à segurança pública», nos termos do artigo 2º nº 2 alínea d) do Regulamento.

67. Aplicando-se, por isso, o regime do Regulamento às atividades jurisdicionais levadas a termo pelo Tribunal de Contas [cf. preâmbulo que refere que o «Regulamento é igualmente aplicável, entre outras, às atividades dos tribunais e de outras autoridades judiciais»], aí se incluindo a matéria das decisões jurisdicionais e a sua publicação e divulgação, é às autoridades judiciais dos Estados que compete

referir quais as operações e os procedimentos a seguir pelos tribunais para o tratamento de dados pessoais, a fim de «assegurar a independência do poder judicial no exercício da sua função jurisdicional, nomeadamente a tomada de decisões» (cf. preâmbulo do Regulamento).

68. No exercício deste poder o Tribunal de Contas aprovou a Resolução nº 3/2018, do plenário Geral, de 28 de maio de 2018 relativa à Aplicação no Tribunal de Contas e seus Serviços de Apoio, do Regulamento Geral de Proteção de Dados. 69. Sobre a questão da publicitação das decisões aí se refere que «a) A publicação de acórdãos, sentenças, relatórios de auditoria e outros atos do Tribunal apenas deve conter os dados pessoais indispensáveis à informação da sociedade sobre a utilização dos recursos financeiros públicos e à garantia da *accountability* dos gestores desses recursos e dos responsáveis financeiros; b) Ponderando-se o interesse público prosseguido com o direito de proteção de dados pessoais, considera-se legítima, adequada, necessária e proporcional, a explicitação, na publicação dos atos do Tribunal mencionados na alínea anterior, do nome e cargo das pessoas em causa, devendo ser omitidos outros dados pessoais, salvo quando se demonstre estes têm relevo público».

(...)

71. No caso em apreço, está em causa a condenação de um Presidente de uma Associação de Municípios, por via de pagamentos indevidos efetuados no âmbito de contratação de serviços de assessoria jurídica (parecer jurídico) para efeitos de resposta a contraditório pessoal. Na decisão *sub judice*, para efeitos de publicitação da decisão e concretamente para não eliminação da identificação do recorrente, foi referido, de forma sintética que «em razão do interesse publico considera-se legítima, adequada, necessária e proporcional, a explicitação do nome e cargo da pessoa visada, na publicação da sentença. A identificação dos restantes deverá ser eliminada».

72. Ao ser referido que é o interesse público (subjacente às razões de tutela financeira pública) que, no caso, sustenta a necessidade de explicitar o nome e o cargo do visado, eliminando-se todos os restantes dados do mesmo (estado civil, identificação do número de contribuinte, morada), foi efetuado um juízo (de natureza jurisdicional) de ponderação concreto, ainda que de forma sintética, fundamentando a necessidade da decisão ser publicitada. Recorde-se que se trata de pessoa que desempenhou um cargo público, nomeadamente presidente do Conselho de Administração da Associação de Municípios ....., sendo nessa qualidade que foi julgado por ter efetuado pagamentos indevidos relacionados com matéria de natureza pessoal.

73. Assim sendo, estando evidenciado o interesse público em causa e tendo o mesmo sido referido na decisão, a restrição ao regime de proteção de dados está justificada e, nessa medida não há qualquer razão para legalmente questionar o decidido.(...)."

*

Acórdão nº 08/2018, de 23.05.2018, do Tribunal de Contas, 3ª Secção – Plenário, Proc. 3-RO-SRM/2018 (Proc. nº 2/2017-JRF-SRMTC)

Relator: Helena Ferreira Lopes

Descritores: Ordens de transferências de vencimentos/autorizações de pagamentos – Dano ao erário público/sociedades de capitais exclusivamente públicos – Proibição de acumulação da pensão de aposentação com a remuneração no exercício de funções públicas/Estatuto da Aposentação – Contraprestação efetiva/pagamento indevido – Princípio da tutela da confiança/interesse público relevante – reposição/ juros de mora.

Sumário:

"1. As ordens de transferências de vencimentos podem, também, incorporar autorizações de pagamentos, quando aqueles atos não sejam antecedidos de quaisquer outros que possam ser designados como autorizações de pagamentos.

2. Uma sociedade anónima de capitais exclusivamente públicos, pertencente ao setor publico empresarial regional, exerce uma atividade exclusivamente pública, sendo as suas receitas, igualmente públicas, sejam elas provenientes do OE ou não.

3. Daí que qualquer pagamento ilegal (v.g. pagamento de um vencimento não permitido pelo Estatuto da Aposentação) que cause dano ao erário da sociedade, seja, também um dano ao erário público, ou, numa outra formulação, um pagamento indevido nos termos do artigo 59º nº 4 da LOPTC.

4. O artigo 78º do EA, na versão introduzida pela do DL nº 137/2010, de 28 de dezembro, proíbe o exercício, pelos aposentados, de funções públicas remuneradas. (...)

5. A *ratio legis* que presidiu à regra consagrada no artigo 78º do E.A. foi proibir ou restringir a duplicação de rendimentos a cargo do setor público, ou do Estado em sentido lato.

6. Ora, havendo uma proibição de acumulação da remuneração com a pensão de aposentação, só há lugar a remuneração pela contraprestação efetiva, se o aposentado optar pelo pagamento desta em detrimento da pensão de aposentação.

7. Quer isto dizer que: qualquer remuneração paga nestas circunstâncias constitui um pagamento indevido.

8. O artº 79º do EA, na redação introduzida pelo artigo 6º do DL 137/2010, dispõe que os aposentados autorizados a exercer funções públicas não podem cumu-

lar o recebimento da pensão com qualquer remuneração correspondente àquelas funções (nº 1), e que, durante o exercício daquelas funções é suspenso o pagamento da pensão ou da remuneração, consoante a opção do aposentado (nº 2).

9. Resulta do artigo 8º do DL 137/2010, no seu nº 2, que o regime introduzido pelo artigo 6º deste diploma [que altera os artigos 78º e 79º do EA] se aplica a partir de 1 de janeiro de 2011 aos aposentados e beneficiários de pensões em exercício de funções que tenham sido autorizados para o efeito ou que já as exerçam antes da entrada em vigor do aludido decreto-lei.

10. Para o efeito, devem os aposentados referidos no número 2 do artº 8º, no prazo de 10 dias contados a partir de 1 de janeiro de 2011, comunicar às entidades empregadoras públicas ou a CGA, consoante o caso, se optam pela suspensão do pagamento das remunerações ou da pensão (cf. nº 3 do artº 8º do DL nº 137/2010).

11. Quer isto dizer que incumbia aos beneficiários das pensões de aposentação o direito e o dever de optar pela pensão ou pela remuneração; o que nunca podia ocorrer era a acumulação da pensão de aposentação com a remuneração.

12. *In casu,* o Recorrente informou e requereu à CGA que suspendesse a atribuição da pensão de aposentação, em consequência da entrada em vigor das alterações aos artigos 78º e 79º do EA, introduzidas pelo DL 137/2010, o que foi feito pela entidade processadora da pensão, nos meses de fevereiro, março e abril de 2011.

13. Porém, em março de 2011, a sociedade comunicou à CGA que o Recorrente tinha alterado a sua opção e escolhido a suspensão da remuneração pelo que, a partir de maio de 2011, o Recorrente recomeçou a auferir a pensão de aposentação não tendo, no entanto, ocorrido a suspensão da sua remuneração, a qual foi autorizada pelo próprio Recorrente.

14. Quer isto dizer, por um lado, que não se verifica nenhum erro na imputação de responsabilidade financeira, bem como na determinação da norma aplicável, designadamente quanto ao exercício do direito de opção consagrado no artigo 8º, nº 3, do DL 137/2010, de 2812); e, por o outro, que os pagamentos a título de remuneração passaram a ser ilegais e indevidos, atento disposto no artº 79º do EA e artº 59º nº 1 e 4 da LOPTC;

15. A contraprestação devida consubstancia remuneração ou na pensão em resultado se, por força da lei, na do exercício do direito e do dever de opção por uma ou por outra.

16. O princípio do Estado de Direito Democrático postula uma ideia de proteção da confiança dos cidadãos e da comunidade na ordem jurídica e na atuação do Estado, o que implica um mínimo de certeza e de segurança no direito das pessoas e nas expetativas que a elas são juridicamente criadas.

17. Não é de acolher a argumentação do Recorrente, assente numa quase intangibilidade das expetativas criadas, *in casu*, do direito a continuar a percecionar a remuneração em acumulação com a pensão de aposentação, porquanto se verificou uma situação de relevante interesse público, consubstanciada na necessidade imperiosa de contenção e de consolidação orçamental em matéria de despesa pública, que impôs ao Estado (legislador) a tomada de medidas excecionais, como ocorreu com a proibição da acumulação da remuneração com a pensão de aposentação, prevista nos artigos 6º e 8º do DL 137/2010, sendo certo que o Recorrente poderia sempre ter optado pelo pagamento da remuneração em detrimento da pensão de aposentação.

18. Mais: mostram-se observadas as exigências de proporcionalidade, quanto à proibição da acumulação da remuneração com a pensão aposentação, já que a mesma: (i) é idónea para fazer face à situação de défice orçamental; (ii) necessária, por se fundamentar numa articulação racional dotando o poder político de uma livre conformação dentro dos "limites de sacrifício" exigíveis aos cidadãos (aposentados), atendendo ao contexto vivido; (iii) indispensável, não sendo, excessiva, uma vez que os aposentados mantêm sempre a possibilidade de optarem pela pensão ou remuneração, recebendo sempre a que entenderem por mais favorável.

19. Não padece de ilegalidade o pagamento da remuneração do mês de janeiro pago pela sociedade ao Recorrente, uma vez este requereu, atempadamente, aposentação; à CGA que suspendesse a atribuição da pensão de deve, assim, tal remuneração ser abatida ao montante a reintegrar.

20. Resultando de documento junto com a contestação que a sociedade da qual o Recorrente era Presidente do CA, tinha comunicado à CGA que este tinha alterado a sua opção e escolhido a suspensão da remuneração, e não tendo aquele, em sede de 1ª instância, questionado a veracidade do referido do documento, designadamente o seu teor, antes tendo juntado aquele documento para, em sua defesa, afirmar que "foram cumpridos os procedimentos legais quer quanto à suspensão da pensão de aposentação quer quanto à comunicação à CGA da alteração da opção", afigura-se-nos ser de concluir ter aquela opção emanado do próprio, e não da sociedade, que apenas se limitou transmitir tal opção à CGA.

21. Atualmente o artigo 59º, nº 6, da LOPTC, dispõe que a reposição inclui os juros de mora sobre os previstos no Código Civil respetivos montantes, nos termos, contados desde a data da infração, ou não sendo possível determiná-la, desde o último dia da respetiva gerência (redação introduzida pelo artigo 2º da Lei nº 20/2015, de 9 de março) passado e até 31 de março de 2015, aquele mesmo preceito dispunha que a reposição incluía os juros de mora sobre os respetivos

montantes quais se aplicava o regime das dívidas fiscais, contados desde a data da infração, ou, não sendo possível determiná-la, desde o último da respetiva gerência.

22. *In casu*, mostram-se apuradas as datas dos pagamentos indevidos/infrações reintegratórias. A taxa de juro, deve, assim, incidir sobre cada pagamento, e não sobre a quantia total pela qual o Recorrente foi condenado, aplicando-se o regime das dívidas fiscais até 31 de Março de 2015 e o regime do Código Civil após essa data e até integral pagamento."

*

Sentença nº 11/2018, de 29.11.2018 (transitada em julgado), do Tribunal de Contas, 3ª Secção, Proc. 3/2018

Relator: José Mouraz Lopes

Descritores: Pagamentos indevidos – Responsabilidade financeira reintegratória – Culpa.

Excertos:

"(...)

Factos provados [com interesse para a decisão.

5. A Inspeção-Geral do Ministério da Solidariedade, Emprego e Segurança Social (IGMSESS) procedeu a uma auditoria do ISS, que incidiu sobre a aplicação das medidas de contenção da despesa pública no âmbito do sistema remuneratório, abrangendo o triénio 2010/2012.

6. Conforme ficou a constar do respetivo Relatório, no ponto 3.5.2., o ISS não efetuou a alteração dos vencimentos aos dirigentes intermédios à data da entrada em vigor dos seus diplomas.

7. Desde 1 de abril de 2012 e 9 de maio do mesmo ano, que a estrutura dos vencimentos dos dirigentes intermédios ficou a constar do Dec-Lei nº 83/2012, de 30 de março – que aprova a orgânica do ISS, e respetivos estatutos aprovados em anexo à Portaria nº 135/2012, de 08/05.

8. Assim, nos termos do nº 3 do artigo 15º da LO do ISS, a remuneração base daqueles dirigentes é "determinada em percentagem da remuneração base do vogal do conselho diretivo".

9. Nenhum dos diplomas estabelece qualquer regime de transição relativamente às remunerações previstas para os dirigentes intermédios.

10. Por isso, os cargos previstos no artigo 15º da Lei nº 83/2012, deviam ter sido objeto de alteração da remuneração, com efeitos à data da sua entrada em vigor, isto é, a 01/04/2012.

11. Quanto aos cargos que constam nos estatutos do ISS, ou seja, no artigo 20 do anexo à Portaria nº 135/2012, as remunerações deviam ter sido alteradas, com efeitos a 9/05/2012, conforme o disposto no artigo 3º do mesmo diploma.

12. As aludidas remunerações não foram reduzidas.

13. Neste contexto, foi efetuado o cálculo dos vencimentos efetivamente processados e a aplicação da atual estrutura remuneratória à data da entrada em vigor dos respetivos diplomas, incluindo a aplicação das reduções remuneratórias, conforme Anexo 9 do Relatório.

14. Assim, e considerando os trabalhadores com despesas de representação no mês de junho de 2012 e os cargos dirigentes do ISS, foi apurado para esse mês a existência de pagamentos em excesso, no montante global de 40.251,61 €, situação que apenas foi corrigida com as novas nomeações, a partir de setembro de 2012.

15. Colocando-se dúvidas aos serviços do ISS, IP, os demandados por ocasião da entrada em vigor dos diplomas que não previam um regime transitório, no que às remunerações concerne, socorrendo-se da doutrina constante na recomendação da Provedoria de Justiça, com o nº 2A/2006, de 19 de Maio, e do Parecer da Procuradoria Geral da República (PGR)nº 47/1996, publicado no Diário da República, II série, de 10 de Dezembro de 1997, concluíram que enquanto um funcionário se mantiver no desempenho e/ou titularidade de um lugar a que corresponda uma dada remuneração, esta só cessa quando cessar o desempenho, nos termos, nas condições e segundo o estatuto do dirigente.

16. A reestruturação interna do ISS, I.P., apenas foi implementada a partir de Setembro de 2012, sendo que os dirigentes mantiveram nestes períodos o exercício de funções em gestão corrente, tendo os demandados entendido, por esse motivo e na sequência da interpretação jurídica referida no § 15, que seria devida a remuneração correspondente à do cargo que vinham exercendo.

17. A Inspeção Geral das Finanças levou igualmente a cabo uma ação de auditoria ao sistema remuneratório dos trabalhadores do ISS, I.P., no âmbito da observância das medidas de contenção da despesa, que enformou o Processo nº 2014/170/A5/94.

18. Do respetivo Relatório Final, no que à remuneração dos dirigentes concerne, consta a seguinte conclusão: "Nessa medida, recomenda-se que o ISS, IP, diligencie a reposição dos montantes pagos em excesso aos dirigentes de nível intermédio de acordo com o novo estatuto remuneratório, para alguns cargos a partir de abril de 2012 e, para outros, a partir de maio de 2012 a outubro do mesmo ano, estes num montante global apurado no relatório de 49.955,34." (documento 3 junto com a contestação).

19. Em anexo ao relatório consta o mapa com a identificação dos trabalhadores visados e o valor a devolver por cada um, totalizando o valor de 49.955,34 € (documento 3 da contestação).

20. Este Relatório da IGF foi homologado pelo Senhor Secretário de Estado da Administração Pública a 04 de Fevereiro de 2015, em momento anterior à homologação, parcial, do Relatório da IGMSESS, que só ocorreu a 18 de Junho de 2015.

21. Neste seguimento, logo que tiveram conhecimento da homologação do relatório da IGF, e sem aguardar pela homologação do relatório da IGMSESS, foi proposto superiormente a implementação das recomendações dele constantes, nos termos e fundamentos assinalados na Informação nº 38/2015/GAQGR, de 12 de Março, de que se junta cópia - Documento 5, junto com a contestação.

22. Na folha de rosto da sobredita informação, consta o despacho manuscrito do Demandado (...), datado de 16 de Março de 2015, com o seguinte teor: "Concordo com as propostas apresentadas pelo GAQGR. Ao CD para deliberar a adoção das propostas feitas, devendo o DRH promover a elaboração das respetivas propostas, previamente à sua concretização".

23. O Conselho Diretivo do ISS, I.P., na pessoa da sua Presidente, deliberou concordar (documento 5 junto com a contestação).

24. No seguimento do atrás descrito, e com vista à reposição do valor de 49.966,14 €, foram enviados ofícios aos trabalhadores identificados no anexo (documento 6 junto com a contestação).

25. Os demandados procederam com a consciência plena que acataram a lei e as disposições aplicáveis ao caso, e não obstante terem propugnado por entendimento diverso, diligenciaram ao cumprimento e acatamento da recomendação constante do Relatório da IGF.

26. O procedimento entretanto encetado surtiu frutos e parte significativa do valor de 49.966,14 € foi reposto, concretamente, 24.836,78 €, conforme mapa com a relação dos trabalhadores e dos valores referenciados que cada um deles está obrigado a repor (documento 7 junto com a contestação

27. Efetivamente, apesar de todos os visados terem sido notificados para procederem à reposição dos valores em causa, nem todos o fizeram voluntariamente.

28. Parte dos trabalhadores pagou a totalidade de uma só vez, outra parte solicitou o pagamento faseado e outros houve que se insurgiram contra a obrigação de proceder à reposição do valor, questionando a legalidade do procedimento encetado.

29. Assim, e considerando os trabalhadores com despesas de representação no mês de junho de 2012 e os cargos dirigentes do ISS, foi apurado para esse mês a existência de pagamentos em excesso, no montante global de 40.251,61 €, situação que apenas foi corrigida com as novas nomeações, a partir de setembro de 2012.

30. Aquele valor está a ser liquidado, mensalmente, pelos dirigentes em causa.

31. Em 24.10.2018 o valor divida está identificado em 19 782,54 €. Com o processamento relativo ao mês de novembro de 2018 a divida ficará em 12 769,05 €, estimando os serviços que a mesma fique liquidada em agosto de 2019.

32. A técnica superior principal de reinserção social, A, era diretora de serviços do Centro Educativo (....), da então Direção-Geral de Reinserção Social (DGRS), aquando da integração no ISS, por Despacho conjunto dos dirigentes máximos do ISS e da DRRS, nº 14917/2008, de 06/05, na sequência da publicação da Portaria nº 101/2008, de 01/02, com efeitos a 01/02/2008.

33. Esta trabalhadora manteve o cargo de diretora de serviços, a respetiva remuneração e despesas de representação associadas a esse cargo (dirigente da função pública), nos moldes em tudo semelhantes aos que detinha no serviço de origem.

34. Esse cargo não se encontrava enquadrado nos estatutos do ISS, vigentes à data, que previam para o cargo de diretora de estabelecimento integrado, como era o caso do Centro Educativo Alberto Souto, o lugar de direção intermédio de 20 grau.

35. Esta trabalhadora foi apenas nomeada, por deliberação do CD do ISS nº 214/2012, de 16/10 em regime de substituição, como diretora de estabelecimento tipo C, a partir de 16/10/2012, tendo optado pela remuneração de origem.

36. O ISS, IP, não tinha, na sua estrutura orgânica e de atribuições, estabelecimentos de acolhimento de menores em perigo.

37. Do mesmo Relatório de Auditoria ficou a constar, no seu ponto 3.6.3., uma outra factualidade, indiciada no decurso daquela ação de fiscalização ao ISS, relativa ao suplemento remuneratório por funções de secretariado.

38. Nos termos dos estatutos anteriores do ISS, aprovados pela Portaria nº 638/2007, de 30/05, com a redação dada pela Portaria nº 14604/2009, de 31/12, os titulares dos cargos de diretor adjunto e diretor de departamento podiam ter apoio de secretariado nos termos legalmente previstos para os cargos de direção superior de 1º grau, conforme resulta do nº 7 do artigo 3º-A.

39. Contudo, com a orgânica e estatutos publicados em anexo à Portaria nº 135/2012, de 08/05, não existe norma similar.

40. De acordo com o disposto no nº 3 do artigo 2º do referido estatuto, apenas o cargo de Presidente do CD é considerado cargo de direção superior de 1º grau, pelo que apenas podia ser abonado o suplemento remuneratório por exercício de funções de secretariado a um trabalhador, nos termos do nº 2 do artigo 33º, citado, devendo ser publicitadas conforme o nº 3 do mesmo preceito.

41. No âmbito das verificações efetuadas, constatou-se que em julho de 2012, existiam 29 trabalhadores a ser abonados deste suplemento, conforme Anexo 14 ao Relatório de Auditoria, situação que se manteve até 31/08/2012.

42. Por conseguinte foi apurado o pagamento ilegal deste suplemento a 28 trabalhadores, que só no mês de julho de 2012, ascendeu a 3.265,64 €, uma vez que desde 9/05/2012 (data da entrada em vigor dos estatutos publicados em anexo à Portaria nº 135/2012, de 08/05) apenas existe enquadramento para pagamento do abono em apreço a um trabalhador.

43. Os dirigentes em causa (intermédios) mantiveram-se me funções até às nomeações nos cargos que ocorreram em Setembro de 2012.

44. Só a partir dessa altura é que os trabalhadores em exercício de funções de secretariado deixaram de ser remunerados com o citado suplemento remuneratório.

45. Assim que a nova estrutura dirigente foi implementada, com a nomeação dos novos dirigentes, que apenas ocorreu pelo despacho ministerial de 14 de Setembro de 2012, com efeitos a 01 de Setembro, os Demandados promoveram junto dos respetivos serviços a imediata cessação do pagamento do suplemento remuneratório em causa.

46. A responsabilidade pela realização e autorização daquela despesa motivada pela manutenção dessas remunerações, nas circunstâncias acima referidas, pertence aos ora demandados nas qualidades, respetivamente, de vogal do CD, com o pelouro dos recursos humanos, e de Diretora de Recursos Humanos, ao longo de todo o período analisado e já referido.

47. Com efeito, cabendo-lhes a superintendência e a gestão dos recursos humanos no ISS, competia-lhes cumprir e fazer cumprir os dispositivos legais em apreço.

48. Os Demandados agiram sustentados numa interpretação das normas legais absolutamente convictos da legalidade e da justeza das suas ações, nomeadamente nos termos idênticos aos referidos no § 16.

(...)

60. Como se referiu, a lei em causa entrou em vigor em 1.04.2012 (artigo 20º). Por via das normas legais vigentes, na medida em que nada se referia quanto a um qualquer regime transitório, seriam devidas alterações remuneratórias aos dirigentes afetados pela nova alteração, logo que a lei entrasse em vigor. Esse era o impositivo legal que deveria ser cumprido. O seu não cumprimento e, ao contrário, o pagamento de remunerações em colisão com essa modificação, para valores superiores, constitui uma pagamento indevido. E nessa medida trata-se de um ato ilícito, com repercussões financeiras.

61. Importa referir, no entanto, que a responsabilidade financeira sancionatória é uma responsabilidade que se sustenta na culpa, conforme decorre do artigo 61º nº 5 da LOPTC.

62. Ainda que não normativamente densificada, deve referir-se que na apreciação da culpa, para efeitos de responsabilidade financeira, está em causa analisar,

em concreto, o padrão de um responsável financeiro diligente e prudente na gestão e afetação dos dinheiros públicos que lhe compete gerir.

63. É esse critério que deve densificar a interpretação normativa, subsidiariamente aplicável, a que alude o artigo 15º do Código Penal (CP), ao estabelecer que age com negligência quem, por não proceder com o cuidado a que, segundo as circunstâncias, está obrigado e de que é capaz: a) representar como possível a realização de um facto que preenche um tipo de crime mas atuar sem se conformar com essa realização; ou b) não chegar sequer a representar a possibilidade de realização do facto.

64. Ora, no caso em apreço, tendo-se suscitado dúvidas sobre o regime remuneratório a aplicar por via do processo de reorganização do ISS, não expressamente estabelecido, a quem tinha o dever de os processar (os demandados), estes socorreram-se de pareceres e doutrina referida supra, que sustentava a manutenção do regime remuneratório, no nível em que tinham, para quem estava em gestão corrente, e, por isso, concluiram que até à nomeação dos novos dirigentes do Conselho de administração, os dirigentes em causa estavam em gestão corrente e, por isso, não haveria lugar à referida redução.

65. A existência, não apenas de dúvidas dos demandados sobre a interpretação a seguir por via da alteração legislativa, mas de opiniões jurídicas a defenderem a posição tomada, nomeadamente a manutenção das remunerações enquanto os dirigentes se mantivessem em funções, essencialmente sustentada no principio da manutenção dos direitos e deveres de quem está em gestão corrente, não pode, de todo sustentar uma posição descuidada dos demandados e, por isso, negligente na sustentação das posições que tomaram. Ou seja, não se verifica qualquer situação factual que permita sustentar um comportamento culposo dos demandados na sua atuação. A ausência de factos que consubstanciam a dimensão culposa só pode, em termos de responsabilidade financeira, ter uma consequência. A absolvição dos mesmos pela infração imputada, nomeadamente no que respeita à situação factual identificada como A).

66. Diga-se, apenas, que a não demonstração dos factos imputados aos demandados, relativamente à matéria da culpa, não consubstancia qualquer dúvida sobre o carater ilícito dos pagamentos efetuados e, naturalmente, das reposições que estão a ser devidamente efetuadas por quem recebeu indevidamente. Aqui está apenas em causa a configuração e a prática de uma infração financeira imputada que, no caso, se entende não ter ocorrido por falta de demonstração do elemento subjetivo, v.g. culpa dos demandados.

67. Quanto à situação identificada como C), ou seja os factos referentes à imputação de uma infração sancionatória envolvendo o pagamento de um suplemento

ilegal a 28 trabalhadores no mês de julho de 2012, importa mais uma vez atentar na factualidade provada e nas suas consequências.

68. E sobre isto o que se provou foi que, à semelhança do que ocorreu com a matéria referida na questão anteriormente decidida, com a reorganização do ISS IP, deixou de existir norma que permitisse aos titulares dos cargos de diretor adjunto e diretor de departamento ter apoio de secretariado, sendo que de acordo com o disposto no nº 3 do artigo 20 do referido estatuto, apenas o cargo de Presidente do CD é considerado cargo de direção superior de 1º grau, pelo que apenas podia ser abonado o suplemento remuneratório por exercício de funções de secretariado a um trabalhador.

69. Durante o Mês de julho de 2012 foi pago o respetivo subsidio a 28 trabalhadores.

70. Ora esse pagamento, que ultrapassava claramente o âmbito de trabalhadores a quem era devido o referido subsidio, é por isso indevido. Não há, sobre esta matéria qualquer dúvida.

71. No entanto o que ficou demonstrado na audiência e está referido nos factos, é que, também aqui, o referido suplemento foi pago na plena pressuposição de que só cessaria com a nomeação dos novos cargos dirigentes, o que ocorreu em Setembro de 2012, na medida que os dirigentes em causa se mantiveram em funções até às nomeações nos cargos, que ocorreram em Setembro de 2102.

72. Foi nessa pressuposição, ainda que errada, que os pagamentos foram efetuados tendo, aliás cessado quando a nova estrutura dirigente foi implementada, com a nomeação dos novos dirigentes, que apenas ocorreu pelo despacho ministerial de 14 de Setembro de 2012, com efeitos a 01 de Setembro. Nessa data os Demandados promoveram junto dos respetivos serviços a imediata cessação do pagamento do suplemento remuneratório em causa. Os Demandados agiram sustentados numa interpretação das normas legais absolutamente convictos da legalidade e da justeza das suas ações.

73. Também aqui, e tendo em conta o que foi referido no §§ 63 e 64, a propósito da culpa, não pode configura-se o comportamento dos demandados como passível de ser culposo, ainda que sobre a forma negligente.

74. Por isso, e de idêntica forma não pode ser imputada, no que respeita aos demandados, a autoria da infração financeira em causa, por ausência de qualquer tipo de culpa.

III. Decisão

Pelo exposto, julgo a ação improcedente e em consequência absolvo os demandados dos pedidos contra si formulados.(...)".

*

Acórdão RO nº 24/2021, de 06.10.2021, do Tribunal de Contas, 3ª Secção
Relator: José Mouraz Lopes
Descritores: Infrações financeiras – Fundamentação da matéria de facto – Culpa – Estado de Necessidade – Número de Infrações.
Sumário:
"(...)

3. A responsabilidade financeira é uma responsabilidade delitual, de natureza reintegratória ou sancionatória, decorrente da má ou deficiente gestão e utilização de dinheiros públicos por aqueles que, pelas suas funções, devem e têm obrigação legal de os utilizar e gerir devidamente.

4. A apreciação da culpa na responsabilidade financeira, deve ter em conta as especificidades das funções em concreto desempenhadas pelos sujeitos que a ela estão obrigados tendo em conta o padrão de um responsável financeiro diligente e prudente na gestão e afetação dos dinheiros públicos que lhe compete zelar e gerir.

5. Ao assumir, ainda que por ordem militar superior, um cargo de gestão pública, há um dever por parte do agente nomeado, de «saber onde vai e o que vai fazer». Ainda que a formação principal do agente seja de natureza clínica (médica) e militar, com formação especifica para tal, ao ir desempenhar funções de gestão de uma instituição pública, que envolve sempre matéria de natureza económica e financeira, é-lhe exigido um especial dever de conhecimentos sobre *legis artis* mínimas da gestão pública, nomeadamente o enquadramento legislativo, de modo a desenvolver o controlo e a gestão de forma prudencial. Não o tendo feito, ocorre uma violação do dever objetivo de cuidado devido a quem, na altura e nas circunstâncias referidas, não cumpriu os procedimentos legais devidos e que lhe eram exigidos.

6. Para efeitos de responsabilidade financeira, o quadro jurídico normativo relativo ao estado de necessidade, ainda que na concretização de um direito de necessidade subjacente à ordem jurídica nacional, é o disposto nos artigos 34º e 35º do Código Penal.

7. Não existe qualquer situação de exclusão de culpa quando não há factos provados que possam sequer fazer ponderar uma eventual atitude decisória do agente, em violação da lei, em relação a factos ilícitos ocorridos, numa putatitava necessidade de acautelar atendimentos, assistência médica, exames, cirurgias ou qualquer situação de paralisia do hospital.

8. O número de tipos de infração financeira cometidos determina-se pelo número de vezes que o mesmo tipo de infração foi preenchido pela conduta do agente (artigo 30º nº 1 do CP *ex vi* do artigo 67º nº 4 da LOPTC.

9. Estando em causa, em primeiro lugar, procedimentos aquisitivos autorização da execução das prestações e a assunção da correspondente obrigação de pagar, antes do cabimento prévio e do compromisso orçamental e sem cuidar de cumprir e fazer cumprir naqueles procedimentos aquisitivos as normas relativas à contratação e à despesa pública e, em segundo lugar, a aquisição de prestação de serviços no domínio das TIC, tendo subjacente a prestação do serviço antes do cabimento e do registo orçamental do compromisso, sem cuidar do cumprimento das normas relativas à despesa pública e sem cumprir com o dever de cuidado na contratação pública que era exigido, por não cumprir ou fazer cumprir o dever de informação prévia à Agência para a Modernização Administrativa, estão em causa duas infrações distintas e não uma única infração."

ARTIGO 16º
Exclusividade e acumulação de funções

1 – O exercício de cargos dirigentes é feito em regime de exclusividade, nos termos da lei.

2 – O regime de exclusividade implica a renúncia ao exercício de quaisquer outras atividades ou funções de natureza profissional, públicas ou privadas, exercidas com carácter regular ou não, e independentemente da respetiva remuneração, sem prejuízo do disposto nos artigos 27º a 29º da Lei nº 12-A/2008, de 27 de fevereiro.[129]

3 – *(Revogado.)*

4 – *(Revogado.)*

5 – Pode haver acumulação de cargos dirigentes do mesmo nível e grau, sem direito a acumulação das remunerações base.

6 – *(Revogado.)*

7 – A violação do disposto no presente artigo constitui fundamento para dar por finda a comissão de serviço.

Contém as alterações introduzidas pelos seguintes diplomas:
– Lei nº 51/2005, de 30/08;
– Lei nº 64/2011, de 22/12.

[129] Considerando a revogação da Lei nº 12-A/2008, de 27 de fevereiro (LVCR), operada pela Lei nº 35/2014, de 20 de junho, que aprovou a LTFP, deve entender-se que a remissão é agora operada para os artigos 21º a 23º desta Lei (artigo 42º, nº 3, da Lei nº 35/2014, de 20 de junho).

nºs 1, 2 e 5

1. Recorde-se, a respeito da matéria consignada no preceito em anotação que, nos termos do disposto no artigo 4º do EPDAP, os titulares dos cargos dirigentes estão exclusivamente ao serviço do interesse público, devendo observar, no desempenho das suas funções, os valores fundamentais e princípios da atividade administrativa consagrados na Constituição e na lei, nomeadamente os da legalidade, justiça e imparcialidade, competência, responsabilidade, proporcionalidade, transparência e boa fé, de forma a assegurar o respeito e a confiança dos trabalhadores em funções públicas e da sociedade na Administração Pública.

O exercício de cargos dirigentes é feito em regime de exclusividade, nos termos da lei, o que implica a renúncia ao exercício de quaisquer atividades ou funções de natureza profissional, públicas ou privadas, exercidas com carácter regular ou não, e independentemente da respetiva remuneração, sem prejuízo do disposto nos artigos 21º a 23º da LTFP. Poderá, no entanto, conforme dispõe o nº 5 do artigo em anotação, existir acumulação de cargos dirigentes do mesmo nível e grau, sem direito a acumulação de remunerações base.

2. A regra da exclusividade tem assento no nº 1 do artigo 269º da CRP, relativo ao "Regime da função pública", segundo o qual "No exercício das suas funções, os trabalhadores da Administração Pública e demais agentes do Estado e outras entidades públicas estão exclusivamente ao serviço do interesse público, tal como é definido, nos termos da lei, pelos órgãos competentes da Administração."

Como lembram Paulo Veiga e Moura e Cátia Arrimar, "Do imperativo constitucional de dedicação exclusiva ao serviço público decorre necessariamente a proibição genérica do exercício de qualquer outra actividade profissional, de forma a assegurar, por um lado, a imprescindível eficácia do aparelho administrativo e, por outro lado evitar espaços de sobreposição que possam permitir uma confusão de interesses públicos e privados em termos pouco consentâneos com o ser e o dever exigidos à Administração Pública." (in *Os novos regimes de vinculação, de carreiras e de remunerações dos trabalhadores da Administração Pública,* página 53, Coimbra Editora, 2008).

3. Efetivamente, o legislador ordinário consigna, no nº 1 do artigo 19º da LTFP, regra idêntica. Assim sendo, os trabalhadores com vínculo de emprego público estão sujeitos ao regime de incompatibilidades e impedimentos consignados nos artigos 20º a 24º da LTFP (artigo 19º, nº 2, da LTFP), devendo exercer essas funções públicas, em regra, em regime de exclusividade (artigo 20º da LTFP) e estando sujeitos aos impedimentos ou proibições específicos enunciados no artigo 24º da LTFP. Podem, no entanto, desde que devidamente autorizados, obedecendo às devidas restrições legais e preenchendo os requisitos legais, acumular o exercício de funções públicas com outras funções públicas remuneradas ou não remuneradas ou com funções ou atividades privadas (artigos 20º a 23º da LTFP).

Em termos de acumulação com outras funções públicas, os trabalhadores em funções públicas em geral podem acumular o exercício das respetivas funções com outras funções públicas não remuneradas, mas somente desde que a acumulação revista manifesto interesse público (nº 1 do artigo 21º da LTFP).

Se as funções públicas que se pretendem acumular forem remuneradas, essa acumulação só pode ocorrer desde que a acumulação revista manifesto interesse público e, apenas, nos casos enunciados no nº 2 do artigo 21º da LTFP:

a) Participação em conselhos consultivos e em comissões de fiscalização ou outros órgãos colegiais de fiscalização ou controlo de dinheiros públicos;
b) Atividades docentes ou de investigação de duração não superior à fixada em despacho dos membros do Governo responsáveis pelas áreas das finanças, da Administração Pública e da educação e que, sem prejuízo do cumprimento da duração semanal do trabalho, não se sobreponha em mais de um quarto ao horário inerente à função principal;
c) Realização de conferências, palestras, ações de formação de curta duração e outras atividades de idêntica natureza.

Do conteúdo do artigo 21º da LTFP resulta, assim, que a acumulação de funções públicas só pode ser autorizada se for manifesta a existência de interesse público em tal acumulação, "o que significa que não é um qualquer interesse público que poderá legitimar a concessão da autorização de acumulação de funções públicas. Pelo contrário, a existência desse interesse público tem de constituir um dado objectivo e de ser inquestionável aos olhos da comunidade, pelo que o legislador o que pretendeu foi restringir a acumulação a situações verdadeiramente excepcionais e onde não restará dúvida sobre as vantagens de se conceder a acumulação." (Veiga e Moura e Cátia Arrimar, ob. citada, página 54).

No que tange à acumulação do exercício de funções públicas com funções ou atividades privadas, exercidas em regime de trabalho autónomo ou subordinado, com ou sem remuneração, concorrentes, similares ou conflituantes com as funções públicas[130], ela é, em princípio, vedada (nºs 1 e 2 do artigo 22º da LTFP).

Porém, poderá ser autorizada a acumulação do exercício de funções públicas com funções ou atividades privadas, desde que estas:

a) Não sejam legalmente consideradas incompatíveis com as funções públicas;
b) Não sejam desenvolvidas em horário sobreposto, ainda que parcialmente, ao das funções públicas;
c) Não comprometam a isenção e a imparcialidade exigidas pelo desempenho das funções públicas;
d) Não provoquem prejuízo para o interesse público ou para os direitos e interesses legalmente protegidos dos cidadãos.

Mesmo quando autorizada a acumulação do exercício de funções públicas com atividades privadas, os trabalhadores da AP não podem praticar quaisquer atos contrários aos interesses do serviço a que pertencem ou que sejam com eles conflituantes, sob pena de revogação da autorização para acumulação de funções e de incorrerem em infração disciplinar grave (nºs 4 e 5 do artigo 23º da LTFP).

De qualquer modo, a acumulação de funções seja com outras funções públicas, seja com atividades ou funções privadas, requer sempre prévia autorização da entidade competente[131], devendo o interessado, para tal, apresentar requerimento instruído com os elementos enunciados no nº 2

[130] Para este efeito, consideram-se concorrentes, similares ou conflituantes com as funções públicas as atividades privadas que (i) tenham conteúdo idêntico ao das funções públicas desempenhadas, (ii) sejam desenvolvidas de forma permanente ou habitual, (iii) se dirijam ao mesmo círculo de destinatários (nº 2 do artigo 22º da LTFP).

[131] Autorização que será da competência, no caso dos titulares de cargos dirigentes de direção intermédia e demais trabalhadores, do titular de cargo de direção superior de 1º grau (ou seja, o dirigente máximo do organismo ou serviço) e que, no caso dos titulares de cargos de direção superior, caberá ao membro do Governo que exerça a respetiva superintendência ou tutela (cf. alínea d) do nº 2 do artigo 7º do EPDAP, nº 3 do artigo 23º da LTFP, e Lei nº 52/2019, de 31 de julho).

do artigo 23º da LFTP, sem prejuízo de dever ser convidado a suprir as suas eventuais deficiências nos termos do artigo 108º do CPA. O pedido de acumulação deverá ser objeto de decisão por parte da Administração no prazo legalmente estipulado ou, na ausência de norma específica, no prazo geral de noventa dias, prazo esse que poderá ser prorrogado, por um ou mais períodos, até ao limite máximo de noventa dias (cf. nº 1 do artigo 128º do CPA).

O requerente tem o direito de ser ouvido no procedimento antes de ser tomada a decisão final, devendo ser informado, designadamente, sobre o sentido provável desta, conforme resulta das disposições conjugadas dos artigos 121º e 124º do CPA. Poderá não haver essa audiência prévia quando os elementos constantes do procedimento conduzirem a uma decisão totalmente favorável à pretensão do requerente (alínea f) do nº 1 do artigo 124º do CPA).

A decisão a proferir quanto ao requerimento de autorização para acumulação de funções, se for no sentido do indeferimento, deve ser devidamente fundamentada nos termos do disposto nos artigos 151º, nº 1, alínea d), 152º e 153º do CPA.

Aos titulares de cargos dirigentes cabe o dever de verificar a existência de situações de acumulação de funções não autorizadas, bem como fiscalizar o cumprimento das garantias de imparcialidade no desempenho das funções públicas, sob pena de cessação da respetiva comissão de serviço, nos termos do previsto na alínea d) do nº 1 do artigo 25º do EPDAP.

Por último, em sede de garantias de imparcialidade que impendem sobre os trabalhadores em funções públicas em geral – para cujo regime remete o nº 2 do artigo ora em anotação – cumpre salientar o definido no artigo 24º da LTFP, em matéria de proibições específicas a respeitar pelos mesmos trabalhadores, o que abordaremos nas notas ao artigo 17º do EPDAP.

4. No que concerne mais especificamente ao regime de exclusividade que deve ser respeitado pelos titulares de cargos dirigentes, temos de considerar o estatuído pela Lei nº 52/2019, de 31 de julho[132], na sua redação vigente.

[132] Regula o regime do exercício de funções por titulares de cargos políticos e altos cargos públicos, suas obrigações declarativas e respetivo regime sancionatório. Foi alterada pelas Leis nºs 69/2020, de 9 de novembro, 58/2021, de 18 de agosto, e 4/2022, de 6 de janeiro.

Para efeitos desta lei, são considerados titulares de altos cargos públicos:

a) Os gestores públicos e membros de órgão de administração de sociedade anónima de capitais públicos, que exerçam funções executivas;
b) Os titulares de órgão de gestão de empresa participada pelo Estado, quando designados por este;
c) Os membros de órgãos de gestão das empresas que integram os sectores empresarial regional ou local;
d) Os membros de órgãos diretivos dos institutos públicos;
e) Os membros do conselho de administração de entidade administrativa independente;
f) Os titulares de cargos de direção superior do 1º grau e do 2º grau, e equiparados, e dirigentes máximos dos serviços das câmaras municipais e dos serviços municipalizados, quando existam (nº 1 do artigo 3º).[133]

Nos termos do determinado no nº 1 do artigo 6º da Lei nº 52/2019, os *supra* citados titulares de altos cargos públicos exercem as respetivas funções em regime de exclusividade, sem prejuízo do especialmente disposto na mesma lei e em estatutos específicos, designadamente, no EPDAP.

Explicita, seguidamente, o nº 2 do mesmo preceito legal, que o exercício de funções em regime de exclusividade é incompatível com quaisquer outras funções profissionais remuneradas ou não, bem como com a integração em corpos sociais de quaisquer pessoas coletivas de fins lucrativos, embora com as exceções seguintes:

a) Funções ou atividades derivadas do cargo e as que são exercidas por inerência;
b) Integração em órgãos ou conselhos consultivos ou fiscalizadores de entidades públicas;
c) Atividades de docência e de investigação no ensino superior, nos termos previstos nos estatutos de cada cargo, bem como nos estatutos das carreiras docentes do ensino superior;

[133] Para efeitos das obrigações declarativas impostas pela mesma Lei nº 52/2019, e que *infra* referiremos, são equiparados a titulares de altos cargos públicos os chefes de gabinete dos membros dos governos da República e regionais, bem como os consultores mandatados pelos governos da República e regionais em processos de concessão ou alienação de ativos públicos (nº 2 do artigo 3º da mesma Lei).

d) Atividade de criação artística e literária, bem como quaisquer outras de que resulte a perceção de remunerações provenientes de direitos de autor ou conexos ou propriedade intelectual;
e) Realização de conferências, palestras, ações de formação de curta duração e outras atividades de natureza idêntica;
f) Casos em que a lei expressamente admita a compatibilidade de exercício de funções.

nº 7

5. Por último, realça-se que a violação pelo dirigente do disposto neste artigo 16º do EPDAP constitui fundamento para dar dada por finda a respetiva comissão de serviço (nº 7 do artigo 16º e alínea d) do nº 1 do artigo 25º do EPDAP).

6. Jurisprudência

Acórdão do TCA Sul, de 04.02.2021 – Secção Contencioso Administrativo – Proc. 2379/11.0BELSB

Relator: Dora Lucas Neto

Descritores: Disciplinar – Acumulação de funções – Dever de exclusividade.

Sumário:

"Para que o arguido possa ser punido disciplinarmente pela violação do dever de exclusividade, por indevida acumulação de funções privadas, torna-se necessário que se prove o exercício efetivo dessas funções, não bastando a mera titularidade jurídica das mesmas, a qual pode ser meramente formal."

Excertos:

"(...)

Como resulta dos autos, o Recorrido nunca solicitou autorização para acumular funções, solicitação essa que que permitiria ao R., ora Recorrente, verificar se a mesma poderia ser suscetível de provocar prejuízos para o interesse público, ou para os direitos e interesses legalmente protegidos dos cidadãos, por forma a acautelar o respeito pelos princípios da igualdade, proporcionalidade, justiça, imparcialidade e boa fé que devem nortear a atuação da Administração Pública.

De onde decorre que nos presentes autos não esteve apenas em causa apurar se, no limite, se a referida acumulação de funções é ilegal, mas também a omissão culposa do Recorrido ao não ter solicitado a autorização devida. Solicitada esta, umas de duas decisões poderiam ser proferidas: ou de autorização ou de não autorização, mas sempre o fim das normas em apreço ficaria cumprido.

Ao ter omitido o pedido de autorização o Recorrido violou a lei que lhe cumpria conhecer e sem o referido ato permissivo a acumulação consubstancia o incumprimento do respetivo dever profissional. Neste sentido v. ac. STA, de 17.01.2007, P. 0820/06, disponível em www.dgsi.pt

Porém, não resultando do procedimento disciplinar em causa que tenha sido feita prova do exercício efetivo das funções alegadamente incompatíveis com a função que o Recorrido exercia no LNEG. Acrescendo que, conforme se expos supra, a mera titularidade de um cargo pode não corresponder ao seu exercício efetivo. E que, o facto de o Recorrido constar no registo comercial como membro de órgão social de uma sociedade, prova apenas isso.

Imperioso se torna concluir que a decisão punitiva, ao ter-se bastado com a qualidade jurídica de membro do órgão social de duas sociedades, especificando que como Presidente do Conselho de Administração de uma delas não podia deixar de exercer essa função, e que, em virtude disso violou o Recorrido o dever de exclusividade que lhe estava adstrito, não pode manter-se.

Seria, pois, exigível, para que o Recorrido pudesse ser punido pela violação do dever de exclusividade, que se comprovasse o exercício efetivo dessas funções. O que surge reforçado pela circunstância de o Recorrido afirmar que nunca exerceu a função correspondente aos cargos e que, no caso da sociedade em que constava como Presidente do Conselho de Administração, nem tinha conhecimento de o ser, uma vez que tal fora feito à sua revelia, o que, de algum modo, não deixa de ser corroborado pelo facto constante da alínea I) supra, ali se referindo que «Na sequência de pedido de 1-10-2010, em data não mencionada, a Câmara de Comércio de Roma declarou que no seu banco de dados não foi encontrado nenhum documento com a assinatura do Autor, onde o mesmo aceita o cargo de Presidente da sociedade S... S.R.L. (Cfr. fls. 454, 463 e 464 do PA)».

Razão pela qual, tendo presente que o ónus da prova dos factos constitutivos da infração cabe ao titular do poder disciplinar, e que, neste caso, um dos factos constitutivos da infração disciplinar decorrente da violação do dever de exclusividade, seria o exercício efetivo de funções externas ao serviço, por parte do Recorrido, imperioso se torna concluir que o Recorrente não logrou alcançar tal prova – desde logo porque faz das normas aplicáveis uma interpretação distinta da que seguiu a sentença recorrida e que temos como certa.

Conclui-se, assim, que não errou a sentença recorrida ao ter decidido que a alegada infração do dever de exclusividade pela qual o Recorrido foi condenado, não se verificou, por falta de prova bastante nesse sentido.

III. Decisão

Pelo exposto, acordam os juízes da secção do contencioso administrativo deste Tribunal Central Administrativo Sul em negar provimento ao recurso e em manter a sentença recorrida. (...)"

*

Acórdão do TCA Sul, de 24.09.2020 – Secção Contencioso Administrativo – Proc. 1885/09.0BELRA-A

Relator: Ana Celeste Carvalho

Descritores: Acumulação de funções públicas e funções privadas – Princípio da imparcialidade e isenção – Defesa do interesse público.

Sumário:

"I. No exercício das suas funções, os trabalhadores da Administração Pública e demais agentes do Estado e outras entidades públicas estão exclusivamente ao serviço do interesse público, tal como é definido, nos termos da lei, pelos órgãos competentes da Administração (artigo 269º, nº 1 da CRP).

II. Não é admitida a acumulação de empregos ou cargos públicos, salvo nos casos expressamente admitidos por lei, além de a lei determinar as incompatibilidades entre o exercício de empregos ou cargos públicos e o de outras atividades (artigo 269º, nºs 4 e 5 da CRP).

III. O que significa que a lei fundamental do país assume a preocupação em regular o regime do trabalho em funções públicas, o seu respetivo exercício em exclusividade e as respetivas incompatibilidades.

IV. É a necessidade da defesa do interesse público, que não vigora no exercício das funções privadas, que justifica a existência de maiores limitações daquelas que vigoram no domínio da atividade privada.

V. É distinta a regulação da acumulação de funções no setor público, designadamente, a acumulação de funções públicas com funções privadas, atento o conflito de interesses que pode gerar ou, pelo menos, o risco de afetação da imparcialidade e da independência do titular do cargo público, órgão, trabalhador ou agente no exercício das suas funções públicas.

VI. Em concretização da Constituição, a Lei nº 12-A/2008, de 27/02, que aprova os regimes de vinculação, de carreiras e de remunerações na função pública, estabelece o Capítulo II, dedicado às "Garantias da Imparcialidade", assumindo, enquanto emanação da vontade soberana do poder político-legislativo do Estado, as valorações da política relativa ao exercício de funções públicas.

VII. Não podem ser acumuladas as funções ou atividades privadas que, entre outros, comprometam a isenção e a imparcialidade exigidas pelo desempenho das funções públicas ou provoquem algum prejuízo para o interesse público ou para os direitos e interesses legalmente protegidos dos cidadãos."

VIII. O tendencial regime de exclusividade do exercício de funções públicas apenas é afastado em situações em que não exista qualquer possibilidade de quebra de isenção e da imparcialidade exigidas no desempenho de funções públicas ou em que não exista qualquer prejuízo para o interesse público ou para os direitos e interesses legalmente protegidos dos cidadãos.

*

Acórdão do TCA Sul, de 06.06.2019 – Secção Contencioso Administrativo – Proc. 1552/18.4BELSB

Relator: Helena Afonso

Descritores: Acumulação das funções de docente e de Presidente da Direção de Instituto – Artigo 22º da LGTFP – Autorização provisória de acumulação das referidas funções – *Periculum in mora e fumus boni iuris* (Audiência prévia e falta de fundamentação).

Sumário:

"I – A adopção das providências cautelares de suspensão de eficácia da decisão que indeferiu o pedido apresentado pelo Requerente de acumulação das funções de docente no IP... e de presidente da Direção do Instituto .... (doravante designado "I.......") e de autorização provisória de acumulação das referidas funções, depende da verificação cumulativa dos requisitos *periculum in* mora e do *fumus boni iuris*, conforme se prevê no artigo 120º, nº 1, do CPTA.

II – O *fumus boni iuris* exige a formulação de um juízo de probabilidade de procedência da pretensão de fundo do Requerente formulada ou a formular, em sede de acção principal. O *periculum in mora*, é configurado em duas vertentes alternativas, uma, quando com a não adopção da providência haja fundado receio da constituição de uma situação de facto consumado, a outra quando haja fundado receio da produção de prejuízos de difícil reparação para os interesses que o requerente visa assegurar no processo principal.

III – O não decretamento das providências requeridas colocaria o Recorrido numa situação de impossibilidade de reposição da situação preexistente, não só pela impossibilidade de exercício das funções no I....... durante o período em que decorra a acção principal, como futuramente, já que este exercício ficará condicionado face à necessária eleição de um novo Presidente, com mandato de 4 anos, com a inerente perda de experiência, de oportunidades de representar o I....... e de enriquecer o curriculum, ou seja, de valorização profissional, configurando a ocorrência de uma situação de facto consumado, preenchendo-se, assim, requisito do *periculum in mora*.

IV – O acto suspendendo foi praticado sem que fosse facultado ao ora Recorrido o exercício do direito de audiência prévia, sem que se esteja perante uma situação de dispensa da mesma, em conformidade com o previsto no artigo 124º do CPA, o que viola o disposto nos artigos 12º e 121º do CPA, inquinando o mesmo de vício de violação de lei sancionável com a anulabilidade, como se prevê no artigo 163º, nº 1, do CPA.

V – Equivale à falta de fundamentação a adopção de fundamentos que, por contradição, não esclarecem concretamente a motivação do acto não permitindo ao respectivo destinatário, bem como, ao Tribunal, conhecer os motivos pelos quais tal decisão foi proferida nos termos em que o foi – cfr. artigo 153º, nº 2, do CPA, o que constitui fundamento de anulabilidade – cfr. artigo 163, nº 1, do CPA, verificando-se, assim, o requisito *fumus boni iuris*, necessário ao decretamento das providências requeridas."

*

Acórdão do TCA Sul, de 20.04.2006 – Secção Contencioso Administrativo, 1º Juízo Liquidatário – Proc. 05576/01

Relator: Magda Geraldes

Descritores: Processo disciplinar – Cargo dirigente na administração fiscal – Regime de exclusividade do pessoal dirigente – Autorização para a acumulação de funções privadas.

Sumário:

"I – O exercício de cargo dirigente na Administração Fiscal, no caso concreto, como responsável máximo pelos serviços da Administração Tributária na Região Autónoma da Madeira, obriga a solicitar autorização para acumular o exercício desse cargo com o exercício da actividade privada de industrial de transporte de passageiros em automóvel de aluguer, nos termos do nº 3 do artº 9º do DL 323/93, de 26.09, conjugado com o artº 7º do DL 413/93, de 23.12 e com a al. c) do artº 32º do DL 363/78, de 28.11.

II – O exercício desta actividade privada de industrial de transporte de passageiros em automóvel de aluguer é, em si mesma, uma actividade conflituante com o exercício do cargo do referido responsável máximo dos serviços da Administração Tributária, pois cabe a este responsável a organização e responsabilidade de acções de inspecção tributária a todas as actividades industriais sedeadas na Região Autónoma da Madeira, designadamente, as correspondentes à da indústria de transporte de passageiros em automóvel de aluguer com condutor.

III – A acumulação do cargo de Director de Finanças da Região Autónoma da Madeira é, nos termos e por força do disposto no nº 3 do artº 9º do DL 323/89, de

26.09, incompatível com o exercício de qualquer actividade industrial, até que, em despacho do Membro do Governo competente, seja declarado o contrário, isto é, que seja proferido despacho de autorização de acumulação com fundamento em que não se verifica qualquer incompatibilidade;

IV – O exercício simultâneo do cargo de Director de Finanças da Região Autónoma da Madeira com o exercício da actividade industrial de transporte de passageiros em automóvel de aluguer com condutor, nas circunstâncias descritas em III, consubstancia uma conduta susceptível de interferir com a isenção e a imparcialidade das funções inerentes a tal cargo público, atentando tal exercício simultâneo gravemente contra o prestígio e a dignidade da função do titular do cargo de Director de Finanças da Região Autónoma da Madeira e consubstancia infracção disciplinar, sendo sancionável com a pena de inactividade (DL 413/93, de 23.12, artº 11º, nº 1-a))."

*

Acórdão do TCA Sul, de 13.12.2001 – Secção Contencioso Administrativo, 1ª Subsecção – Proc. 01553/98

Relator: José Francisco Fonseca da Paz

Descritores: Acumulação de funções públicas com atividades privadas – Isenção e imparcialidade.

Sumário:

"I – Para averiguar se, nos termos da al. c) do nº 3 do art. 32º do D.L. nº 427/89, de 7/12, o exercício em acumulação de actividades privadas compromete a isenção e imparcialidade do funcionário ou agente no desempenho das funções públicas terá de se recorrer ao preceituado nos nºs 3 e 5 do art. 3º do Estatuto Disciplinar aprovado pelo D.L. nº 24/84, de 16/1, e nos arts. 2º, 3º e 4º, do D.L. nº 413/93, de 23/12.

II – O simples facto de o recorrente ser mandatário judicial de sua esposa em acções intentadas por esta contra os membros do Conselho Directivo da escola onde ambos leccionavam não compromete a sua isenção e imparcialidade no desempenho das funções docentes."

ARTIGO 17º
Incompatibilidades, impedimentos e inibições

1 – Para além do disposto no artigo anterior, a participação dos titulares dos cargos de direção superior em órgãos sociais de pessoas

coletivas só é permitida, nos termos da lei, quando se trate do exercício de funções em pessoas coletivas sem fins lucrativos.

2 – O pessoal dirigente está sujeito ao regime de incompatibilidades, impedimentos e inibições previstos nas disposições reguladoras de conflitos de interesses resultantes do exercício de funções públicas, designadamente nas constantes da Lei nº 12-A/2008, de 27 de fevereiro[134], e nas dos artigos 44º a 51º do Código do Procedimento Administrativo[135].

3 – Aos titulares dos cargos de direção superior são ainda aplicáveis, com as necessárias adaptações, os artigos 5º, 9º, 9º-A, 11º, 12º, 13º, nº 4, e 14º da Lei nº 64/93, de 26 de Agosto, na redação em vigor[136].

4 – Os titulares de cargos de direção superior da Administração Pública e os membros dos gabinetes governamentais não podem desempenhar, pelo período de três anos contados da cessação dos respetivos cargos, as funções de inspetor-geral e subinspetor-geral, ou a estas expressamente equiparadas, no sector específico em que exerceram atividade dirigente ou prestaram funções de assessoria.

5 – Excetua-se do disposto no número anterior o regresso à atividade exercida à data da investidura no cargo, sem prejuízo da aplicação das disposições relativas a impedimentos constantes dos artigos 44º a 51º do Código do Procedimento Administrativo[137].

6 – A violação do disposto no presente artigo constitui fundamento para dar por finda a comissão de serviço.

Contém as alterações introduzidas pelos seguintes diplomas:
– Lei nº 51/2005, de 30/08
– Lei nº 64/2011, de 22/12

[134] Ver nota de rodapé nº 126, bem como artigos 19º a 21º da LTFP.
[135] Correspondem aos artigos 69º a 76º do CPA, aprovado pela Lei nº 4/2015, de 7 de janeiro.
[136] A Lei nº 64/93, de 26 de agosto, foi revogada pela Lei nº 52/2019, de 31 de julho, que estabelece o regime jurídico de incompatibilidades e impedimentos dos titulares de cargos políticos e altos cargos públicos. Será, atualmente, de ter em consideração, nomeadamente, o preceituado nos artigos 8º, 10º, 11º, nºs 1 e 2, e 18º desta Lei nº 52/2019, de 31 de julho, na versão vigente.
[137] Ver nota de rodapé nº 132.

nº 1

1. Remete-se, desde já, para tudo o anteriormente mencionado em anotação aos artigos 4º e 16º do EPDAP.

2. Para além do antes referido, esclarece o nº 1 do artigo 17º do EPDAP que a participação dos titulares de cargos de direção superior em órgãos sociais de pessoas coletivas só é permitida, nos termos legais, quando se trate do exercício de funções em pessoas coletivas sem fins lucrativos.

nº 2

Incompatibilidades e impedimentos: regime geral (a LTFP e o CPA)

3. O pessoal dirigente está sujeito ao regime de incompatibilidades, impedimentos e inibições previstos nas disposições reguladoras de conflitos de interesses resultantes do exercício de funções públicas, designadamente as constantes da LTFP (*vd.* artigo 24º) e nos artigos 69º e 73º do CPA (nº 2 do artigo 17º do EPDAP).

4. Com efeito, o artigo 24º da LTFP estabelece proibições específicas para todos os trabalhadores em funções públicas no tocante a prestações de serviço ou trabalho a terceiros, vedando que aqueles possam beneficiar indevidamente de determinados atos ou contratos.

Assim, os trabalhadores não podem prestar a terceiros, por si ou por interposta pessoa, em regime de trabalho autónomo ou subordinado, serviços no âmbito do estudo, preparação ou financiamento de projetos, candidaturas ou requerimentos que devam ser submetidos à sua apreciação ou decisão ou à de órgãos ou serviços colocados sob sua direta influência (nº 1 do artigo 24º da LTFP).

Por outro lado, não podem beneficiar, pessoal e indevidamente, de atos ou tomar parte em contratos em cujo processo de formação intervenham órgãos ou unidades orgânicas colocados sob sua direta influência (nº 2 do artigo 24º da LTFP).

Para os efeitos das mencionadas proibições, a lei explicita que se consideram colocados sob direta influência do trabalhador os órgãos ou serviços que:

a) Estejam sujeitos ao seu poder de direção, superintendência ou tutela;
b) Exerçam poderes por ele delegados ou subdelegados;
c) Tenham sido por ele instituídos, ou relativamente a cujo titular tenha intervindo como representante do empregador público, para o fim específico de intervir nos procedimentos em causa;

d) Sejam integrados, no todo ou em parte, por trabalhadores por ele designados;
e) Cujo titular ou trabalhadores neles integrados tenham, há menos de um ano, sido beneficiados por qualquer vantagem remuneratória, ou obtido menção relativa à avaliação do seu desempenho, em cujo procedimento ele tenha tido intervenção;
f) Com ele colaborem, em situação de paridade hierárquica, no âmbito do mesmo órgão ou serviço (nº 3 do artigo 24º da LTFP).

Neste âmbito, a LTFP considera como equiparado ao trabalhador:
a) O seu cônjuge, não separado de pessoas e bens, ascendentes e descendentes em qualquer grau, colaterais até ao segundo grau e pessoa que com ele viva em união de facto;
b) A sociedade em cujo capital o trabalhador detenha, direta ou indiretamente, por si mesmo ou conjuntamente com as pessoas referidas na alínea anterior, uma participação não inferior a dez por cento (nº 4 do artigo 24º da LTFP).

A existência de alguma das situações mencionadas nas alíneas a) e b) precedentes deve ser comunicada pelo trabalhador ao respetivo superior hierárquico antes de tomadas as decisões, praticados os atos ou celebrados os contratos abrangidos pelos nºs 1 e 2 do artigo 24º da LTFP, sob pena de incorrer em infração disciplinar punível no mínimo, em abstrato, com a sanção disciplinar de multa (alínea e) do artigo 185º da LTFP).

Por seu turno, a violação dos deveres referidos nos nºs 1 e 2 do artigo 24º da LTFP faz o trabalhador incorrer numa infração disciplinar grave punível, em abstrato, com a sanção de suspensão (artigos 24º, nº 5, 76º, nº 2 do CPA e 186º, alínea n) da LFTP).

Para além do mais, os atos ou contratos em que tenham intervindo titulares de órgãos ou agentes impedidos ou em cuja preparação tenha ocorrido prestação de serviços à AP em violação do disposto nos nºs 3 a 5 do artigo 76º do CPA, são anuláveis e constitui o prestador no dever de indemnizar a AP e terceiros de boa-fé pelos danos resultantes da anulação do ato ou contrato (artigos 69º e 76º do CPA, por remissão no nº 7 do artigo 24º da LTFP[138]).

[138] Embora no nº 7 do artigo 24º da LTFP se remeta para o disposto no artigo 51º do CPA, aprovado pelo DL nº 442/91, de 15 de novembro, dada a revisão introduzida pelo DL nº 4/2015, de 7 de janeiro, deve entender-se a remissão agora efetuada para o artigo 76º do

5. A matéria das incompatibilidades, impedimentos e proibições ou inibições no exercício das respetivas funções pelos trabalhadores em funções públicas, prende-se, também, com a observância do princípio da imparcialidade consignado no artigo 9º do CPA, segundo o qual a AP deve tratar de forma imparcial todos aqueles que com ela entrem em relação, nomeadamente devendo considerar com objetividade todos e apenas os interesses relevantes no contexto decisório e adotando as soluções organizatórias e procedimentais indispensáveis à preservação da isenção administrativa e à confiança nessa isenção.

Nesse sentido, o CPA estabelece nos seus artigos 69º a 76º o regime das designadas garantias de imparcialidade.

Assim, nos termos do nº 1 do artigo 69º do CPA, os titulares de órgãos da AP e os respetivos agentes, bem como quaisquer outras entidades que, independentemente da sua natureza, se encontrem no exercício de poderes públicos, não podem intervir em procedimento administrativo ou em ato ou contrato de direito público ou privado da Administração Pública, nos casos seguintes:

a) Quando nele tenham interesse, por si, como representantes ou como gestores de negócios de outra pessoa;
b) Quando, por si ou como representantes ou gestores de negócios de outra pessoa, nele tenham interesse o seu cônjuge ou pessoa com quem viva em condições análogas às dos cônjuges, algum parente ou afim em linha reta ou até ao segundo grau da linha colateral, bem como qualquer pessoa com quem vivam em economia comum ou com a qual tenham uma relação de adoção, tutela ou apadrinhamento civil;
c) Quando, por si ou como representantes ou gestores de negócios de outra pessoa, tenham interesse em questão semelhante à que deva ser decidida, ou quando tal situação se verifique em relação a pessoa abrangida pela alínea anterior;
d) Quanto tenham intervindo no procedimento como perito ou mandatário ou hajam dado parecer sobre questão a resolver;
e) Quando tenha intervindo no procedimento como perito ou mandatário o seu cônjuge ou pessoa com quem viva em condições análogas às dos cônjuges, parente ou afim em linha reta ou até ao segundo

CPA (ou para o artigo 76º do novo CPA aprovado pelo citado DL nº 4/2015, de 7 de janeiro, que terá revogado o anterior, já que existem posições doutrinárias no sentido da mera revisão ou de um novo código introduzido pelo diploma de 2015).

grau da linha colateral, bem como qualquer pessoa com quem vivam em economia comum ou com a qual tenham uma relação de adoção, tutela ou apadrinhamento civil;

f) Quando se trate de recurso de decisão proferida por si, ou com a sua intervenção, ou proferida por qualquer das pessoas referidas na alínea b) ou com intervenção destas.

Não estão abrangidos pela proibição antecedente (nº 2 do artigo 69º do CPA):

a) As intervenções que se traduzam em atos de mero expediente, como, por exemplo, atos certificativos;
b) A emissão de parecer, na qualidade de membro do órgão colegial competente para a decisão final, quando tal formalidade seja requerida pelas normas aplicáveis;
c) A pronúncia do autor do ato recorrido, nos termos do nº 2 do artigo 195º.[139]

No âmbito do procedimento administrativo, também não pode haver lugar à prestação de serviços de consultoria, ou outros, a favor do responsável pela direção do procedimento ou de quaisquer sujeitos públicos da relação jurídica procedimental, por parte de entidades relativamente às quais se verifique qualquer das situações previstas no nº 1 do artigo 69º do CPA, ou que hajam prestado serviços, há menos de três anos, a qualquer dos sujeitos privados participantes na relação jurídica procedimental[140] (nº3 do artigo 69º do CPA).

Mais, se a situação de incompatibilidade for superveniente ao início do procedimento, a entidade prestadora de serviços tem a obrigação de logo comunicar o facto ao responsável pela direção do procedimento e deve cessar toda a sua atividade relacionada com o mesmo (nº5 do citado artigo do CPA).

[139] Trata-se da pronúncia do autor do ato ou omissão que seja objeto de recurso hierárquico ou de recurso administrativo especial, a qual deve ter lugar no prazo de quinze dias úteis ou, havendo contrainteressados, no prazo de trinta dias úteis (nºs 1 e 2 do artigo 195º e nº 5 do artigo 199º, ambos do CPA).

[140] A fim de clarificar o procedimento, as entidades prestadoras de serviços devem juntar uma declaração de que se não encontram abrangidas por quaisquer das situações previstas no nº do artigo 69º do CPA (nº 4 do mesmo artigo).

Os atos ou os contratos em que tenham intervindo titulares de órgãos ou agentes impedidos ou em cuja preparação tenha ocorrido prestação de serviços à AP em violação do disposto nos nºs 3 a 5 do artigo 69º, são anuláveis, e a prestação de serviços assim prestada constitui o respetivo prestador no dever de indemnizar a AP e terceiros de boa-fé pelos danos resultantes da anulação do ato ou contrato (nºs 1 e 3 do artigo 76º do CPA).

É dever do titular do órgão ou agente da AP comunicar qualquer causa de impedimento ao respetivo superior hierárquico ou ao presidente do órgão colegial, consoante os casos, sob pena de incorrer em infração disciplinar grave. Compete ao superior hierárquico ou ao presidente do órgão colegial conhecer da existência do impedimento e declará-lo, ouvindo, se considerar necessário, o titular do órgão ou agente. Tratando-se, no entanto, de impedimento que afete presidente do órgão colegial, a decisão do incidente compete ao próprio órgão, sem intervenção daquele (nºs 1, 4 e 5º do artigo 70º, e nº 2 do artigo 76º do CPA).

Quando a causa de impedimento incidir sobre outras entidades que, embora não revestindo a qualidade de titular de órgão ou agente da AP, se encontrem no exercício de poderes públicos, devem as mesmas comunicar desde logo o facto a quem tenha o poder de proceder à respetiva substituição.

Até ser proferida a decisão definitiva ou praticado o ato, qualquer interessado pode requerer a declaração do impedimento, especificando as circunstâncias de facto que constituam a sua causa (nºs 2 e 3 do artigo 70º do CPA).

O titular do órgão ou agente ou outra qualquer entidade no exercício de poderes públicos devem suspender a sua atividade no procedimento, logo que façam a comunicação a que se refere o nº 1 do artigo 70º, ou tenham conhecimento da apresentação de requerimento de declaração de impedimento por parte de interessado, até à decisão do incidente[141] (salvo determinação em contrário de quem tenha o poder de proceder à respetiva substituição).

Por outro lado, os mesmos titulares de órgãos da AP e respetivos agentes, bem como quaisquer outras entidades que, independentemente da sua natureza, se encontrem no exercício de poderes públicos, devem

[141] Todavia, tal não proíbe que os impedidos devam tomar todas as medidas que forem inadiáveis em caso de urgência ou de perigo, as quais carecem, todavia, de ratificação pela entidade que os substituir nº 2 do artigo 71º do CPA).

pedir dispensa (escusa) de intervir no procedimento ou em ato ou contrato de direito público ou privado da AP quando ocorra circunstância pela qual se possa, com razoabilidade, duvidar seriamente da imparcialidade da sua conduta ou decisão, como designadamente (artigo 73º do CPA):

a) Quando, por si ou como representante ou gestor de negócios de outra pessoa, nele tenha interesse parente ou afim em linha reta ou até ao terceiro grau da linha colateral, ou tutelado ou curatelado dele, do seu cônjuge ou de pessoa com quem viva em condições análogas às dos cônjuges;
b) Quando o titular do órgão ou agente, o seu cônjuge ou pessoa com quem viva em condições análogas às dos cônjuges, ou algum parente ou afim na linha reta, for credor ou devedor de pessoa singular ou coletiva com interesse direto no procedimento, ato ou contrato;
c) Quando tenha havido lugar ao recebimento de dádivas, antes ou depois de instaurado o procedimento, pelo titular do órgão ou agente, seu cônjuge ou pessoa com quem viva em condições análogas às dos cônjuges, parente ou afim na linha reta;
d) Se houver inimizade grave ou grande intimidade entre o titular do órgão ou agente, ou o seu cônjuge ou pessoa com quem viva em condições análogas às dos cônjuges, e a pessoa com interesse direto no procedimento, ato ou contrato;
e) Quando penda em juízo ação em que sejam parte o titular do órgão ou agente, o seu cônjuge ou pessoa com quem viva em condições análogas às dos cônjuges, parente em linha reta ou pessoa com quem viva em economia comum, de um lado, e, do outro, o interessado, o seu cônjuge ou pessoa com quem viva em condições análogas às dos cônjuges, parente em linha reta ou pessoa com quem viva em economia comum.

Fundado em quaisquer das sobreditas situações ou outras semelhantes, por seu turno qualquer interessado na relação jurídica procedimental pode deduzir suspeição quanto a titulares de órgãos da AP, respetivos agentes ou outras entidades no exercício de poderes públicos que intervenham no procedimento, ato ou contrato.

O pedido de escusa ou de suspeição deve ser formulado logo que haja conhecimento da circunstância que a determina, sendo dirigido à entidade competente para dele conhecer e indicando com precisão os factos que o justifiquem. Quando o pedido seja formulado por interessado na relação jurídica procedimental, é sempre ouvido o titular do órgão ou o agente visado (artigo 74º do CPA).

A decisão sobre o pedido de escusa ou de suspeição deve ser proferida no prazo de oito dias (úteis) pelo superior hierárquico ou presidente do órgão colegial ou pelo próprio órgão, sem intervenção do presidente, consoante os casos (nºs 4 e 5 do artigo 70º e artigo 75º do CPA).

Tanto em caso de declaração de impedimento como de procedência do pedido de escusa ou de suspeição, o impedido, escusado ou suspeito é imediatamente substituído no procedimento pelo respetivo suplente, salvo se houver avocação pelo órgão competente para o efeito. Tratando-se de órgão colegial e se não houver ou não puder ser designado um suplente, o órgão funcionará sem o impedido, escusado ou suspeito (artigos 71º, 72º e nº 3 do artigo 75º, todos do CPA).

nº 3

Incompatibilidades e impedimentos dos titulares de altos cargos públicos

6. No tocante, especificamente aos titulares de cargos de direção superior da Administração Pública, para além do regime geral acima descrito, são aplicáveis, com as necessárias adaptações, os artigos 6º, 8º, 9º, 11º, nºs 1, 2 e 3, 13º, 14º, 15º, 16º e 18º, da Lei nº 52/2019, de 31 de julho, que estabelece o regime jurídico de incompatibilidades e impedimentos dos titulares de cargos políticos e altos cargos públicos (nº 3 do artigo 17º, nº 3, do EPDAP[142] e nº 1 do artigo 3º da Lei nº 52/2019).

Assim, o exercício de funções em regime de exclusividade de titulares de altos cargos públicos (enunciados no nº 1 do artigo 3º da mesma lei), sem prejuízo do disposto, designadamente, no EPDAP, é incompatível com quaisquer outras funções profissionais remuneradas ou não, bem como com a integração em corpos sociais de quaisquer pessoas coletivas de fins lucrativos, com exceção das enunciadas no nº 2 do artigo 6º da Lei nº52/2019, ou seja (a) das funções ou atividades derivadas do cargo e as que são exercidas por inerência, (b) da integração em órgãos ou conselhos consultivos ou fiscalizadores de entidades públicas, (c) das atividades

[142] Embora o nº 3 do artigo 17º do EPDAP, nesta matéria, remeta para os artigos 5º, 9º, 9º-A, 11º, 12º, 13º, nº 4 e 14º da Lei nº 64/93, de 26 de agosto, o certo é que esta lei foi revogada pela Lei nº 52/2019, de 31 de julho.

de docência e de investigação no ensino superior, nos termos previstos nos estatutos de cada cargo, bem como nos estatutos das carreiras docentes do ensino superior, (d) da atividade de criação artística e literária, bem como quaisquer outras de que resulte a perceção de remunerações provenientes de direitos de autor ou conexos ou propriedade intelectual, (e) da realização de conferências, palestras, ações de formação de curta duração e outras atividades de natureza idêntica, e (f) dos casos em que a lei expressamente admita a compatibilidade de exercício de funções.

O exercício de cargos dirigentes da administração direta e indireta do Estado é incompatível com a função de gestor público, sem prejuízo do exercício de funções em regime de inerência (artigo 22º, nº 1, *a contrario*, do EGP).

Acresce que, nos termos do nº 1 do artigo 8º da Lei nº 52/2019, os titulares de altos cargos públicos que, nos últimos três anos anteriores à investidura no cargo, tenham detido, por si ou em sociedades em que exerçam funções de gestão, uma percentagem superior a dez por cento (10%) do respetivo capital social, ou cuja percentagem de capital detida seja superior a 50 000€, ou que tenham integrado corpos sociais de quaisquer pessoas coletivas de fins lucrativos, não podem intervir:

a) Em procedimentos de contratação pública de fornecimento de bens ou serviços ao Estado e a outras pessoas coletivas públicas aos quais aquelas empresas e pessoas coletivas por si detidas sejam opositoras;
b) Na execução de contratos do Estado e demais pessoas coletivas públicas com elas celebrados;
c) Em quaisquer outros procedimentos formalmente administrativos, bem como negócios jurídicos e seus atos preparatórios, em que aquelas empresas e pessoas coletivas sejam destinatárias da decisão, suscetíveis de gerar dúvidas sobre a isenção ou retidão da sua conduta, designadamente nos de concessão ou modificação de autorizações ou licenças, de atos de expropriação, de concessão de benefícios de conteúdo patrimonial e de doação de bens.[143]

No que respeita a altos cargos públicos de âmbito nacional, os respetivos titulares, por si ou nas sociedades em que exerçam funções de gestão,

[143] A violação do disposto neste artigo 8º implica a nulidade dos atos praticados (artigo 12º da Lei nº 52/2019, de 31 de julho).

e as sociedades pelos mesmos detidas em percentagem superior a dez por cento do respetivo capital social, ou cuja percentagem de capital detida seja superior a 50 000€, não podem (a) participar em procedimentos de contratação pública, nem (b) intervir como consultor, especialista, técnico ou mediador, por qualquer forma, em atos relacionados com os referidos procedimentos de contratação (nº 2 do artigo 9º da Lei nº 52/2019).

Este regime aplica-se, igualmente:

(i) Às empresas em cujo capital o titular do órgão ou cargo, detenha, por si ou conjuntamente com o seu cônjuge, unido de facto, ascendente e descendente em qualquer grau e colaterais até ao segundo grau, uma participação superior a dez por cento ou cujo valor seja superior a 50 000€;

(ii) Aos cônjuges, não separados de pessoas e bens, dos titulares de altos cargos públicos, à pessoa com quem vivam em união de facto, em relação aos procedimentos de contratação pública desencadeados pela pessoa coletiva de cujos órgãos o cônjuge ou unido de facto seja titular;

(iii) Aos demais titulares de altos cargos públicos de âmbito regional e local, aos seus cônjuges e unidos de facto e respetivas sociedades, em relação a procedimentos de contratação pública desenvolvidos pela pessoa coletiva regional ou local de cujos órgãos façam parte;

(iv) Aos titulares dos órgãos executivos das autarquias locais, seus cônjuges e unidos de facto e respetivas sociedades, no que se refira aos procedimentos de contratação (a) das freguesias que integrem o âmbito territorial do respetivo município, (b) do município no qual se integre territorialmente a respetiva freguesia, (c) das entidades supramunicipais de que o município faça parte, (d) das entidades do setor empresarial local respetivo (nºs 3 a 6 do artigo 9º da Lei nº 52/2019)[144].

Em ordem à salvaguarda da transparência do procedimento administrativo e de contratação pública, devem ser objeto de averbamento no contrato e de publicidade no portal da *Internet* dos contratos públicos, com indicação da relação em causa, os contratos celebrados pelas pessoas coletivas públicas

[144] Esta alínea refere-se a titulares de cargos políticos (eleitos para o cargo), e não a titulares de altos cargos públicos.

de cujos órgãos os titulares de cargos políticos e altos cargos públicos são titulares com as seguintes pessoas com as quais mantêm relações familiares:

a) Ascendentes e descendentes em qualquer grau do titular do cargo;
b) Cônjuges que se encontrem separados de pessoas e bens do titular do cargo;
c) Pessoas que se encontrem numa relação de união de facto com o titular do cargo.

O mesmo regime aplica-se ainda a contratos celebrados com empresas em que as pessoas acima referidas exercem controlo maioritário, bem como a contratos celebrados com sociedades em cujo capital o titular de alto cargo público, detenha, por si ou conjuntamente com o cônjuge ou unido de facto, uma participação inferior a dez por cento ou de valor inferior a 50 000€ (nºs 9 e 10º do artigo 9º da Lei nº 52/2019).

Os titulares de altos cargos públicos estão impedidos de servir de árbitro ou de perito, seja a título gratuito, seja remunerado, em qualquer processo em que seja parte o Estado e demais pessoas coletivas públicas (nº 1 do artigo 9º da Lei nº 52/2019).

Tudo o antecedentemente enunciado e que consta do artigo 9º da Lei nº 52/2019, é aplicável às sociedades de profissionais que estejam sujeitas a associações públicas profissionais (nº 10 desse preceito).[145]

A infração do disposto no nº 2 do artigo 6º, no artigo 8º, e nos nºs 2 a 5 e 11 do artigo 9º, todas da Lei nº 52/2019, pelos titulares de altos cargos públicos, constitui causa de destituição judicial, através de ação a intentar pelo Ministério Público junto dos tribunais administrativos (nºs 2 e 6 do artigo 11º da Lei nº 52/2019).

7. *Obrigações declarativas*

Embora o artigo 17º do EPDAP não remeta expressamente para a matéria das obrigações declarativas que impendem sobre os titulares de altos cargos públicos, cremos ser pertinente também nos referirmos a ela nesta sede, porquanto complementa, em termos de possibilidade de controlo por via do património ou rendimentos, a almejada atuação isenta e imparcial dos titulares de cargos dirigentes.

[145] A violação do disposto no artigo 9º da Lei nº52/2019, implica a nulidade dos atos praticados (artigo 12º da mesma lei).

Nos termos do artigo 13º da já citada Lei nº 52/2019, de 31 de julho, na versão vigente, os titulares de altos cargos públicos devem apresentar, por via eletrónica, junto da entidade legalmente competente (cf. artigo 19º, nºs 12 e 15 do EPDAP), declaração dos seus rendimentos, património, interesses, incompatibilidades e impedimentos, de constem todos os elementos identificados nos nº 2 e 3 do mesmo artigo 13º.[146]

No prazo de 60 dias a contar da cessação de funções que tiverem determinado a apresentação da declaração referida anteriormente, bem como da recondução do titular do cargo, deve ser apresentada nova declaração, atualizada (nº 1 do artigo 14º da Lei nº 52/2019).

Deve, também, ser apresentada uma nova declaração, desta feita no prazo de 30 dias, sempre que, no decurso do exercício de funções, a) se verifique uma alteração patrimonial efetiva que altere o valor declarado referente a alguma das alíneas do nº 2 do artigo 13º da Lei nº 52/2019 em montante superior a 50 salários mínimos mensais, b) ocorram factos ou circunstâncias que obriguem a novas inscrições nos termos do nº 3 do mesmo artigo 13º (artigo 14º, nº 2, da Lei nº 52/2019).

A declaração a apresentar pelo titular do alto cargo público no final do mandato deve refletir a evolução patrimonial que tenha ocorrido durante o mesmo (nº3 do artigo 14º da Lei nº 52/2019).

E, ainda, três anos após o fim do exercício do cargo ou função que lhe deu origem, devem os mesmos titulares do dever de apresentação das declarações, apresentar declaração final atualizada (artigo 14º, nºs 4 e 5, da Lei nº 52/2019).

[146] Esta matéria era regulada, anteriormente e quanto aos titulares de altos cargos públicos, pelo disposto no artigo 11º da Lei nº 64/93, de 26 de agosto, cujo teor era o seguinte:
"*1 – Os titulares de altos cargos públicos devem depositar na Procuradoria-Geral da República, nos 60 dias posteriores à tomada de posse, declaração de inexistência de incompatibilidades ou impedimento, donde constem todos os elementos necessários à verificação do cumprimento do disposto na presente lei, incluindo os referidos no nº 1 do artigo anterior.*
2 – A Procuradoria-Geral da República pode solicitar a clarificação do conteúdo das declarações aos depositários no caso de dúvidas sugeridas pelo texto.
3 – O não esclarecimento de dúvidas ou o esclarecimento insuficiente determina a participação aos órgãos competentes para a verificação e sancionamento das infracções.
4 – A Procuradoria-Geral da República procede ainda à apreciação da regularidade formal das declarações e da observância do prazo de entrega, participando aos órgãos competentes para a verificação e sancionamento irregularidades ou a não observância do prazo."

A não apresentação ou a apresentação incompleta ou incorreta da declaração e das suas atualizações, e a persistência nessa omissão ou incorreção após notificação para o fazer por parte da entidade responsável pela análise e fiscalização, o titular de cargo de direção superior da Administração Pública nas sanções previstas nos artigos 18º e 18º-A da Lei nº 52/2019.[147]

8. *Ofertas institucionais e hospitalidades*

Por igualmente conexionada com a necessária isenção e imparcialidade dos titulares de cargos dirigentes da AP (e dos demais trabalhadores da AP), cabe aqui mencionar o regime que regula as ofertas institucionais e hospitalidades (artigo 16º da Lei nº 52/2019), matéria que, aliás, deve também ser prevista nos Códigos de Conduta que as entidades públicas devem fazer aprovar (artigo 19º da citada Lei nº 52/2019 e RGPC assinalado nas anotações ao artigo 15º do EPDAP).

As ofertas de bens materiais ou de serviços de valor estimado superior a cento e cinquenta euros (150€), recebidas no âmbito do exercício de cargo ou função, são obrigatoriamente apresentadas ao organismo definido no respetivo Código de Conduta.

Quando o titular do cargo receba de uma mesma entidade, no decurso do mesmo ano, várias ofertas de bens materiais que perfaçam o valor estimado referido (150€), deve comunicar esse facto para efeitos de registo das ofertas e proceder à apresentação de todas as que forem recebidas após perfazer aquele valor. O destino das ofertas sujeitas ao dever de apresentação, tendo em conta a sua natureza e relevância, é estabelecido pelo organismo competente para o registo definido no respetivo Código de Conduta. As ofertas dirigidas a entidade pública são, igualmente e sempre registadas e entregues ao referido organismo, independentemente do seu valor e do destino final que lhes for atribuído.

Os titulares de altos cargos públicos que forem, nessa qualidade convidados, podem aceitar convites que lhes forem dirigidos para eventos oficiais ou de entidades públicas nacionais ou estrangeiras. Podem ainda aceitar quaisquer outros convites de entidades privadas até ao valor máximo, estimado, de 150€, que a) sejam compatíveis com a natureza institucional ou com a relevância de representação própria do cargo; ou que b) configurem uma conduta socialmente adequada e conforme aos usos e costumes.

[147] *Vide* ponto 7 das nossas notas ao artigo 15º do EPDAP.

A aceitação de ofertas, de transporte ou alojamento que ocorra no contexto das relações pessoais ou familiares (sem prejuízo do disposto nas regras relativas aos deveres declaratórios sobre rendimentos e património) não está sujeita a dever de registo.

O incumprimento dos deveres enunciados, com intenção de apropriação de vantagem indevida é suscetível de responsabilidade, nos termos do crime de recebimento ou oferta indevidos de vantagem, nos termos da lei que determina os crimes de responsabilidade dos titulares de cargos políticos[148].

nºs 4 e 5

9. A partir da cessação dos seus cargos, os titulares de cargos de direção superior da AP, bem como os membros dos gabinetes governamentais (que também são equiparados aos primeiros para efeitos das obrigações declarativas previstas na Lei nº 52/2019, de 31 de julho – cf. nº 2 do artigo 3º dessa lei), não podem desempenhar, pelo período de três anos, as funções de inspetor-geral e subinspetor-geral, ou funções a estas expressamente equiparadas, no sector específico em que exerceram atividade dirigente ou prestaram funções de assessoria. Este período de nojo não se aplica nas situações em que o dirigente cessante regressa à atividade exercida à data da investidura no cargo. Fica, no entanto, igualmente sujeito à aplicação das disposições relativas a impedimentos constantes do CPA, já anteriormente enunciadas.

nº 6

10. A violação do disposto neste artigo 17º constitui fundamento para fazer cessar a comissão de serviço do titular do cargo dirigente, tal como igualmente estatuído na alínea d) do nº 1 do artigo 25º do EPDAP.

11. Jurisprudência

Acórdão do TCAS, de 31.01.2018 – Secção Contencioso Administrativo, 2º Juízo – Proc. 274/17.8BELSB

Relator: Pedro Marchão Marques

Descritores: Efeito do recurso – Júri – Suspeição – Princípio da imparcialidade.

[148] Lei nº 34/87, de 16 de julho, com todas as alterações nela posteriormente introduzidas.

Sumário:

"I – O CPTA não prevê a possibilidade, nos casos em que o recurso tem efeito meramente devolutivo nos termos do nº 2 do artigo 143º, de ser requerida ao juiz a substituição desse efeito por um efeito suspensivo.

II – A verificação da causa de suspeição prevista na alínea d) do nº 1 do art. 73º do CPTA exige a demonstração da possibilidade séria da afectação da imparcialidade do decisor, por no caso existir uma inimizade grave ou uma situação de grande intimidade.

III – Da prova da existência de meras relações profissionais, ainda que de longa data, não se extraem indícios suficientes que permitam concluir com razoabilidade duvidar seriamente da imparcialidade dos membros do júri."

Excertos:

"(...)

Dispõe o art. 73º do Código do Procedimento Administrativo, a propósito dos fundamentos de escusa e de suspeição que: (...)

Como se vê em causa está o fundamento previsto na alínea d), o qual prevê como causas da suspeição a existência de "inimizade grave" ou de "grande intimidade". Em relação a estes pressupostos da escusa e suspeição a avaliação do seu preenchimento terá que efectuar-se também por recurso à cláusula geral do corpo do artigo, no sentido de daí se poder extrair uma dúvida "séria" acerca da "imparcialidade da sua conduta ou decisão". Por outro lado, terá igualmente que considerar-se que o legislador não se bastou com a existência de meros indícios de inimizade ou de intimidade, uma vez que o tatbestand da norma exige que a inimizade seja "grave" e que a intimidade seja "grande".

Ou seja, a verificação da causa de suspeição prevista na alínea d) do nº 1 do art. 73º do CPTA exige a demonstração da possibilidade séria da afectação da imparcialidade do decisor, por no caso existir uma inimizade grave ou uma situação de grande intimidade.(...)

A violação do princípio da imparcialidade consagrado no nº 2, do artigo 266º da CRP e também no artigo 9º do CPA (anteriormente no art. 6º), se não está dependente da prova de concretas actuações parciais, não dispensa a demonstração de que uma determinada conduta faz perigar as garantias de isenção, de transparência e de imparcialidade.

Assim, perante o probatório fixado, como amplamente explicitado na sentença recorrida, em causa está, de acordo com a suspeição deduzida pela ora Recorrente, a existência de meras relações profissionais, pelo que não existem indícios suficientes que permitam concluir com razoabilidade duvidar seriamente da imparcialidade dos membros do júri.

Pelo que, deverá manter-se a sentença recorrida que decidiu que a deliberação de 30.01.2017 do Conselho de Administração do Recorrido não padecia do vício que lhe vinha imputado, sendo portanto válida, com o que improcede o recurso na totalidade.(...)".

*

Acórdão do TCAS, de 15.12.2016 – Secção Contencioso Administrativo, 2º Juízo – Proc. 1326/16.7BELSB

Relator: Paulo Pereira Gouveia

Descritores: Júri – Suspeição.

Sumário:

"I – Em sede de conduta do júri, especialmente do seu presidente, sendo o incidente de suspeição dirigido contra todos os membros do júri, todos e cada um destes, incluindo o seu presidente, estão impedidos de o apreciar (cfr. artigo 69º/1-a) do Código do Procedimento Administrativo: "Salvo o disposto no nº 2, os titulares de órgãos da Administração Pública e os respetivos agentes, bem como quaisquer outras entidades que, independentemente da sua natureza, se encontrem no exercício de poderes públicos, não podem intervir em procedimento administrativo ou em ato ou contrato de direito público ou privado da Administração Pública, quando nele tenham interesse, por si, como representantes ou como gestores de negócios de outra pessoa"), sob pena de parcialidade objetiva;

II – Também têm de cumprir o dever imposto no artigo 70º/1 do Código do Procedimento Administrativo ("Quando se verifique causa de impedimento em relação a qualquer titular de órgão ou agente da Administração Pública, deve o mesmo comunicar desde logo o facto ao respetivo superior hierárquico ou ao presidente do órgão colegial, consoante os casos"), para depois se dar cumprimento ao nº 4 desse artigo 70º (" Compete ao superior hierárquico ou ao presidente do órgão colegial conhecer da existência do impedimento e declará-lo, ouvindo, se considerar necessário, o titular do órgão ou agente")."

*

Acórdão do TCAN, de 15.06.2018 – 1ª Secção – Contencioso Administrativo – Proc. 03008/12.5BEPRT

Relator: Luís Migueis Garcia

Descritores: Disciplinar –Usurpação de poderes – Impedimento.

Sumário:

«I – A usurpação de poderes consiste na prática por um órgão da Administração de ato que decide uma questão que é da competência dos outros poderes do Estado (legislativo, moderador e/ou judicial).

II – As normas constantes do art. 44º do CPA destinam-se, primordialmente, a assegurar a transparência e a imparcialidade da actividade administrativa, e abrangem nas suas proibições não só os órgãos e agentes com competência para proferir decisões, mas igualmente quem tem no procedimento outro tipo de "intervenção".

III – São garantias de imparcialidade que estão em causa na consagração da figura (e dos casos) de impedimentos previstos no artº 44º do CPA, visando-se com tais impedimentos obstar a que participem em dado procedimento administrativo os titulares de órgãos que tenham interesse pessoal na decisão do caso»".

Excertos:

"(...) E isto porque nos termos do artigo 44º, nº 1, do antigo CPA, nenhum titular de órgão ou agente da Administração Pública pode intervir em procedimento" quando nele tenha interesse, por si, com representante ou como gestor de negócios de outra pessoa.

O interesse aqui em causa tem a ver com qualquer interesse material, pessoal ou mesmo moral, que um qualquer titular possa ter ao intervir em determinado procedimento. Ou seja, estamos a falar de uma qualquer conexão que o titular interveniente possa ter com o procedimento em que se encontra envolvido e que possa por em causa a sua imparcialidade. Estamos a falar de um conceito de direito que terá de resultar de factos dados ou não como provados, mas como conceito de direito não está sujeito a prova, contrariamente ao referido pelo recorrente. O que poderá estar sujeito a prova são os factos pelos quais se pode concluir que ocorre no caso concreto um qualquer interesse do recorrente. Mas esta é uma conclusão a retirar pelo Tribunal relativamente à prova produzida.

No caso concreto, encontra-se provado que o recorrente interveio como aplicador de uma sanção no procedimento disciplinar nº 10.07/122/RN/10 tendo aplicado ao arguido, AMRM, a pena de repreensão escrita. Na mesma data em que foi instaurado este procedimento disciplinar foi também instaurado procedimento disciplinar ao ora recorrente com os mesmos fundamentos e com os mesmos factos.

É com base nestes factos que temos de concluir se o recorrente tinha ou não um qualquer interesse no procedimento em que interveio como aplicador da pena disciplinar para então podermos concluir se ocorre ou não algum impedimento.

Tendo em atenção o exposto não há dúvidas que, de facto, o recorrente tinha interesse no procedimento uma vez que corria contra si um procedimento em que lhe era imputada a prática da mesma factualidade. Aqui interesse, poderá ser tudo aquilo que possa trazer uma vantagem pessoal, que possa beneficiar de qualquer forma, material pessoal ou moralmente, o interveniente num determinado processo. Se o recorrente tem um processo que corre contra si com uma factualidade igual a um outro que decidiu, obviamente que tem interesse, tem vantagem, que esse processo corra de determinada maneira e não de outra. O processo não é inócuo para si.

Este interesse, como referimos é um conceito de direito, que se tem de retirar da matéria de facto, e não está obviamente sujeito a prova.

Nestes termos não podem proceder estas alegações do recorrente.

(...)

No capítulo relativo às garantias de imparcialidade da atuação administrativa, dispõe a alínea a) do nº 1 do artº 44º do CPA, na redacção vigente à data dos factos (Decreto-Lei nº 442/91, de 15/11), que "nenhum titular de órgão ou agente da Administração Pública pode intervir em procedimento administrativo ou em ato ou contrato de direito público ou privado da Administração Pública (...) a) quando nele tenha interesse, por si, como representante ou como gestor de negócios de outra pessoa".

Acrescenta o nº 1 do artº 45º do CPA que, "quando se verifique causa de impedimento em relação a qualquer titular de órgão ou agente administrativo, deve o mesmo comunicar desde logo o facto ao respetivo superior hierárquico ou ao presidente do órgão colegial dirigente, consoante os casos", constituindo a omissão do dever de comunicação falta grave para efeitos disciplinares (artº 51º, nº 2, do CPA).

Com efeito, pretende-se com a consagração da figura dos impedimentos "proteger a independência das funções públicas e assegurar que a atuação da Administração Pública se paute por princípios objetivos e transparentes. Procura-se evitar que os titulares de órgãos e os agentes da Administração Pública se encontrem numa situação de possível confronto entre os seus interesses e os dos entes públicos que representam" (cfr. Santos Botelho, Pires Esteves e Cândido de Pinho, Código do Procedimento Administrativo, Anotado e Comentado, 4ª ed., Almedina, 2000, p. 227).

No que respeita a densificação do conceito indeterminado de interesse impeditivo, vertido na alínea a) do nº 1 do artº 44º do CPA, importa ter em conta dois critérios, que devem ser avaliados em concreto, perante as circunstâncias de cada caso: "por um lado, trata-se de garantir a objetividade e utilidade pública da decisão administrativa em vista da (melhor) prossecução do interesse público e, por outro lado, de assegurar a imparcialidade e a transparência dessa decisão, face àqueles que nela estão interessados e face à coletividade administrativa em geral" (cfr. M. Esteves de Oliveira, P. Costa Gonçalves e J. Pacheco de Amorim, Código do Procedimento Administrativo – Comentado, 2ª ed., Almedina, 2010, p. 247).

Ora, atendendo aos contornos do caso concreto e às disposições legais acima enunciadas, julgamos que o Autor se encontrava, com efeito, na situação de impedimento prevista na alínea a) do nº 1 do artº 44º do CPA quando tomou a decisão de aplicar a pena de repreensão escrita ao arguido AMRM no processo disciplinar nº 10.07/122, ainda que ao abrigo de uma delegação de competências.

De facto, importa ter presente que ao Autor também fora instaurado um processo disciplinar (nº 10.07/120), pelo mesmo despacho que mandou instaurar o processo disciplinar nº 10.07/122 ao arguido AMRM, tendo por base uma auditoria em que ambos são indiciados, entre outras condutas, pela prática dos mesmos ilícitos, a saber, pagamentos indevidamente efetuados entre Setembro de 2008 e Agosto de 2009, nos montantes de € 9.126,76 e de € 397,98 (cfr. pontos 3 e 4 dos factos provados).

Assim sendo, o Autor era parte interessada na decisão do procedimento disciplinar nº 10.07/122, porquanto contra ele corria também, em simultâneo, um procedimento disciplinar em que lhe era imputada a prática da mesma factualidade. A intervenção do Autor naquele procedimento, em especial na tomada da decisão punitiva, potenciou o confronto entre os interesses respeitantes à própria pessoa do Autor (ao qual não seria inteiramente indiferente o conteúdo do ato final no processo disciplinar nº 10.07/122, uma vez que era arguido em processo conexo pela prática dos mesmos factos e considerando que o Autor não decidiu no sentido proposto no relatório final – pena de suspensão –, antes aplicando uma sanção disciplinar menos gravosa – repreensão escrita, suspensa por um ano; cfr. pontos 5 e 8 dos factos provados) e os interesses do ente público que representa (neste caso, no exercício de competências delegadas pela CMPF) na prossecução da ação disciplinar, circunstâncias que, de acordo com as regras da experiência comum, fazem perigar uma tomada de decisão imparcial e isenta.

Não colhem os argumentos do Autor no sentido de que o mesmo não tem qualquer relação de parentesco com o então arguido AMRM, resumindo-se o seu relacionamento à esfera estritamente profissional, e de que a decisão a proferir não seria suscetível de afetar, de forma alguma, o sentido da decisão a proferir no procedimento instaurado contra o Autor. Por um lado, os interesses conflituantes salvaguardados pela alínea a) do nº 1 do artº 44º do CPA não se resumem, única e exclusivamente, a interesses decorrentes de relações de parentesco e, por outro lado, mesmo que fosse possível asseverar que a decisão tomada pelo Autor não teria qualquer influência no processo disciplinar que então corria contra ele, a verdade é que a simples existência de eventuais interesses contrapostos foi suscetível de afetar a imparcialidade daquela decisão, atendendo ao que ficou exposto supra.

Ora, estando impedido de participar no procedimento em causa, sobre o Autor recaía a obrigação de comunicar de imediato tal impedimento ao respetivo superior hierárquico, nos termos do artº 45º, nº 1, do CPA (cfr., em situação semelhante à dos autos, o Acórdão do Tribunal Central Administrativo Norte de 11/05/2006, proc. nº 00510/03, publicado em www.dgsi.pt).

Pelo exposto, julga-se não verificado o vício de violação de lei por erro nos pressupostos – inexistência de infração disciplinar.

Diga-se, desde já que o assim decidido é para manter.

Como já referimos anteriormente, o artigo 44º, nº 1, do anterior CPA referia que "nenhum titular de órgão ou agente da Administração Pública pode intervir em procedimento administrativo...a) quando nele tenha interesse. Este interesse poderá ser tudo aquilo que possa trazer uma vantagem pessoal ao interveniente no procedimento, ou seja, que o possa beneficiar de qualquer forma, seja material, seja pessoal ou moralmente. Aqui, interesse, não tem a sua definição no artigo 55º, nº 1, do anterior CPA, como sustenta o recorrente. Este artigo mencionava o que são interessados num procedimento, mas que nada tem a ver com o interesse referido neste artigo 44º. Quando se fala em interesse legalmente protegido tem a ver com o poder legal de garantir que o eventual sacrifício de um interesse privado, por razões de interesse público, seja sempre decidido com respeito pela legalidade administrativa vigente (Freitas do Amaral, Curso de Direito Administrativo, vol. II, 2011, 2ª edição, pág. 77). Ou seja, está em causa a garantia da legalidade das decisões que versem sobre um interesse particular. Este interesse nada tem a ver com o interesse referido no artigo 44º do CPA.

Sustenta ainda o recorrente que estamos perante dois processos distintos e não houve qualquer decisão de conexão entre eles.

Não ocorreu nenhuma decisão de conexão nem tinha que ocorrer. O que se torna relevante é saber se ocorre, ou não, nos dois processos alguma questão que possa levar a que entre eles haja alguma similitude, alguma relação lógica ou causal, que possa levar a que quem intervenha num deles possa ter vantagens numa determinada decisão.

Ora, é precisamente isso que acontece.

Como já verificámos o recorrente foi arguido num processo disciplinar onde estava em causa a mesma factualidade constante do processo em que interveio como decisor. (...)

Não há dúvidas que entre os dois processos existe uma conexão, uma similitude de situações que deveriam ter levado o recorrente a não intervir como decisor no processo nº 10.07/122.

Nos casos de impedimentos consagrados no artigo 44º do CPA estão em causa garantias de imparcialidade. Isto é, pretende-se com tais impedimentos obstar a que participem em dado procedimento administrativo os titulares de órgãos ou os agentes que tenham interesse pessoal na decisão do caso.

Com as garantias de imparcialidade pretende-se proteger a independência das funções públicas e assegurar que a actuação da Administração se paute por princípios objectivos e transparentes. Procura-se evitar que os titulares de órgãos e os agentes se encontrem numa situação de possível confronto entre os seus interesses e os dos entes públicos que representam (CPA anotado e comentado de José Manuel Santos Botelho, Américo Pires Esteves e José Cândido Pinho – pág. 227).

No caso em apreço o recorrente ao intervir como decisor num processo disciplinar com factualidade igual a um outro que lhe foi instaurado, está nitidamente a intervir num processo em que terá interesse que se desenrole de determinada forma. Não é curial que vá decidir um processo que tenha como fundamentos os mesmos factos que de um processo que corre contra si.

Improcedem assim também estas alegações do recorrente. (...)".

*

Acórdão do TCAN, de 07.10.2016 – 1ª Secção – Contencioso Administrativo – Proc. 03098/12.5BEPRT

Relator: Joaquim Cruzeiro

Descritores: Procedimento disciplinar – Imparcialidade – Usurpação de poderes.

Sumário:

"I – A usurpação de poderes consiste na prática por um órgão da Administração de ato que decide uma questão que é da competência dos outros poderes do Estado (legislativo, moderador e/ou judicial).

II – As normas constantes do art. 44º do CPA destinam-se, primordialmente, a assegurar a transparência e a imparcialidade da actividade administrativa, e abrangem nas suas proibições não só os órgãos e agentes com competência para proferir decisões, mas igualmente quem tem no procedimento outro tipo de "intervenção".

III – São garantias de imparcialidade que estão em causa na consagração da figura (e dos casos) de impedimentos previstos no artº 44º do CPA, visando-se com tais impedimentos obstar a que participem em dado procedimento administrativo os titulares de órgãos que tenham interesse pessoal na decisão do caso."

CAPÍTULO II
Recrutamento, seleção, provimento e cessação de funções

SECÇÃO I
Recrutamento, seleção e provimento dos cargos de direção superior

ARTIGO 18º
Recrutamento para os cargos de direção superior

1 – Os titulares dos cargos de direção superior são recrutados, por procedimento concursal, nos termos dos artigos seguintes, de entre indivíduos com licenciatura concluída à data de abertura do concurso há, pelo menos, 10 ou oito anos, consoante se trate de cargos de direção superior de 1º ou de 2º grau, vinculados ou não à Administração Pública, que possuam competência técnica, aptidão, experiência profissional e formação adequadas ao exercício das respetivas funções.

2 – O procedimento concursal é conduzido pela Comissão de Recrutamento e Seleção para a Administração Pública, adiante designada por Comissão, entidade independente que funciona junto do membro do Governo responsável pela área da Administração Pública, nos termos dos respetivos Estatutos.

3 – A iniciativa do procedimento concursal referido no nº 1 cabe ao membro do Governo com poder de direção ou de superintendência e tutela sobre o serviço ou órgão em que se integra o cargo a preencher, cabendo-lhe, neste âmbito, identificar as competências do cargo de direção a prover, caracterizando o mandato de gestão e as principais responsabilidades e funções que lhe estão associadas, bem como a respetiva carta de missão.

4 – A Comissão, na posse da informação referida no número anterior, elabora uma proposta de perfil de competências do candidato a selecionar, designadamente com a explicitação das qualificações

académicas e experiência profissional exigíveis, bem como as competências de gestão e de liderança recomendáveis para o exercício do cargo, e remete-a ao membro do Governo com poder de direção ou superintendência e tutela sobre o serviço ou órgão em que se integra o cargo a preencher, para homologação.

5 – No prazo de 20 dias, a contar da data da apresentação da proposta referida no número anterior, o membro do Governo com poder de direção ou superintendência e tutela sobre o serviço ou órgão em que se integra o cargo a preencher:

a) Homologa a proposta de perfil de competências apresentada pela Comissão; ou

b) Altera, mediante fundamentação expressa, o perfil de competências proposto pela Comissão.

6 – Não se verificando nenhuma das duas situações previstas no número anterior, a proposta de perfil de competências apresentada pela Comissão considera-se tacitamente homologada.

7 – Sem prejuízo das competências previstas no presente artigo, a Comissão é ainda responsável pela definição das metodologias e dos critérios técnicos aplicáveis no processo de seleção dos candidatos admitidos a concurso, designadamente ao nível da avaliação das competências de liderança, colaboração, motivação, orientação estratégica, orientação para resultados, orientação para o cidadão e serviço público, gestão da mudança e inovação, sensibilidade social, experiência profissional, formação académica, formação profissional e aptidão.

Contém as alterações introduzidas pelos seguintes diplomas:
- Lei nº 51/2005, de 30/08;
- Lei nº 64-A/2008, de 31/12;
- Lei nº 64/2011, de 22/12;
- Lei nº 128/2015, de 03/09.

nº 1

1. O recrutamento dos titulares dos cargos de direção superior efetua-se, por procedimento concursal, de entre licenciados, vinculados ou não à AP, que possuam competência técnica, aptidão, experiência profissional e formação adequadas ao exercício das respetivas funções.

Constata-se, assim, que o procedimento concursal para a designação dos titulares de cargos de direção superior é externo, no sentido de que ao mesmo podem candidatar-se indivíduos sem vínculo prévio à AP (o que não sucede relativamente ao procedimento concursal destinado ao provimento de cargos de direção intermédia, como veremos infra – artigos 20º e 21º do EPDAP).

No caso de recrutamento para cargos de direção superior de 1º grau, os candidatos terão que ser detentores do grau académico de licenciatura, há pelo menos 10 anos, à data da abertura do concurso. Já no tocante ao recrutamento para cargos de direção superior de 2º grau, os candidatos, terão que ser detentores de licenciatura, há pelo menos 8 anos, à data da abertura do concurso.

2. As designações dos titulares dos cargos de direção superior dos serviços e organismos do Ministério da Justiça que devam ser providos por magistrados judiciais ou por magistrados do Ministério Público, a designação do titular do cargo de direção superior de 1º grau da Autoridade Nacional de Proteção Civil quando provido por oficial das Forças Armadas ou das forças de segurança, bem como as designações dos titulares dos cargos de direção superior dos serviços e organismos do Ministério da Administração Interna quando sejam efetivamente providos por magistrados judiciais ou do Ministério Público, operam sem necessidade de recurso a procedimento concursal (nºs 6 a 8 do artigo 1º do EPDAP e respetivas notas).[149]

[149] De notar que os gestores públicos, aos quais é aplicável um estatuto próprio (Estatuto do Gestor Público/EGP, aprovado pelo DL nº 71/2007, de 27 de março, na sua redação atual), igualmente são escolhidos sem necessidade de recurso a procedimento concursal, embora a CRESAP também intervenha no processo, cabendo-lhe definir, por regulamento, os critérios aplicáveis na avaliação dos candidatos a caros de gestor público, nomeadamente, as competências de liderança, colaboração, motivação, orientação estratégica, orientação para os resultados, orientação para o cidadão e serviço de interesse público, gestão de mudança e inovação, sensibilidade social, experiência profissional, formação académica e formação profissional. Cabe, no entanto, ao membro do Governo responsável pelo respetivo setor de atividade definir previamente o perfil, experiência profissional e competências de funções adequadas às funções do cargo, dos quais deve informar a CRESAP (artigo 12º do EGP e Regulamento de Tramitação de Procedimentos de Avaliação Curricular e Parecer sobre Adequação do Perfil do Cargo de Gestor Público, aprovado pelo Despacho nº 7533/2013, de 27 de maio, da CRESAP, publicado no DR, 2ª Série, nº 112, de 12.06.2013).

nº 2

3. O procedimento concursal é assegurado pela Comissão de Recrutamento e Seleção para a Administração Pública (CRESAP), entidade independente que funciona junto do membro do Governo responsável pela área da AP.

A CRESAP foi criada pela Lei nº 64/2011, de 22 de dezembro[150], a qual aprovou os respetivos estatutos, que constam do Anexo A à referida Lei.[151] Tem por missão o recrutamento e seleção de candidatos para cargos de direção superior da administração central do Estado, abrangidos pelos artigos 1º e 2º do EPDAP, ou para cargos a este equiparados a qualquer título, respeitando as exclusões enunciadas no nº 5 do artigo do mesmo EPDAP. Cabe-lhe, também, avaliar, nos termos previstos nos artigos 12º e 13º do EGP, os currículos e a adequação das competências das personalidades indigitadas para exercer cargos de gestor público ou cargos a este equiparados a qualquer título (artigo 1º dos Estatutos da CRESAP).

Os pareceres emitidos pela CRESAP no âmbito da referida missão não revestem natureza vinculativa.

A CRESAP está, também, incumbida de apoiar a elaboração, desenvolvimento e execução de políticas públicas, bem como promover as boas práticas de gestão e ética, para os cargos de direção superior da AP. (cf. artigo 11º do respetivo estatuto, infra reproduzido).

Para uma mais abrangente e direta apreensão das natureza, missão, competências, organização e funcionamento da CRESAP, reproduz-se, seguidamente, o respetivo estatuto, na redação atualmente em vigor:

[150] Modifica os procedimentos de recrutamento, seleção e provimento nos cargos de direção superior da Administração Pública, procedendo à quarta alteração à Lei nº 2/2004, de 15 de Janeiro, que aprova o estatuto do pessoal dirigente dos serviços e organismos da administração central, regional e local do Estado, e à quinta alteração à Lei nº 4/2004, de 15 de Janeiro, que estabelece os princípios e normas a que deve obedecer a organização da administração direta do Estado, e aprova em anexo os Estatutos da Comissão de Recrutamento e Seleção para a Administração.

[151] Os estatutos da CRESAP foram alterados e republicados pela Lei nº 128/2015, de 3 de setembro.

ESTATUTOS DA COMISSÃO DE RECRUTAMENTO E SELECÇÃO PARA A ADMINISTRAÇÃO PÚBLICA

CAPÍTULO I
Disposições gerais

Artigo 1º
Natureza e missão

1 – A Comissão de Recrutamento e Seleção para a Administração Pública, adiante designada por Comissão, é uma entidade independente que funciona junto do membro do Governo responsável pela área da Administração Pública.

2 – A Comissão tem por missão o recrutamento e a seleção de candidatos para cargos de direção superior da administração central do Estado abrangidos pelo disposto nos artigos 1º e 2º da Lei nº 2/2004, de 15 de janeiro, ou para cargos a estes equiparados a qualquer título, no respeito pelas exclusões previstas no nº 5 do artigo 1º daquela lei.

3 – A Comissão tem ainda por missão a avaliação, nos termos previstos no Estatuto do Gestor Público, aprovado pelo Decreto-Lei nº 71/2007, de 27 de março, dos currículos e da adequação das competências das personalidades indigitadas para exercer cargos de gestor público ou cargos a estes equiparados a qualquer título.

Contém as alterações introduzidas pela Lei nº 128/2015, de 03/09.

Artigo 2º
Independência

Os membros da Comissão e da bolsa de peritos atuam de forma independente no exercício das competências que lhes estão cometidas por lei e pelos presentes Estatutos, não podendo solicitar nem receber instruções do Governo ou de quaisquer outras entidades públicas ou privadas.

Artigo 3º
Regime

A Comissão rege-se pelo disposto nos presentes Estatutos e, no que lhe for aplicável, pela Lei nº 2/2004, de 15 de janeiro.

Artigo 4º
Sede

A Comissão tem sede em Lisboa, podendo funcionar em instalações do ministério responsável pela área da Administração Pública.

CAPÍTULO II
Composição e estatuto dos membros

Artigo 5º
Composição

1 – A Comissão é composta por:

a) Um presidente;

b) Três a cinco vogais permanentes;

c) Um vogal não permanente por cada ministério, e respetivos suplentes, em número de dois, e em exercício de funções em órgão ou serviço não coincidente com o do vogal, mas integrado na orgânica do mesmo ministério.

2 – O presidente é designado de entre personalidades de reconhecidos mérito profissional, credibilidade e integridade pessoal.

3 – Os vogais permanentes são designados de entre personalidades de reconhecidos mérito profissional, credibilidade e integridade pessoal, cuja atividade tenha sido exercida preferencialmente na área dos recursos humanos ou da Administração Pública.

4 – Os vogais não permanentes e respetivos suplentes são designados de entre trabalhadores em funções públicas com reconhecidos mérito profissional, credibilidade e integridade pessoal, cuja atividade tenha sido exercida preferencialmente na área dos recursos humanos.

5 – Junto da Comissão funciona uma bolsa de peritos, composta por 20 a 50 membros, designados de entre trabalhadores em funções públicas com reconhecidos mérito profissional, credibilidade e integridade pessoal, que apoiam a Comissão em matérias técnicas específicas e participam nos júris dos procedimentos concursais para cargos de direção superior na Administração Pública.

6 – Para efeitos do disposto no número anterior, 10% da bolsa de peritos é obrigatoriamente integrada por técnicos indicados pela Direção-Geral da Qualificação dos Trabalhadores em Funções Públicas (INA), de entre personalidades que nela desenvolvam funções de formação.

Artigo 6º
Provimento

1 – O presidente da Comissão e os vogais permanentes são providos, após audição pela Assembleia da República, por resolução do Conselho de Ministros, sob proposta do membro do Governo responsável pela área da Administração Pública, em regime de comissão de serviço por um período de cinco e quatro anos, respetivamente, não podendo os mesmos titulares ser providos no mesmo cargo antes de decorrido igual período.

2 - Os vogais não permanentes e os respetivos suplentes, bem como os peritos que integram a bolsa de peritos, são designados por despacho do membro do Governo responsável pela área da Administração Pública e daquele que detenha o poder de direção ou de superintendência e tutela sobre o serviço ou órgão a que se encontram vinculados, por um período de três anos, não podendo o mesmo titular ser designado para a mesma função antes de decorrido igual período.

3 – *(Revogado.)*

4 - O provimento do presidente da Comissão deve garantir a alternância de género e o provimento dos vogais permanentes deve assegurar a representação mínima de 33% de cada género.

5 - Os membros da Comissão e da bolsa de peritos cessam funções com a posse dos novos membros designados para ocupar os respetivos lugares.

Artigo 7º
Incompatibilidades e impedimentos

1 – Os membros da Comissão ficam sujeitos ao regime de incompatibilidades e impedimentos estabelecido para os titulares de altos cargos públicos.

2 - Só podem ser membros da Comissão os cidadãos que se encontrem no pleno gozo dos seus direitos civis e políticos.

3 – O presidente e os vogais permanentes da Comissão exercem as suas funções em regime de exclusividade.

4 - Os vogais não permanentes da Comissão e os membros da bolsa de peritos exercem as suas funções em regime de exclusividade apenas quando integrem o júri de procedimento concursal para cargo de direção superior para o qual sejam cooptados, e até ao seu encerramento.

5 - Os membros da Comissão e da bolsa de peritos não podem ser titulares de órgãos de soberania, das regiões autónomas ou do poder local.

6 – Os membros da Comissão e da bolsa de peritos não podem exercer quaisquer funções ou deter participações sociais em empresas ou quaisquer outras entidades externas à Administração Pública que prestem apoio à Comissão no âmbito do exercício das suas competências.

Artigo 8º
Cessação de funções

1 – As funções dos membros da Comissão e da bolsa de peritos cessam pelo decurso do respetivo prazo, e ainda pela:

a) Morte ou impossibilidade física permanente ou com uma duração que se preveja ultrapassar a data do termo da comissão de serviço ou do período para o qual foram designados;

b) Renúncia às funções, através de declaração escrita apresentada à Comissão;

c) Incapacidade ou incompatibilidade superveniente.

2 – No caso de vacatura por um dos motivos previstos no número anterior, a vaga deve ser preenchida no prazo de 15 dias após a sua verificação.

Artigo 9º
Deveres

Constituem deveres dos membros da Comissão e da bolsa de peritos:

a) Exercer as respetivas funções com isenção, rigor e independência;

b) Participar ativa e assiduamente nos trabalhos da entidade que integram.

Artigo 10º
Estatuto

1 – O regime remuneratório do presidente da Comissão e dos vogais permanentes é fixado por portaria dos membros do Governo responsáveis pelas áreas das finanças e da Administração Pública, podendo aqueles optar pela remuneração de origem.

2 – Os vogais não permanentes e os peritos mantêm a remuneração de origem.

3 – Os membros da Comissão e da bolsa de peritos beneficiam do regime geral de segurança social, se não optarem por outro que os abranja.

4 – O presidente e os vogais permanentes da Comissão não podem ser prejudicados na estabilidade do seu emprego, na sua carreira e no regime de segurança social de que beneficiem por causa do exercício das suas funções.

5 – O presidente e os vogais permanentes da Comissão retomam automaticamente as funções que exerciam à data da designação ou de início de exercício de funções na Comissão, ou aquelas para que foram transferidos ou designados durante esse exercício de funções, designadamente por virtude de promoção.

6 – Durante o exercício das suas funções o presidente e os vogais permanentes da Comissão não perdem a antiguidade nos seus empregos nem podem ser prejudicados nas promoções a que entretanto tenham adquirido direito.

7 – No caso do presidente e dos vogais permanentes da Comissão se encontrarem, à data da designação, investidos em função pública temporária, por virtude de lei, ato ou contrato, o exercício de funções para a Comissão suspende o respetivo prazo.

8 – Quando o presidente e os vogais permanentes da Comissão forem trabalhadores de empresas públicas ou privadas exercem as suas funções em regime de cedência de interesse público.

9 – Os membros da Comissão e da bolsa de peritos que exerçam funções docentes ou de investigação científica no ensino superior podem continuar no exercício dessas funções, sem prejuízo de, quando as mesmas forem exercidas em estabelecimento de ensino público, poderem requerer a suspensão dos prazos dos respetivos contratos ou dos prazos para a apresentação de relatórios ou prestação de provas a que estejam adstritos.

CAPÍTULO III
Competências

Artigo 11º
Competências

No âmbito das suas atribuições, compete à Comissão, nomeadamente:

a) Estabelecer, por regulamento, as regras aplicáveis à avaliação de perfis, competências, experiência, conhecimentos, formação académica e formação profissional aplicáveis na seleção de candidatos a cargos de direção superior na Administração Pública;

b) Proceder, mediante iniciativa dos departamentos governamentais envolvidos, à abertura e desenvolvimento dos procedimentos de recrutamento para cargos de direção superior na Administração Pública, de acordo com os perfis genericamente definidos naquela iniciativa;

c) Estabelecer os métodos de seleção a aplicar nos procedimentos concursais, havendo sempre lugar à realização de avaliação curricular e entrevista de avaliação, podendo a Comissão optar ainda pela aplicação de outros métodos de seleção previstos para o estabelecimento de vínculos de emprego público na Lei Geral do Trabalho em Funções Públicas, aprovada pela Lei nº 35/2014, de 20 de junho, alterada pela Lei nº 82-B/2014, de 31 de dezembro;

d) Apoiar a elaboração e o desenvolvimento da política global e setorial com incidência nos quadros de direção superior da Administração Pública e participar na sua execução;

e) Promover atividades de pesquisa e de confirmação de competências relativamente a personalidades que apresentem perfil adequado para as funções de cargos de direção superior na Administração Pública;

f) Promover as boas práticas de gestão e ética para titulares de cargos de direção superior na Administração Pública;

g) Promover a aprovação e adoção de princípios orientadores para códigos de conduta destinados a titulares de cargos de direção superior na Administração Pública;

h) Cooperar com organizações de âmbito internacional, comunitário e demais órgãos congéneres estrangeiros em matérias de recrutamento e seleção na Administração Pública e de boas práticas e códigos de conduta dos cargos de direção superior;

i) Cooperar com entidades públicas e privadas de níveis nacional, regional e local em matérias de recrutamento e seleção na Administração Pública e de boas práticas e códigos de conduta dos cargos de direção superior.

Artigo 11º-A

Competências do presidente

Compete ao presidente da Comissão:

a) Dirigir a atividade da Comissão;

b) Convocar e presidir às reuniões do plenário da Comissão, constituído pelo presidente, pelos vogais permanentes e pelos vogais não permanentes efetivos;

c) Presidir à comissão técnica permanente, constituída pelo presidente e pelos vogais permanentes;

d) Representar a Comissão, interna e externamente;

e) Exercer as responsabilidades de gestão da Comissão, nomeadamente nas áreas financeira e administrativa;

f) Exercer as competências que não estejam expressamente cometidas a outros órgãos da Comissão.

Artigo 12º

Regulamentos

1 – Compete à Comissão aprovar os regulamentos necessários à boa execução do disposto nos presentes Estatutos e na Lei nº 2/2004, de 15 de janeiro.

2 – Os regulamentos da Comissão são publicados na 2ª série do Diário da República.

CAPÍTULO IV

Organização e funcionamento

Artigo 13º

Funcionamento

1 – O apoio administrativo ao funcionamento da Comissão é assegurado pela secretaria-geral do ministério responsável pela área da Administração Pública.

2 – A Direção-Geral da Administração e do Emprego Público e o INA prestam apoio técnico e operacional à Comissão, sempre que solicitado e nos termos a definir em regulamento.

Artigo 14º

Deliberações

1 – As deliberações da Comissão são tomadas por maioria dos membros presentes, tendo o presidente voto de qualidade.

2 – O disposto nas alíneas a), c) e g) do artigo 11º só pode ser objeto de deliberação com a presença de pelo menos dois terços dos membros da Comissão.

Artigo 15º

Dever de sigilo

1 – Os membros da Comissão, bem como o pessoal que lhe preste apoio e outros colaboradores eventuais, estão especialmente obrigados ao dever de sigilo nos termos da lei.

2 – O dever de sigilo comporta, designadamente, a obrigação de não divulgação pública dos factos, circunstâncias e critérios do júri, bem como da identidade dos candidatos até à decisão final de designação.

Artigo 16º
Dever de colaboração

As secretarias-gerais ou os departamentos responsáveis pelas áreas de recursos humanos dos ministérios devem prestar toda a colaboração solicitada pela Comissão na execução das tarefas relativas aos procedimentos concursais para os cargos de direção superior que se integrem nos órgãos ou serviços sob o poder de direção ou de superintendência e tutela do respetivo membro do Governo.

Artigo 17º
Informação e publicidade

1 – A Comissão elabora e remete, anualmente, à Assembleia da República, um relatório sobre a sua atividade, do qual consta, designadamente, informação não personalizada sobre os procedimentos concursais e de emissão de pareceres.

2 – A Comissão deve disponibilizar no respetivo sítio na Internet toda a informação relevante a seu respeito, nomeadamente as normas que a regulam e a sua composição, incluindo os elementos biográficos e a remuneração dos seus membros, e a legislação e regulamentação aplicável ao recrutamento e seleção para a Administração Pública.

3 – A Comissão deve garantir a disponibilidade em base de dados informatizada de todos os procedimentos concursais para cargos de direção superior da Administração Pública.

4 – A avaliação dos currículos e da adequação das competências das personalidades designadas na sequência de concursos que tenham ficado desertos ou das indigitadas para exercer cargos de gestor público ou cargos a estes equiparados a qualquer título, efetuada pela Comissão, apenas é publicitada, na sua parte conclusiva, nos casos de efetiva designação.

CAPÍTULO V
Disposições finais e transitórias

Artigo 18º
Regime transitório

Durante o ano de 2011, a Comissão procede à elaboração dos regulamentos indispensáveis ao desempenho das suas competências.

4. Nos termos da competência que lhe é atribuída no artigo 12º dos respetivos Estatutos, cabe à CRESAP elaborar e aprovar o Regulamento de Tramitação dos Procedimentos de Recrutamento e Seleção dos Cargos de Direção Superior da Administração Pública (doravante Regulamento).

O atual Regulamento foi aprovado pelo Despacho nº 6061/2020, de 26 de maio, e publicado no DR, 2ª Série, nº 109, de 04.06.2020.

Em todo o procedimento de recrutamento e seleção, no exercício das suas competências, a CRESAP deverá atuar de forma independente, obedecendo aos princípios da isenção, do rigor, da equidade e da transparência na promoção do mérito profissional, da credibilidade e do bom governo. Nesse âmbito, não poderá solicitar nem receber instruções do Governo e de quaisquer outras entidades públicas ou privadas (artigo 2º dos respetivos Estatutos e artigo 2º do Regulamento).

nº 3

5. A iniciativa do procedimento concursal para o recrutamento dos titulares de cargos de direção superior cabe ao membro do Governo com poder de direção ou superintendência e tutela sobre o serviço ou órgão em que se integra o cargo a preencher. É também a esse membro do Governo que cabe identificar as competências do cargo de direção a prover, caracterizando o mandato de gestão e as principais responsabilidades e funções que lhe estão associadas, bem como a respetiva carta de missão (nº 1 do artigo 6º do Regulamento).

6. Relativamente à carta de missão, cf. artigo 19º-A do EPDAP e respetivas notas.

nº 4

7. Na sequência da informação referido no nº 3 do deste artigo 19º do EPDAP, compete à CRESAP, através do respetivo júri (designado nos termos dos artigos 11º 12º do Regulamento), elaborar uma proposta de perfil de competências do candidatos a selecionar, designadamente, com a explicitação das qualificações académicas e experiência profissional exigíveis, bem como com as competências de gestão de liderança recomendáveis para o exercício do cargo, remetendo-a, para homologação, ao membro do Governo com poder de direção ou superintendência e tutela sobre o serviço ou órgão em que se integra o cargo a preencher (alínea a) do artigo 4º e nº 2 do artigo 6º do Regulamento.

nºs 5 e 6

8. Recebida a proposta de perfil de competências do candidato a selecionar elaborada pela CRESAP, o membro do Governo citado dispõe do prazo de vinte dias para a sua homologação ou alteração (com fundamentação expressa), findo o qual se considera a proposta tacitamente homologada (nºs 3 e 4 do artigo 6º do Regulamento).

nº 7

9. Compete ainda à CRESAP, tal como enunciado na alínea b) do artigo 4º do Regulamento, definir as metodologias e os critérios aplicáveis no processo de seleção dos candidatos admitidos a concurso, nomeadamente ao nível da avaliação das competências de liderança, colaboração, motivação, orientação estratégica, orientação para os resultados, orientação para o cidadão e serviço público, gestão da mudança e inovação, sensibilidade social, experiência profissional, formação académica e profissional e aptidão.

10. Igualmente relevante para se apreender o funcionamento da CRESAP e o exercício das suas competências no âmbito dos procedimentos de recrutamento e seleção dos cargos de direção superior na AP, há que ter em consideração o Regulamento Interno (RI) da mencionada Comissão, aprovado pelo Despacho nº 7532/2013, de 27 de maio, e publicado no DR, 2ª Série, nº 112, de 12.06.2013.

ARTIGO 19º
Seleção e provimento nos cargos de direção superior

1 – O procedimento concursal é obrigatoriamente publicitado na bolsa de emprego público (BEP) e, pelo menos, na plataforma eletrónica do Governo e em duas outras plataformas eletrónicas, durante 10 dias, com a indicação dos requisitos formais de provimento, do perfil exigido e dos métodos de seleção a aplicar nos procedimentos concursais, havendo sempre lugar à realização de avaliação curricular e entrevista de avaliação, podendo a Comissão optar ainda pela aplicação de outros métodos de seleção previstos para o estabelecimento de

vínculos de emprego público na Lei Geral do Trabalho em Funções Públicas, aprovada pela Lei nº 35/2014, de 20 de junho, alterada pela Lei nº 82-B/2014, de 31 de dezembro[152].

2 - A publicitação referida no número anterior é precedida de aviso a publicar na 2ª série do Diário da República[153], podendo ainda ser divulgado em órgão de imprensa de expansão nacional.

3 - A promoção das publicitações previstas nos números anteriores é assegurada pela Direcção-Geral da Administração e do Emprego Público, em conformidade com as instruções da Comissão.

4 - Os titulares dos cargos de direção imediatamente inferiores àquele para que foi aberto o procedimento concursal, que se encontrem em funções no respetivo serviço ou órgão, na data da publicitação referida no nº 2, são automaticamente incluídos na lista de candidatos, desde que cumpram os requisitos previstos no artigo anterior.

5 - Os titulares dos cargos referidos no número anterior podem, até à realização da entrevista, solicitar ao júri a sua exclusão da lista de candidatos.

6 - O júri é constituído:

a) Pelo presidente da Comissão, que tem voto de qualidade, ou por quem este designe, que preside;

b) Por um vogal permanente da Comissão;

c) Por um vogal não permanente da Comissão, em exercício de funções em órgão ou serviço integrado na orgânica do ministério a que respeita o procedimento concursal, mas em órgão ou serviço não coincidente com este;

d) Pelo perito cooptado pelos anteriores de uma bolsa de peritos que funciona junto da Comissão, em exercício de funções em órgão ou serviço integrado na orgânica do ministério a que respeita o procedimento concursal, mas em órgão ou serviço não coincidente com este.

7 - Na seleção dos candidatos o júri procede à aplicação dos métodos de seleção definidos no respetivo aviso de abertura de procedimento concursal.

152 A LTFP já sofreu, entretanto, outras alterações (cf. o teor da mesma reproduzido neste capítulo).

153 Em local especificamente dedicado a concursos para cargos dirigentes - "Parte J1 - Administração Pública - Concursos para Cargos Dirigentes".

8 – O júri, após conclusão da aplicação dos métodos de seleção previstos, elabora a proposta de designação indicando três candidatos, ordenados por ordem alfabética e acompanhados dos fundamentos da escolha de cada um deles, e apresenta-a ao membro do Governo que tenha o poder de direção ou de superintendência e tutela sobre o serviço ou órgão a que respeita o procedimento concursal, que previamente à designação pode realizar uma entrevista de avaliação aos três candidatos.

9 – Na situação de procedimento concursal em que não haja um número suficiente de candidatos para os efeitos do número anterior, ou em que o mesmo fique deserto, deve a Comissão proceder à repetição de aviso de abertura referente ao mesmo procedimento concursal, nos termos dos n.os 1 e seguintes e, verificando-se o mesmo resultado, pode o membro do Governo competente para o provimento proceder a recrutamento por escolha, de entre indivíduos que reúnam o perfil definido pelo aviso de abertura, os quais são sujeitos a avaliação, não vinculativa, de currículo e de adequação de competências ao cargo, realizada pela Comissão.

10 – Nos casos em que, nos 20 dias seguintes à apresentação, ao membro do Governo competente para o provimento, da proposta de designação, se verifique a desistência de candidatos nela constantes, pode aquele solicitar ao júri a indicação de outros candidatos que tenha por adequados para colmatar essa desistência.

11 – Nos casos em que não é possível ao júri garantir a substituição prevista no número anterior, aplica-se o disposto no nº 9.

12 – Os cargos de direção superior são providos por despacho do membro do Governo competente, no prazo máximo de 45 dias, a contar da data do recebimento das propostas de designação referidas no nº 8 ou no nº 10, em regime de comissão de serviço, por um período de cinco anos, renovável, sem necessidade de recurso a procedimento concursal, por igual período.

13 – Não pode ocorrer a designação de cargos de direção superior entre a convocação de eleições para a Assembleia da República ou a demissão do Governo e a investidura parlamentar do novo Governo.

14 – A duração da comissão de serviço e das respetivas renovações não pode exceder, na globalidade, 10 anos consecutivos, não podendo

o dirigente ser provido no mesmo cargo do respetivo serviço antes de decorridos 5 anos.

15 - O provimento nos cargos de direção superior produz efeitos à data do despacho de designação, salvo se outra data for expressamente fixada.

16 - O despacho de designação, devidamente fundamentado, é publicado no Diário da República, juntamente com uma nota relativa ao currículo académico e profissional do designado.

17 - A designação dispensa a autorização do serviço ou órgão de origem do designado.

18 - O procedimento concursal é urgente e de interesse público, não havendo lugar a audiência de interessados.

19 - Não há efeito suspensivo do recurso administrativo interposto do despacho de designação ou de qualquer outro ato praticado no decurso do procedimento.

20 - A propositura de providência cautelar de suspensão da eficácia de um ato administrativo praticado no procedimento não tem por efeito a proibição da execução desse ato.

21 - Em caso de suspensão judicial da eficácia do despacho de designação, é aplicável o disposto no artigo 27º

Contém as alterações introduzidas pelos seguintes diplomas:
- Lei nº 51/2005, de 30/08;
- Lei nº 64/2011, de 22/12;
- Lei nº 128/2015, de 03/09.

nºs 1, 2 e 3

1. O procedimento concursal é obrigatoriamente publicitado através de aviso a publicar na 2ª série do DR, por extrato (o qual deve mencionar a identificação da entidade que realiza o procedimento, o cargo a prover, o prazo da candidatura e a referência ao sítio eletrónico onde se encontra a publicação integral - cf. nº 7 artigo 7º do Regulamento de Tramitação dos Procedimentos de Recrutamento e Seleção dos Cargos de Direção Superior na AP, doravante Regulamento).

Após essa publicação, o procedimento concursal deve ser publicitado, durante dez dias, com indicação da identificação do cargo a prover, dos requisitos formais de provimento, do perfil exigido e dos métodos de seleção a utilizar, nas seguintes plataformas:

(a) na plataforma eletrónica da CRESAP (www.cresap.pt), por publicação integral (a qual deverá conter, designadamente, os elementos enunciados no nº 6 do artigo 7º do Regulamento);

(b) na bolsa de emprego público (https://www.bep.gov.pt/).

Apresenta-se infra um exemplo (anonimizado) de um aviso de procedimento de abertura publicitado na plataforma eletrónica da CRESAP:

Código do Concurso: XXXX_CReSAP_XX_XX/(ano)
Abertura: (data)
Encerramento: (data)
Entidade: XXXXX
Organismo: Ministério XXXXXXX
Cargo: XXXXXXX

Nos termos dos artigos 18º a 19º-A do Estatuto do Pessoal Dirigente dos serviços e organismos da administração central, regional e local do Estado (EPD), aprovado pela Lei nº 2/2004, de 15 de janeiro, versão atualizada, o Presidente da Comissão de Recrutamento e Seleção para a Administração Pública (CReSAP), por iniciativa do Secretário de Estado Adjunto do Trabalho e da Formação Profissional, faz saber que se procedeu à abertura do procedimento concursal com vista ao provimento do cargo: Inspetor-Geral da Autoridade para as Condições do Trabalho.

Nos termos dos nºs 18 a 20 do artigo 19º do EPD, o procedimento concursal é urgente, de interesse público, não havendo lugar à audiência de interessados e não havendo efeito suspensivo do recurso administrativo interposto do despacho de designação ou de qualquer outro ato praticado no decurso do procedimento concursal. A propositura de providência cautelar de suspensão de eficácia de um ato administrativo praticado no procedimento concursal não tem por efeito a proibição de execução desse ato.

A prestação de falsas declarações sob compromisso de honra constitui contraordenação punível nos termos da legislação em vigor e implica, por força do disposto no Regulamento de Tramitação dos Procedimentos de Recrutamento e Seleção dos Cargos de Direção Superior na Administração Pública, a exclusão do procedimento concursal.

Em qualquer fase do procedimento concursal pode o júri solicitar aos candidatos a entrega dos documentos comprovativos dos factos por si alegados, podendo ser excluídos do procedimento concursal se não os apresentarem, nos termos do mesmo Regulamento.

1 – Características do cargo em concurso

- **Identificação do cargo de direção a ocupar**

XXXXXXXX (cargo de direção superior de 1º grau).

- **Organismo**

XXXXXXXXX.

- **Atribuições e competências**

As previstas nos artigos 6º e 7º do EPD, conjugados com as atribuições e competências específicas previstas no Decreto Regulamentar nº XXXXXXX.

- **Área de formação preferencial ao perfil**

Licenciatura nas áreas adequadas às funções a exercer, preferencialmente ciências sociais e jurídicas.

- **Área de especialização preferencial ao perfil**
- Políticas públicas.

o **Experiência profissional preferencial**

- Nas áreas das atribuições e competências do Ministério XXXXXXXXXX, a nível nacional ou internacional, nomeadamente com xxxxxxxx;
- Na área xxxxx;
- Em representação institucional, a nível nacional e internacional, nomeadamente junto dos parceiros sociais;
- Exercício de cargos de direção superior.

o **Outros fatores preferenciais**

- Conhecimento da Administração Pública, nomeadamente no que se refere à intervenção pública nas áreas das atribuições e competências do serviço;
- Capacidade de liderança, gestão e motivação conducente à melhoria contínua dos serviços da área colocada a concurso.

o **Relação jurídica de emprego público, duração e respetiva renovação, e exclusividade**

Regime de comissão de serviço, por um período de 5 anos, renovável uma vez por igual período, sem necessidade de recurso a procedimento concursal, conforme disposto no nº 12 do artigo 19º do EPD, e em regime de exclusividade e incompatibilidade, nos termos dos artigos 16º e 17º do mesmo estatuto.

- **Identificação do local de trabalho**

Lisboa.

- **Remuneração**

3.778,97 € (vencimento base) + 787,38 € (despesas de representação).

2 – Requisitos de admissão

2.1 – O procedimento concursal está aberto a todos os cidadãos nacionais, no uso dos seus direitos civis.

2.2 – Constitui requisito legal de admissão ao procedimento concursal ter a licenciatura concluída há pelo menos 10 anos, até à data de abertura do procedimento concursal, conforme disposto no nº 1 do artigo 18º do EPD. No caso de a licenciatura ter sido obtida no estrangeiro deverá ser reconhecida em Portugal, de acordo com a legislação em vigor, até à data de abertura do procedimento concursal.

2.3 – Constitui requisito legal de admissão ao procedimento concursal a declaração de aceitação da Carta de Missão.

2.4 – Constitui requisito legal de admissão ao procedimento concursal a declaração de que não se encontra em situação de incompatibilidade e/ou impedimento para o exercício do cargo.

3 – Carta de Missão

Consulte documento em anexo, que se encontra no final deste aviso de abertura.

4 – Formalização e prazo de submissão das candidaturas

4.1 – O prazo de submissão das candidaturas é de 10 dias úteis a contar da publicitação no sítio eletrónico da CReSAP, em www.cresap.pt.

4.2 – As candidaturas são apresentadas exclusivamente por via eletrónica a partir do sítio eletrónico da CReSAP, em www.cresap.pt, até ao final do último dia do prazo de abertura do procedimento concursal.

4.3 – As candidaturas deverão incluir, entre outros, os seguintes elementos:

a) O currículo preenchido na plataforma eletrónica de candidatura da CReSAP;

b) O inquérito de autoavaliação preenchido na plataforma eletrónica de candidatura da CReSAP;

c) A declaração do candidato em como aceita a Carta de Missão;

d) A declaração do candidato de que não se encontra em situação de incompatibilidade e/ou impedimento para o exercício do cargo;

e) A declaração do candidato de que são verdadeiros os elementos ou factos constantes da candidatura;

f) A documentação comprovativa necessária, nomeadamente no que respeita a certificados ou diplomas académicos, com a respetiva certificação de equivalência em Portugal sempre que obtidos no estrangeiro.

4.4 – O incumprimento do prazo de apresentação da candidatura fixado determina a exclusão da candidatura.

5 – Júri do procedimento concursal

5.1 – O júri do procedimento concursal tem a seguinte composição:

Presidente:

Damasceno Dias, Presidente da CReSAP;

Vogais:

XXXXXXXXX,Vogal Permanente da CReSAP;

XXXXXXXXXXXX, Secretário-Geral do Ministério XXXXXXXXXXXX Vogal não Permanente da CReSAP;

Perita:

XXXXXXXXXXXXXXXXXXXX.

5.2 - As deliberações são tomadas por maioria e sempre por votação nominal, não sendo permitidas abstenções.

6 - Processo de seleção

O processo de seleção é realizado de modo faseado e inclui obrigatoriamente a avaliação curricular e, para os melhores classificados neste método de seleção, a avaliação de competências de gestão que contempla obrigatoriamente a entrevista de avaliação.

6.1 - Avaliação curricular

6.1.1 - A avaliação curricular visa avaliar a adequação das competências expressas pelo candidato relativamente às exigências do cargo.

6.1.2 - A avaliação curricular é efetuada para todos os candidatos admitidos, mediante a análise:

a) Do currículo vitae a preencher pelo candidato na plataforma eletrónica de candidatura da CReSAP;

b) Do questionário de autoavaliação a preencher pelo candidato na plataforma eletrónica de candidatura da CReSAP.

6.1.3 - O resultado da avaliação curricular é apurado de acordo com a classificação obtida na sequência da aplicação das metodologias e dos critérios constantes no Regulamento de Tramitação dos Procedimentos de Recrutamento e Seleção dos Cargos de Direção Superior na Administração Pública.

6.1.4 - Em resultado da avaliação curricular, o júri decidirá, dentre os melhores classificados nesta avaliação, quais os candidatos habilitados à fase de avaliação de competências de gestão, devendo ser, em princípio, um número mínimo de seis.

6.1.5 - Só são habilitados à fase de avaliação de competências de gestão os candidatos que tenham obtido avaliação curricular positiva.

6.2 - Avaliação de competências de gestão

6.2.1 - Os candidatos selecionados para a avaliação de competências de gestão são convocados, através do endereço eletrónico indicado na candidatura, com cinco dias úteis de antecedência em relação à data estabelecida para a avaliação.

6.2.2 - A avaliação de competências de gestão visa obter, através de uma relação interpessoal, informações sobre comportamentos profissionais diretamente relacionados com as competências consideradas essenciais para o exercício do cargo.

6.2.3 – A avaliação de competências de gestão é composta:

a) Por um conjunto de provas que permitem identificar o perfil de competências comportamentais do candidato;

b) Pela entrevista de avaliação que permite uma análise estruturada e aprofundada das doze competências referidas no Regulamento de Tramitação dos Procedimentos de Recrutamento e Seleção dos Cargos de Direção Superior na Administração Pública, sustentada pela descrição de comportamentos ocorridos em situações reais e vivenciados pelo candidato;

c) Por outras provas, referidas no aviso de abertura do concurso, sempre que se considere necessário.

6.2.4 – A entrevista de avaliação baseia-se num conjunto de questões relacionadas com o perfil de competências do candidato e da sua adequação ao perfil exigido para o cargo e terá aproximadamente uma duração de 30 minutos.

6.2.5 – É elaborado pelo júri, individualmente ou em conjunto, um parecer qualitativo sobre cada um dos candidatos.

6.2.6 – Terminada a avaliação de competências de gestão, o júri delibera de forma fundamentada, de imediato e em ata, relativamente aos resultados da mesma.

6.2.7 – Com base na ata final, sempre que se tenham encontrado, entre os candidatos, três com condições para serem designados para desempenhar as funções do cargo a concurso, o júri elabora um relatório final, com proposta de designação, que é remetido ao membro do Governo, através do presidente da CReSAP, indicando por ordem alfabética os três selecionados.

6.2.8 – No caso de se justificar a repetição do aviso de abertura do procedimento concursal por não haver, entre os candidatos, três com condições para serem apresentados ao membro do Governo, serão convocados para avaliação de competências de gestão todos os candidatos que tenham avaliação curricular positiva.

7 – Critérios de seleção

7.1 – A avaliação curricular e a avaliação de competências de gestão enquadram o perfil definido pelo membro do Governo que solicitou a abertura do procedimento concursal, tendo necessariamente em consideração o definido no Regulamento de Tramitação dos Procedimentos de Recrutamento e Seleção dos Cargos de Direção Superior na Administração Pública, designadamente em termos da avaliação de competências ao nível de experiência profissional, formação académica, formação profissional, liderança, colaboração, motivação, orientação estratégica, orientação para resultados, gestão da mudança e inovação, orientação para o cidadão e serviço público, sensibilidade social e aptidão.

7.2 - No perfil homologado pelo membro do Governo para o exercício do cargo a concurso, das 12 competências de gestão enunciadas no número anterior foram identificadas como competências determinantes:

- Experiência profissional;
- Formação académica;
- Liderança;
- Orientação estratégica;
- Orientação para o cidadão e o serviço público;
- Aptidão.

Foram ainda identificadas como competências comportamentais determinantes:

- Determinação;
- Capacidade para antecipar consequências;
- Capacidade para lidar com a ambiguidade.

7.3 - Na avaliação curricular são obrigatoriamente considerados e ponderados os critérios de avaliação referentes às 12 competências de gestão enunciadas em 7.1, sendo que, considerando o referido em 7.2 no que respeita às competências identificadas como determinantes, são atribuídos os seguintes fatores de ponderação:

- Experiência profissional: 10%
- Formação académica: 9%
- Formação profissional: 6%
- Liderança: 10%
- Colaboração: 7%
- Motivação: 7%
- Orientação estratégica: 10%
- Orientação para resultados: 8%
- Gestão da mudança e inovação: 7%
- Orientação para o cidadão e serviço público: 10%
- Sensibilidade social: 6%
- Aptidão: 10%

7.4 - Após conclusão da aplicação dos métodos de seleção previstos, o júri identificará os três candidatos a apresentar ao membro do Governo.

8 - Documentação complementar

Sempre que considere necessário, o júri solicita aos candidatos documentação complementar relacionada com o currículo apresentado, nos termos do Regulamento de Tramitação dos Procedimentos de Recrutamento e Seleção dos Cargos de Direção Superior na Administração Pública.

9 – Publicação do edital do concurso

Para além da publicação do extrato do aviso de abertura na 2ª série do Diário da República, o edital de abertura é publicado:

a) Na bolsa de emprego público (BEP);

b) Integralmente, no sítio da internet da CReSAP, em cresap.pt.

10 – Em cumprimento da alínea h) do artigo 9º da Constituição da República Portuguesa, a Administração Pública, enquanto entidade empregadora, promove ativamente uma política de igualdade de oportunidades entre homens e mulheres no acesso ao emprego e na progressão profissional, providenciando escrupulosamente no sentido de evitar toda e qualquer forma de discriminação.

(link para Carta de Missão.pdf)

A promoção da publicitação acima referida é assegurada pelo serviço ou órgão responsável pelo apoio à área ministerial ou do Governo que tutela a AP, ou seja, a Direção-Geral da Administração e do Emprego Público.

O procedimento concursal poderá, ainda, ser divulgado em jornais de expansão nacional, caso o membro do Governo competente assim o entender e suportar financeiramente (cf. artigo 7º do Regulamento).

2. A CRESAP é responsável pela definição das metodologias e dos critérios técnicos aplicáveis no processo de seleção dos candidatos admitidos a concurso (alínea b) do artigo 4º do Regulamento). Os métodos de seleção têm, no entanto, de incluir necessariamente, a avaliação curricular e a realização de entrevistas de avaliação a realizar pela CRESAP. Porém, a CRESAP pode ainda optar pela aplicação de outros métodos de seleção previstos na LTFP.

3. Com o aviso de abertura do concurso, é também publicada a carta de missão, onde são definidos os objetivos a atingir no decurso do exercício de funções (cf. artigo 19º-A do EPDAP).

nºs 4 e 5

4. São automaticamente incluídos na lista de candidatos ao procedimento os titulares dos cargos de direção imediatamente inferiores àquele para que foi aberto o procedimento concursal, que se encontrem em funções no respetivo serviço ou órgão desde que cumpram os requisitos previstos para o provimento no cargo. Estes candidatos podem, contudo, solicitar ao júri a sua exclusão da lista até à realização da entrevista.

nº 6

5. Após a receção do pedido de abertura do procedimento concursal de recrutamento e seleção, a CRESAP, através do seu Presidente, designa os três elementos que constituirão o júri do procedimento, bem como quem substitui o presidente do júri nas suas faltas e impedimentos, e ainda, um secretário técnico, que apoia o júri e assegura a gestão processual do procedimento.

O júri inicial é constituído (i) pelo Presidente da CRESAP, ou por quem este designe, que presidirá, (ii) por um vogal permanente da CRESAP, (iii) por um vogal não permanente da CRESAP, em exercício de funções em órgão ou serviço integrado na orgânica do Ministério a que respeita o procedimento, mas não coincidente com este, e (iv) por um perito cooptado pelos anteriores da bolsa de peritos que funciona junto da CRESAP, nas mesmas circunstâncias do anterior.

A composição do júri pode ser alterada por motivos de força maior, devidamente fundamentados, nomeadamente em caso de falta de quórum. Com efeito, o júri só pode deliberar quando estiverem presentes, pelo menos, dois terços dos seus membros.

O júri delibera com a participação efetiva de todos os seus membros e as respetivas deliberações, quando tomadas por maioria, devem ser realizadas por votação nominal

Sendo necessário alterar-se a composição do júri, a identificação do novo júri é publicitada na plataforma da CRESAP. O novo júri assume integralmente todas as operações do procedimento já efetuadas, devendo dar continuidade ao mesmo.

O presidente do júri tem voto de qualidade que utiliza em caso de empate.

6. Cf. artigos 11º, 12º e 14º do Regulamento e artigo 12º do RI da CRESAP.

nº 7

7. Como já referido (nota 2), é a CRESAP a responsável pela definição das metodologias e dos critérios técnicos aplicáveis no processo de seleção dos candidatos admitidos a concurso. Os métodos de seleção têm, no entanto, de incluir necessariamente, a avaliação curricular (com o fim de identificar os candidatos habilitados à fase de avaliação de competências de gestão) e a realização de entrevistas de avaliação (para avaliação das referidas competências de gestão) a realizar pela CRESAP, sem prejuízo de esta poder ainda optar pela aplicação de outros métodos de seleção previstos na LTFP.

8. Compete ao júri do procedimento garantir a aplicação dos parâmetros de avaliação, a sua ponderação, a grelha classificativa e o sistema de valoração final de cada método de seleção. Em ordem a bem desempenhar a sua missão, o júri pode, designadamente, requerer ao órgão ou serviço onde o candidato tenha exercido ou exerça funções, ou mesmo ao próprio candidato, as informações profissionais e/ou habilitacionais que entenda relevantes e necessárias para o procedimento.

9. O júri delibera através de votação fundamentada nos critérios de seleção adotados e divulgados, não sendo permitidas abstenções. As deliberações devem ser registadas por escrito, sendo acessíveis pelos candidatos, nos termos previstos na lei.

10. Cf. alínea b) do artigo 4º, alíneas d), f), g) e h) do nº 2 do artigo 13º, nºs 2 e 3 do artigo 14º do Regulamento, e nº 2 do artigo 12º do RI.

nº 8

11. O processo de seleção é realizado de modo faseado e inclui obrigatoriamente a avaliação curricular e, para os melhores classificados nesta avaliação, a avaliação de competências de gestão, a qual contempla obrigatoriamente a entrevista de avaliação.

12. A avaliação curricular visa avaliar a adequação das competências expressas pelo candidato relativamente às exigências do cargo, sendo realizada relativamente a todos os candidatos admitidos, mediante a análise (a) do *curriculum vitae* a preencher pelo candidato na plataforma eletrónica de candidatura da CRESAP; e (b) do questionário de autoavaliação a preencher pelo candidato na citada plataforma eletrónica.

Em resultado da avaliação curricular (expressa na escala de 0 a 20), o júri selecionará, dentre os melhores classificados nesta avaliação, quais os candidatos habilitados à fase de avaliação de competências de gestão (deverá haver, em princípio, um número mínimo de seis candidatos). Só podem ser habilitados à fase de avaliação de competências de gestão os candidatos que tenham tido avaliação curricular positiva, isto é, igual ou superior a 9,5.

13. A avaliação de competências de gestão visa obter, através de uma relação interpessoal, informações sobre comportamentos profissionais diretamente relacionados com as competências consideradas essenciais para o exercício do cargo, sendo composta:

a) por um conjunto de provas que permitem identificar o perfil de competências comportamentais do candidato;
b) pela entrevista de avaliação que permite uma análise estruturada e aprofundada das doze competências referidas na alínea b) do artigo 4º do Regulamento, apoiada pela descrição de comportamentos ocorridos em situações reais e vivenciados pelo candidato;
c) por outras provas, referidas no aviso de abertura do concurso, sempre que se considere necessário.

O júri, individualmente ou em conjunto, deve elaborar um parecer qualitativo sobre cada um dos candidatos.

Terminada a avaliação de competências de gestão, o júri delibera de forma fundamentada, de imediato, vertendo em ata os resultados da mesma.

14. Após conclusão do procedimento concursal de seleção, o júri elabora uma proposta de designação, na qual indica três candidatos, ordenados alfabeticamente e acompanhados dos fundamentos da escolha de cada um deles.

A proposta do júri deve ser apresentada ao membro do Governo que tenha o poder de direção ou de superintendência e tutela sobre o serviço ou órgão em que se integra o cargo a preencher.

A proposta de designação assume forma concisa e direta, como a que a seguir se exemplifica:

PROPOSTA DE DESIGNAÇÃO

Procedimento Concursal Nº XXX_CReSAP_XX_XX/(ano)

Recrutamento para o cargo de XXXXXX da Direção-Geral XXXXXXX

1. Após conclusão do processo de seleção previsto no âmbito deste procedimento concursal, o júri deliberou, nos termos do nº 8 do artigo 19º do Estatuto do Pessoal Dirigente, apresentar ao membro do Governo competente a proposta de designação dos seguintes três candidatos, ordenados por ordem alfabética:

- A;
- B;
- C.

2. Foram opositores a este procedimento concursal XXX candidatos.

3. O júri teve a seguinte composição:

Presidente:

XXXXXX, Presidente da CReSAP;

Vogais:

XXXXXXX, Vogal permanente da CReSAP;

XXXXXXX, Diretor-Geral XXXXXXXXX;

Perito:

XXXXXXX

Lisboa, (data)

15. Previamente à designação, o membro do Governo pode realizar uma entrevista de avaliação aos três candidatos.

16. Cf. alínea c) do artigo 4º e artigos 8º a 10º do Regulamento.

nº 9

17. Sempre que, em qualquer das fases do processo de seleção, seja a fase da avaliação curricular, seja a fase da avaliação de competências de gestão, existam menos de três candidatos admitidos, o procedimento concursal é considerado deserto.

Nessa situação, bem como na situação em que o júri não tenha uma proposta de designação para apresentar ao membro do Governo, porque não encontrou três candidatos com condições para serem designados para desempenhar as funções do cargo a concurso, serão convocados para avaliação de competências de gestão todos os candidatos que tenham avaliação curricular positiva.

Mantendo-se a inexistência de proposta de designação deve a Comissão proceder à repetição de aviso de abertura referente ao mesmo procedimento concursal.

Verificando-se o mesmo resultado, o membro do Governo competente para o provimento pode proceder a recrutamento por escolha, de entre indivíduos que reúnam o perfil definido pelo aviso de abertura. Estes deverão ser sujeitos a avaliação curricular e de adequação de competências para o cargo, realizada pela CRESAP, sem caráter vinculativo.

A seguir apresenta-se um exemplo de um despacho emitido pela CRESAP na sequência da verificação de uma situação como a descrita:

Procedimento Concursal Nº XXXX_CReSAP_XX_XX/(an0)
(repetição do Procedimento Concursal nº XXXX_CReSAP_XX_XX/ano)
Recrutamento para o cargo de
XXXXXXXXXXXXXXXXXXXXXX

O Estatuto do Pessoal Dirigente dos serviços e organismos da administração central, regional e local do Estado (EPD), aprovado pela Lei nº 2/2004, de 15 de janeiro, alterado e republicado pela Lei nº 64/2011, de 22 de dezembro e alterado pela Lei nº 68/2013, de 29 de agosto e pela Lei nº 128/2015, de 3 de setembro, estabelece no "Artigo 19º - Seleção e provimento nos cargos de direção superior":

"(...)

8 - O júri, após conclusão da aplicação dos métodos de seleção previstos, elabora a proposta de designação indicando três candidatos, ordenados por ordem alfabética e acompanhados dos fundamentos da escolha de cada um deles, e apresenta-a ao membro do Governo que tenha o poder de direção ou de superintendência e tutela sobre o serviço ou órgão a que respeita o procedimento concursal, que previamente à designação pode realizar uma entrevista de avaliação aos três candidatos.

9 - Na situação de procedimento concursal em que não haja um número suficiente de candidatos para os efeitos do número anterior, ou em que o mesmo fique deserto, deve a Comissão proceder à repetição de aviso de abertura referente ao mesmo procedimento concursal, nos termos dos nºs 1 e seguintes e, verificando-se o mesmo resultado, pode o membro do Governo competente para o provimento proceder a recrutamento por escolha, de entre indivíduos que reúnam o perfil definido pelo aviso de abertura, os quais são sujeitos a avaliação, não vinculativa, de currículo e de adequação de competências ao cargo, realizada pela Comissão.

(...)"

> A abertura de procedimento concursal de recrutamento para o cargo de XXXXXXXXXXXXXXXX foi solicitado pelo Ministro de XXXXXXXXX. Infraestruturas. O procedimento concursal deu entrada na CReSAP, em XX de XXXX de XXXX, com o nº XXXX_CReSAP_XX_XX/(ano) e foi novamente aberto para repetição em XX de XXXXX de XXXX, com o nº XXXX_CReSAP_XX_XX/ano.
>
> Finalizado o processo de avaliação, já com repetição do aviso da abertura do procedimento concursal, o júri constatou que no conjunto de todos os candidatos avaliados não encontrou três candidatos com mérito para constituir a proposta de designação a apresentar ao membro do Governo.
>
> Assim, informa-se que estão reunidas as condições previstas no nº 9 do artigo 19º do EPD e que, portanto, pode o membro do Governo competente para o provimento proceder a recrutamento por escolha, de entre indivíduos que reúnam o perfil definido pelo aviso de abertura, devendo previamente à designação solicitar à CReSAP a respetiva avaliação, não vinculativa, de currículo e de adequação de competências ao cargo.
>
> O Presidente da CReSAP

18. Cf. nºs 2 e 3 do artigo 8ºe nº 8 do artigo 10º do Regulamento.

nºs 10 e 11

19. Se, nos vinte dias seguintes à apresentação da proposta de designação pela CRESAP ao membro do Governo competente para o provimento, algum candidato apresentar a sua desistência, aquele pode solicitar ao júri do procedimento a indicação de outro candidato que entenda adequado colmatar aquela desistência. Se não for possível ao júri proceder a essa substituição, deve a CRESAP proceder à repetição de aviso de abertura referente ao mesmo procedimento concursal.

Persistindo tal, o referido membro do Governo pode proceder a recrutamento por escolha, de entre indivíduos que reúnam o perfil definido pelo aviso de abertura. Estes deverão ser sujeitos a avaliação, não vinculativa, de currículo e de adequação de competências para o cargo, realizada pela CRESAP.

nºs 12, 13 e 14

20. Os cargos de direção superior são providos por despacho do membro do Governo competente, no prazo máximo de quarenta e cinco dias a contar da data de recebimento da proposta de designação[154], em regime de comissão de serviço, por um período de cinco anos, renovável por igual período.

Quer isto significar que a duração máxima da comissão de serviço e das respetivas renovações não poderá exceder, na totalidade, dez anos consecutivos (ou seja, a comissão de serviço inicial integral, seguida de uma renovação). Após esse prazo máximo de comissão de serviço consecutiva em exercício de funções no cargo de direção superior, o dirigente só poderá voltar a ser provido no mesmo cargo do respetivo serviço após cinco anos de interregno.

21. A comissão de serviço é uma das modalidades de prestação de trabalho em funções públicas, sendo especialmente destinada à constituição de vínculo de emprego público para o exercício de cargos dirigentes[155] (artigos 6º e 9º da LTFP).

22. Não pode ocorrer a designação de cargos de direção superior entre a convocação de eleições para a Assembleia da República ou a demissão do Governo e a investidura parlamentar do novo Governo.[156] [157] [158]

154 A Lei nº 64/2011, de 22 de dezembro, que determinou que os concursos para cargos de direção da AP passavam a ser conduzidos pela CRESAP, que apresentaria os três melhores candidatos a membro do Governo, no entanto, não definiu um prazo máximo para que os governantes escolhessem o novo dirigente entre as opções apresentadas. Após várias críticas a tal omissão, traduzida em longos meses de espera pela designação do dirigente pelo membro do Governo competente, a Lei nº 128/2015, de 3 de setembro, veio então introduzir um prazo máximo para o governante escolher o dirigente de entre os indicados na proposta da CRESAP.

155 O vínculo de emprego público constitui-se, igualmente, por comissão de serviço relativamente a funções exercidas com vista à aquisição de formação específica, habilitação académica ou título profissional por trabalhador com vínculo de emprego público por tempo indeterminado (alínea b) do nº 1 do artigo 9º da LTFP).

156 Pretende-se, no fundo, evitar um apressado provimento de cargos de direção superior para o exercício de funções por um período relativamente longo, em alturas de limitação dos poderes legislativo e executivo.

157 A este propósito, realce-se que, também no tocante ao regime de substituição, o nº 5 do artigo 27º do EPDAP, estabelece que nos casos em que estiver em curso procedimento tendente à designação de novo titular, a substituição cessa imperativamente se, no prazo de 45 dias após a entrega pelo júri da proposta de designação, o membro do Governo competente não tiver procedido à mesma. Contudo, estabelece-se que este prazo é suspenso na data da convocação das eleições para a Assembleia da República ou da demissão do Governo e, retomado na data da investidura parlamentar do novo Governo.

Para este efeito, não deverá confundir-se com a designação de cargos de direção superior a situação da renovação da comissão de serviço de um titular de cargo de direção superior. Essa diferença de situações está bem explicitada, a nosso ver, na nota de enquadramento elaborada pelo Secretário de Estado da Presidência do Conselho de Ministros aquando da renovação das comissões de serviço do Secretário-Geral da Presidência do Conselho de Ministros e do Diretor do Centro de Gestão da Rede Informática do Governo e que, seguidamente, reproduzimos[159]:

> "✓ O Secretário de Estado da Presidência do Conselho de Ministros (SEPCM) decidiu renovar as comissões de serviço do Secretário-Geral da Presidência do Conselho de Ministros (SGPCM) e do Diretor do Centro de Gestão da Rede Informática do Governo (CEGER);
>
> ✓ A decisão em causa, que se enquadra na dimensão administrativa da atividade do Governo, não diz respeito a uma nova nomeação de dirigentes, mas sim à renovação das comissões de serviço do SGPCM e do Diretor do CEGER, inicialmente designados na sequência de concursos públicos conduzidos pela Comissão de Recrutamento e Seleção para a Administração Pública (CRESAP) – que validou os respetivos perfis –, no estrito cumprimento dos prazos e pressupostos legais;
>
> ✓ Para além de não estabelecer qualquer impedimento à renovação (ao contrário do que sucede para novas nomeações, que estão efetivamente impedidas), a Lei nº 2/2004, de 15 de janeiro, que aprova o estatuto do pessoal dirigente dos serviços e organismos da administração central, regional e local do Estado, impõe um prazo de até 60 dias antes do termo da respetiva comissão de serviço para o membro do Governo decidir sobre a sua renovação;
>
> ✓ Significa isso que o regime jurídico ao abrigo do qual operam as renovações destas comissões de serviço não permite ao membro do Governo responsável não tomar uma decisão acerca da renovação e deixá-la para um Governo seguinte: porque essa decisão tem necessariamente que ter lugar dentro daquele prazo de até 60 dias antes do termo da comissão de serviço,

[158] Limitação semelhante, embora com algumas ressalvas, está prevista para a nomeação ou proposta para eleição de gestor público (nº 5 do artigo 13º do EGP).

[159] Comunicado de 05.01.2022, consultável em https://www.portugal.gov.pt/pt/gc22/comunicacao/comunicado?i=renovacao-das-comissoes-de-servico-do-sgpcm-e-do-diretor-do-ceger.

não estando prevista qualquer condição suspensiva da mesma (nem mesmo no decurso da marcação de eleições), e porque – ainda que a avaliação do desempenho destes dirigentes seja positiva – a omissão de uma decisão sempre equivaleria a uma recusa da renovação do mandato, com a consequente caducidade da comissão de serviço e impossibilidade de voltar a proceder à sua renovação;

✓ Tal omissão resultaria, assim, num evidente prejuízo para os dirigentes em causa e para os serviços que dirigem, porque mesmo beneficiando de uma avaliação positiva sobre o trabalho que desenvolveram durante os primeiros 5 anos do seu mandato (requisito essencial a que a lei manda atender no momento de decidir sobre a renovação de comissão de serviço), veriam recusada essa possibilidade;

✓ De facto, importa notar que a lei faz depender a renovação das comissões de serviço destes dirigentes exclusivamente dos resultados evidenciados no exercício do cargo, e da análise circunstanciada do respetivo desempenho do dirigente e dos resultados que obteve;

✓ E foi isso que, neste caso, o SEPCM fez: dentro do prazo por lei determinado, escrutinou e analisou o desempenho destes dirigentes, assim como a evolução registada pelos respetivos serviços que chefiam; reconheceu a importância, centralidade e também sensibilidade da missão destes serviços (que, dizendo respeito a funções de suporte, se acentuam num período de transição entre Governos) e tomou a decisão de renovar estas comissões de serviço na melhor defesa do interesse público, da reputação dos serviços em causa e dos próprios dirigentes visados."

nºs 15, 16, 17

23. O despacho de provimento nos cargos de direção superior, devidamente fundamentado e acompanhado por nota relativa ao currículo académico e profissional do designado, é publicado no DR (1ª. Série).

24. A designação para cargo de direção intermédia e, naturalmente, o respetivo início de funções, não carecem de autorização do serviço/órgão de origem do designado.

nºs 18, 19, 20 e 21

25. O procedimento concursal de recrutamento e seleção reveste natureza urgente e de interesse pública, o que se traduz nos seguintes efeitos:

i. as funções próprias de membro de júri devem prevalecer sobre todas as restantes (artigo 15º do RI da CRESAP).
ii. não há lugar a audiência de interessados.

Esta previsão configura-se como uma norma especial, porquanto expressamente contrária ao princípio geral do direito de audiência prévia consignado no artigo 121º do CPA. Veja-se que, mesmo a situação específica prevista na alínea a) do nº 124º do CPA, apenas estatui que o responsável pela direção do procedimento "pode não proceder" à audiência de interessados quando a decisão a tomar for urgente. Ou seja, neste caso, se decidir não proceder à audiência prévia do interessado, deve o responsável pela direção do procedimento fundamentar porque o não faz, justificando concretamente a urgência da decisão. Pelo contrário, no caso de um procedimento concursal de recrutamento e seleção de titular de cargo de direção superior, é a própria lei que consigna expressamente a não realização de audiência prévia.

iii. o recurso administrativo interposto do despacho de designação ou de qualquer outro ato praticado no decurso do procedimento, não tem efeito suspensivo.

Nos termos conjugados dos nºs 1 e 2 do artigo 185º e dos nºs 1 e 2 do artigo 189º do CPA, as impugnações administrativas, quando necessárias (ou seja, quando se impõe a sua prévia utilização antes de se poder aceder aos meios contenciosos de impugnação ou a condenação à prática de ato devido), suspendem os efeitos do ato administrativo. Já as impugnações facultativas (nos casos em que o interessado pode diretamente utilizar os meios contenciosos para impugnação do ato ou pedido de condenação à prática de ato devido) não têm efeito suspensivo, a não ser que a lei disponha em contrário ou quando o autor do ato, oficiosamente ou a requerimento do interessado, considere que a sua execução imediata causa prejuízos irreparáveis ou de difícil reparação ao destinatário e a suspensão não cause prejuízo de maior gravidade para o interesse público. Do exposto, conclui-se que a impugnação graciosa de um ato praticado no decurso do procedimento concursal de recrutamento e seleção terá sempre natureza facultativa, podendo o interessado impugnar o ato, ou peticionar a condenação à prática de ato devido, diretamente junto dos tribunais administrativos.

iv. a propositura de providência cautelar de suspensão da eficácia de um ato administrativo praticado no procedimento não tem por efeito a proibição da execução desse ato.

Esta previsão constitui uma exceção ao disposto no artigo 128º do CPTA, que estatui que, quando seja requerida a suspensão da eficácia de um ato administrativo, a entidade administrativa e o beneficiário do ato não podem, após a citação, iniciar ou prosseguir a execução do mesmo – salvo se, mediante remessa ao tribunal de resolução fundamentada na pendência do processo cautelar, reconhecer que o diferimento da execução seria gravemente prejudicial para o interesse público.

Se, porém, o tribunal vier a proferir decisão de suspensão de eficácia do ato, no âmbito do processo cautelar, poderá o membro do Governo com poder de direção ou de superintendência e tutela relativamente ao órgão ou serviço cujo titular de direção superior se pretende prover, proceder à designação de um titular do cargo em regime de substituição, nos termos do artigo 27º do EPDAP. A designação em regime de substituição do titular do cargo de direção superior em causa pode-se mostrar necessária, uma vez que, mesmo que a entidade administrativa entenda interpor recurso da decisão judicial que decretou a suspensão da eficácia do ato no âmbito do processo cautelar, tal recurso tem efeito meramente devolutivo (alínea b) do nº 2 do artigo 143º do CPTA) e somente o trânsito em julgado de sentença proferida em sede do processo principal estabilizará a situação. Claro que se o recurso interposto de uma decisão cautelar desfavorável à entidade pública vier inverter a decisão proferida em primeira instância, transitando em julgado, o ato poderá ser executado, mas também poderá suceder que, no âmbito do processo principal, venha a ser proferido aresto desfavorável à AP, o que poderá levar à instauração de recursos de apelação e de revista para os tribunais superiores – embora estes já com efeito suspensivo da decisão judicial impugnada (nº 1 do artigo do artigo 143º do CPTA) – com a inerente instabilidade para o exercício das funções do dirigente cuja designação está a ser impugnada nos tribunais.

26. Jurisprudência

Acórdão do TCAS, de 12.02.2015 – Secção Contencioso Administrativo, 2º Juízo – Proc. 11748/15

Relator: Cristina dos Santos

Descritores: Ação de intimação – Cargo de direção superior.

Sumário:

"1. No domínio do recrutamento de cargos de direcção superior da Administração Pública regulado na Lei 64/2011 de 22.12, o artº 19º nº 6 remete para o domínio do exercício da competência discricionária consistente na liberdade conferida por lei em sede de função administrativa do membro do Governo de, entre várias alternativas de actuação juridicamente admissíveis face ao naipe de 3 candidatos apresentados, exercer o poder de escolha no procedimento concursal de selecção dirigido pela CRESAP.

2. Retira-se do contexto do artº 19º nº 13 da citada Lei 64/2011 que à entrega da lista dos 3 candidatos seleccionados não se segue imediatamente a designação, podendo intercalar-se uma fase de entrevistas de avaliação, opção que necessariamente cabe no domínio da discricionariedade de acção na componente administrativa da competência do membro do Governo.

Excertos:

"(...) Alega a Requerente que o seu direito fundamental de acesso à função pública em condições de igualdade e liberdade, previsto no 47° da CRP, é violado pela não designação do novo Director-Geral da Direcção-Geral de Artes, de entre os três candidatos propostos pela CRESAP, entre eles a Requerente, no âmbito do procedimento concurso aberto para o efeito.

Nos termos do artigo 109º, nº 1 do CPTA: "A intimação para protecção de direitos, liberdades e garantias pode ser requerida quando a célere emissão de uma decisão de mérito que imponha à Administração a adopção de uma conduta positiva ou negativa se revele indispensável para assegurar o exercício, em tempo útil, de um direito, liberdade ou garantia, por não ser possível ou suficiente, nas circunstâncias do caso, o decretamento provisório de uma providência cautelar, segundo o disposto no artigo 131º"

São, pois, os seguintes os pressupostos cumulativos deste meio processual:

a) Que a emissão urgente de uma decisão de mérito seja indispensável para a protecção de um direito, liberdade ou garantia;
b) Que não seja possível ou suficiente o decretamento provisório de uma providência cautelar no âmbito de uma acção administrativa.

Não está em causa nos autos a defesa do direito fundamental que a Requerente invoca.

Na verdade não foi alegado, nem provado, que a Requerente (que, de resto, como resulta dos detalhes de candidatura que apresenta em anexo ao r.i., é docente do departamento de Artes da Imagem no Mestrado em Comunicação Audiovisual na Escola Superior de Música, Artes e Espectáculos - IPP - Instituto Politécnico do Porto) tenha sido preterida na oportunidade ou igualdade de acesso à função pública.

Como bem aponta a entidade requerida, não está em causa o direito de escolher livremente uma profissão, nem o direito de acesso à função pública, consagrado no artigo 47º da CRP, porquanto a Requerente não está a pedir ao Tribunal que condene a Administração a praticar um acto que condiciona o seu acesso a uma determinada profissão ou à função pública.

O que a Requerente pretende é que o Secretário de Estado da Cultura tome uma decisão com brevidade (no prazo de 20 dias) no que diz respeito à designação do novo Director-Geral da Direcção-Geral de Artes, de entre os três candidatos propostos pela CRESAP, entre eles a Requerente, no âmbito do procedimento concurso aberto para o efeito.

E nada garante à Requerente que tal decisão seja no sentido da sua nomeação, como a própria reconhece no artigo 69º do requerimento inicial, admitindo, ainda, que apenas é titular de uma expectativa jurídica (cfr. artigo 75º do r.i.).

Ou seja, a decisão que a Requerente pretende que seja tomada não é determinante para o seu direito de escolher uma profissão ou para o seu direito a exercer cargos públicos.

E o direito a obter uma decisão célere por parte da Administração não configura um direito, liberdade e garantia ou um direito fundamental de natureza análoga susceptível de ser defendido por via do meio processual utilizado da intimação para defesa de direitos, liberdades e garantias.

De resto, se se permitisse a utilização deste meio processual especial e urgentíssimo sempre que estivesse em causa a demora na decisão de um concurso passaria este a ser o meio comum em matéria de concursos de acesso ou progressão nas carreiras públicas, o que manifestamente o legislador não quis com este meio, que é um meio excepcional.

Sucede, ainda, que a Requerente não alega qualquer facto que permita concluir pela necessidade da emissão urgente de uma decisão de mérito.

A Requerente apenas diz que a pendência indefinida do procedimento concursal não lhe permite tomar opções sobre a orientação da sua vida profissional e pessoal e, designadamente, as de concorrer e aceitar outras funções no sector público ou privado. Mas o lapso de tempo entretanto verificado não enquadra a "pendência indefinida do procedimento concursal" nem a Requerente alega factos concretos sobre as opções relativas à orientação da sua vida profissional e pessoal que tenha deixado de tomar.

Não vem, portanto, alegada nem se evidencia, a existência de uma situação de natureza urgente (motivada pela existência de um direito que se encontre ameaçado no seu exercício útil) que reivindique uma decisão judicial definitiva e imediata.

Pelo que, não se encontram verificados os pressupostos para que se possa lançar mão à intimação para defesa de direitos, liberdades e garantias.

Desde logo, o primeiro dos pressupostos acima enunciados não se encontra verificado. E o segundo pressuposto nem sequer se chega a colocar, por não se vislumbrar, face ao alegado, a necessidade de tutela judicial urgente.

O meio adequado para satisfazer a pretensão da Requerente é a acção administrativa especial de condenação à prática de acto devido.

Contudo, o tribunal não pode presumir a vontade do Requerente em prosseguir com esse processo.

De resto, é a própria Requerente quem, nos artigos 95º a 101° do r.i., afirma que a acção administrativa especial não é adequada à satisfação dos seus interesses.

Não pode, portanto, haver lugar a convolação do meio processual.

Conclui-se, assim, que todo o processado é nulo, desde o requerimento inicial, por ser totalmente inidóneo a instruir a forma processual adequada. O que não impede o Requerente de, nos termos gerais, apresentar nova petição inicial com recurso à forma processual que entenda defender melhor os seus interesses.

IV – Decisão

Face ao exposto, julga-se que o Requerente fez um uso indevido e inadequado do tipo processual utilizado, o que configura uma excepção dilatória inominada e que conduz à absolvição do Requerido da instância, o que se determina.

(...)

Cabe precisar que a matéria que substancia o objecto da causa não se subsume na previsão do acesso à função pública, constitucionalmente consagrado no artº 47º nº 2 CRP, mas no acesso a cargos públicos previsto no artº 50º nº 1 CRP, sendo certo que não está em causa o direito de acesso na exacta medida em que o Recorrente apresentou-se a concurso e foi seleccionado pela CRESAP em lista de 3 candidatos apresentada ao Secretário de Estado da Cultura em 20.05.2014, sendo que a presente acção de intimação deu entrada no Tribunal a quo em 10.SET.2014, ou seja, decorridos que foram 4 meses.

Se tomarmos em linha de conta a matéria de facto levada ao probatório nos itens 1a 4 conjugada com o pedido deduzido, resulta que o Recorrente pretende que o Tribunal fixe um prazo até 20 dias para a entidade competente – no caso, o Secretário de Estado da Cultura – designar e publicitar o candidato que, no seu entender e dentre os três seleccionados pela CRESAP, é o adequado ao cargo de

Director Geral da Direcção Geral das Artes (DCARTES), nos termos do artº 19º nº 6 Lei 2/2004, 15.01 na redacção dada pela Lei 64/2011 de 22.12.

Todavia, o citado artº 19º nº 6 remete, claramente, para o domínio do exercício da competência discricionária consistente na liberdade conferida por lei em sede de função administrativa do membro do Governo, no caso, o Secretário de Estado da Cultura, de, entre várias alternativas de actuação juridicamente admissíveis face ao naipe de 3 candidatos apresentados, exercer o poder de escolha no procedimento concursal de selecção dirigido pela CRESAP.

E também é claro que a Lei 64/2011 não determina nenhum prazo para o efeito, na medida em que o artº 19º nº 6 da citada Lei apenas diz que o júri elabora a proposta de designação fundamentada, indicando 3 candidatos, por ordem alfabética e apresenta-a ao membro do Governo que tenha o poder de direcção ou de superintendência e tutela sobre o serviço ou órgão a que respeita o procedimento, sendo que o membro do Governo "previamente à designação pode realizar uma entrevista de avaliação aos três candidatos.".

Independentemente da classificação de urgência e interesse público do procedimento concursal – artº 19º nº 13 da citada Lei 64/2011 – retira-se do contexto normativo que à entrega da lista dos 3 candidatos seleccionados não se segue imediatamente a designação, podendo intercalar-se uma fase de entrevistas de avaliação, opção que necessariamente cabe no domínio da discricionariedade de acção na componente administrativa da competência do membro do Governo.

*

Pelo que vem dito, atento o objecto da causa tal como decorre do pedido e causa de pedir, a delimitação concreta da situação jurídica subjectiva trazida a juízo pelo Recorrente no domínio do exercício de direitos, liberdades e garantias não é subsumível na previsão do artº 109º nº 1 CPTA porque o comportamento que o Recorrente pretende que o Tribunal determine concretiza-se num acto próprio do exercício da competência administrativa discricionária traduzida no poder de escolha dos dirigentes máximos da Administração Pública pelos responsáveis políticos nos termos da Lei 64/2011, 22.12, que modificou os procedimentos de recrutamento, selecção e provimento dos cargos de direcção superior da Administração Pública, em alteração da Lei 2/2004 de 15.01, sendo que o meio adjectivo de intimação urgente definitiva para protecção de direitos liberdades e garantias "(...) pode ser muito útil para acorrer a situações em que seja urgente a obtenção de uma pronúncia definitiva sobre o mérito da causa .. O que importa, em situações deste tipo, é obter, em tempo útil e, por isso, com carácter de urgência, a decisão definitiva sobre a questão de fundo. (...)"

De modo que o pedido deduzido em juízo pelo Recorrente – fixação de prazo para designação do Director Geral da Direcção Geral das Artes (DCARTES) dentre os 3 candidatos seleccionados pela CRESAP ao membro do Governo, no caso, o Secretário de Estado da Cultura – não tem sustentação legal na medida em que não se demonstra na esfera jurídica do Recorrente a necessidade de salvaguarda do direito de acesso a cargos públicos previsto no artº 50º nº 1 CRP através do meio adjectivo de intimação para protecção de direitos, liberdades e garantias do artº 109º CPTA.

***

Termos em que acordam, em conferência, os Juízes Desembargadores da Secção de Contencioso Administrativo do Tribunal Central Administrativo Sul em negar provimento ao recurso e confirmar a sentença proferida.(...)"

ARTIGO 19º-A
Carta de missão

1 – Com o aviso de abertura do concurso é publicada a carta de missão, elaborada pelo membro do Governo que dirige ou superintende e tutela o serviço ou órgão em que se insere o cargo a preencher, que constitui um compromisso de gestão.

2 – Na carta de missão são definidos de forma explícita os objetivos, devidamente quantificados e calendarizados, a atingir no decurso do exercício de funções, sem prejuízo da sua revisão, sempre que tal se justifique, por alterações de contexto geral ou por circunstâncias específicas que o determinem, mediante orientação do respetivo membro do Governo.

3 – Os candidatos devem juntar uma declaração à sua candidatura, elaborada em conformidade com modelo aprovado por Regulamento da Comissão de Recrutamento e Seleção para a Administração Pública, aceitando os termos da carta de missão, sob pena de não aceitação da candidatura.

Contém as alterações introduzidas pela Lei nº 64/2011, de 22/12.

1. Este artigo 19º-A do EPDAP foi aditado pela Lei nº 51/2005, de 30 de agosto. Nos termos do nº 1 do artigo 8º dessa lei, o disposto no, então, novo artigo 19º-A, era aplicável aos titulares de cargos dirigentes apenas no termo do prazo da comissão de serviço, ou da respetiva renovação, que se encontrasse a decorrer na data da sua entrada em vigor, mantendo-se, em tais casos, em vigor as redações anteriores.

nº 1

2. A Carta de Missão corresponde ao documento elaborado e entregue à Comissão de Recrutamento e Seleção para a Administração Pública (CRESAP) pelo membro do Governo com poder de direção, superintendência ou tutela sobre o serviço ou órgão em que se integra o cargo dirigente a preencher, antes do início do procedimento concursal em causa e a publicar juntamente com o respetivo aviso de abertura (ver também o nº 3 do artigo 18º do EPDAP).

A consagração da Carta de Missão no EPDAP foi caracterizada em 2005 pelo então Secretário de Estado da Administração como "*um instrumento inovador, indispensável ao desenvolvimento na Administração Pública de uma cultura de gestão por objectivos e eu seja base de avaliação de desempenho dos dirigentes máximos dos serviços públicos.*" (vd. *Breves Recomendações para a Elaboração da Carta de Missão,* Secretário de Estado da Administração Pública, agosto de 2005).[160]

Na Carta deverá constar, de forma sintética, a missão do serviço ou organismo, ou seja, a sua razão da existência, com base na legislação aplicável.

nº 2

3. A Carta de Missão deve conter expressamente definidos os objetivos a atingir pelo dirigente no decurso do exercício das suas funções.

Tais objetivos devem ser definidos em moldes a permitir que, posteriormente, se possam avaliar os resultados obtidos. Assim, devem ser formulados objetivos devidamente quantificados.

Os objetivos devem, também, ser definidos segundo uma calendarização que permita a realização progressiva dos objetivos finais da comissão de serviço do dirigente. Será aconselhável, por isso, que os objetivos possam ser fixados para cada ano que constitui a comissão de serviço em caus (geralmente, cinco anos).

Os objetivos podem ser definidos por forma a permitir a sua desmultiplicação pelos vários departamentos ou áreas de atuação/intervenção do

[160] Consultável em https://www.dgaep.gov.pt/.../recomendacoes_elaboracao_cartas...

serviço ou organismos e, subsequentemente, pelos respetivos trabalhadores. Devem ser objetivos de natureza operacional e, assim, estarem relacionados com os serviços ou atividades prestadas. Porém, nada impede que possam ser definidos objetivos visando a gestão de recursos humanos, financeiros e materiais.

Na definição dos objetivos assume clara importância a especificidade funcional de cada serviço ou organismo. Porém, será desejável que, por exemplo, os objetivos possam ser agrupados em três categorias: Eficácia, Eficiência e Qualidade.[161]

Na Carta de Missão devem também identificar-se os produtos finais a alcançar e os serviços prestados pelo organismo, bem como os respetivos tipos de beneficiários, clientes ou utentes.

Devem enunciar-se orientações estratégicas, coerentes com o Programa do Governo, com as Grandes Opções do Plano para a área pertinente, bem como outras opções fundamentais formuladas pelo Governo para aquele órgão ou serviço.

nº 3

4. No respetivo processo de candidatura ao cargo dirigente em concurso (o qual é efetuado, exclusivamente, por via eletrónica), os candidatos devem, obrigatoriamente, juntar uma declaração de aceitação dos termos da carta de missão, sob pena de não aceitação da candidatura.

5. O modelo da declaração de aceitação é aprovado nos termos do Regulamento da CRESAP (artigo 18º do Regulamento de Tramitação dos Procedimentos de Recrutamento e Seleção dos Cargos de Direção Superior na Administração Pública).[162]

[161] *Breves Recomendações para a Elaboração da Carta de Missão*, Secretário de Estado da Administração Pública, agosto de 2005.

[162] Aprovado pelo Despacho nº 6061/2020, de 26 de maio, publicado no DR, 2ª série, nº 109, de 04.06.2020.

SECÇÃO II
Recrutamento, seleção e provimento dos cargos de direção intermédia

ARTIGO 20º
Área de recrutamento dos cargos de direção intermédia

1 - Os titulares dos cargos de direção intermédia são recrutados, por procedimento concursal, nos termos do artigo seguinte, de entre trabalhadores em funções públicas contratados ou designados por tempo indeterminado, licenciados, dotados de competência técnica e aptidão para o exercício de funções de direção, coordenação e controlo que reúnam seis ou quatro anos de experiência profissional em funções, cargos, carreiras ou categorias para cujo exercício ou provimento seja exigível uma licenciatura, consoante se trate de cargos de direção intermédia de 1º ou de 2º grau, respetivamente.

2 - Os diplomas orgânicos ou estatutários dos serviços e órgãos públicos abrangidos pela presente lei estabelecem, expressamente, a área e os requisitos de recrutamento dos titulares dos cargos de direção intermédia de 3º grau ou inferior.

3 - Sem prejuízo do disposto no número anterior, a área de recrutamento para os cargos de direção intermédia de unidades orgânicas cujas competências sejam essencialmente asseguradas por pessoal integrado em carreiras ou categorias de grau 3 de complexidade funcional a que corresponda uma atividade específica é alargada a trabalhadores integrados nessas carreiras titulares de curso superior que não confira grau de licenciatura.

4 - Quando as leis orgânicas expressamente o prevejam, o recrutamento para os cargos de direção intermédia pode também ser feito de entre trabalhadores em funções públicas integrados em carreiras específicas dos respetivos serviços ou órgãos, ainda que não possuidores de curso superior.

5 - Nos casos em que o procedimento concursal fique deserto ou em que nenhum dos candidatos reúna condições para ser designado, nos termos do nº 7 do artigo seguinte, os titulares dos cargos de direção intermédia podem igualmente ser recrutados, em subsequente procedimento concursal, de entre indivíduos licenciados sem vínculo à Administração Pública que reúnam os requisitos previstos no nº 1 e desde que:

a) O serviço ou órgão interessado o tenha solicitado, em proposta fundamentada, ao membro do Governo responsável pela área da Administração Pública;

b) O recrutamento caiba dentro da quota anualmente fixada para o efeito pelo membro do Governo responsável pela área da Administração Pública;

c) O membro do Governo responsável pela área da Administração Pública o tenha autorizado.

Contém as alterações introduzidas pelos seguintes diplomas:
- Lei nº 51/2005, de 30/08;
- Lei nº 64-A/2008, de 31/12;
- Lei nº 64/2011, de 22/12.

nºs 1, 2, 3 e 4

1. O recrutamento dos titulares dos cargos de direção intermédia efetua-se por procedimento concursal, de entre trabalhadores em funções públicas contratados ou designados por tempo indeterminado, dotados de competência técnica e aptidão, que reúnam, cumulativamente, os seguintes requisitos:

i. Licenciatura;
ii. Seis ou quatro anos de experiência profissional em funções, cargos, carreiras ou categorias, para cujo exercício ou provimento seja legalmente exigível uma licenciatura, consoante se trate, respetivamente, de cargos de direção intermédia de 1º ou 2º grau.

2. Como se referiu anteriormente, nas nossas notas ao artigo 18º do EPDAP, ao contrário do que sucede relativamente aos cargos de direção superior (aos quais se podem candidatar indivíduos sem vínculo prévio à AP), em regra, para os cargos de direção intermédia somente poderão ser recrutados trabalhadores em funções públicas contratados ou designados por tempo indeterminado, habilitados com o grau académico de licenciatura e dotados de competência técnica e aptidão para o exercício de funções de direção, coordenação e controlo, que reúnam seis ou quatro anos de experiência em funções, cargos, carreiras ou categorias para cujo exercício ou provimento seja exigível uma licenciatura, consoante se trate de cargos de direção intermédia de 1º grau ou de 2º grau, respetivamente.

Excecionalmente, a área de recrutamento para os cargos de direção intermédia de unidades orgânicas cujas competências sejam, essencialmente, asseguradas por pessoal integrado em carreiras/categorias de grau 3 (*v.g.* técnico superior), de complexidade funcional a que corresponda uma atividade específica, poderá ser alargada a trabalhadores integrados nessas carreiras que sejam titulares de curso superior não conferente de grau de licenciatura (*v.g.*, antigos bacharéis ou os titulares de um diploma de curso técnico superior profissional[163]).

Por outro lado, quando as leis orgânicas expressamente o prevejam, o recrutamento para os cargos de direção intermédia pode também ser feito de entre trabalhadores em funções públicas integrados em carreiras específicas dos respetivos órgãos ou serviços, ainda que não possuidores de um curso superior.

3. O recrutamento dos titulares dos cargos de direção intermédia de 3º grau ou inferior é feito de acordo com a área e os requisitos de recrutamento expressamente previstos nos diplomas orgânicos ou estatutários dos serviços.

4. A iniciativa do procedimento cabe ao dirigente máximo do serviço em que se integra o cargo a preencher.

nº 5

5. Nos casos em que o procedimento concursal fique deserto ou em que nenhum dos candidatos reúna condições para ser designado, podem então, em subsequente procedimento concursal, ser recrutados indivíduos habilitados com o grau académico de licenciatura mas sem vínculo à AP, desde que, cumulativamente:

i. reúnam os requisitos gerais para o provimento deste tipo de cargos (*vd.* nº 1 do artigo em anotação);

[163] Os Cursos de Técnico Superior Profissional são regulados por normas integradas no regime jurídico dos graus e diplomas do ensino superior, sendo o diploma de técnico superior profissional um diploma de ensino superior (cf. DL nº 74/2006, de 24 de março, na redação atual e, designadamente, os DL nºs 63/2016, de 13 de setembro, e 65/2018, de 16 de agosto, que introduziram alterações ao primeiro). Os Cursos de Técnico Superior Profissional correspondentes a um ciclo de estudos do ensino superior não conferente de grau académico, ministrado exclusivamente no ensino superior politécnico, com 120 créditos e duração normal de 4 semestres.

ii. o serviço ou órgão interessado o tenha solicitado, em proposta fundamentada, ao membro do Governo responsável pela área da AP;
iii. que este membro do Governo o tenha autorizado; e que
iv. o recrutamento caiba dentro da quota anualmente fixada para o efeito pelo membro do Governo responsável pela área da AP.

Apenas nesta situação extrema, pode o procedimento concursal para o provimento de cargos de direção intermédio revestir natureza externa.

6. Jurisprudência

Acórdão de 10.05.2007, do TCAN – 1ª Secção – Contencioso Administrativo – Proc. 00260/05.0BEBRG

Relator: José Augusto Araújo Veloso

Descritores: Estatuto Pessoal Dirigente – Concurso – Chefe Divisão

Sumário:

"I. Segundo o estatuto do pessoal dirigente aprovado pela lei nº 2/2004, de 15 de Janeiro, o chefe de divisão, que é titular de um cargo de direcção intermédia de 2º grau, é recrutado de entre funcionários que reúnam cumulativamente os seguintes requisitos: licenciatura; aprovação no curso de formação profissional específica previsto no artigo 12º; quatro anos de experiência profissional em carreiras para cujo provimento seja legalmente exigível uma licenciatura;

II. A titularidade de uma licenciatura, qualquer licenciatura, passa a ser o requisito formal de admissão de candidatos, remetendo-se para o domínio da avaliação dos candidatos admitidos, nomeadamente da avaliação do perfil pretendido, toda a margem de discricionariedade técnica concedida à administração;

III. Não é admissível que a entidade que abriu o concurso possa definir o perfil de candidato pretendido, para ocupar a vaga, mediante a limitação do requisito habilitacional formal da licenciatura a determinada ou determinadas licenciaturas. Na verdade, a não ser assim, isso resultaria numa limitação ilegal da possibilidade de ser escolhido para todos aqueles que, não obstante serem licenciados, não tivessem os elementos integradores do perfil pretendido radicados nessa licenciatura."

*

Acórdão de 07.12.2006, do TCAN – 1ª Secção – Contencioso Administrativo – Proc. 0684/03

Relator: José Augusto Araújo Veloso

Descritores: Concurso interno Ingresso – Diretor de Departamento Municipal – Requisitos recrutamento – Diretor de Serviços – Licenciatura adequada

Sumário:

"I. O recrutamento para os cargos de director de serviços e chefe de divisão ou equiparados é feito, por concurso, de entre funcionários que reúnam cumulativamente os seguintes requisitos:

a) Licenciatura adequada;

b) Integração em carreira do grupo de pessoal técnico superior;

c) Seis ou quatro anos de experiência profissional em cargos inseridos em carreiras do grupo de pessoal a que alude a alínea precedente, consoante se trate, respectivamente, de lugares de director de serviços ou chefe de divisão;

II. Na proposta de abertura do concurso são estabelecidas as condições preferenciais de habilitações e experiência consideradas necessárias ao desempenho do cargo, as quais constarão do respectivo aviso.

III. A definição da licenciatura adequada, enquanto requisito de recrutamento de director de serviços e chefe de divisão ou equiparados, não pode restringir-se a uma concreta licenciatura, mas a uma licenciatura adequada, aferindo-se a adequação, em causa, com relação às funções a desempenhar no cargo posto a concurso."

*

Acórdão de 04.10.2017, do TCAN – 1ª Secção -Contencioso Administrativo – Proc. 00746/11.8BEPNF

Relator: Hélder Vieira

Descritores: Recrutamento dos cargos de direção intermédia de 1º grau – Experiência profissional – Exigência de licenciatura.

Sumário:

"I – No artigo 20º, nº 1, do Estatuto do Pessoal Dirigente (EPD) aprovado pela Lei nº 2/2004, de 15/01, na redacção que lhe foi dada pela Lei nº 51/2005, de 30/08, e pela Lei nº 64/2011, de 22/12, adaptada à Administração Local pelo Decreto-Lei nº 93/2004, de 20/04, o legislador, entre os demais requisitos, exige experiência profissional em funções, cargos, carreiras ou categorias para cujo exercício ou provimento seja exigível uma licenciatura.

II – Nesses casos, a licenciatura pode em concreto não ser exigida, nos termos da lei, o que não descaracteriza a situação assim gerada, para efeito de preenchimento daquele requisito, como experiência profissional em funções, cargos, carreiras ou categorias para cujo exercício ou provimento seja exigível uma licenciatura.

III – A experiência profissional decorrente do exercício de cargo cujo respectivo acto de nomeação veio a ser anulado judicialmente, não releva como experiência profissional para efeitos de futuro concurso."

ARTIGO 21º
Seleção e provimento dos cargos de direção intermédia

1 – O procedimento concursal é publicitado na bolsa de emprego público durante 10 dias, com a indicação dos requisitos formais de provimento, do perfil exigido, tal qual se encontra caracterizado no mapa de pessoal e no regulamento interno, da composição do júri e dos métodos de seleção, que incluem, necessariamente, a realização de uma fase final de entrevistas públicas.

2 – A publicitação referida no número anterior é precedida de aviso a publicar em órgão de imprensa de expansão nacional e na 2ª série do Diário da República, em local especialmente dedicado a concursos para cargos dirigentes, com a indicação do cargo a prover e do dia daquela publicitação.

3 – O júri é constituído:

a) Pelo titular do cargo de direção superior de 1º grau do serviço ou órgão em cujo quadro se encontre o cargo a prover ou por quem ele designe, que preside;
b) Por dirigente de nível e grau igual ou superior ao do cargo a prover em exercício de funções em diferente serviço ou órgão, designado pelo respetivo dirigente máximo; e
c) Por indivíduo de reconhecida competência na área funcional respetiva, designado por estabelecimento de ensino de nível superior ou por associação pública representativa de profissão correspondente.

4 – Para a seleção dos titulares dos cargos dirigentes intermédios de 3º grau e inferior, o júri é constituído:

a) Pelo titular do cargo de direção superior de 1º grau do serviço ou órgão em cujo mapa se encontre o cargo a prover ou por quem ele designe, que preside;
b) Por dois dirigentes de nível e grau igual ou superior ao cargo a prover, um deles em exercício no serviço ou órgão em cujo mapa se encontre o cargo a prover e outro em diferente serviço ou órgão, ambos designados pelo respetivo dirigente máximo.

5 – Ao elemento do júri referido na alínea c) do nº 3 que não seja vinculado à Administração Pública é devida remuneração nos termos fixados pelo membro do Governo responsável pela área da Administração Pública.

6 – O júri, findo o procedimento concursal, elabora a proposta de designação, com a indicação das razões por que a escolha recaiu no candidato proposto, abstendo-se de ordenar os restantes candidatos.

7 – O júri pode considerar que nenhum dos candidatos reúne condições para ser designado.

8 – A pedido do serviço ou órgão interessado, o procedimento concursal é assegurado por entidade pública competente, integrada em diferente ministério, com dispensa de constituição de júri, mas com intervenção do indivíduo previsto na alínea c) do nº 3, sendo, nesse caso, aplicável, com as devidas adaptações, o disposto nos nºs 1, 2, 4, 5, 6 e 7.

9 – Os titulares dos cargos de direção intermédia são providos por despacho do dirigente máximo do serviço ou órgão, em comissão de serviço, pelo período de três anos, renovável por iguais períodos de tempo.

10 – O provimento nos cargos de direção intermédia produz efeitos à data do despacho de designação, salvo se outra data for expressamente fixada.

11 – O despacho de designação, devidamente fundamentado, é publicado no Diário da República juntamente com uma nota relativa ao currículo académico e profissional do designado.

12 – A designação dispensa a autorização do serviço ou órgão de origem do designado.

13 – O procedimento concursal é urgente e de interesse público, não havendo lugar a audiência de interessados.

14 – Não há efeito suspensivo do recurso administrativo interposto do despacho de designação ou de qualquer outro ato praticado no decurso do procedimento.

15 – A propositura de providência cautelar de suspensão da eficácia de um ato administrativo praticado no procedimento não tem por efeito a proibição da execução desse ato.

16 – Em caso de suspensão judicial da eficácia do despacho de designação, é aplicável o disposto no artigo 27º

Contém as alterações introduzidas pelos seguintes diplomas:
- Lei nº 51/2005, de 30/08;

- *Lei nº 64-A/2008, de 31/12;*
- *Lei nº 3-B/2010, de 28/04;*
- *Lei nº 64/2011, de 22/12.*

1. As diferenças entre o procedimento concursal para recrutamento e provimento de titulares de cargos de direção superior e o procedimento concursal para recrutamento e provimento de titulares de cargos de direção intermédia, para além das já mencionadas nas notas ao artigo 20º do EPDAP, dizem também respeito à respetiva tramitação, como decorre do disposto neste artigo 21º em anotação.

nºs 1 e 2

2. O procedimento concursal para cargo de direção intermédia é precedido de publicitação da vaga na bolsa de emprego público (https://www.bep.gov.pt/) durante dez dias com indicação da identificação do cargo a prover, dos requisitos formais de provimento, do perfil pretendido, tal como se encontra caraterizado no mapa de pessoal e no regulamento interno, da composição do júri e dos métodos de seleção a aplicar.

A publicitação da vaga na BEP é precedida de aviso (extrato) a publicar em órgão de imprensa de expansão nacional e na 2ª série do DR, neste caso em local especificamente dedicado a concursos para cargos dirigentes[164], com indicação do cargo a prover e do dia daquela publicitação, como seguidamente se exemplifica:

Aviso (extrato) nº XXXX/(ano)

Sumário: Abertura de procedimento concursal para provimento de cargo de direção intermédia de 2º grau para diretor do (....).

Procedimento concursal para provimento do cargo de Direção Intermédia de 2º grau Diretor/a do (....), do Instituto (...).

Nos termos dos artigos 20º e 21º da Lei nº 2/2004, de 15 de janeiro, alterada e republicada pela Lei nº 64/2011, de 22 de dezembro e com a última redação dada pela Lei nº 128/2015, de 3 de setembro, torna-se público que se encontra aberto procedimento concursal para o preenchimento do cargo de Diretor/a do (....), cargo de direção intermédia de 2º grau, aberto a candidatos/as detentores de vínculo de emprego público por tempo indeterminado. A indicação

[164] Parte J1 – Administração Pública – Concursos para cargos dirigentes.

dos requisitos formais de provimento, do perfil exigido, do conteúdo funcional, da composição do júri e dos métodos de seleção serão publicitados na Bolsa de Emprego Público, no endereço www.bep.gov.pt, na página eletrónica do INE (www.ine.pt) e, por extrato, num jornal de expansão nacional. Todas as candidaturas deverão ser formalizadas, no prazo máximo de dez dias úteis a contar da data de publicitação na Bolsa de Emprego Público.

(Data) – O Presidente do Conselho Diretivo, (nome).

nºs 3, 4 e 5

3. Os métodos de seleção a utilizar incluem, necessariamente, a realização de uma fase final de entrevistas públicas.

4. O júri nos procedimentos para seleção e provimento de cargos de direção intermédia de 1º e 2º grau, é constituído pelos elementos seguintes:

a) Pelo titular do cargo de direção superior de 1º grau do serviço ou órgão em cujo quadro se encontre o cargo a prover ou por quem ele designe, o qual presidirá;
b) Por dirigente de nível e grau igual ou superior ao do cargo a prover em exercício de funções em diferente serviço ou órgão, designado pelo respetivo dirigente máximo; e
c) Por indivíduo de reconhecida competência na área funcional respetiva, designado por estabelecimento de ensino de nível superior ou por associação pública representativa da profissão correspondente (se o mesmo não possuir vínculo à AP, é-lhe devida remuneração nos termos fixados pelo membro do Governo responsável pela área da AP).

5. No tocante aos procedimentos relativos aos cargos de direção intermédia de 3º grau ou inferior, o júri é constituído:

a) Pelo titular do cargo de direção superior de 1º grau do serviço ou órgão em cujo mapa se encontre o cargo a prover ou por quem ele designe, o qual presidirá; e
b) Por dois dirigentes de nível e grau igual ou superior ao cargo a prover, sendo um deles em exercício no serviço ou órgão em cujo mapa se encontre o cargo a prover e outro em diferente serviço ou órgão, ambos designados pelo respetivo dirigente máximo.

nº 6 e 7

6. Findo o procedimento concursal, o júri, tendo por base os resultados obtidos, elabora uma proposta de designação, que deverá recair no candidato que melhor corresponda ao perfil pretendido, com indicação das razões que motivaram essa escolha, devendo abster-se de ordenar os restantes candidatos.

7. O júri pode também considerar que nenhum dos candidatos reúne condições para ser designado, o que conduzirá, necessariamente, a uma declaração de concurso deserto.

nº 8

8. A pedido do serviço ou órgão interessado, o procedimento concursal pode ser assegurado por entidade competente exterior àquele, integrada em diferente ministério. Em tal situação, a constituição de júri é dispensada, mas no procedimento tem, necessariamente, de intervir indivíduo de reconhecida competência na área funcional respetiva, a designar por estabelecimento de ensino de nível superior ou por associação pública representativa de profissão correspondente.

Tal não dispensa a aplicação, com as devidas adaptações, do disposto nos nºs 1, 2, 4, 5, 6 e 7 deste artigo 21º do EPDAP, designadamente dos procedimentos de publicitação e de elaboração de proposta fundamentada de designação de candidato ou de declaração de inexistência de candidatos em condições para ser designado[165].

nºs 9, 10 e 11

9. Os titulares dos cargos de direção intermédia são providos por despacho do dirigente máximo do serviço ou órgão, em comissão de serviço, pelo período de três anos, renovável por iguais períodos. O despacho de provimento, devidamente fundamentado e acompanhado por nota rela-

[165] Porém, não se logra compreender a remissão efetuada no nº 8 deste artigo 21º do EPDAP para o disposto do nº 4 do mesmo artigo (que se refere à composição do júri para a seleção dos cargos dirigentes intermédios de 3º grau e inferior), quando na situação em apreço a constituição do júri é dispensada. A não ser que se entenda que, num caso concreto, apesar de a existência de júri poder ser dispensada, seja pertinente que o procedimento seja realizado por júri mesmo quando assegurado por entidade pública exterior ao ministério em causa.

tiva ao currículo académico e profissional do designado, é publicado no DR (2ª Série).

10. A designação para cargo de direção intermédia e, naturalmente, o respetivo início de funções, não carecem de autorização do serviço/órgão de origem do designado.

nºs 13, 14, 15 e 16

11. O procedimento concursal de recrutamento e seleção reveste natureza urgente e de interesse pública, o que se traduz nos seguintes efeitos:

i. não há lugar a audiência de interessados.
ii. o recurso administrativo interposto do despacho de designação ou de qualquer outro ato praticado no decurso do procedimento, não tem efeito suspensivo.
iii. a propositura de providência cautelar de suspensão da eficácia de um ato administrativo praticado no procedimento não tem por efeito a proibição da execução desse ato.

12. A respeito dos efeitos acima enunciados, *vide* nota 25 respeitante aos nºs 18º, 19º, 20º e 21º do artigo 19º do EPDAP.

13. Jurisprudência

Acórdão de 18.09.2020, do TCAN – 1ª Secção – Contencioso Administrativo – Proc. 00117/13.1BEPNF

Relator: José Augusto Araújo Veloso

Descritores: Estatuto do Pessoal Dirigente – Nomeação – Publicação – Posse – Impossibilidade absoluta – Indemnização.

Sumário:

"I – No âmbito do procedimento administrativo a fase constitutiva culmina com a prática do ato administrativo definidor da situação jurídica, localizando-se na fase integrativa de eficácia as exigências extrínsecas ao ato em causa, como serão, entre outros, a publicação e a aceitação ou posse em lugar após a respetiva nomeação.

II – Nos termos do disposto no artigo 21º nº 10 do EPD (Estatuto do Pessoal Dirigente dos serviços e organismos da administração central, regional e local do Estado, aprovado pela Lei nº 2/2004, de 15 de janeiro, na redação à data) "...o despacho de nomeação, devidamente fundamentado, é publicado no Diário da República juntamente com uma nota relativa ao currículo académico e profissional do nomeado", publicação que deveria ter ocorrido no prazo de 30 dias (cfr. artigo 131º do CPA/91).

III - Se a posse não ocorreu porque o despacho de nomeação não foi publicado no Diário da República, como deveria ter sucedido, e se, face à superveniente extinção do lugar, é de reconhecer a impossibilidade absoluta de satisfação dos interesses do autor, o Tribunal deve, nos termos do artigo 45º do CPTA, convidar as partes a acordarem quanto à indemnização devida por essa impossibilidade."

SECÇÃO III
Renovação da comissão de serviço

ARTIGO 22º
Renovação da comissão de serviço dos titulares dos cargos de direção superior

1 - Para efeitos de eventual renovação da comissão de serviço, os titulares dos cargos de direção superior darão conhecimento do termo da respetiva comissão de serviço ao membro do Governo competente, com a antecedência mínima de 90 dias.

2 - A comunicação referida no número anterior será acompanhada de relatório dos resultados obtidos durante o exercício do cargo, tendo sempre como referência a carta de missão e os planos e relatórios de atividades, bem como de uma síntese da aplicação do sistema de avaliação do respetivo serviço.

3 - A renovação da comissão de serviço depende dos resultados evidenciados no respetivo exercício.

Contém as alterações introduzidas pelos seguintes diplomas:
- Lei nº 51/2005, de 30/08;
- Lei nº 64/2011, de 22/12.

1. Como já referido a propósito do previsto no nº 14 do artigo 19º do EPDAP, a duração da comissão de serviço dos titulares dos cargos de direção superior é de cinco anos, podendo ser renovada apenas uma vez, por igual período de tempo. Ou seja, a duração da comissão de serviço e respetiva duração não pode exceder, na globalidade, dez anos consecutivos. O titular cessante poderá voltar a ser provido para o mesmo cargo dirigente do respetivo serviço, mas não antes de decorridos cinco anos. Quer tal significar que, durante esses cinco anos de interregno, terá de ter estado, pelo menos, uma outra pessoa em exercício de funções dirigentes nesse cargo.

2. A renovação da comissão de serviço nos cargos de direção superior depende dos resultados evidenciados no exercício das funções inerentes. Para efeitos da eventual renovação da comissão de serviço, o titular do cargo de direção superior deve dar conhecimento do termo da mesma ao membro do Governo competente, com uma antecedência mínima de noventa dias (consecutivos), sendo essa comunicação acompanhada por um relatório dos resultados obtidos durante o mandato e de uma síntese da aplicação do sistema de avaliação no respetivo serviço.

3. No entanto, como assinala Miguel Lucas Pires, "Naturalmente que, mesmo existindo aquela comunicação por parte do trabalhador (e ainda que o trabalhador demonstre ter cumprido com os requisitos expostos no parágrafo anterior), a renovação da comissão de serviço não é obrigatória, podendo antes o órgão competente optar pela respetiva cessação. Todavia, a opção, qualquer que ela seja, deverá ser comunicada por escrito aos interessados até 60 dias antes do termo da comissão de serviço (art. 24º, nº 1, 1ª parte)."[166]

4. No caso de a comissão de serviço não ser renovada, as funções dirigentes em causa são asseguradas em regime de gestão corrente, pelo prazo máximo de noventa dias ou, transitoriamente, em regime de substituição, até à designação do novo titular (cf. nºs 3 e 4 do artigo 24º e artigo 27º do EPDAP).

5. Relativamente ao procedimento de renovação, ou não, da comissão de serviço, veja-se o artigo 24º do EPDAP.

ARTIGO 23º
Renovação da comissão de serviço dos titulares dos cargos de direção intermédia

1 – Para efeitos de eventual renovação da comissão de serviço, os titulares dos cargos de direção intermédia darão conhecimento

[166] In *Os regimes de vinculação e a extinção das relações jurídica dos trabalhadores da Administração Pública*, págs. 133-134, Almedina, 2003.

do termo da respetiva comissão de serviço ao dirigente máximo do serviço, com a antecedência mínima de 90 dias.

2 – A renovação da comissão de serviço dependerá da análise circunstanciada do respetivo desempenho e dos resultados obtidos, a qual terá como referência o processo de avaliação do dirigente cessante, assim como de relatório de demonstração das atividades prosseguidas e dos resultados obtidos.

3 – No caso de renovação da comissão de serviço de titulares de cargos de direção intermédia de 2º grau ou inferior, a informação a apresentar é confirmada pelo respetivo superior hierárquico.

Contém as alterações introduzidas pela Lei nº 64-A/2008, de 31/12

1. Como decorre do disposto no nº 9 do artigo 21º do EPDAP, a comissão de serviço dos titulares dos cargos de direção intermédia tem a duração de três anos, sendo renovável por iguais períodos. Ao contrário do que sucede relativamente à comissão de serviço dos titulares dos cargos de direção superior, não há limites quanto ao número de vezes que as comissões de serviço dos titulares dos cargos de direção intermédia podem ser renovadas.

2. Para efeitos de eventual renovação da comissão de serviço, os titulares dos cargos de direção intermédia devem dar conhecimento do termo da respetiva comissão de serviço ao dirigente máximo do serviço, com a antecedência mínima de 90 dias (consecutivos), ficando a renovação dependente da análise circunstanciada do respetivo desempenho e dos resultados obtidos no período do exercício das funções dirigentes. Essa análise terá, assim, como referência (a) o processo de avaliação do dirigente cessante, e (b) o relatório de demonstração das atividades prosseguidas e dos resultados obtidos.

3. Tratando-se de renovação da comissão de serviço de titulares de cargos de direção intermédia de 2º grau ou inferior, a informação a apresentar por estes para análise, deverá ser confirmada pelo respetivo superior hierárquico imediato.

4. *Vd.* nota 3 ao artigo precedente.

5. No caso de a comissão de serviço não ser renovada, as funções dirigentes em causa são asseguradas em regime de gestão corrente, pelo prazo máximo de noventa dias ou, transitoriamente, em regime de substituição, até à designação do novo titular (cf. nºs 3 e 4 do artigo 24º e artigo 27º do EPDAP).

6. Relativamente ao procedimento de renovação, ou não, da comissão de serviço, veja-se o artigo seguinte do EPDAP.

ARTIGO 24º
Procedimento

1 - A decisão sobre a renovação da comissão de serviço a que se referem os artigos anteriores é comunicada por escrito aos interessados até 60 dias antes do seu termo, sendo acompanhada de determinação para abertura do correspondente procedimento concursal quando aquela não tenha sido renovada.

2 - *(Revogado.)*

3 - Em caso de não renovação da comissão de serviço, as funções são asseguradas em regime de gestão corrente ou, transitoriamente, em regime de substituição até à designação de novo titular.

4 - O exercício de funções em regime de gestão corrente não poderá exceder o prazo máximo de 90 dias.

Contém as alterações introduzidas pelos seguintes diplomas:
- Lei nº 51/2005, de 30/08;
- Lei nº 64/2011, de 22/12.

nº 1

1. A decisão de renovação, ou não, de uma comissão de serviço, seja referente a titular de cargo de direção superior, seja relativa a titular de cargo de direção intermédia, deve ser sempre objeto de comunicação escrita ao interessado na sequência da análise dos relatórios de resultados obtidos e avaliação de desempenho, até sessenta dias (seguidos) antes do termo da comissão de serviço.

Coloca-se aqui a questão de saber qual a solução a dar perante uma situação em que, nesse prazo de sessenta dias definido no nº 1 deste artigo 24º do EPDAP, não for comunicada ao dirigente qualquer decisão, seja no sentido positivo, seja no sentido negativo, nem for determinada a abertura de procedimento concurso para preenchimento do cargo.

Parte da jurisprudência dos nossos tribunais superiores têm entendido que, nessa situação, ocorre a renovação automática ou tácita da comissão de serviço – É o caso do acórdão proferido a 17.06.2017, pelo TCAN, no Proc. nº 00403/09.5BECBR, que *infra* reproduzimos em extrato.

Existe, porém, jurisprudência em sentido contrário, a qual considera que da ausência tempestiva da comunicação exigida no nº 1 do artigo 24º do EPDAP, nunca poderá derivar a renovação automática ou tácita de uma comissão de serviço, quer porque então seria desnecessário a lei prever um prazo para a prolação e notificação de tal decisão, quer porque do disposto nos nºs 2 e 3 do artigo 22º, e dos nºs 2 e 3 do artigo 23º do mesmo Estatuto, se extrai, de forma clara, que a renovação da comissão de serviço está dependente da análise circunstanciada do respetivo desempenho e dos resultados obtidos, a qual terá como referência o processo de avaliação do dirigente cessante, assim como de relatório de demonstração das atividades prosseguidas e dos resultados obtidos. Ou seja, o legislador quis fazer depender a renovação da comissão de serviço de alguns pressupostos sem os quais esta não é possível, designadamente a apreciação circunstanciada do desempenho do dirigente e dos resultados obtidos, e tal não se compagina com a ideia de uma renovação automática ou tácita da comissão de serviço. Assim, prossegue esta corrente jurisprudencial, na ausência da notificação escrita ao dirigente da renovação da respetiva comissão de serviço, deve entender-se que a mesma caducou *ope legis (vide* Acórdão proferido pelo TCAS a 20.05.2021, no Proc. nº 367/20.4BEBJA-A, cujos extratos se transcrevem *infra*).

Seja qual for o entendimento mais correto – e nós propendemos para a segunda corrente –, o certo é que uma renovação tácita ou automática nunca poderá ocorrer relativamente a uma comissão de serviço de um titular de cargo de direção superior que já tenha sofrido uma renovação, tendo atingido a duração consecutiva máxima de permanência no cargo, ou seja, dez anos (nº 14 do artigo 19º do EPDAP).

2. No caso de a decisão for no sentido da não renovação da comissão de serviço, a decisão deve ser acompanhada da devida fundamentação, como deriva do disposto na alínea a) do nº 1 do artigo 152º do CPA.

Em simultâneo com a decisão de não renovação da comissão de serviço, deve determinar-se a abertura de procedimento concursal para recrutamento e seleção de novo titular para o cargo dirigente.

nºs 3 e 4

3. Em caso de não renovação da comissão de serviço, considerando o período de tempo necessário para preparação, abertura, publicitação e tramitação de um procedimento concursal para provimento do novo titular do cargo, as funções inerentes deverão ser asseguradas:

a) em regime de gestão corrente[167] (pelo dirigente cessante) o qual não poderá exceder o prazo máximo de noventa dias;
ou

b) em regime de substituição (por designação de outrem a título precário e transitório) até à designação de um novo titular, nos moldes consignados no artigo 27º do EPDAP.

4. Jurisprudência

Acórdão de 18.02.2016, do TCAS – Contencioso Tributário – 2º Juízo – Proc. 07752/14

Relator: Catarina Almeida e Sousa

Descritores: Exercício de funções de gestão corrente / Delegação de competências

Sumário:

"1 – Nos termos dos nºs 1 e 3 do artigo 5º do DL nº 323/89, de 26/09, o pessoal dirigente é provido em comissão de serviço por um período de três anos, que poderá ser renovada por iguais períodos; a renovação da comissão de serviço deverá ser comunicada ao interessado até 30 dias antes do seu termo, cessando a mesma automaticamente no final do respectivo período se o membro do Governo competente não tiver manifestado expressamente a intenção de a renovar, caso em que o dirigente se manterá no exercício de funções de gestão corrente até à nomeação de novo titular do cargo".

[167] Não encontramos diretamente na lei um conceito de gestão corrente. Podemos, no entanto, encontrar uma definição na jurisprudência, como a vertida no Acórdão do STA, de 09.7.2003, proc. nº 47561: "Por assuntos de gestão corrente devem entender-se, além dos de mero expediente, os mais normais e repetidos nas funções que em determinado serviço se exercem, e que não envolvam opções ou linhas de actuação diferentes das habitualmente seguidas, nem condicionem a futura gestão." (www.dgsi.pt).

2 – Atenta a data da comissão de serviço do Director Distrital de Finanças de Setúbal (12/10/95), tal comissão só cessaria três anos depois, ou seja, em 12/10/98, sendo que, a partir daqui, nos termos do citado nº 3 do artigo 5º do DL nº 323/89, de 26/09, o dirigente do serviço manter-se-ia no exercício de funções de gestão corrente até à nomeação de novo titular do cargo.

3 – No caso, contrariamente ao que entende a Recorrente, o despacho de delegação de competências mencionado – do Director Distrital de Finanças de Setúbal no Chefe de Divisão, José.... – não foi proferido, nem publicado, em período de exercício de funções de gestão corrente. A sua data de publicação é de 9/10/98, sendo que tal despacho é anterior a 14/09/98, ou seja, todos momentos anteriores ao terminus da comissão de serviço de três anos."

*

Acórdão de 17.06.2016, do TCAN – 1ª Secção – Contencioso Administrativo – Proc. 00403/09.5BECBR

Relator: Frederico Macedo Branco

Descritores: Renovação da comissão de serviço – Cessação antecipada da comissão de serviço – Lei nº2/2004.

Sumário:

"1. Mostrando-se legalmente possível a renovação da Comissão de Serviço e impondo o legislador no referido Artº 24º da Lei nº 2/2004, na redação dada pela Lei nº 51/2005, a necessidade de qualquer que seja a decisão, dever a mesma ser comunicada ao interessado com a antecedência mínima de 60 dias, tal só poderá querer dizer que perante a omissão de tal comando, operará a renovação automaticamente.

Efetivamente, dispunha o nº 1 do artº 24º da Lei nº 2/2004, na redação então aplicável que "A decisão sobre a renovação da comissão de serviço (...) é comunicada por escrito aos interessados até 60 dias antes do seu termo, sendo acompanhada de determinação para abertura do correspondente procedimento concursal quando aquela não tenha sido renovada relativamente a cargos de direção intermédia."

Não tendo sido comunicada tempestivamente a não renovação da Comissão de Serviço, nem a simultânea abertura de concurso, tal só poderá significar que foi então intenção do município renovar a mesma. A não ser assim não se compreenderia a razão pela qual se encontra estatuído um prazo, no caso 60 dias, para a comunicação da vontade da entidade pública.

2. Importa sublinhar que "cessação antecipada da comissão de Serviço", é um conceito que não pode, nem deve ser confundido com o termo da comissão de serviço, pelo decurso do seu período de vigência, situação em que potencialmente poderá haver lugar à sua renovação."

*

Acórdão de 20.05.2021, do TCAS – Contencioso Administrativo – Proc. 367/20.4BEBJA-A

Relator: Ana Paula Martins

Descritores: Providência cautelar de suspensão de eficácia de acto administrativo – Requisitos – Lei 2/2004, de 15.01 – Comissão de serviço – Renovação.

Sumário:

"I – Só a falta absoluta de fundamentação gera nulidade decisória.

II – Não logrando o Requerente demonstrar perfunctoriamente a ilegalidade da decisão de cessação da comissão de serviço, não se mostra preenchido o requisito fumus boni juris.

III – Não se mostra preenchido o periculum in mora se o Requerente se limita a invocar uma redução remuneratória, sem cuidar de alegar e demonstrar que o seu salário é a única ou principal fonte de rendimento, qual o seu agregado familiar e quais as suas despesas."

Excertos:

"(...)

Do erro de julgamento:

O Recorrente não se conforma com o julgamento do Tribunal a quo sobre a verificação requisito do *fumus boni iuris* (conclusão 2ª).

Nesta parte, foi esta a fundamentação da decisão recorrida:

"Neste tipo de ações, cabe aos requerentes, como é consabido, demonstrar, por imposição do nº 1 do artigo 120º do CPTA, tanto no plano dos factos, como na vertente jurídica, que as ilegalidades apontadas ao ato serão, com probabilidade, julgadas procedentes na competente ação principal (cfr. Acórdão do Supremo Tribunal Administrativo de 8 de março de 2017, processo nº 0651/16). O Supremo Tribunal Administrativo interpreta os conceitos em causa na referida disposição legal do seguinte modo: "«Provável» é o que tem uma possibilidade forte de acontecer, sendo surpreendente ou inesperado que não aconteça. E, no domínio jurídico em que ora nos situamos, isso exige que algum dos vícios atribuídos pela requerente ao ato suspendendo se apresente já – na análise perfunctória típica deste género de processos – com a solidez bastante para que conjeturemos a existência de uma ilegalidade e a consequente supressão judicial do ato." (cfr. Acórdão de 15 de setembro de 2016, processo nº 0979/16). Assim, caso da discussão feita pelas partes, assim como dos elementos trazidos ao processo cautelar, resulte que as questões em causa sejam simplesmente controvertidas, restará ao juiz julgar não verificado o fumus boni iuris.

Na presente situação, o Requerente invoca o vício de violação de lei apontado no sentido do aludido ato infringir o disposto no nº 1 do artº 24º da Lei nº 2/2004, de 15 de janeiro, sendo que, no caso presente, se aplica a redação dada a este diploma pela Lei nº 128/2015, de 3 de setembro.

Ora, o nº 1 do artº 24º da Lei nº 2/2004, dispõe que: "A decisão sobre a renovação da comissão de serviço a que se referem os artigos anteriores é comunicada por escrito aos interessados até 60 dias antes do seu termo, sendo acompanhada de determinação para abertura do correspondente procedimento concursal quando aquela não tenha sido renovada."

Na presente situação, consta do probatório que o Requerente teve conhecimento da cessação da comissão de serviço, apenas com a verificação do recibo de vencimento e através de um telefonema do Vereador, não se cumprindo o requisito normativo no sentido da cessação ter que ser obrigatoriamente comunicado por escrito.

Mais se refere, que seguimos de perto o entendimento vertido no Acórdão do TCA Sul, de 17/06/2016, Proc. 00403/09.5 BECBR, ao referir que, "Mostrando-se legalmente possível a renovação da Comissão de Serviço e impondo o legislador no referido artº 24º da Lei nº 2/2004, na redação dada pela Lei nº 51/2005, a necessidade de qualquer que seja a decisão, dever a mesma ser comunicada ao interessado com a antecedência mínima de 60 dias, tal só poderá querer dizer que perante a omissão de tal comando, operará a renovação automaticamente (...) Não tendo sido comunicada tempestivamente a não renovação da Comissão de Serviço, nem a simultânea abertura de concurso, tal só poderá significar que foi então, por omissão, intenção do município renovar a mesma. A não ser assim, mal se compreenderia a razão pela qual se encontra estatuído um prazo, no caso 60 dias, para a comunicação da vontade da entidade pública.".

O que importa aqui reiterar é que o Município não manifestou tempestiva intenção de não proceder à renovação da controvertida Comissão de Serviço, o que necessariamente sempre teria de ter consequências ao nível da renovabilidade da mesma. Incumprido que foi aquele prazo (60 dias) e sendo a Comissão de Serviço renovável, naturalmente que a consequência lógica da referida omissão sempre teria de passar pela sua renovação (nº 1 do artº 24º da Lei nº 2/2004)."

Ao assim decidido, o Recorrente contrapõe que o Requerente não só inviabilizou a renovação da comissão de serviço, ao não ter apresentado o relatório de actividades que lhe era exigido por lei e que era indispensável para que a renovação pudesse ocorrer, como, em qualquer dos casos, decorre claramente dos artºs 21º, 23º e 25º da Lei nº 2/2004 que não há renovações tácitas da comissão de serviço e que esta caduca ao fim de três anos, excepto se houver uma decisão expressa de renovação e esta decisão for notificada ao trabalhador.

Cumpre apreciar e decidir.

Como é sabido, as providências cautelares são mecanismos não autónomos de tutela de pretensões jurídicas que se desenvolvem na dependência de uma acção principal. São acessíveis ao administrado para tutela efectiva dos seus direitos e interesses legalmente protegidos e assumem um carácter de sumariedade, provisoriedade e instrumentalidade.

Os critérios de atribuição das providências cautelares encontram-se fixados no artigo 120º do CPTA.

Para o decretamento de qualquer providência cautelar devem verificar-se de forma cumulativa três requisitos: o periculum in mora, o fumus boni iuris e a prevalência do interesse do requerente cautelar (cfr. art 120º, nº 1 e nº 2 do CPTA).

Relativamente aos dois primeiros, os chamados requisitos positivos, preceitua o nº 1 do art. 120º que "*Sem prejuízo do disposto nos números seguintes, as providências cautelares são adoptadas quando haja fundado receio da constituição de uma situação de facto consumado ou da produção de prejuízos de difícil reparação para os interesses que o Requerente visa assegurar no processo principal e seja provável que a pretensão formulada ou a formular nesse processo venha a ser julgada procedente*".

Entendeu o Tribunal a quo, no que se refere ao requisito *fumus boni iuris*, que o Requerente logrou demonstrar a probabilidade de "a pretensão formulada ou a formular" no processo principal vir a "ser julgada procedente".

Relativamente a este critério, que se traduz em a atribuição de uma providência estar dependente da formulação de um juízo sobre as perspectivas de sucesso que o requerente tem no processo principal, cabe assinalar que, com a revisão do Código de Processo nos Tribunais Administrativos (CPTA), operada pelo Decreto-Lei nº 214-G/2015, de 02.10, o mesmo se uniformizou, deixando de obedecer a regimes distintos, consoante a providência requerida fosse conservatória ou antecipatória.

Assim, actualmente, independentemente de a providência requerida ser conservatória ou antecipatória, sempre será de exigir a probabilidade de que a pretensão formulada ou a formular no processo principal venha a ser julgada procedente.

A abordagem das ilegalidades imputadas deverá, na instância cautelar, ser meramente perfunctória, de modo a não substituir, ou afectar, a liberdade de julgamento em sede de processo principal. É aí, na «acção administrativa de impugnação», que tais ilegalidades deverão ser analisadas com o requerido pormenor. Aqui, apenas se exige um juízo de probabilidade sobre o seu julgamento de procedência – cfr. Acórdão do STA de 11.09.2019 – Proc. nº 49/19.

Vem entendendo o Supremo Tribunal Administrativo que, para a integração do requisito ora em análise, "provável" é o que "tem uma possibilidade forte de acontecer, sendo surpreendente ou inesperado que não aconteça", sendo que, no domínio jurídico, "isso exige que algum dos vícios atribuídos pela requerente ao acto suspendendo se apresente já – na análise perfunctória típica deste género de processos – com a solidez bastante para que conjecturemos a existência de uma ilegalidade e a consequente supressão judicial do acto" – cfr. os acórdãos de 15.09.2016 – Proc. nº 0979/16; de 08.03.2017 – Proc. nº 0651/16; de 04.05.2017 – Proc. nº 0163/17; de 08.06.2017 – Proc. nº 050/17; 30.11.2017 – Proc. nº 01197/17; de 08.02.2018 – Proc. nº 01215/17; de 15.11.2018 – Proc. nº 229/17. Entendimento que a sentença recorrida acolheu.

Tendo presente estes ensinamos, discordamos da sentença recorrida quanto ao juízo de verificação do requisito *fumus boni iuris.*

Vejamos porquê.

A Lei nº 2/2004, de 15.01, que aprovou o estatuto do pessoal dirigente dos serviços e organismos da administração central, regional e local do Estado, foi já alterada pelas Leis nºs 51/2005, de 30.08, 64-A/2008, de 31.12, 3-B/2010, de 28.04, 64/2011, de 22.12, e 128/2015 de 03.09.

A Lei nº 49/2012 de 29.08 procede à adaptação à administração local da Lei nº 2/2004.

Sobre a comissão de serviço, estabelece a Lei nº 49/2012 o seguinte:" (...)

No caso sub judice, o Requerente, ora Recorrido, em 01.09.2017, foi nomeado Chefe de Divisão de Serviços Técnicos, em comissão de serviço, por um período de 3 anos.

O Requerente foi, pois, nomeado, para um cargo dirigente de câmara municipal, especificamente para um cargo de direcção intermediária de 2º grau – cfr. art. 2º, nºs 1, 2 e 4 da Lei 2/2004 e art. 4º, 1, al. b) da Lei 49/2012.

Nos termos do art. 21º, nº 9 da Lei 2/2004, a comissão é "renovável por iguais períodos de tempo."

A 27.05.2020, o Requerente, "para efeitos de eventual renovação da comissão de serviço", em observância do disposto no art. 23º, nº 1 da Lei 2/2004, dirigiu requerimento ao Presidente da Câmara Municipal de Vidigueira, dando-lhe conhecimento do termo da respectiva comissão de serviço a 01.09.2020, ou seja, com a antecedência mínima legalmente exigida de 90 dias.

No mais, resulta dos autos que não foi proferido despacho a renovar a comissão de serviço nem tal é/era a intenção do Requerido, ora Recorrente, pelo que não houve qualquer comunicação a informar o Requerente da renovação. Mais resulta que não foi proferido pelo Requerido qualquer despacho a declarar, de forma expressa, a cessação da comissão de serviço, sendo certo que tal cessação corresponde à vontade do Requerido e ocorreu de facto, como resulta da factualidade apurada, designadamente os pontos 3, 4, 6, 7, 8 e 9.

É entendimento do Requerido não tinha que ser proferido qualquer despacho a declarar a cessação da comissão porquanto a cessação ocorreu *ope legis*, ou seja, "pelo seu termo", nos termos dos artigos 24º, nº 1 e 25º, nº 1, ambos da Lei 2/2004.

O Requerente, ora Recorrido, e o Tribunal a quo discordam e consideram que ocorreu a renovação tácita da comissão de serviço porquanto o Requerido, ao contrário do que era seu dever, não deu cumprimento ao disposto no nº 1 do artº 24º da Lei 2/2004, isto é, não comunicou, por escrito, ao Requerente a cessação da comissão até 60 dias antes do seu termo.

E quer o Requerente/Recorrido quer o Tribunal a quo assentam a sua posição em acórdão do TCA Norte (e não TCA Sul, como, por vezes, é referido), de 17/06/2016, proferido no proc. 00403/09.5 BECBR, onde se lê:

"Mostrando-se legalmente possível a renovação da Comissão de Serviço e impondo o legislador no referido artº 24º da Lei nº 2/2004, na redação dada pela Lei nº 51/2005, a necessidade de qualquer que seja a decisão, dever a mesma ser comunicada ao interessado com a antecedência mínima de 60 dias, tal só poderá querer dizer que perante a omissão de tal comando, operará a renovação automaticamente (...) Não tendo sido comunicada tempestivamente a não renovação da Comissão de Serviço, nem a simultânea abertura de concurso, tal só poderá significar que foi então, por omissão, intenção do município renovar a mesma. A não ser assim, mal se compreenderia a razão pela qual se encontra estatuído um prazo, no caso 60 dias, para a comunicação da vontade da entidade pública.".

Atenta a parte final do artigo 24º, nº 1, da Lei nº 2/2004 – *"sendo acompanhada de determinação para abertura do correspondente procedimento concursal quando aquela não tenha sido renovada"* – tendemos a concordar que o legislador parece impor a necessidade de, qualquer que seja a decisão, dever a mesma ser comunicada ao interessado com a antecedência mínima de 60 dias.

Com efeito, não obstante a sistematização aponte no sentido de que os artigos 22º, 23º e 24º apenas regulam a renovação da comissão (SECÇÃO III Renovação da comissão de serviço), estando a cessação da comissão regulada na secção e artigos seguintes – artigos 25º, 26º e 26ºA –, certo é que o teor do nº 1 do artigo 24º não é claro pois se, inicialmente, se refere à "decisão sobre a renovação da comissão de serviço", mais adiante alude a uma (eventual) decisão de não renovação.

Seja como for, importa dizer que, a nosso ver, neste tocante, a discussão apenas se colocaria em termos de prazo e consequências porquanto os princípios que devem nortear a actuação da Administração sempre ditariam a emissão de um despacho que comunique ao interessado a cessação da comissão de serviço, o mesmo é dizer a intenção de não renovação da mesma.

A grande questão coloca-se em termos da consequência a retirar da não comunicação pelo Requerido da cessação da comissão (designadamente com a antecedência mínima de 60 dias). E é nesta parte que tendemos a não concordar com o citado acórdão do TCAN supra citado.

A afirmação de que "perante a omissão de tal comando, operará a renovação automaticamente" (...) ou que "Não tendo sido comunicada tempestivamente a não renovação da Comissão de Serviço, nem a simultânea abertura de concurso, tal só poderá significar que foi então, por omissão, intenção do município renovar a mesma. A não ser assim, mal se compreenderia a razão pela qual se encontra estatuído um prazo, no caso 60 dias, para a comunicação da vontade da entidade pública.", esbarra, em nosso entender, desde logo, no disposto nos nºs 2 e 3 do art. 23º dos quais se extrai, de forma clara, que a renovação da comissão de serviço está dependente "da análise circunstanciada do respectivo desempenho e dos resultados obtidos, a qual terá como referência o processo de avaliação do dirigente cessante, assim como de relatório de demonstração das actividades prosseguidas e dos resultados obtidos."

O legislador faz depender a renovação da comissão de serviço de alguns pressupostos sem os quais esta não é possível, designadamente a apreciação circunstanciada do desempenho do dirigente e dos resultados obtidos. Como é que isso se articula com a renovação automática?

Como bem afirma o Recorrente "se assim não fosse, então seguramente se teria encontrado a milagrosa solução que permitiria forçar a renovação de toda e qualquer comissão de serviço". Em suma, ainda que a parte final do art. 24º, nº 1 incuta a ideia de que a comunicação ali mencionada deve ter lugar quer a Administração pretenda renovar quer não o pretenda, tal não é suficiente para que, partir daí, se possa afirmar que a falta de comunicação da não renovação (no prazo aí previsto) implique uma renovação tácita/automática da comissão de serviço.

Donde, quanto a nós, o que perpassa do quadro normativo convocado é a ideia de que a comissão de serviço cessa com o decurso do tempo, a menos que, com a antecedência legalmente exigida, a Administração dê a conhecer ao interessado a sua intenção de renovar depois de efectuada uma análise circunstanciada do respectivo desempenho e dos resultados obtidos.

Neste sentido aponta o acórdão do STA, proferido a 19.11.2015, no âmbito do proc. nº 422/15, ainda que reportado à Lei 2/2004 de 15/1, na redacção dada pela L 51/2005 de 30/08 (sendo que não são de monta, para a questão aqui em causa, as diferenças de redacção), quando afirma:

"Assim, no âmbito destes diplomas, a comissão de serviço dos titulares de cargos dirigentes, que não for expressamente renovada, cessa automaticamente no termo do respectivo prazo

e os titulares de cargos dirigentes cuja comissão de serviço não for renovada permanecem no exercício das respectivas funções até à designação do novo titular, nos termos e nas condições definidas no artigo 5º, nº 3 do Decreto-Lei nº 323/89, de 26 de Setembro e pelo prazo máximo de seis meses no âmbito da Lei 49/99, art. 18º.(...)

Ora, como resulta dos artigos 22º a 27º desta Lei 2/2004 de 15/1 na redação da L 51/2005, relativamente à questão da falta de renovação de comissão de serviço, o mesmo não inova relativamente aos anteriores a não ser quanto ao prazo de 90 dias como máximo para o exercício das funções pelo dirigente cessante de gestor corrente.

Aqui chegados, é nosso entendimento que, numa apreciação sumária, a razão está do lado do Recorrente, não sendo possível afirmar que seja "surpreendente ou inesperado" que não aconteça a procedência da acção principal. (...)"

SECÇÃO IV
Cessação da comissão de serviço

ARTIGO 25º
Cessação

1 – A comissão de serviço dos titulares dos cargos dirigentes cessa:

a) Pelo seu termo, nos casos do nº 1 do artigo anterior;

b) Pela tomada de posse seguida de exercício, a qualquer título, de outro cargo ou função, salvo nos casos e durante o tempo em que haja lugar a suspensão ou em que seja permitida a acumulação nos termos da presente lei;

c) Por extinção ou reorganização da unidade orgânica, salvo se for expressamente mantida a comissão de serviço no cargo dirigente do mesmo nível que lhe suceda;

d) Nos casos do nº 7 do artigo 16º e do nº 6 do artigo 17º da presente lei e do nº 3 do artigo 29º da Lei nº 12-A/2008, de 27 de fevereiro[168];

e) Por despacho fundamentado numa das seguintes situações[169]:

i) Não realização dos objetivos previstos, designadamente dos constantes da carta de missão;

[168] Corresponde ao artigo 23º, nº 3 da LTFP (ver nota 2).

[169] Ver nº 2 deste artigo.

ii) Falta de prestação de informações ou prestação deficiente das mesmas, quando consideradas essenciais para o cumprimento da política global do Governo;

iii) Não comprovação superveniente da capacidade adequada a garantir a observação das orientações superiormente fixadas;

iv) Necessidade de imprimir nova orientação à gestão dos serviços;

f) Na sequência de procedimento disciplinar em que se tenha concluído pela aplicação de sanção disciplinar;

g) Pela não frequência, por causa que lhes seja imputável, ou pelo não aproveitamento em curso a que se refere o nº 1 do artigo 12º;

h) *(Revogada.)*

i) A requerimento do interessado, apresentado nos serviços com a antecedência mínima de 60 dias, e que se considerará deferido se no prazo de 30 dias a contar da data da sua entrada sobre ele não recair despacho de indeferimento.

2 – A cessação da comissão de serviço com fundamento na alínea e) do número anterior pressupõe a prévia audição do dirigente sobre as razões invocadas, independentemente da organização de qualquer processo.

3 – *(Revogado.)*

4 – *(Revogado.)*

Contém as alterações introduzidas pelos seguintes diplomas:
- Lei nº 51/2005, de 30/08;
- Lei nº 64/2011, de 22/12.

nº 1

1. A comissão de serviço de um titular de um cargo dirigente pode cessar por diversas causas, conforme resultam do disposto nos artigos 24º e 25º do EPDAP:

a) Decisão de não renovação da comissão de serviço, notificada ao dirigente (nº 1 do artigo 24º e alínea a) do nº 1 do artigo 25º do EPDAP);

b) Termo da comissão de serviço, caso não tenha sido comunicada a decisão sobre a sua renovação por escrito ao interessado até sessenta dias antes do seu termo (nº 1 do artigo 24º do EPDAP e alínea a) do nº1 do artigo 25º do EPDAP);

c) Tomada de posse seguida de exercício, a qualquer título, de outro cargo ou função, salvo nos casos e durante o tempo em que haja lugar a suspensão ou em que seja permitida a acumulação nos termos do EPDAP (alínea b) do nº 1 do artigo 25º do EPDAP);
d) Extinção ou reorganização da unidade orgânica, salvo se for expressamente mantida a comissão de serviço no cargo dirigente no mesmo nível que lhe suceda (alínea c) do nº 1 do artigo 25º do EPDAP);
e) Violação do regime de exclusividade do exercício de funções (alínea d) do nº 1 do artigo 25º e nº 7 do artigo 16º do EPDAP);
f) Violação do regime de incompatibilidades, impedimentos e inibições que impendem sobre os dirigentes (alínea d) do nº 1 do artigo 25º e nº 6 do artigo 17º do EPDAP);
g) Por despacho fundamentado, numa das seguintes situações (alínea e) do nº 1 do artigo 25º do EPDAP):
   i. Não realização dos objetivos previstos, designadamente dos constantes da carta de missão;
   ii. Falta de prestação de informações ou prestação deficiente das mesmas, quando consideradas essenciais para o cumprimento da política global do Governo;
   iii. Não comprovação superveniente da capacidade adequada a garantir a observação das orientações superiormente fixadas;
   iv. Necessidade de imprimir nova orientação à gestão dos serviços.
h) Na sequência de procedimento disciplinar em que se tenha concluído pela aplicação de sanção disciplinar (alínea f) do nº 1 do artigo 25º do EPDAP);
i) Pela não frequência, por causa que lhes seja imputável, ou pelo não aproveitamento em curso de formação profissional (alínea g) do nº 1 do artigo 25º e nº 1 do artigo 12º do EPDAP);
j) A requerimento do interessado, apresentado nos serviços com a antecedência mínima de sessenta dias (alínea i) do nº 1 do artigo 25º do EPDAP).

2. *Decisão de não renovação da comissão de serviço e termo ope legis da comissão de serviço*

Como se referiu a propósito do artigo 24º do EPDAP, que regula o procedimento relativo à decisão de renovação, ou de não renovação, da comissão de serviço dos titulares de cargos dirigentes, na sequência da análise do relatório dos resultados obtidos durante o exercício do cargo e da síntese da aplicação sistema de avaliação do serviço (no caso dos cargos de direção superior) ou da análise do relatório de demonstração das atividades prosseguidas e dos resultados obtidos, bem como da análise do respetivo desempenho e dos resultados obtidos (no caso dos cargos de direção intermédia), poderá a entidade competente decidir não renovar a comissão de serviço do dirigente em causa. Nesta situação, tal decisão, devidamente fundamentada, deverá ser comunicada, por escrito, ao interessado até sessenta dias antes do termo da comissão de serviço. Deve, igualmente, ser acompanhada de determinação para abertura de procedimento concursal para provimento do cargo dirigente cujo titular cessa assim funções.

Em sede de anotação ao artigo 24º do EPDAP, referimos que, contudo, e ao arrepio do disposto nº 1 desse preceito, poderá acontecer que nenhuma decisão – seja de renovação, seja de não renovação – seja comunicada ao interessado no mencionado prazo de sessenta dias. Enquanto alguma doutrina e jurisprudência alvitram que, nessa situação, operar-se-á uma renovação tácita ou automática da comissão de serviço, outro entendimento doutrinal e jurisprudencial vai no sentido de que, nessa circunstância, não se poderá dar qualquer renovação da comissão de serviço, por falta dos respetivos pressupostos exigidos por lei, operando-se, ao invés, o termo da comissão de serviço *ope legis*, por caducidade.

Para mais profunda apreensão dos argumentos defendidos por uma e outra corrente, *vide* nossas notas 1 e 2 ao artigo 24º do EPDAP, bem como a jurisprudência reproduzida na nota 4 ao mesmo artigo.

3. *Tomada de posse seguida de exercício, a qualquer título, de outro cargo ou função*

A razão de ser desta causa de cessação da comissão de serviço do titular de cargo dirigente é fácil de entender. Com efeito, o exercício de cargos dirigentes é feito em regime de exclusividade, pelo que, regra geral, tal implica a renúncia ao exercício de quaisquer outras atividades ou funções de natureza profissional, públicas ou privadas, exercidas com caráter regular ou esporádico, remuneradas ou não (nºs 1 e 2 do artigo 16º do EPDAP).

No entanto, a própria lei apresenta exceções ao regime da exclusividade no exercício de funções dirigentes, como as consignadas nos artigos 21º e 22º (com as devidas adaptações derivadas da natureza dos cargos dirigentes) da LTFP e nº 2 do artigo 6º da Lei nº 52/2019, de 31 de julho, na sua redação atual.

Nos casos excecionais em que poderá acumular-se o exercício de funções públicas com atividades privadas, essa acumulação tem de ser previamente autorizada, não podendo os dirigentes praticar quaisquer atos contrários aos interesses do serviço que dirigem ou que sejam com eles conflituantes, sob pena de revogação da autorização para acumulação de funções e de incorrerem em infração disciplinar grave (nºs 4 e 5 do artigo 23º da LTFP).

Nos termos do nº 5 do artigo 16º do EPDAP, poderá haver acumulação de cargos dirigentes do mesmo nível e grau, mas sem direito a acumulação das remunerações base.

Por outro lado, há situações em que a lei prevê que a tomada de posse de outro cargo ou função pelo dirigente não implica a cessação da respetiva comissão de serviço, mas apenas a suspensão desta, por um determinado período de tempo. É o que sucede quando um titular de direção superior de 2º grau ou de um cargo de direção intermédia é designado para o gabinete de um membro do Governo ou equiparado, ou quando é designado para outro cargo em regime de substituição, nos termos previstos no nº 1 do artigo 26º-A do EPDAP. Todavia, o período de suspensão da comissão de serviço terá o limite de quatro anos ou enquanto durar o exercício do cargo, se este tiver duração inferior (nº 2 do artigo 26º-A do EPDAP).

Sobre a sobredita matéria, *vide* as nossas notas aos artigos 16º e 26º-A do EPDAP.

4. *Extinção ou reorganização da unidade orgânica*

Se a unidade orgânica de um determinado organismo ou serviço for extinta ou objeto de reorganização, cessa automaticamente a comissão de serviço do respetivo dirigente, salvo se no diploma legal que determinar aquela extinção ou reorganização for expressamente mantida a comissão de serviço no cargo dirigente do mesmo nível que lhe suceda.

A reorganização dos órgãos ou serviços ocorre por extinção, fusão e reestruturação, e por racionalização de efetivos, nos termos do DL nº 200/2006, de 25 de outubro.

Esse diploma aplica-se a todos os serviços da administração direta e indireta do Estado, com exceção das entidades públicas empresariais e dos serviços periféricos externos do Estado.[170]

[170] A reorganização dos órgãos ou serviços da administração regional e autárquica rege-se por diplomas próprios, com adaptação das normas do citado DL nº200/2006, de 15 de outubro (nº 1 do artigo 2º).

No entanto, os diplomas que determinem a extinção, fusão ou reestruturação de serviços podem consagrar, quando necessário, outras regras de sucessão de direitos e obrigações e de reafectação de recursos que não estejam previstas no citado DL nº 200/2006 (cf. artigo 20º deste diploma).

A cessação da comissão de serviço com este fundamento confere ao dirigente cessante direito a indemnização, desde que reunidos os pressupostos previstos no artigo 26º do EPDAP.

5. *Violação do regime de exclusividade do exercício de funções*

O exercício de cargos dirigentes é feito em regime de exclusividade, pelo que, regra geral, tal implica a renúncia ao exercício de quaisquer outras atividades ou funções de natureza profissional, públicas ou privadas, exercidas com caráter regular ou esporádico, remuneradas ou não (nºs 1 e 2 do artigo 16º do EPDAP).

Caso o titular de cargo dirigente infrinja este regime, salvaguardando-se as exceções previstas na lei, ocorre fundamento para dar por finda a respetiva comissão de serviço, nos termos do nº 7 do artigo 16º e alínea d) do nº 1 do artigo 25º do EPDAP.

Sobre esta matéria, remete-se para as notas formuladas em sede do artigo 16º do EPDAP, bem como o mencionado na nota 3 ao artigo ora em análise e, ainda, no que se referirá na nota 8, mais adiante.

6. *Violação do regime de incompatibilidades, impedimentos e inibições*

Conforme estatui o nº 6 do artigo 17º do EPDAP, a violação pelo titular do cargo dirigente do disposto nesse artigo no que concerne ao regime de incompatibilidades, impedimentos e inibições, constitui fundamento para dar por finda a respetiva comissão de serviço.

Como se anotou relativamente ao disposto no artigo 17º do EPDAP, o pessoal dirigente está sujeito ao regime de incompatibilidades, impedimentos e inibições previsto nas disposições reguladoras de conflitos de interesses resultantes do exercício de funções públicas, designadamente as constantes na LTFP (artigos 19º a 21º) e no CPA (artigos 69º a 76º).

Para além do sobredito regime, aos titulares de cargos de direção superior, aplica-se também, com as necessárias adaptações, o disposto nos artigos 8º, 10º, 11º, nºs 1 e 2 e 18º da Lei nº 52/2019, de 31 de julho, na sua redação atual.

A este propósito, remete-se para as notas expendidas quanto ao artigo 17º do EPDAP.

Atente-se, também, no que *infra* se menciona na nota 8 ao vertente artigo 25º do EPDAP.

7. *Por despacho fundamentado, numa das situações previstas na alínea e) do nº 1 do artigo 25º do EPDAP)*

São quatro as situações elencadas nesta alínea e) do nº 1 do artigo 25º do EPDAP:

a) Não realização dos objetivos previstos, designadamente dos enunciados na carta de missão.

A não realização, pelo titular do cargo de direção superior, dos objetivos definidos para o serviço ou órgão que dirige, constitui um dos fundamentos previstos no Estatuto, para que o membro do governo competente determine a cessação da respetiva comissão de serviço.

Relembre-se que, previamente à abertura do procedimento concursal para recrutamento e seleção do titular do cargo de direção superior, o membro do Governo com poder de direção, superintendência ou tutela sobre o serviço ou órgão em que se integra o cargo dirigente a preencher, elabora e entrega à CRESAP a carta de missão do futuro dirigente. Esta carta de missão, que deverá ser publicitada juntamente com o aviso de abertura do procedimento concursal, contém uma síntese da missão do serviço ou organismo, no fundo a razão da sua existência, com base na legislação aplicável, devendo nela estar expressamente definidos os objetivos a atingir pelo dirigente no decurso do exercício das suas funções.

Esses objetivos devem ser definidos de modo a que, mais tarde, se possam avaliar os resultados obtidos, pelo que devem apresentar-se devidamente quantificados. Devem, também, preferencialmente, ser definidos segundo uma calendarização que permita a realização progressiva dos objetivos finais da comissão de serviço do dirigente, sendo aconselhável que os objetivos possam ser fixados para cada um dos anos que compõe a comissão de serviço em causa (geralmente, cinco anos).

No processo de candidatura ao cargo dirigente, os candidatos devem, obrigatoriamente, juntar uma declaração de aceitação dos termos da carta de missão, sob pena de não aceitação da candidatura.

Deste modo, se no relatório dos resultados obtidos durante o exercício do cargo que o dirigente superior deve, obrigatoriamente, apresentar ao membro do Governo competente, com a antecedência mínima de noventa dias relativamente ao termo da respetiva comissão de serviço, não se encontrar demonstrado que os objetivos delineados na carta de missão – que o dirigente expressamente aceitou quando se candidatou ao cargo – foram, pelo menos, cumpridos ou atingidos, existe fundamento para a comissão não ser renovada.

Mas esta decisão de fazer cessar a comissão de serviço do dirigente por não cumprimento dos objetivos previstos não tem de acontecer apenas no termo da referida comissão. Com efeito, se na carta de missão foram delineados objetivos quantificados a atingir em cada ano de duração da comissão de serviço e o dirigente, no final de um, dois ou três anos, evidenciar não ter cumprido os objetivos intercalares, poderá também o membro do Governo competente, desde que devidamente e concretamente assim o fundamente, determinar a cessação da comissão de serviço antes do respetivo termo.

Vd. artigos 19º-A e 22º do EPDAP e respetivas anotações.

b) Falta de prestação de informações ou prestação deficiente das mesmas, quando consideradas essenciais para o cumprimento da política global do Governo.

A este propósito, relembre-se que na carta de missão que é elaborada pelo membro do Governo da área onde se integra o cargo dirigente a prover, e que é entregue à CRESAP para esta entidade delinear o perfil dos candidatos, analisar e avaliar as candidaturas apresentadas e apresentar a respetiva proposta dos três candidatos que considera que entende que preenchem aquele perfil, devem também ser enunciadas orientações estratégicas, coerentes com o Programa do Governo, com as Grandes Opções do Plano para a área pertinente, bem como outras opções fundamentais formuladas pelo Governo para aquele órgão ou serviço.

Assim, revela-se essencial para o responsável de uma determinada área governativa estar permanentemente informado e atualizado, pelos titulares de cargos dirigentes dos serviços integrados na respetiva área, das matérias que constituem o seu núcleo de "negócio"[171] ou centro de atividade. Compe-

[171] O que em jargão financeiro se costuma apelidar de *core business.*

te aos dirigentes manter o responsável governativo da sua área constante ou regularmente informado, veiculando-lhe, através dos serviços que dirigem, os elementos pertinentes, completos e atuais para a prossecução da política pública. Um dirigente que falhe nessa obrigação evidencia, designadamente, não possuir aptidão ou competência para dirigir (perdoe-se o pleonasmo) os serviços sob a sua alçada, demonstrando não lhes (saber) definir objetivos e tarefas mais consentâneas a prosseguir a missão do organismo.

Se assim o entender, poderá o Governante competente tomar a decisão – a qual deverá ser alicerçada em factos concretos e gravosos, de modo a se entender devidamente fundamentada – de fazer cessar antecipadamente a comissão de serviço do dirigente ou de não a renovar na altura devida.

c) Não comprovação superveniente da capacidade adequada a garantir a observação das orientações superiormente fixadas.

A este respeito, vale tudo o mencionado nas alíneas precedentes. No fundo, trata-se de concluir, com o devido assento em factos concretos (e não em alusões vagas e indeterminadas ou gerais), que se revelam gravosos para o interesse do serviço e do interesse público, que o titular do cargo dirigente não cumpre a missão de que foi incumbido, não diligenciando devidamente pela prossecução dos objetivos definidos e estratégias superiormente delineadas. Em casos extremos, podem incluir-se na previsão desta alínea situações, inclusive, de violação do dever de obediência.

d) Necessidade de imprimir nova orientação à gestão dos serviços.

Em abstrato, este fundamento para a cessação antecipada da comissão de serviço, será o único de entre os quatro enunciados na alínea e) do nº 1 do artigo 25º do EPDAP, que não se resultará de um incumprimento dos deveres inerentes ao exercício de cargos dirigentes. No fundo, trata-se de uma causa objetiva de cessação da comissão de serviço, ligada a uma modificação funcional, decorrente de alterações conexas com aspetos da política pública da área governativa em causa, e que não resulta de qualquer valoração específica do comportamento funcional do titular do cargo dirigente.

Com efeito, existe uma diferença estrutural entre a cessação da comissão de serviço do titular do cargo dirigente porque este não cumpriu os seus objetivos, sonegou informação ou não demonstrou capacidade (de acordo com a valoração efetuada pelo membro do Governo) e, por outro lado, a cessação da comissão de serviço do titular do cargo dirigente porque o Governo alterou aspetos da política pública setorial em causa, determinante da necessidade de imprimir uma nova orientação à gestão dos serviços.

A assinalada diferença traduz-se, também, nas diferentes exigências de fundamentação vertidas na decisão de cessação da comissão de serviço (embora em ambas as situações, o ato deva ser devida e cabalmente fundamentado – cf. nº 2 deste artigo 25º): no primeiro caso, o texto que acompanha o ato deve tornar percetível ao seu destinatário as razões que fundaram a avaliação da prestação funcional subjetiva determinantes da cessação da comissão de serviço; no segundo caso, o texto que acompanha o ato deve tornar percetível ao seu destinatário a alteração de opções políticas relativas ao setor, que aconselham, objetivamente, uma mudança de protagonistas.

A cessação da comissão de serviço com este fundamento confere ao dirigente cessante direito a indemnização, desde que reunidos os pressupostos previstos no artigo 26º do EPDAP.

8. *Na sequência de procedimento disciplinar em que se tenha concluído pela aplicação de sanção disciplinar ao dirigente*

No que tange à causa prevista na alínea g) do nº 1 deste artigo 25º – aplicação de sanção disciplinar na sequência de instauração de procedimento disciplinar –, cumpre relembrar que, no âmbito da relação jurídica de emprego público, todos os trabalhadores são disciplinarmente responsáveis perante os seus superiores hierárquicos (artigos 6º, 9º e 176º, nº 1, da LTFP). Por seu turno, os titulares dos órgãos dirigentes (cargos de direção superior) dos serviços da administração direta e indireta do Estado são disciplinarmente responsáveis perante o membro do Governo que exerça a respetiva superintendência ou tutela (nº 2 do artigo 176º da LTFP).

Existe infração disciplinar quando o comportamento do trabalhador, seja por ação, seja por omissão, ainda que meramente culposo, viole deveres gerais ou especiais inerentes à função que exerce (artigo 183º da LTFP).

A LTFP prevê um elenco típico de sanções disciplinares aplicáveis aos trabalhadores em funções públicas pelas infrações que cometam, cuja escala de gravidade, caraterização, efeitos e factos suscetíveis de originar a sua aplicação, estão enunciados nos artigos 180º a 188º da LTFP):

i. Repreensão escrita (artigos 180º, nº 1, alínea a), 181º, nº 1 e 184º da LTFP);
ii. Multa (artigos 180º, nº 1, alínea b), 181º, nº 2 e 185º da LTFP);

iii. Suspensão (artigos 180º, nº 1, alínea c), 181º, nºs 3 e 4, 182º, nºs 2 e 3 e 186º da LTFP);
iv. Despedimento disciplinar ou Demissão disciplinar (artigos 180º, nº 1, alínea d), 181º, nºs 5 e 6, 182º, nº 4, 187º e 297º da LTFP);
v. Cessação da comissão de serviço (artigos 180º, nº 2, 181º, nº 7, 182º, nº 5 e 188º da LTFP).[172]

Nesta sede, interessa-nos especificamente a sanção da cessação de comissão de serviço, a qual é apenas aplicável, a título principal ou a título acessório, aos titulares de cargos dirigentes e equiparados.

A sanção da cessação da comissão de serviço consiste na cessação compulsiva de cargo dirigente ou equiparado, implicando o termo do exercício desse cargo e a impossibilidade de exercício de qualquer cargo dirigente ou equiparado durante o período de três anos a contar da data da decisão.

A referida sanção é aplicável, *a título principal*, aos titulares de cargos e equiparados que (elenco taxativo):

a. Não procedam disciplinarmente contra os trabalhadores seus subordinados pelas infrações de que tenham conhecimento[173];
b. Não participem criminalmente infração disciplinar de que tenham conhecimento no exercício das suas funções, que revista caráter penal;
c. Autorizem, informem favoravelmente ou omitam informação, relativamente à situação jurídico-funcional de trabalhadores, em violação de normas que regulam o vínculo de emprego público;
d. Violem as normas relativas à celebração de contratos de prestação de serviço.

(artigo 188º, nº 1, da LTFP).

Todavia, a sanção disciplinar de cessação da comissão de serviço é, *sempre*, aplicada, a *título acessório*, aos titulares de cargos dirigentes e equiparados por qualquer infração disciplinar punida com uma sanção disciplinar igual ou superior à de multa (artigo 188º, nº 2, da LTFP).

Como se evidencia do *supra* enunciado, a cessação da comissão de serviço constitui uma sanção exclusiva para quem seja provido em comissão de serviço em cargos dirigentes ou equiparados, sendo justificada por incumprimento de deveres associados à função dirigente e de gestão.

172 Vd. anotações ao artigo 15º do EPDAP, no âmbito da responsabilidade disciplinar.

173 *Vd.* jurisprudência citada mais adiante.

Há que realçar que as três hipóteses previstas nas alíneas a., b. e c. acima elencadas (correspondem às alíneas a), b) e d) do nº 1 do artigo 188º da LTFP), que permitem a aplicação desta sanção disciplinar, a título principal, a um dirigente, se reportam ao exercício de deveres para com trabalhadores subordinados.

Assim, poderia aventar-se o entendimento que qualquer outra infração dos deveres de direção – a não ser a prevista na alínea d) do nº 1 do artigo 188º da LTFP – não pode ser sancionada a título principal com a cessação da comissão de serviço. Ora, como assinala Raquel Carvalho: "A vingar este entendimento, então a cessação da comissão de serviço é a sanção disciplinar para as situações de incumprimento de deveres disciplinares em relação ao subordinado."[174]

Porém, este entendimento não será o correto (tal como também acaba por defender a mesma referenciada autora).

Por um lado, porque a comissão de serviço não é apenas caracterizada por uma relação hierárquica entre dirigentes e subordinados (*vide* a caracterização da figura da comissão de serviço, como vínculo de emprego público, no artigo 9º da LTFP).

Por outro lado, é preciso lembrar que se o dirigente for sancionado por outra infração, que não uma das elencadas nas alíneas a), b) e c) do nº 1 do artigo 188º da LTFP, com uma sanção disciplinar igual ou superior à de multa, será sempre aplicada a sanção disciplinar da cessação da comissão de serviço, a título de sanção acessória (nº 2 do artigo 188º da LTFP).

Por isso, conclui a autora citada, "Por maioria de razão, e agora como sanção principal, se ele falhar com gravidade deveres específicos de direção, a cessação da comissão de serviço é a sanção disciplinar mais adequada."[175]

O raciocínio *supra* exposto de Raquel de Carvalho poderá, no entanto, ser contrariado por um obstáculo legal: é que o nº 1 do artigo 188º da LTFP consigna um elenco típico taxativo de infrações às quais é aplicável a dirigentes e equiparados, a título principal, a sanção disciplinar de cessação da comissão de serviço. Ora, no campo de tudo o que se refere a restrições ou eventuais lesões de direitos e garantias, é princípio constitucional que ninguém pode ser punido com uma determinada sanção ou pena não prevista expressamente na lei para um determinado tipo de ilícito, não havendo

[174] In *Comentário ao Regime Disciplinar dos Trabalhadores em Funções Públicas*, Universidade Católica Editora, 2014, pág. 180.

[175] Autora e obra indicada, pág. 181.

aqui lugar à analogia (artigo 29º da CRP, referente à aplicação da lei criminal, aplicável a todo o normativo de natureza sancionatória). Acresce que, nos termos consignados nos artigos 266º e 269º, nº 1, da CRP, a Administração Pública está subordinada ao princípio da prossecução do interesse público, no respeito dos direitos e interesses legalmente protegidos dos cidadãos, devendo atuar ao abrigo do princípio da legalidade, entre outros.

Porém, o obstáculo mencionado nos artigos antecedentes [aplicação a um dirigente a sanção disciplinar de cessação da respetiva comissão de serviço, a título principal, fora das hipóteses elencadas nas alíneas a), b) e c) do nº 1 do artigo 188º da LTFP] deixa de o ser se considerarmos que os dirigentes estão sujeitos ao regime normativo específico previsto no EPDAP. E este Estatuto, no nº 7 do seu artigo 16º, estatui expressamente que a violação do regime de exclusividade e acumulação de funções por um dirigente constitui fundamento para dar por finda a comissão de serviço.

Isto é, a cessação da comissão de serviço, no caso de violação do regime de exclusividade previsto para o exercício de cargos dirigentes, sem prévia autorização para acumulação de funções, configura-se como uma sanção aplicável a título principal.

Mesmo que assim não se entendesse, a sanção de cessação da comissão de serviço acabaria por ser sempre aplicada a título acessório, nos termos do nº 2 do artigo 188º da LTFP. É que o exercício de funções em acumulação, (a) sem autorização ou apesar de não autorizado ou, ainda, (b) quando a autorização tenha sido concedida com base em informações ou elementos fornecidos pelo trabalhador, que se revelem falsos ou incompletos, e o trabalhador atue com grave negligência ou com grave desinteresse pelo cumprimento dos seus deveres funcionais, ou (c) cujo comportamento atente gravemente contra a dignidade e o prestígio da função, é suscetível de conduzir à aplicação ao trabalhador da sanção de suspensão (artigos 181º, nºs 1, al. c) e 2, e 186º, corpo e al. c)), ou mesmo à aplicação da sanção de despedimento ou demissão por motivos disciplinar, se reunidos os requisitos exigidos nos artigos 187º e 297º, nºs 1, 2 e 3, al. e), da LTFP.

Surge aqui outra questão: é possível determinar-se a cessação da comissão de serviço de um titular de cargo dirigente que violou o princípio da exclusividade, exercendo funções em acumulação sem ter sido previamente autorizado a tal, sem necessidade de se instaurar prévio procedimento disciplinar relativo ao mesmo?

Numa primeira perceção, mais simples e perfunctória, poder-se-ia concluir pela desnecessidade de instauração de prévio processo disciplinar para se dar por finda a cessação da comissão de serviço do dirigente visado. Afinal é o que parece decorrer, literalmente, das disposições conjugadas ínsitas no artigo 16º, nºs 1, 2 e 7 e 25º, nº 1, al. d) do EPDAP, podendo concluir-se que a decisão de fazer cessar a comissão de serviço do dirigente que violou o dever de exclusividade será automática. Essa conclusão também poderá ser reforçada pelo facto de, só nos casos previstos na alínea e) do nº 1 do artigo 25º do EPDAP, se exigir a prévia audição do dirigente sobre as razões invocadas para a cessação da comissão de serviço, inclusive independentemente da organização de qualquer processo (nº 2 do artigo 25º do EPDAP).

Acresce que, na alínea f) do nº 1 do artigo 25º do EPDAP, está prevista especificamente a situação de a comissão de serviço do dirigente cessar "Na sequência de procedimento disciplinar em que se tenha concluído pela aplicação de sanção disciplinar".[176]

Tudo o sobredito poderá conduzir à interpretação de que nos casos incluídos na alínea d) do nº 1 do artigo 25º do EPDAP, não se mostra necessária a prévia instauração de procedimento disciplinar para fundamentar a decisão de cessação da comissão de serviço do dirigente visado. Estes argumentos poderão constituir, efetivamente, motivo para se concluir que, constatando-se que um titular de cargo dirigente violou o seu dever de exclusividade, tal como previsto no artigo 16º, nºs 1, 2 e 7, do EPDAP, poderá ser determinada a cessação da respetiva comissão de serviço, ao abrigo do preceituado no artigo 25º, nº 1, alínea e) do mesmo Estatuto, sem prévia instauração de procedimento disciplinar que conduza à decisão de aplicação da sanção disciplinar de cessação da comissão de serviço.

Todavia, embora se possa apodar a salvaguarda seguinte de excessivamente garantística, não se poderá deixar de aludir alguns eventuais perigos desse entendimento.

Com efeito, não podemos olvidar que a AP está obrigada a respeitar os princípios – constitucionais e infraconstitucionais – da legalidade, da prossecução do interesse público e da proteção dos direitos e interesses dos cidadãos, da proporcionalidade, da justiça, da imparcialidade e da boa-fé (artigos 3º, nº 2, 13º, 29º, 32º, 266º da CRP e 3º, 4º, 7º, 8º, 9º e 10º do CPA). Por outro lado, há que, muitas vezes, ponderar razões cautelares, designada-

[176] O que deverá ser conjugado com o disposto no artigo 182º, nº 2, da LTFP, isto é, não se abrangendo situações de aplicação da sanção de repreensão escrita, a qual até não obriga a prévio apuramento dos factos em processo disciplinar, embora não se dispense a audiência prévia do visado (artigos 184º e 194º da LTFP).

mente com a finalidade de melhor e cabalmente fundamentar uma decisão que é sempre altamente lesiva, tanto no que concerne aos direitos e interesses do dirigente-cidadão visado, como no que tange à própria prossecução do interesse público, e assim até alicerçar uma eventual necessidade de defesa da Administração, caso tal decisão venha a ser contenciosamente impugnada.

Destarte, poderá afigurar-se mais prudente a instauração de prévio procedimento disciplinar relativo ao dirigente em causa em ordem a apurar concretamente os factos e melhor os conservar, respeitando, simultaneamente, o direito de defesa do visado, ou, pelo menos, pelo menos, garantir-se procedimentalmente o direito de audiência prévia do dirigente em causa.

Como realça Raquel Carvalho (ob. citada, pág. 181): «Temos muitas dúvidas quanto à "aparente" aplicação automática de sanções, ainda que acessórias. Aliás, o nº 4 do artigo 30º da Constituição proíbe a aplicação automática de sanções, incluindo-se aí também as sanções disciplinares. Automática no sentido de independente de qualquer ponderação. Apesar da prescrição contida no nº 5 do artigo 182º, o nº 2 do presente artigo[177] deverá ser entendido no sentido de conter a explicitação de que o cometimento de uma infração disciplinar por um trabalhador em comissão de serviço implica sempre também a infração dos deveres específicos associados aos cargos dirigentes, pelo que a sanção para essa infração, prevista na lei, é a cessação da comissão de serviço, a qual deve ser sempre decidida em processo disciplinar.»

No fundo, a verdade é que a cessação da comissão de serviço de um titular de um cargo dirigente (fora das situações previstas nas alíneas b e i) do nº 1 do artigo 25º do EPDAP) não deixa de se configurar como uma sanção pela violação dos seus deveres como dirigente.

No entanto, a matéria afigura-se como algo dúbia e sujeita a controvérsia, podendo ambos os argumentários enunciados encontrar alicerce no normativo legal acima mencionado. Tal poderá justificar a necessidade de, casuisticamente, se ponderar qual a solução que maiores garantias forneça aos interesses da AP e do cidadão implicado.

9. *Não frequência ou não aproveitamento em curso de formação profissional nos termos do nº 1 do artigo 12º do EPDAP*

Como se referiu em sede de anotação ao artigo 12º deste Estatuto, o desempenho de funções dirigentes é, obrigatoriamente, acompanhado

[177] A autora citada refere-se ao artigo 188º da LTFP.

pela realização de formação profissional específica em gestão nos domínios da AP, diferenciada, se necessário, em função do nível, grau, competências e responsabilidades dos cargos em causa. Essa função deve ser realizada pelo dirigente durante os dois primeiros anos de exercício de funções ou, em caso de impossibilidade que não lhe seja imputável, no prazo mais breve.

Se, no prazo referido e por causa que lhe seja imputável, o dirigente não frequentar essa formação obrigatória ou, se a tendo frequentado, não obtiver aproveitamento, a respetiva comissão de serviço cessará.

10. *Requerimento do interessado*

Na alínea i) do nº 1 deste artigo 25º do EPDAP, prevê-se a única situação em que a cessação de serviço poderá ocorrer por iniciativa e vontade do interessado, ou seja, quando é o próprio dirigente que requer que a respetiva comissão de serviço cesse antes do termo do seu período inicial ou do termo da sua renovação. Para tal o dirigente deverá formular o pedido nos serviços, dirigido à entidade competente para decidir, com uma antecedência mínima de sessenta dias relativamente a data em que pretende que a cessação da comissão produza efeitos.

Se o interessado não for notificado da decisão relativa ao seu pedido o prazo de trinta dias, considera-se que o mesmo foi objeto de deferimento tácito. Nada impede, porém, que a entidade competente para decidir venha a notificá-lo expressamente da decisão de aceitação do pedido após o citado prazo de trinta dias.

O pedido do dirigente poderá ser, no entanto, não ser aceite, mas, se assim for, a nosso ver, a decisão nesse sentido terá de ser notificada ao interessado antes de decorrido o prazo de trinta dias após a apresentação do requerimento.

nº 2

11. A cessação da comissão de serviço com fundamento numa das situações previstas na alínea e) do nº 1, pressupõe a prévia audição do dirigente sobre as razões invocadas, independentemente da organização de qualquer processo.

Quer isto significar que, nas quatro referidas situações, antes da tomada da decisão final tem, obrigatoriamente, de se cumprir o disposto no artigo 121º do CPA, ou seja, assiste ao interessado (o dirigente cuja comissão de serviço se pretende fazer cessar) o direito de ser ouvido de ser ouvido no procedimento administrativo e de ser informado sobre o sentido provável da decisão. No exercício do seu direito de audiência, o interessado pode pronunciar-se sobre todas as questões, de direito ou de facto, com interesse para a decisão, bem como pode requerer diligências complementares e juntar documentos.

Atenta a fraseologia deste nº 2 do artigo em anotação, suscitam-se-nos dúvidas sobre se poderá invocar-se, nestes casos, algum dos argumentos enunciados no artigo 124º do CPA no sentido de poder ser dispensada a audiência prévia do interessado. A nosso ver, e em termos gerais, apenas se poderá equacionar a dispensa da audiência do interessado, com fundamento nas situações elencadas sob as alíneas e) e f) do nº 1 daquele artigo 124º do CPA.

12. Por último, refira-se que, apesar de somente no tocante às situações elencadas na alínea e) do nº 1 do artigo 25º do EPDAP, a lei exigir, expressamente, a fundamentação da decisão de fazer cessar a comissão de serviço de um titular de cargo dirigente, existe igualmente dever de fundamentação relativamente a idêntica decisão alicerçada nas situações previstas nas alíneas a), c), d), f) e g) do mesmo preceito, atento o disposto no artigo 152º do CPA. Na verdade, uma decisão de cessação de uma comissão de serviço naquelas situações consubstanciará sempre um ato que será suscetível de afetar direitos ou interesses legalmente protegidos do dirigente visado.

Só não será exigível tal dever de fundamentação relativamente às situações elencadas sob as alíneas b) e i) do nº 1 do artigo 25º do EPDAP.

13. Parecer nº INF_DSAJAL_GC_2141/2022, de 11 de fevereiro, da Comissão de Coordenação e Desenvolvimento Regional do Norte

Assunto: Cargos de direção intermédia. Cessação da comissão de serviço determinada por despacho fundamentado na necessidade de imprimir nova orientação à gestão dos serviços. Indemnização.

"(...)

c) *A «prévia audição» referida no nº 2 do artigo 25º da Lei nº 2/2004, de 15 de janeiro, pode ser oral (concretizada através de reunião havida para o efeito) ou tem necessariamente de ser concretizada por escrito?"*

A prerrogativa do dirigente máximo do serviço fazer cessar a comissão de serviço de um titular de cargo de direção intermédia por despacho fundamentado ao abrigo do disposto na alínea e) do nº 1 do artigo 25º da Lei nº 2/2004, com base num dos motivos aí elencados, está condicionada à prévia audição do dirigente sobre as razões invocadas, independentemente da organização de qualquer processo, conforme estabelece o nº 2 do mesmo artigo.

Esta «prévia audição» do dirigente visado, exigida pelo nº 2 do artigo 25º da Lei nº 2/2004, constitui uma condição de validade do ato administrativo que faça cessar a comissão de serviço, tratando-se de uma garantia do titular desse cargo.

No fundo, pretendeu o legislador acautelar que o dirigente em causa tenha a oportunidade de se pronunciar sobre a intenção de fazer cessar a sua comissão de serviço com base naqueles fundamentos, em particular quando seja invocada a necessidade de imprimir nova orientação à gestão dos serviços.

Esta garantia dos titulares de cargos de direção intermédia encontra um paralelo, nomeadamente pela similitude dos fins, com a figura da audiência prévia de interessado, consagrada nos artigos 121º e seguintes do Código do Procedimento Administrativo, CPA.

Por isso, consideramos que paralelo merece eco, também, ao nível dos requisitos de forma para a realização desta «prévia audição», os quais não podem ser menos exigentes e garantísticos do que aqueles que estão salvaguardados em sede de audiência prévia de interessado no CPA.

O CPA admite que o direito de audiência prévia seja exercido pelo interessado de forma oral (cf. nº 1 do artigo 122º e artigo 123º), contudo foram fixadas várias formalidades para este efeito.

Desde logo, e independentemente de a audiência se realizar por forma escrita ou oral, é obrigatório que se proceda à notificação do interessado para, em prazo não inferior a 10 dias, dizer o que se lhes oferecer, conforme impõe o nº 1 do artigo 122º do CPA.

A notificação para exercício do direito de audiência prévia deve ser feita por escrito e em respeito do prescrito no artigo 112º do CPA. Essa notificação deve fornecer o projeto de decisão e demais elementos necessários para que o interessado possa conhecer todos os aspetos relevantes para a decisão, em matéria de facto e de direito, indicando também as horas e o local onde o processo pode ser consultado (cf. nº 2 do artigo 122º).

A realização da audiência por forma oral observa os trâmites especificamente fixados no artigo 123º do CPA, sendo sempre exigido que se lavre uma ata dessa diligência onde conste o extrato das alegações feitas pelo interessado, podendo este juntar alegações escritas, durante a diligência ou posteriormente, tal como estipula o nº 4 deste artigo.

Por isso, a «prévia audição» prevista no nº 2 do artigo 25º da Lei nº 2/2004 pode realizar-se de forma oral desde que o dirigente interessado tenha sido previamente notificado por escrito para esse efeito, em respeito do disposto nos nºs 1 e 2 do artigo 122º do CPA, e, ainda e especialmente, que da audiência do dirigente seja lavrada ata de onde conste o extrato das alegações feitas pelo interessado (com a possibilidade de este juntar alegações escritas, durante a diligência ou posteriormente).

Nesta conformidade, para efeitos do nº 2 do artigo 25º da Lei nº 2/2004, só quando tiverem sido cumpridas estas formalidades é que se poderá considerar como válida uma «prévia audição» que se realize "através de reunião havida para o efeito", conforme referido pela entidade consulente. (...)"

14. Parecer da Provedoria da Justiça, 17.01.2000 – Proc. R-2488/99 – Rec. Nº2/1/00 – Área Açores

Assunto: Função Pública – Cessação da Comissão de Serviço – Indemnização.

Sequência: Acatada

"I – Questão prévia

Em 22/06/99 foi dirigida ao Provedor de Justiça uma reclamação relativa à cessação da comissão de serviço da Senhora..., que exerceu funções de Directora de Serviços do Gabinete Técnico em regime de comissão de serviço na Secretaria Regional da Economia.

A queixa era relativa ao reconhecimento do direito à indemnização prevista no artigo 18º, nº 10 do Decreto-Lei nº 323/89, de 26 de Setembro, em virtude da interessada ter exercido o cargo de Directora do Gabinete Técnico durante um período superior a doze meses.

A documentação que acompanhava o texto da queixa dava conta da estreita ligação existente entre a cessação da comissão de serviço da interessada e os procedimentos de um concurso público aberto para a contratação de um jurista para o Gabinete Técnico da Secretaria Regional da Economia. Era notório – até pelo teor das diversas notícias saídas nos órgãos de comunicação social sobre estes acontecimentos – que a alegação dizia respeito à contratação da Senhora... Este facto motivou que fosse solicitado o envio à Provedoria de Justiça de cópia integral dos dois processos de concurso nos quais a Senhora ... fora opositora.

Não obstante poder ainda vir a concluir-se pela existência de irregularidades nos mencionados concursos a presente Recomendação é relativa somente às questões da cessação da comissão de serviço e do pagamento da indemnização a que alude o artigo 18º, nº 10 do Decreto-Lei nº 323/89, de 26 de Setembro, na redacção conferida pelo Decreto-Lei nº 34/93, de 13 de Fevereiro. (...)

Como ficará demonstrado, o Governo Regional dos Açores considerou que a publicação do Decreto Regulamentar Regional nº 17/98/A, de 15 de Maio, consubstanciou uma reestruturação orgânica que implicou a automática cessação da comissão de serviço da interessada. Mas, ainda que se entendesse que a comissão de serviço não cessou automaticamente em resultado da publicação do Decreto Regulamentar Regional nº 17/98/A, de 15 de Maio (porque considerar que este não teria operado uma reorganização dos serviços), dever-se-ia ter presente, por um lado, que a investidura em lugar dirigente é sempre tendencialmente precária e temporária e, por outro lado, que pode ser dada por finda a todo o tempo por decisão do membro do Governo competente. Pelo que se concluiria, também aqui, que a questão da contratação da Senhora... não seria determinante para a análise das razões que teriam levado a Administração a fazer cessar a comissão de serviço.

De qualquer forma – e como ficará demonstrado – no presente contexto esta questão nem sequer se equaciona: a cessação da comissão de serviço da Senhora ... ocorreu em virtude de reorganização operada nos respectivos serviços; assim, a matéria das divergências suscitadas pelos concursos mencionados torna-se irrelevante para a presente análise. Diferentemente, é a questão da interessada ter sido mantida no exercício das suas funções que importa destacar e da qual devem ser extraídas as devidas consequências jurídicas.

II – Introdução

Relativamente à cessação da comissão de serviço e ao pagamento da respectiva indemnização foi o Gabinete de Vossa Excelência, senhor Secretário Regional da Economia, questionado sobre:

Quais os factos que estiveram na origem da cessação da comissão de serviço da interessada e se a decisão se baseou em pareceres solicitados;

Se entendia o Governo Regional dos Açores ser devido à senhora Dra. A o pagamento da indemnização prevista no artigo 18º do Decreto-Lei nº 323/89, de 26 de Setembro e, em caso afirmativo, quando iria ser processado aquele pagamento.

Em resposta – prestada a coberto do ofício nº ... – foi afirmado, em suma, que:

A cessação da comissão de serviço deu-se por força da reestruturação das unidades orgânicas operada pelo Decreto Legislativo Regional nº 29-A/96/A, de 26 de Dezembro, e que a Direcção Regional de Organização e Administração Pública emitiu parecer sobre a matéria; Relativamente à questão do pagamento de indemnização, a Direcção Regional de Organização e Administração Pública também emitiu parecer.

III – Exposição de motivos

A Senhora Dra. A foi nomeada, por despacho de 04/06/97 e em comissão de serviço, Directora de Serviços do Gabinete Técnico da Secretaria Regional da Economia.

O regime de provimento constante do artigo 5º do Decreto-Lei nº 323/89, de 26 de Setembro, dispunha que o pessoal dirigente era provido em comissão de serviço por um período de três anos, que poderia ser renovada por iguais períodos e que, para efeitos de eventual renovação da comissão de serviço, deveria o membro do Governo competente ser informado pelos respectivos serviços, com a antecedência mínima de 90 dias, do termo do período de cada comissão, cessando esta automaticamente no fim do respectivo período sempre que não fosse dado cumprimento àquela formalidade.

Acrescentava que a renovação da comissão de serviço deveria ser comunicada ao interessado até 30 dias do seu termo, cessando a mesma automaticamente no final do respectivo período se o membro do Governo competente não tivesse manifestado expressamente a intenção de a renovar, caso em que o dirigente se manteria no exercício de funções de gestão corrente até à nomeação de novo titular do cargo. Por outro lado, o provimento de pessoal dirigente entendia-se sempre feito por urgente conveniência de serviço, salvo se o contrário fosse expressamente declarado no despacho de nomeação.

O artigo 18º, nº 10 do Decreto-Lei nº 323/89, de 26 de Setembro, na redacção conferida pelo Decreto-Lei nº 34/93, de 13 de Fevereiro, dispunha que:

Artigo 18º (Direito à carreira)

(...)

10 – No caso da cessação da comissão de serviço nos termos da alínea b) do nº 1 do artigo 7º, os dirigentes têm direito, desde que contém pelo menos 12 meses seguidos de exercício do respectivo cargo, a uma indemnização de montante igual à diferença entre a remuneração do cargo dirigente cessante e a remuneração da respectiva categoria calculada em função do tempo que faltar para o termo da comissão, a qual não pode ultrapassar a diferença anual das remunerações, nelas se incluindo os subsídios de férias e de Natal.

(...)

Atente-se igualmente no que era disposto no mencionado artigo 7º, nº 1, alínea b):

Artigo 7º (Cessação da comissão de serviço)

1 – Sem prejuízo do previsto nos nºs 1, 2 e 3 do artigo 5º, a comissão de serviço cessa automaticamente:

(...)

b) Por extinção ou reorganização da respectiva unidade orgânica do serviço respectivo.

(...)

Mediante a aprovação do Decreto Regulamentar Regional nº 17/98/A, de 15 de Maio, que entrou em vigor em 16/05/98, a orgânica da Secretaria Regional da Economia foi alterada. Em face das dúvidas surgidas sobre a natureza deste diploma – i.e. se aquele normativo consubstanciaria uma reorganização orgânica dos serviços em causa – foram solicitados dois pareceres sobre a questão da entrada em vigor da nova orgânica da Secretaria Regional de Economia e da sua relevância na comissão de serviço da Directora do Gabinete Técnico (depois, Gabinete Jurídico-Económico). Um dos pareceres foi solicitado à Senhora ..., tendo o outro sido pedido à Direcção Regional de Organização e Administração Pública.

Os pareceres proferidos foram em sentidos divergentes. Sobre este ponto não posso deixar de manifestar a minha estranheza, não pela oposição doutrinária resultante de apreciações diferentes sobre a mesma questão (a qual é absolutamente natural), mas pela circunstância da Secretaria Regional de Economia não ter tido a preocupação de fundamentar a adopção de uma das correntes expendidas, em detrimento da outra. Com efeito, na posse de dois pareceres divergentes era natural que, ao adoptar a posição constante de um deles, fossem – ainda que sumariamente – rebatidos os argumentos do estudo cujas conclusões foram vencidas; mas, ao mesmo tempo, não posso deixar de destacar a circunstância das informações elaboradas no âmbito dos serviços do senhor Secretário Regional Adjunto da Presidência serem, pela clareza da sua fundamentação e pela lógica da sua argumentação, suficientes para sustentar a posição adoptada.

Na verdade, a posição da Direcção Regional de Organização e Administração Pública pode ser resumida nos seguintes pontos:

1. O Decreto Legislativo Regional nº 29-A/96/A, de 3 de Dezembro, aprovou a estrutura do VII Governo Regional dos Açores;

2. Com a entrada em vigor do Decreto Regulamentar Regional nº 17/98/A, de 15 de Maio, foi operada a reorganização de algumas unidades orgânicas (desde logo, o que é relevante para o presente estudo, do anterior Gabinete Técnico);

3. Nesta data cessou automaticamente a comissão de serviço do dirigente até aí titular do cargo.

Como é bom de ver, a posição da Administração Regional não foi unívoca: a Secretaria Regional da Economia defendeu (cf. ofício nº ...) que a cessação da comissão de serviço da interessada teria operado em virtude da aprovação do Decreto Legislativo Regional nº 29-A/96/A, de 3 de Dezembro; já a Direcção Regional de Organização e Administração Pública entende diferentemente: a senhora Directora de Serviços afirma expressamente que "(...) de nenhum dos normativos do D.L.R. nº 29-A/96/A, se pode inferir a intenção inequívoca, expressa ou tácita, de proceder à reorganização, criação ou extinção de serviços (...)" e este entendimento mereceu despacho de concordância do senhor Secretário Regional Adjunto da Presidência.

Saliente-se que a questão tem diminuta relevância na economia da presente Recomendação: creio ser inequívoco que o Decreto Regulamentar Regional nº 17/98/A, de 15 de Maio, procedeu a uma reorganização do Gabinete Técnico (agora, Gabinete Técnico-Jurídico). E esta conclusão resulta, desde logo, da conjugação de dois factores: se o Gabinete Técnico tinha "vocação geral de apoio jurídico-económico" então parece ser evidente que a modificação (por acréscimo ou por diminuição) das competências da Secretaria Regional da Economia acarretou, como consequência directa e necessária, a alteração (ou reorganização) da unidade orgânica com competência geral de apoio. Se, como afirma a Senhora ..., o Gabinete Técnico exercia "funções de apoio jurídico-económico em toda a latitude das competências da Secretaria Regional de Economia" então a existência de "novas competências da Secretaria Regional de Economia" tem de redundar na reorganização do Gabinete Técnico; e isto porque, como é afirmado no mesmo parecer, ""reorganização" de uma unidade orgânica consiste naturalmente na alteração das suas competências". E note-se, a título de exemplo, que dar apoio na área da Estatística não é equivalente a assessorar na área do Turismo.

Estando assente que a orgânica da Secretaria Regional da Economia foi alterada pelo Decreto Regulamentar Regional nº 17/98/A, de 15 de Maio, deve-se concluir que a reorganização fez cessar automaticamente (desde 16/05/98) a comissão de serviço da Senhora ..., nos termos do disposto no artigo 7º, nº 1, alínea b) do Decreto-Lei nº 323/89, de 26 de Setembro; mas, não obstante, a interessada foi mantida no desempenho das funções de Directora do Gabinete Técnico-Jurídico.

Como é afirmado no parecer do Conselho Consultivo da Procuradoria-Geral da República a que já aludi, a noção comissão de serviço é utilizada em dois sentidos distintos: como resultado do facto do preenchimento do lugar dirigente levar o funcionário a ocupar lugar diferente daquele de que é titular com investidura definitiva mas também como sinónimo de investidura precária – no sentido de que a comissão cessa automaticamente se não for expressamente renovada no seu termo – e temporária – porque os períodos são temporalmente definidos e delimitados *ex vi legis*. E seguindo o mesmo parecer deve notar-se que a cessação automática da comissão nos casos de não renovação não determina necessariamente uma automática cessação de funções no limite temporalmente definido, sendo consabido que, em tal situação, o dirigente mantém-se no exercício de funções de gestão corrente até à nomeação de novo titular de cargo. Acresce que parece ser igualmente pacífico, pelo menos na jurisprudência administrativa, que este prosseguimento no exercício de funções resulta de naturais exigências de interesse público: "não deixar um vazio de direcção no espaço interinário, e por natureza tendencialmente breve, até à designação e início de funções de novo titular".

Mas se como vimos o Decreto-Lei nº 323/89, de 26 de Setembro, é expresso no caso de não renovação na afirmação de que "o dirigente se manterá no exercício de funções de gestão corrente até à nomeação de novo titular do cargo" (artigo 5º, nº 3, *in fine*), nada diz neste domínio no caso da cessação da comissão de serviço por reorganização da unidade orgânica do serviço respectivo.

Quid juris, então?

Sendo notório que na situação de cessação automática da comissão de serviço por ausência de renovação expressa está afastado o efeito, ex vi legis, da cessação do exercício de funções, é de concluir que o único efeito imediato será "determinar que a comissão de serviço não é renovada"(18), subsistindo o exercício de funções por expressa imposição da lei. Logo, as conclusões desta situação parecem ser bem claras:

a) Por um lado, seguindo a remuneração o lugar, o funcionário deve continuar a ser remunerado pelo exercício do cargo dirigente até a cessação efectiva de funções;

b) Por outro lado, ou não pode retomar o cargo e as funções de que é titular (se o funcionário é titular de um lugar), ou (no caso de indivíduos não vinculados à Administração) os vínculos jurídicos que o ligam à Administração somente terminam no momento em que cessem efectivamente as funções.

No caso em apreço, tendo-se mantido a interessada no exercício de funções não por imposição da lei mas por vontade expressa de Vossa Excelência e não tendo visto alterado o seu quadro estatutário funcional devem retirar-se destes factos todas as consequências jurídicas, não só em termos remuneratórios (como é pacífico) mas igualmente em termos indemnizatórios.

Na situação de reorganização de uma unidade orgânica, a cessação do exercício de funções pode ser – e em princípio é – automática atendendo ao facto da lei não impor o exercício de funções de gestão corrente. Assim sendo, a circunstância da senhora Dra. A ter sido mantida no exercício destas funções constitui um argumento acrescido em desfavor da ideia de que não existe, na presente situação, direito à indemnização prevista no artigo 18º, nº 10 do Decreto-Lei nº 323/89, de 26 de Setembro. Com efeito, não só aconteceram "pelo menos 12 meses seguidos de exercício do respectivo cargo" como esse exercício efectivo foi resultado de uma acção positiva do Secretário Regional da Economia – e não já, como acontece nos termos do artigo 5º, de uma mera omissão (a não renovação da comissão de serviço).

Como já foi dito, o artigo 18º, nº 10 do Decreto-Lei nº 323/89 faz depender o direito à indemnização da verificação de três pressupostos, a saber:

a) A nomeação em comissão de serviço para cargo dirigente;

b) O exercício desse cargo durante, pelo menos 12 meses seguidos;

c) A cessação da comissão de serviço antes do seu termo por vontade unilateral da Administração, por "extinção ou reorganização da respectiva unidade orgânica do serviço respectivo".

Na situação que aqui nos ocupa:

a) A Senhora ... foi nomeada, por despacho de 04/06/97 e em comissão de serviço, Directora de Serviços do Gabinete Técnico da Secretaria Regional da Economia;

b) Em virtude da entrada em vigor (em 16/05/98) do Decreto Regulamentar Regional nº 17/98/A, de 15 de Maio, viu cessar a sua comissão de serviço;

c) Mas exerceu o cargo até 31/10/98. Estando, pois, verificados os pressupostos do direito à indemnização deve a Secretaria Regional da Economia reconhecer esse direito à interessada e agir em conformidade.

Pelas razões que deixei expostas, RECOMENDO

Que seja paga à Senhora ... a indemnização prevista no artigo 18º, nº 10, do Decreto-Lei nº 323/89, de 26 de Setembro, na redacção do Decreto-Lei nº 34/93, de 13 de Fevereiro.

Chamo a atenção de Vossa Excelência para a circunstância da presente Recomendação, nos termos do disposto nos nºs 2 e 3 do artigo 38º da Lei nº 9/91, de 9 de Abril, não dispensar a comunicação a este órgão do Estado da posição que venha a ser assumida em face das respectivas conclusões.

O Provedor de Justiça(...)".

15. Jurisprudência

Acórdão de 18.12.2002, do STA – 2ª Subsecção do Contencioso Administrativo – Proc. 038240

Relator: Fernanda Xavier

Descritores: Cessação de comissão de serviço – Fundamentação do ato administrativo.

Sumário:

"I – O despacho que determinou a cessação da comissão de serviço de uma Administradora Delegada, ao abrigo da alínea a) do nº 2 do artº 7º do DL nº 323/89 de 26-09, tem de ser fundamentado.

II – No citado preceito legal dão-se exemplos de situações que podem fundamentar a cessação antecipada da comissão mas que, visando objectivos programáticos de eficiência e conveniência de serviço, terão de ser minimamente concretizadas.

III – Com efeito, embora a exigência de densidade de fundamentação formal, neste tipo de actos, seja menor, terá sempre de haver um grau de densidade mínima, em ordem a permitir, por um lado, a defesa do seu destinatário, e, por outro, o controlo da decisão pelos tribunais até aos limites que o tipo de acto consinta, designadamente a adequação do acto ao fim, i. e., ao interesse público a prosseguir.

IV – A fundamentação do acto terá, pois, de observar os requisitos gerais previstos no artº 125 do CPA, ou seja, ser expressa, clara, congruente e suficiente, sob pena de vício de fundamentação."

*

Acórdão de 11.09.2007, do STA – 2ª Subsecção do Contencioso Administrativo – Proc. 0438/07

Relator: Angelina Domingues

Descritores: Cargo dirigente – Cessação de comissão de serviço – Fundamentação – Coordenador da Direção Regional de Educação.

Sumário:

"I – O cargo de Coordenador-adjunto de área educativa só é equiparado a cargo dirigente (chefe de divisão) para efeitos remuneratórios (artº 2º da Portaria 791/95, de 6 de Julho), pelo que, não lhe são aplicáveis as disposições do artº 20º, nº 2 alíneas b) e c) da Lei 49/99, de 22 de Junho (Estatuto do pessoal dirigente), relativas à cessação da comissão de serviço.

II – O artº 125º, nº 1 do CPA, ao preceituar que a fundamentação dos actos administrativos pode consistir em mera declaração de concordância com os fundamentos de anterior parecer, informação ou proposta, não exigindo uma declaração formal expressa, pressupõe, contudo, uma declaração inequívoca que não deixe dúvidas quanto à identificação dos fundamentos do acto."

*

Acórdão de 30.10.2007, do STA – 2ª Subsecção do Contencioso Administrativo – Proc. 0438/07

Relator: Angelina Domingues

Descritores: Cargo dirigente – Cessação de comissão de serviço – Contraditório – Audiência prévia.

Sumário:

"I – A cessação da comissão de serviço de pessoal dirigente com base na alínea a) do artº 20º da Lei 49/99, de 22.6 é independente da cessação da comissão de serviço com fundamento na alínea b) do mesmo preceito – na sequência de procedimento disciplinar em que se tenha concluído por aplicação de sanção disciplinar –, pelo que, não valem aí as exigências do contraditório respeitantes à prova, nomeadamente documental e testemunhal, dos factos que conduziram à decisão de pôr fim à comissão de serviço, próprias de um procedimento disciplinar.

II – Utilizado pelo interessado o direito de resposta em sede de audiência prévia, não tem a entidade decisora que contra-argumentar sobre cada um dos argumentos por aquele apresentados.

Não tendo a resposta suscitado questões novas que merecessem pronúncia, não está o órgão obrigado a rebater os argumentos da defesa e reiterar os já explanados no sentido provável da decisão."

*

Acórdão de 30.10.2002, do STA – Pleno da Secção Contencioso Administrativo – Proc. 040635

Relator: J. Simões de Oliveira

Descritores: Pessoal dirigente – Hospital – Cessação de comissão de serviço – Fundamentação do ato administrativo – Infração disciplinar.

Sumário:

"I – Fundamentos do acto administrativo são todas as razões em que o seu autor pretenda apoiar-se, e não apenas aquelas que melhor se harmonizem com aquilo que será, na perspectiva do interessado, a melhor interpretação do respectivo tipo legal.

II – Estão suficientemente e congruentemente fundamentados os despachos que determinaram a cessação das comissões de serviço do director e do administrador-delegado de um hospital público que não se limitam a mera reprodução das palavras da lei ou a referências genéricas, antes especificam, relativamente a cada um dos visados, directamente e por remissão para ao relatório de auditoria realizada a esse hospital, as anomalias, irregularidades e ilegalidades objectivas registadas na gestão e que concretamente motivam as decisões tomadas.

III – O que releva para a subsunção da medida da cessação da comissão de serviço à previsão da alínea a) ou da alínea b) do nº 2 do art. 7º do D-L nº 323/89, de 26/9, é o objectivo imediato prosseguido pelo seu autor – se visa predominantemente melhorar a eficiência do funcionamento do serviço, o fundamento a utilizar é o da al. a), mesmo que algumas condutas indiciadoras de ineficiência pudessem, sumo rigore, ser consideradas infracções disciplinares; se se visa principalmente censurar disciplinarmente condutas violadoras dos deveres legais dos dirigentes, cai-se na previsão da alínea b)."

*

Acórdão de 23.06.1998, do STA – Pleno da Secção Contencioso Administrativo – Proc. 031140

Relator: Azevedo Moreira

Descritores: Pena disciplinar – Pena acessória – Cessação de comissão de serviço – Competência – Fundamentação do ato administrativo.

Sumário:

"I – A competência dos membros do Governo para a aplicação da pena acessória da cessação da comissão de serviço prevista no art. 17º nº 4 do Estatuto Disciplinar não é prejudicada pela circunstância de a aplicação da pena principal caber a outra entidade.

II – O Pleno da Secção não dispõe, em princípio, de poderes para alterar a matéria de facto fixada pela mesma Secção.

III – A aplicação da pena acessória de cessação da comissão de serviço tendo carácter automático nos termos do art. 27º nº 2 do citado Estatuto, não envolvia, ao contrário da aplicação da pena principal, qualquer momento de discricionariedade ou de ponderação das circunstâncias no exercício da chamada justiça administrativa.

IV – Não apresenta, por isso, relevo anulatório a omissão de referência a esse efeito legal tanto na nota de culpa como no relatório do instrutor.

V – Aquele art. 27º nº 2 do Estatuto Disciplinar foi tacitamente revogado pelo art. 7º do Dec-Lei nº 323/89 de 26 de Setembro.

VI – Encontra-se regularmente fundamentada um despacho punitivo que não suspendeu a aplicação da sanção proposta "atenta a gravidade das injúrias e da difamação".

*

Acórdão de 09.06.2004, do TCAS – Contencioso Administrativo – 1º Juízo Liquidatário – Proc. 02968/99

Relator: Xavier Forte

Descritores: Processo Disciplinar – Cessação de comissão de serviço – Exigibilidade de conduta diversa – Circunstâncias atenuantes especiais – Princípios da justiça e da proporcionalidade – Nulidade insuprível resultante de falta de audiência do arguido.

Sumário:

"I)- Sabendo o arguído/recorrente do que se passava, designadamente quanto ao exercício de actividade privada pelo Engenheiro Civil Principal, seu subordinado, no âmbito de licenciamento dos postos de abastecimento de combustíveis, constantes da matéria fáctica provada, e dos respectivos atrasos, através de algumas queixas de requerentes e que o próprio arguido reconhece tê-las recebido, o mesmo não procedeu disciplinarmente contra a actuação delitiva daquele subordinado, pelo que incorreu, assim, na pena de cessação da comissão de serviço.

II)- Estas circunstâncias não são dirimentes da responsabilidade do recorrente, pois não apresentam o peso excludente dessa mesma responsabilidade disciplinar, nem retiraram ao arguido a sua liberdade de proceder, dado que tinha conhecimento daquela actuação, pelo que, no estrito cumprimento das suas funções de Director, devia fiscalizar e actuar, adequadamente, instaurando o competente processo disciplinar.

III)- Também não se verifica qualquer situação que diminua, substancialmente, a sua culpa, em termos de lhe poder ser aplicada pena de escalão inferior, o que só deverá ocorrer em casos excepcionais, tendo em conta a necessária subsunção das infracções disciplinares a normas punitivas concretas.

IV)- Uma vez que a sanção aplicada se mostra em consonância com a infracção cometida, nos termos das disposições referidos no acto punitivo, daí não se verificar a violação daqueles princípios constitucionais.

V)- Dado que é irrelevante, para a manutenção da pena, a existência ou não da circunstância especial invocada, o vício correspondente, ainda que se verificasse, não podia determinar a anulação da decisão punitiva, uma vez que se verificaram os pressupostos da sua aplicação."

*

Acórdão de 21.03.2013, do TCAS – Contencioso Administrativo – 2º Juízo – Proc. 05587/09

Relator: Paulo Pereira Gouveia

Descritores: Cessação de comissão de serviço.

Sumário:

"I. Quanto ao pessoal dirigente da Administração Pública, a pena de cessação da comissão de serviço prevista no ED/84 não deixou de existir.

II. A norma (geral) que se infere do art. 25º-2-b) da Lei 2/2004 é igual à norma (geral) que se infere do art. 11º-2 ED/84 (isto é: a comissão de serviço pode, a todo o tempo, ser dada por finda durante a sua vigência na sequência de procedimento disciplinar em que se tenha concluído pela aplicação de sanção disciplinar).

III. A norma que se infere do nº 2 do art. 27º ED/84 (isto é: a pena de cessação da comissão de serviço será sempre aplicada acessoriamente por qualquer infração disciplinar punida com pena igual ou superior à de multa cometida por dirigente ou equiparado) é uma regra, pessoal e materialmente especial em relação ao art. 11º ED e também em relação ao art. 25º-2-b) da Lei 2/2004."

*

Acórdão de 23.05.2019, do TCAN – Contencioso Administrativo – 1ª Secção – Proc. 00838/16.BEPRT

Relator: Frederico Macedo Branco

Descritores: Cessação de comissão de serviço – Alteração da matéria de facto – Fundamentação – Violação de princípio.

Excertos:

"(...) JCPFS, no âmbito da Ação Administrativa intentada contra o Ministério do Trabalho Emprego e Segurança Social, tendente, em síntese, a impugnar o Despacho nº 409/2016 do Ministro do Trabalho, Emprego e da Segurança Social, de 31.12.2015, que determinou a cessação da comissão de serviço do Autor, enquanto Subdelegado Regional do Norte do Instituto do Emprego e Formação Profissional, inconformado com a Sentença proferida em 24 de setembro de 2018 que julgou a ação totalmente improcedente, veio interpor recurso jurisdicional da mesma, proferida em primeira instância no Tribunal Administrativo e Fiscal do Porto (...)

II – Questões a apreciar

Importa apreciar e decidir as questões colocadas no Recurso, no qual se destaca a requerida alteração da matéria de facto e a invocada falta de fundamentação da decisão recorrida, a violação do direito de audiência prévia, bem como a inobservância dos princípios da confiança e boa-fé, sendo que o objeto do Recurso se acha balizado pelas conclusões expressas nas respetivas alegações, nos termos dos Artº 5º, 608º, nº 2, 635º, nº 3 e 4, todos do CPC, ex vi Artº 140º CPTA. (...)

Da matéria de Direito

Da falta de fundamentação da decisão impugnada

Invoca o Recorrente que "No respetivo articulado, o Autor arguiu, desde logo, a manifesta ausência de fundamentação da decisão administrativa que veio impugnar".

Sempre se dirá que nem sempre a fundamentação do ato administrativo é (ou tem de ser) exaustiva; a fundamentação não tem que ser prolixa, basta que seja suficiente e adequada.

Aliás, tendo em consideração o fim meramente instrumental prosseguido pela fundamentação dos atos administrativos, dever-se-á entender que esta fica assegurada sempre que a decisão em causa se situe indubitavelmente num determinado quadro legal, perfeitamente cognoscível do ponto de vista do destinatário normal.

É que a fundamentação do ato administrativo, no que toca à clareza e suficiência, deve ter como padrão um destinatário normal, de modo a ficar habilitado a defender conscientemente os seus direitos e interesses legítimos legalmente protegidos.

Dito de outro modo, é de considerar suficiente a fundamentação do ato quando o seu destinatário demonstra bem ter compreendido os motivos determinantes daquele, dos quais se limita a discordar.

Como é sabido, a falta/insuficiência/obscuridade de fundamentação de um ato não se confunde com a discordância relativamente a essa mesma fundamentação.

Além disso, é jurisprudência praticamente uniforme que apenas ocorre falta de fundamentação de um ato administrativo quando ele carece absolutamente de motivação ou quando a relação existente entre esta e a estatuição do ato não apresenta a regularidade lógico-formal indispensável à apreensão clara, suficiente e congruente das razões da decisão, o que não se verifica no caso em análise.

Em suma:

– a fundamentação é suficiente quando permite a um destinatário normal aperceber-se do itinerário cognoscitivo e valorativo seguido pelo autor do ato para proferir a decisão, isto é, quando aquele possa conhecer as razões por que o seu autor decidiu como decidiu e não de forma diferente, de forma a poder desencadear os mecanismos administrativos ou contenciosos de impugnação – cfr., entre outros, o ac. Do Pleno do STA nº 1126/02, de 06/12/2005, o ac. Do STA nº 941/05, de 18/09/2008 e, na doutrina, o Prof. Vieira de Andrade, em "O Dever de Fundamentação Expressa de Atos Administrativos", pág. 138;

– o grau de fundamentação há-de ser o adequado ao tipo concreto do ato e das circunstâncias em que o mesmo foi praticado – ac. Do STA de 11/12/2007, no proc. nº 615/04.

Aqui chegados, correspondentemente se afirmou na decisão recorrida que "Conforme aconselha o próprio artigo 153º, nº 1, do CPA, não se pretende que a exposição dos fundamentos de facto e de direito dos atos administrativos se converta num texto longo, fastidioso e volumoso, mas antes numa "sucinta" enunciação dos motivos pelos quais a Administração decidiu num determinado sentido. E sucinta significa, por sinónimo, breve, curta, resumida, concisa ou abreviada.(...)

No caso vertente, tendo presente o teor do ato administrativo tal como acima o transcrevemos, entende-se que a motivação de facto e de direito está plenamente inscrita no seu texto e percetível ao destinatário médio.(...)

Serve isto para dizer que, ao contrário do que sustenta o A., a cessação da comissão de serviço do cargo de Subdelegado Regional Norte do IEFP nada teve a ver com o seu currículo académico, habilitações ou experiência profissional, nem com as suas competências profissionais, nem com o incumprimento de objetivos gestionários, pois, se o fosse, o R. tê-los-ia invocado, chamando à colação as razões enunciadas nos pontos i) a iii) do preceito legal supra referido. Acontece que em parte alguma do texto impugnado se encontra a expressão literal de tais motivos. Deste modo, há que recentrar a questão no único argumento que o R. aduziu: "na necessidade de imprimir nova orientação à gestão dos serviços". É apenas este e não outro que importa sindicar acerca da sua suficiência, ou insuficiência, explicativa.

O ato impugnado suporta-se logo ao início no argumento factual do "Programa do XXI Governo Constitucional", o que confere legitimidade democrática à opção gestionária que logo a seguir tomará quanto ao ora A., pois mal se compreenderia que um Governo democraticamente eleito não pudesse "imprimir uma nova orientação à gestão dos serviços" da Administração Pública que tutela, orientando esses mesmos serviços de acordo com os ditames escolhidos no seu Programa de Governo.

O despacho impugnado, nas alíneas a) a f) do ponto 2, inscreve de forma percetível, clara e objetiva as novas orientações que pretende dar à gestão do IEFP (Intensificar o combate à utilização abusiva e desvirtuada das políticas ativas de emprego que contrariem a ideia original de aproximação ao mercado de trabalho por via da inserção laboral; Garantir políticas ativas de emprego que ajudem a responder ao verdadeiro bloqueio que os jovens enfrentam hoje à entrada do mercado de trabalho; Encontrar respostas melhor calibradas para lidar com os problemas complexos do desemprego de longa duração; Privilegiar as formações de duração mais longa e com cariz qualificante, de modo a potenciar os impactos na empregabilidade das pessoas e nos seus perfis e níveis de qualificações; Apostar na melhoria da capacidade da resposta dos Serviços Públicos de Emprego aos desempregados e jovens, no quadro de uma estratégia de modernização administrativa, simplificação e reforço do atendimento aos cidadãos; Desenvolver, neste contexto, uma nova abordagem na aplicação das políticas ativas de emprego de modo a que estas contribuam efetivamente para a criação de emprego sustentável), de acordo, claro está, com a sua visão para a respetiva área de atuação governativa, cujo mérito ou demérito não cabe à Justiça julgar.

Prosseguindo, no ponto 3 do mesmo despacho é dito ainda que é pretendido "operar mudanças de estratégia...imposição de um novo ritmo na gestão dos recursos e do aumento da capacidade de resposta...".

E, para terminar, resulta ainda do ponto 5 do ato impugnado que o 1º R. pretende que, face à nova orientação que pretende imprimir à gestão do IEFP, seja definido pela CRESAP "um perfil de competências dos cargos de direção", conforme o previsto no artigo 18º, nº 4, da Lei nº 2/2004, de 15/01, na redação aprovada pela Lei nº 128/2015, de 03/09, o que só pode ser entendido em consonância com a invocada necessidade de "imprimir nova orientação à gestão dos serviços".

Em suma, entende-se que o despacho impugnado apresenta fundamentos de facto e de direito sucintos e compreensíveis ao destinatário médio, mormente, no sentido de explicar a razão fundamental para a cessação da comissão de serviço no cargo que o A. vinha exercendo: a já mencionada "necessidade de imprimir nova orientação à gestão dos serviços".

Acompanhando o entendimento adotado em 1ª instância, não se reconhece que a fundamentação adotada no ato objeto de impugnação carecesse de acrescida fundamentação, improcedendo assim o vicio suscitado.

Da violação do direito de audiência prévia

Refere o Recorrente que "Quanto à violação do direito de audição prévia, invocada pelo Autor na petição respetiva, a ponderação do Tribunal de primeira instância resumiu-se à análise do teor da Ata nº 8/2015.

Contudo, tendo por esclarecidas as circunstâncias em que decorreu a reunião que tal Ata visa retratar – mas que, como o Autor sublinhou na P.I. e resultou da prova testemunhal produzida, designadamente a supra transcrita, não retrata fielmente –, impunha (e impõe) a disposição do art. 25º, nº 2 da Lei nº 2/2004, de 15/01, que o Tribunal verificasse, em concreto, se ao Autor foram garantidas as condições efetivas de participação informada no procedimento de decisão que conduziu à cessação da respetiva comissão de serviço.(...)

Contudo, à margem do teor de tal documento – que o Autor expressamente repudiou e cuja subscrição enquadrou na P.I., para a qual aqui se remete –, a verdade é que o direito de audição prévia não pode ter-se por conferido, desde logo, quando se concluiu – como se concluiu supra – que ao interessado não foram elencados nem dados a conhecer quaisquer pressupostos de facto, quaisquer razões concretas e determinadas, nas quais se tivesse baseado a decisão".

A Audiência prévia visa singelamente não só garantir a participação do administrado na decisão que o afete, como também contribuir para o acerto das decisões administrativas, permitindo aos respetivos destinatários o melhor conhecimento possível das realidades.

A este respeito, referiu-se na decisão recorrida que "o artigo 25º, nº 2, da Lei nº 2/2004, de 15/01, estipula que "A cessação da comissão de serviço com fundamento na alínea e) do número anterior pressupõe a prévia audição do dirigente sobre as razões invocadas, independentemente da organização de qualquer processo".

Do comando legal supra mencionado resulta o seguinte:

e) quando a cessação da comissão de serviço se processe por despacho fundamentado numa das situações previstas nos seus pontos i) a iv), impõe-se que o dirigente seja previamente ouvido sobre as razões tidas em conta pela Administração;

ii) não é obrigatória a constituição de um procedimento administrativo formal;

f) o comando legal em causa não obriga à audiência escrita, o que nos leva a concluir que o dirigente pode ser previamente ouvido de forma oral e presencialmente, conforme permite, aliás, o artigo 123º, nº 1, do CPA, impondo-se neste caso, unicamente, que seja lavrada uma ata, o que foi feito no caso concreto do A., conforme procede do ponto 3º do probatório.

Deste modo, só podemos considerar que o A. foi ouvido previamente nos serviços do 1º R. sobre as razões da cessação da comissão de serviço, o que se encontra plenamente demonstrado pelo teor da Ata nº 8/2015 que foi elaborada na sequência da reunião ocorrida em 30/12/2015 entre o Secretário de Estado do Emprego e o ora A., assinada por ambos os intervenientes, na qual o ora Impetrante assumiu ter percebido "perfeitamente a decisão face às novas orientações de gestão que serão imprimidas no IEFP".

É certo que a preterição da audiência prévia se traduz num vício de forma que determina a anulabilidade do ato em causa, como decorre, nomeadamente, da posição maioritariamente seguida quer pela doutrina quer pela jurisprudência em geral.

Em qualquer caso, na situação em apreciação é patente que não deixou de ter sido realizada a referida diligência, em face do que improcederá a verificação do invocado vicio.

De facto, não obstante as reservas invocadas em sede recursiva, é patente que o aqui Recorrente foi ouvido previamente à prolação do ato objeto de impugnação em face do que, por natureza, não está devida e suficientemente sustentada a invocada violação da Audiência Prévia, tanto mais que não ficou demonstrado, nem se alcança ou vislumbra em que medida é que "não foram elencados nem dados a conhecer quaisquer pressupostos de facto, quaisquer razões concretas e determinadas, nas quais se tivesse baseado a decisão".

Da inobservância dos princípios da confiança e da boa-fé

Refere a este respeito o Recorrente, em síntese, que o ato objeto de impugnação violará os princípios da confiança e da boa-fé, uma vez que lhe foi conferido o direito de confiar que o prazo fixado para o mandato só não seria cumprido nas condições excecionais em que a lei prevê a sua interrupção precoce.

A este respeito referiu o tribunal a quo, designadamente, que "os princípios supra elencados, para além da previsão no artigo 266º, nº 2, da CRP, estão preconizados no artigo 10º do CPA (...)

A circunstância do A. ter sido nomeado por intermédio de um procedimento concursal conduzido pela CRESAP, que avaliou num determinado momento o seu currículo e as competências profissionais para o exercício do cargo de Subdelegado Regional do Norte do IEFP, no qual veio a ser nomeado, não lhe confere mais do que uma mera expectativa de que possa exercer esse mesmo cargo pelo período máximo de cinco anos, conforme previsão legal.

Mas não passa disso mesmo, de uma simples expectativa. É que em parte alguma do regime jurídico instituído pela Lei nº 2/2004, de 15/01, que aprovou o ESTATUTO DO PESSOAL DIRIGENTE DOS SERVIÇOS E ORGANISMOS DA ADMINISTRAÇÃO PÚBLICA, resulta o direito absoluto e inquebrável do nomeado ao exercício ininterrupto do cargo, sem que do mesmo possa ser afastado antes do tempo máximo previsto para a comissão de serviço. Ao certo, nada na letra da lei permite ao nomeado construir a ideia de confiança de que a "contraparte" (a Administração) não o poderá afastar do cargo antes do tempo máximo de exercício. Antes pelo contrário, o disposto no artigo 25º da aludida Lei, sobretudo, o estipulado no nº 1, alínea e), pontos i) a iv), afasta por completo qualquer tese de que a Administração ao nomear o dirigente em comissão de serviço não a pode fazer cessar senão no termo do prazo máximo.

Acresce ao referido pela 1ª instância, que se acompanha, o facto de não bastar invocar a verificação em abstrato de qualquer violação de princípio ínsito em lei ordinária ou inconstitucionalidade, importando que a sua verificação seja densificada e demonstrada, o que não ocorreu.

Como tem vindo a ser reconhecido pela generalidade da Jurisprudência (Vg. O Acórdão do TCA – Sul nº 02758/99 19/02/2004) não é de conhecer por omissão de substanciação no corpo de alegação, a violação dos princípios Constitucionais, designadamente por interpretação desconforme mormente à Lei Fundamental, se o Recorrente se limita a afirmar a referida desconformidade de interpretação e de aplicação, sem apresentar, do seu ponto de vista, as razões de facto e de direito do discurso jurídico fundamentador nem, sequer, a modalidade a que reverte o vício afirmado."

No mesmo sentido aponta, igualmente, o Acórdão do Colendo STA nº 00211/03 de 29/04/2003, onde se refere que "por omissão de substanciação no articulado inicial e nas alegações de recurso, não é de conhecer da questão da inconstitucionalidade e/ou interpretação desconforme à CRP de normas de direito substantivo

..., na medida em que a Recorrente se limita a afirmar, conclusivamente, a referida desconformidade sem que apresente, do seu ponto de vista, as razões de facto e de direito do discurso jurídico fundamentador nem, sequer, a que modalidade reverte o vício afirmado".

Assim, até por falta de concretização e densificação do alegado, não se vislumbra que se verifique a violação dos referidos princípios, mormente constitucionais. (...)"

*

Acórdão de 19.06.2020, do TCAN – Contencioso Administrativo – 1ª Secção – Proc. 01976/16.1BEBRG

Relator: Maria Fernanda Antunes Aparício Duarte Brandão

Descritores: Cessação de comissão de serviço no cargo de Vice-Presidente da Comissão de Coordenação e Desenvolvimento Regional do Norte – Fundamentação.

Sumário:

"I – O Tribunal a quo, apesar de afirmar o pressuposto da variabilidade da densidade da fundamentação em função do tipo de ato, não procedeu à sua ponderação de um modo adequado;

I.1 – O ato impugnado, na sua componente literal, textual, demonstra os motivos pelos quais o Governo decidiu «imprimir uma nova orientação à gestão dos serviços» e, em consequência, fez cessar a comissão de serviço do vice-presidente da Comissão de Coordenação e Desenvolvimento Regional do Norte;

I.2 – Assim a sentença recorrida violou a subalínea iv) da alínea e) do nº 1 e o nº 2 do artigo 25º da Lei nº 2/2004, de 15 de janeiro, já que não integrou na exigência legal de fundamentação circunstâncias que se subsumem a tal previsão;

I.3 – É que, reitera-se, não só a fundamentação do despacho de cessação da comissão de serviço permite ao destinatário ou ao leitor perceber quais as razões subjacentes à cessação da comissão de serviço, como se trata de razões que integram a causa legal invocada;

I.4 – Deste modo o ato impugnado na ação encontra-se adequada e suficientemente fundamentado;

I.5 – A fundamentação do acto administrativo, no que toca à clareza e suficiência, deve ter como padrão um destinatário normal, de modo a ficar habilitado a defender conscientemente os seus direitos e interesses legítimos/legalmente protegidos;

I.6 – O grau de fundamentação há de ser o adequado ao tipo concreto do acto e das circunstâncias em que o mesmo foi praticado."

Excertos:

"(...)

Há uma diferença estrutural entre a cessação da comissão de serviço do titular do cargo dirigente porque não cumpriu os seus objetivos, sonegou informação ou não demonstrou capacidade (de acordo com a valoração efetuada pelo membro do Governo) e a cessação da comissão de serviço do titular do cargo dirigente porque o Governo alterou aspetos da política pública setorial em causa, determinante da necessidade de imprimir uma nova orientação à gestão dos serviços. No primeiro caso, o texto que acompanha o ato deve tornar percetível ao seu destinatário as razões que fundaram a avaliação da prestação funcional subjetiva determinantes da cessação da comissão de serviço; no segundo caso, o texto que acompanha o ato deve tornar percetível ao seu destinatário a alteração de opções políticas relativas ao setor, que aconselham, objetivamente, uma mudança de protagonistas.

As diferenças entre as exigências de exteriorização da vontade administrativa, num caso e no outro, não resultam da análise jurisprudencial ou doutrinal mas, pura e simplesmente, da utilização pelo legislador de pressupostos distintos.

É por isso que o nº 1 do artigo 26º da Lei nº 2/2004, de 15 de janeiro, impõe a atribuição de uma indemnização pela mera cessação da comissão de serviço quando o fundamento for a extinção ou reorganização da unidade orgânica ou a necessidade de imprimir uma nova orientação à gestão dos serviços: é que não estão em causa comportamentos concretos da pessoa em causa mas questões de política pública sectorial (quer na dimensão organizacional quer na dimensão funcional).

É comum afirmar-se que as exigências de fundamentação (quanto à densidade, quanto aos pressupostos de facto, quanto às avaliações administrativas, etc.) variam consoante o tipo de ato. Ora, o artigo 25º da Lei nº 2/2004, de 15 de janeiro, fornece um exemplo prático.

Deste modo, o que a lei exigia ao membro do Governo que praticou o ato de cessação da comissão de serviço, não era que se pronunciasse sobre a prestação funcional do titular do cargo dirigente, ou sobre a sua capacidade técnica, mas antes que tornasse acessível ao seu destinatário e ao público, em geral, quais as alterações da política pública setorial condicionantes da atuação das comissões de coordenação e desenvolvimento regional que aconselhavam, no seu entender, a mudança de protagonistas.

Tendo em conta o contexto, é conveniente transcrever a fundamentação do ato que determinou a cessação da comissão de serviço do vice-presidente da Comissão de Coordenação e Desenvolvimento Regional do Norte: «As comissões de coordenação e desenvolvimento regional (CCDR) têm por missão assegurar a coordenação e a articulação das diversas políticas setoriais de âmbito regional, bem como executar as políticas de ambiente, de ordenamento do território e cidades, e apoiar tecnicamente as autarquias locais e as suas associações, ao nível das respetivas áreas geográficas de atuação, nos termos do artigo 2º do Decreto-Lei nº 228/2012, de 25 de outubro, na atual redação.

A necessidade de definir uma nova orientação em matéria de desenvolvimento regional no quadro da política pública de desenvolvimento económico e social do País, que contribua para a competitividade económica e social das regiões e respetiva sustentabilidade, bem como a necessidade de assegurar o cumprimento das responsabilidades de gestão no âmbito da política de coesão da União Europeia em prol desse desenvolvimento, impõem a necessidade de imprimir uma nova dinâmica e gestão às CCDR.

No que diz respeito à Região Norte, há necessidade de constituir uma nova direção para dar resposta às novas orientações de política para a região, tendo-se já procedido à designação de um novo presidente para a CCDR. (...)

Ora, se a causa da cessação da comissão de serviço não radicava na avaliação da prestação subjetiva do destinatário (nem poderia radicar, sob pena de defraudar a causa legal) o ato administrativo não tinha de conter quaisquer considerações a propósito da capacidade técnica ou da competência do destinatário (não tinha de conter nem podia conter).

Em segundo lugar porque o ato administrativo exteriorizou a mudança da política pública setorial e a consequente necessidade de escolher protagonistas diferentes daqueles que levaram a cabo as opções políticas anteriores, entretanto afastadas ou rejeitadas.

O que resulta da fundamentação do ato é que não faz sentido alterar as opções políticas e manter como seu rosto quem deu a cara pelas anteriores (independentemente de qualquer avaliação funcional).

Deste modo, a divergência entre o Recorrente e o Tribunal a quo não é uma divergência quanto a factos mas quanto à valoração da virtualidade fundamentadora de um texto – lê-se nas alegações do MCT e aqui corrobora-se.

Ora, como alegado por Este, nos casos em que a causa de cessação da comissão de serviço se encontra estabelecida pelo legislador através de uma fórmula que remete para a escolha prévia de valorações políticas (imprimir uma nova orientação à gestão dos serviços), o dever de fundamentação resulta preenchido quando o autor do ato evidencia que o seu sentido resulta de uma ponderação político-administrativa e indica as razões principais que o motivaram a decidir como decidiu.

Da fundamentação do despacho que determina a cessação da comissão de serviço do Autor retira-se que o Governo, através do Ministro do Planeamento e das Infraestruturas, definiu uma política pública sectorial relativa às atribuições em que intervêm as comissões de coordenação e desenvolvimento regional bem distinta da que até então vinha sendo seguida e aplicada pelo Autor, não se afigurando adequado que o executor da política pública sectorial abandonada fosse o protagonista da nova política pública sectorial definida.

A consequência é que pessoas identificadas com a execução de determinadas políticas públicas setoriais não podem continuar a ser o rosto de políticas públicas setoriais antagónicas ou, pelo menos, divergentes.

Tal motivação encontra-se subjacente, de forma evidente, à afirmação «No que diz respeito à Região Norte, há necessidade de constituir uma nova direção para dar resposta às novas orientações de política para a região [orientações cujos princípios fundamentais constam do próprio Programa do Governo], tendo-se já procedido à designação de um novo presidente para a CCDR».

A razão pela qual o Governo determinou a cessação da comissão de serviço do Autor é aquela que resulta literalmente do texto da fundamentação: com a mudança de políticas públicas setoriais torna-se necessário alterar os protagonistas (ou seja, imprimindo uma nova orientação de política setorial o Governo vê-se na necessidade racional de alterar a gestão dos serviços).

Ao contrário do que resulta da sentença recorrida, não só a fundamentação do despacho de cessação da comissão de serviço permite ao destinatário ou ao leitor perceber quais as razões subjacentes à cessação da comissão de serviço, como se tratam de razões que integram a causa legal invocada (e não seria assim se tivesse sido invocada qualquer avaliação do comportamento subjetivo do titular de cargo dirigente).

Em suma:

– o Tribunal a quo, apesar de afirmar o pressuposto da variabilidade da densidade da fundamentação em função do tipo de ato, não procedeu à sua ponderação de um modo adequado;

– o ato impugnado, na sua componente literal, textual, demonstra os motivos pelos quais o Governo decidiu «imprimir uma nova orientação à gestão dos serviços» e, em consequência, fez cessar a comissão de serviço do vice-presidente da Comissão de Coordenação e Desenvolvimento Regional do Norte;

– assim a sentença recorrida violou a subalínea iv) da alínea e) do nº 1 e o nº 2 do artigo 25º da Lei nº 2/2004, de 15 de janeiro, já que não integrou na exigência legal de fundamentação circunstâncias que se subsumem a tal previsão;

– a contrario sensu, a decisão não violou os artigos 20º e 268º, nº 4 da CRP e os artigos 2º e 87º, nº 3 do CPTA, apontados pelo Autor;

– é que, reitera-se, não só a fundamentação do despacho de cessação da comissão de serviço permite ao destinatário ou ao leitor perceber quais as razões subjacentes à cessação da comissão de serviço, como se trata de razões que integram a causa legal invocada;

– deste modo o ato impugnado na ação encontra-se adequada e suficientemente fundamentado;

– como é sabido, a fundamentação do acto administrativo, no que toca à clareza e suficiência, deve ter como padrão um destinatário normal, de modo a ficar habilitado a defender conscientemente os seus direitos e interesses legítimos/legalmente protegidos;

– o grau de fundamentação há de ser o adequado ao tipo concreto do acto e das circunstâncias em que o mesmo foi praticado;

– no caso posto o vício assacado ao acto não se descortina;

– o Autor não demonstrou que o motivo determinante da cessação da comissão de serviço tenha sido outro que não a necessidade de imprimir uma nova orientação à gestão dos serviços;

– no que ao pedido indemnizatório diz respeito, no âmbito do dever de execução de uma eventual sentença de anulação, nada impediria a Entidade Demandada de praticar um novo acto administrativo que produzisse os mesmos efeitos do acto anulado, desde que não reincidente nos mesmos vícios, pelo que a mera anulação sempre seria insuficiente para fundar a pretensão indemnizatória do Autor;

– uma coisa é a falta/insuficiência de fundamentação do acto e outra é a divergência quanto a essa fundamentação, o que ora assola o caso posto.(...)"

ARTIGO 26º
Indemnização

1 – Quando a cessação da comissão de serviço se fundamente na extinção ou reorganização da unidade orgânica ou na necessidade de imprimir nova orientação à gestão dos serviços, os dirigentes têm direito a uma indemnização desde que contem, pelo menos, 12 meses seguidos de exercício de funções.

2 – A indemnização referida no número anterior será calculada em função do tempo que faltar para o termo da comissão de serviço e no montante que resultar da diferença entre a remuneração base do cargo dirigente cessante e a remuneração da respetiva categoria de origem.

3 - O montante da indemnização tem como limite máximo o valor correspondente à diferença anual das remunerações, nelas se incluindo os subsídios de férias e de Natal.

4 - O direito à indemnização prevista nos números anteriores só é reconhecido nos casos em que à cessação da comissão de serviço não se siga imediatamente novo exercício de funções dirigentes em cargo de nível igual ou superior ou o exercício de outro cargo público com nível remuneratório igual ou superior.

5 - O exercício das funções referidas no número anterior, no período a que se reporta a indemnização, determina a obrigatoriedade da reposição da importância correspondente à diferença entre o número de meses a que respeite a indemnização percebida e o número de meses que mediar até à nova designação.

6 - Para efeitos do disposto no número anterior, a nova designação será acompanhada de declaração escrita do interessado de que não recebeu ou de que irá proceder à reposição da indemnização recebida, a qual será comunicada aos serviços processadores.

Contém as alterações introduzida pela Lei nº 51/2005, de 30/08

1. Quando a cessação da comissão de serviço decorra da extinção ou reorganização da unidade orgânica (alínea c) do nº 1 do artigo 25º do EPDAP) ou na necessidade de imprimir nova orientação à gestão dos serviços (subalínea iv) da alínea e) do nº 1 do artigo 25º do EPDAP), e desde que os/as dirigentes contem, pelo menos, doze meses seguidos de exercício de funções, têm direito a uma indemnização calculada em função do tempo que faltar para o termo da comissão de serviço e no montante que resultar da diferença entre a remuneração base do cargo dirigente cessante e a remuneração da respetiva categoria/função de origem.

De salientar que o referido período mínimo de doze meses conta-se a partir do início do início da comissão de serviço na sequência de recrutamento por procedimento concursal, ou seja, não é contabilizado para efeitos do nº 1 do artigo em anotação, um eventual período de tempo em que foram exercidas, pelo mesmo indivíduo, funções dirigentes em regime de substituição, a coberto do permitido no nº 1 do artigo 27º do EPDAP.

Por outro lado, releva para a contagem dos doze meses o tempo integral da comissão de serviço a contar do início do provimento do interessado como titular desse cargo dirigente, mesmo que, entretanto, tenha ocorrido uma renovação da comissão. Isto é, se por exemplo, a comissão de serviço foi renovada há quatro meses e, entretanto, há uma decisão de cessação da comissão por um dos motivos previstos no nº 1 do artigo 26º do EPDAP, o período de exercício de funções dirigentes a ter em consideração não se inicia a partir da data da renovação, mas antes deverá contabilizar todo o período ocorrido desde o início de funções em comissão de serviço desde o provimento no cargo por procedimento concursal. Não teria fundamento uma decisão de não atribuição de indemnização ao dirigente cessante invocando-se que a respetiva comissão de serviço só contava com quatro meses, obnubilando-se todo o período de exercício de funções (desde que não tenha sido em regime de substituição) no cargo de direção anterior a tal renovação.

2. O montante da indemnização tem como limite máximo o valor correspondente à diferença anual das remunerações, nelas se incluindo os subsídios de férias e de Natal.

3. O direito à indemnização só é reconhecido nos casos em que à cessação da comissão de serviço não se siga imediatamente novo exercício de funções dirigentes em cargo de nível igual ou superior, ou o exercício de outro cargo público com o nível remuneratório igual ou superior. Em caso contrário, o dirigente terá de apresentar declaração escrita no sentido de que não recebeu a indemnização prevista neste artigo ou, tendo-a recebido, de que irá proceder à competente reposição (e, efetivamente, agir em conformidade). Essa declaração, que acompanha a nova designação, será comunicada aos serviços processadores, necessariamente para efeitos de confirmação e controlo da legalidade.

4. Uma questão que poderá suscitar-se quanto à indemnização devida ao dirigente cessante ao abrigo do artigo em anotação prende-se com a hipótese de o serviço competente não proceder imediatamente ao processamento do montante indemnizatório, decorrendo vários meses sem que efetive o pagamento da indemnização, podendo até acontecer que só o venha a fazer após interpelação nesse sentido pelo interessado. Tem o dirigente cessante, nesta situação, direito a peticionar o pagamento de juros sobre o capital em dívida invocando mora no pagamento da indemnização devida?

Em caso afirmativo, quando se inicia a contagem dos juros: desde o dia seguinte à cessação da comissão de serviço ou a partir da data em que houve interpelação para o pagamento e este não ocorreu em devido tempo?

Como já anteriormente mencionado no âmbito destas notas ao EPDAP, nos termos do nº 1 do artigo 9º da LTFP, o vínculo de emprego público constitui-se por comissão de serviço designadamente quanto aos cargos não inseridos em carreiras, como são os cargos dirigentes. Mais dispõe o nº 2 do mesmo artigo 9º da LTFP que, na falta de norma especial, aplica-se à comissão de serviço a regulamentação prevista para o vínculo de emprego público de origem e, quando este não exista, a regulamentação prevista para os trabalhadores contratados.

O nº 5 do artigo 290º da LTFP, por seu turno, estipula que "Cessada a comissão de serviço, o trabalhador regressa à situação jurídico-funcional de que era titular, quando constituída e consolidada por tempo indeterminado, ou cessa o vínculo de emprego público, havendo lugar ao pagamento de indemnização quando prevista em lei especial."

Mas, como decorre do nº 4 do artigo 26º do EPDAP (*vd.* nota 3), o direito à indemnização nos casos de cessação da comissão de serviço fundada na extinção ou reorganização da unidade orgânica ou na necessidade de imprimir nova orientação à gestão dos serviços, só é reconhecido ao dirigente cessante quando este não inicie imediatamente novo exercício de funções dirigentes em cargo de nível igual ou superior ou o exercício de outro cargo público com nível remuneratório igual ou superior.

Conjugando as disposições legais identificadas, podemos afirmar que os serviços onde o dirigente exerceu as inerentes funções não têm, normalmente, conhecimento imediato do percurso profissional subsequente daquele, pelo que não poderão saber se o ex dirigente, cessada a comissão de serviço, regressou ao serviço de origem e à situação jurídico-funcional de que era titular ou se, pelo contrário, iniciou o exercício de um novo cargo dirigente nos moldes enunciados no nº 4 do citado artigo 26º do EPDAP. Nesta situação, poderá não ser assacada responsabilidade (ou a total responsabilidade) numa eventual demora na atribuição da indemnização devida. Aliás, cremos mesmo que será de todo conveniente para o dirigente cessante que comunique àqueles serviços que retornou ao serviço de origem e inerente situação jurídico-funcional anterior ao exercício de funções dirigentes e que requeira o pagamento da indemnização prevista na lei.

Se, tendo-o feito, nenhuma resposta obteve, e se, por exemplo, teve até de reiterar o anterior pedido junto dos serviços, ou se, outro exemplo, só vem a receber o montante indemnizatório a que tinha direito seis meses após o pedido, sem que circunstância alguma justifique tal mora, entendemos que terá legitimidade para requerer, junto da entidade que não diligenciou pelo pagamento atempado, ressarcimento pelo prejuízo na sua esfera patrimonial, indemnizável através da contabilização e pagamento de juros de mora à taxa legal vigente.

Com efeito, os juros de mora têm uma dupla finalidade: constituem uma penalização imposta a um devedor pela demora no cumprimento na prestação à qual estava obrigado; e traduzem uma indemnização ao credor pelo atraso no cumprimento da mesma.

No âmbito das relações laborais, há que chamar à colação o disposto no nº 2 do artigo 323º do CT[178], no qual se estatui que "O empregador que faltar culposamente ao cumprimento de prestações pecuniárias é obrigado a pagar os correspondentes juros de mora à taxa legal, ou a taxa superior estabelecida em instrumento de regulamentação coletiva de trabalho ou acordo das partes."

Resulta do transcrito preceito que, no âmbito de uma relação jurídico-laboral, verificando-se a falta culposa no cumprimento das prestações pecuniárias, o trabalhador tem direito, na qualidade de credor, a receber juros indemnizatórios pela mora. Ademais, nos termos do artigo 1º da Lei nº 3/2019, de 27 de abril[179], o Estado e demais entidades públicas estão obrigados ao pagamento de juros moratórios pelo atraso no cumprimento de qualquer obrigação pecuniária, independentemente da sua fonte, aplicando-se a taxa de juros referida no nº 2 do artigo 806º do CC, quando não exista disposição legal expressa que determine a aplicação de outra taxa específica.

Consequentemente, ocorrendo incumprimento no pagamento tempestivo da indemnização devida ao ex dirigente, nos termos conjugados dos artigos 26º do EPDAP, 9º e 290º, nº5 da LTFP, e 323º, nº2 do CT, há lu-

[178] Note-se que a LTFP (tal como já antes a LVCR e o Regime do Contrato de Trabalho em Funções Públicas, aprovado pela Lei nº 59/2008, de 11 de setembro) é tributária de uma aproximação ao regime jurídico laboral consignado no Código do Trabalho, numa tendência de progressiva equiparação entre as normas que regulam o contrato de trabalho em funções públicas e o contrato individual de trabalho (cf., *v.g.* artigo 4º da LTFP, o nº 2 do artigo 11º da Lei nº 35/2014, de 20 de junho, e a Lei nº 83/2021, de 6 de dezembro, que introduziu alterações no regime do teletrabalho).

[179] Estabelece a obrigatoriedade de pagamento de juros de mora pelo Estado pelo atraso no cumprimento de qualquer obrigação pecuniária.

gar ao pagamento de juros de mora por parte da AP, devendo a contagem destes iniciar-se a partir da interpelação para o pagamento, de acordo com o previsto nos artigos 804º e 805º do CC, que constitui a lei geral aplicável nos casos em que o início do incumprimento e da inerente mora por parte do devedor depende de interpelação extrajudicial por parte do devedor. Vai neste sentido o entendimento jurisprudencial vertido em diversos arestos dos nossos tribunais superiores, dos quais se cita, exemplificativamente, o seguinte:

"I – Verifica-se ***mora do devedor*** na situação em que a prestação, possível, não foi realizada no tempo devido, por facto imputável ao devedor.

II – A determinação do tempo de cumprimento é de primordial importância, para determinar o momento de constituição em mora, que marca o desencadear das consequências que lhe estão associadas.

III – Tais momentos estão assinalados no art. 805º, do Código Civil, que regula o "tempo do cumprimento", consagrando, como regra a despoletar a mora, ***o princípio da essencialidade da interpelação*** **– em que a constituição em mora não opera de *per si*, mas está dependente da iniciativa do credor (*mora ex persona*)** – (nº 1) e prevendo **exceções – situações em que a *mora debitoris* surge por si, independentemente daquela iniciativa (*mora ex re*)** – (nº 2), (...)"

(...) Com efeito, nos termos do referido artigo 805º, **"o devedor só fica constituído em mora depois de ter sido judicial ou extrajudicialmente interpelado para cumprir"** (nº 1) – é a denominada ***mora ex persona*** (dependente de um ato de natureza não negocial – a interpelação – a praticar pelo credor), compreendendo-se que, estando em causa uma obrigação desta natureza, a constituição em mora apenas ocorra na sequência da interpelação para o cumprimento, uma vez que, na ausência desta última, o devedor não poderia saber que o credor já está interessado no recebimento da prestação (Antunes Varela/Pires de Lima, 1997:63 e Ac. RL 03/11/2005).

Há, porém, mora, independentemente de interpelação, nas situações, excecionadas, consagradas no nº 2, de tal artigo – o de a obrigação ter prazo certo (al. a)), o de a obrigação provir de facto ilícito (al. b)), o de o próprio devedor impedir a interpelação (al.c)) e ainda o de o próprio devedor declarar que não vai cumprir a obrigação –, casos em que a mora do devedor depende apenas destes fatores objetivos, – é a denominada ***mora ex re***, que surge independentemente de interpelação. (...)"

"Uma das **consequências da mora** do devedor é a constituição da obrigação de indemnizar pelos danos que o atraso da prestação causa ao credor (nº 1, do art. 804º). *Trata-se de uma hipótese de responsabilidade obrigacional que concorre com o dever de prestar, em virtude de o credor conservar o direito à prestação originária.*

E nas **obrigações pecuniárias**, a indemnização é *à forfait* e consiste nos **juros** que, em princípio, são os **legais**. Parte a lei (cfr. nº 1, do art. 806º) do pressuposto de que o dinheiro tem um rendimento necessário, pelo que se dispensa a existência de dano e de nexo causal (e as consequentes provas) para haver responsabilidade obrigacional, dispondo o nº 2, que os juros moratórios são os legais. A lei fixa a indemnização por considerar o dano equivalente à perda da remuneração habitual do capital. Daí que o art. 806º, venha prever que, no caso das obrigações pecuniárias, a indemnização corresponde aos juros desde a data da constituição em mora (juros moratórios), não se permitindo ao credor a exigência de qualquer outra indemnização, e dispensando-o da prova dos requisitos do dano e do nexo de causalidade entre a facto e o dano. Estes juros correspondem aos juros legais, fixados por portaria ministerial, os quais variam consoante se trate de créditos civis, ou de créditos de que sejam titulares empresas comerciais, ou correspondam a transações comerciais, nos termos, respectivamente, dos arts. 559º e 102º §§ 4º e 5º CCom. (...)"

(Acórdão do TR Porto, de 04.11.2019, proc. nº 7402/16.9YIPRT.P1, consultável em www.dgsi.pt, realces, itálicos e sublinhados no original)

6. Parecer nº INF_DSAJAL_GC_2141/2022, de 11 de fevereiro, da Comissão de Coordenação e Desenvolvimento Regional do Norte

Assunto: Cargos de direção intermédia. Cessação da comissão de serviço determinada por despacho fundamentado na necessidade de imprimir nova orientação à gestão dos serviços. Indemnização.

"(...)

"a) *No caso da cessação da comissão de serviço (...), que tenham sido renovadas alguns meses antes da cessação (ou seja em que a renovação tenha ocorrido há mais de 12 meses), estão na mesma preenchidos os requisitos indemnizatórios previstos no artigo 26º, nº 1, da Lei nº 2/2004/, de 15 de janeiro, com a redação em vigor, ou seja, devem os referidos «12 meses seguidos de exercício de funções» contar desde a renovação da comissão de serviço (se for o caso), ou desde o início da nomeação em cargo dirigente?*"

O direito à indemnização prevista no nº 1 do artigo 26º da Lei nº 2/2004 está condicionado ao prévio exercício de funções, como dirigente ao abrigo da comissão de serviço que é feita cessar, durante um período de, pelo menos, 12 meses seguidos, para o que releva o tempo integral da comissão de serviço a contar desde o início do provimento da pessoa em causa como titular desse cargo de direção intermédia.

Por isso, esse período mínimo de exercício de funções como dirigente ao abrigo da comissão de serviço que é feita cessar, imposto pelo nº 1 do artigo 26º da Lei nº 2/2004, deve, em nossa opinião, abranger a duração da comissão de serviço como um todo, contabilizada desde a sua designação como dirigente e incluir as sucessivas renovações da comissão de serviço, conforme resulta do nº 9 do artigo 21º da Lei nº 2/2004, porquanto a renovação da comissão de serviço de um dirigente intermédio não constitui uma nova designação, mas sim um ato administrativo que permite a sua continuidade por igual lapso temporal.

Neste sentido vai também a jurisprudência dos tribunais administrativos, como se pode analisar n o Acórdão do Tribunal Central Administrativo do Norte (TCAN) de 15/11/2019 (Processo 00204/13.6BEBRG9), que se debruçou sobra a "densificação do que se deve entender por «12 meses de exercício de funções seguidos»". (...)"

"b) *Para efeitos dos 12 meses, conta o período decorrido em «regime de substituição», que possa ter existido antes da nomeação?"*

Não, pois nos termos do nº 1 do artigo 26º da Lei nº 2/2004 o período de carência exigido para que seja conferido o direito a esta indemnização em virtude da cessação da comissão de serviço (com os fundamentos ali identificados) refere-se exclusivamente ao exercício de funções ao abrigo dessa comissão de serviço, a qual só se iniciou com o provimento da pessoa em questão no cargo dirigente, aquando da sua designação pelo dirigente máximo do serviço na sequência de procedimento concursal levado a cabo para o efeito, nos termos do artigo 21º deste regime jurídico.

Acresce que, o exercício de funções como cargo de direção intermédia em comissão de serviço não se confunde com aquele que ocorre em regime de substituição, a coberto do permitido no nº 1 do artigo 27º da Lei nº 2/2004, cuja designação pode ocorrer "nos casos de ausência ou impedimento do respectivo titular quando se preveja que estes condicionalismos persistam por mais de 60 dias ou em caso de vacatura do lugar. (...)

d) *A indemnização a que houver lugar tem sempre os limites ínsitos no nº 3 do artigo 26º da citada Lei, ou seja, tem sempre como limite para cálculo do montante a pagar, o valor anual (independentemente dos meses que faltarem para o termo da comissão de serviço)?"*

Sim, uma vez que esta indemnização é calculada em função do tempo que faltar para o termo da comissão de serviço e no montante que resultar da diferença entre a remuneração base do cargo dirigente cessante e a remuneração da respetiva categoria de origem (nelas se incluindo os subsídios de férias e de Natal), com o limite estabelecido no nº 3 do artigo 26º da Lei nº 2/2004, o qual prevalece sempre que a totalidade dos meses em falta até aquele termo é superior a 12 meses. Assim, se o tempo que faltar para o termo da comissão de serviço for inferir a um ano deverá ser considerado o período em falta. (...)"

7. Jurisprudência

Acórdão de 19.11.2015, do STA – 1ª Secção – Proc. 0422/15

Relator: Ana Paula Portela

Descritores: Comissão de serviço – Renovação – Gestão corrente – Indemnização – Cargo dirigente

Sumário:

"I – No âmbito do Decreto-Lei nº 323/89, de 26 de Setembro e da Lei 49/99 de 22/6, a comissão de serviço dos titulares de cargos dirigentes, que não for expressamente renovada, cessa automaticamente no termo do respectivo prazo e os titulares de cargos dirigentes cuja comissão de serviço não for renovada permanecem no exercício das respectivas funções em regime de gestão corrente até à designação do novo titular, no âmbito do DL 323/89 sem prazo e pelo prazo de seis meses no âmbito da Lei 49/99.

II – Quando cessou a comissão de serviço da aqui recorrente pelo decurso do prazo de 3 anos sem que tivesse ocorrido renovação da mesma, em 6/5/2000, portanto na vigência desta Lei 49/99, as funções passaram a ser asseguradas em regime de gestão de corrente ou substituição pelo prazo máximo de seis meses e posteriormente em situação precária até ao despacho de 12.03.2007 do Presidente do Instituto da Vinha e do Vinho, I.P., que, em função da reestruturação dos serviços determinou a cessação de funções de todos os dirigentes daquele Instituto.

III – Não há, nesta situação, direito a uma indemnização por cessação automática da comissão de serviço, derivado de reorganização dos serviços, prevista no referido art. 26º da Lei nº 2/2004 que visa compensar o titular de cargo dirigente pela frustração das suas expectativas remuneratórias em função de um prazo estipulado para fim da comissão de serviço em que está investido, quando a remuneração do cargo exercido em comissão é superior à que aufere no lugar da sua categoria por não existir qualquer expectativa relativamente a um termo para o exercício de funções, sabendo (ou devendo saber) que a situação pode terminar a qualquer momento por não existir qualquer prazo fixado para a mesma.

IV – O não recebimento de uma indemnização que não está prevista na lei para a situação precária da aqui recorrente mas apenas para uma situação legal de comissão de serviço, não afecta a igualdade, boa fé e justiça (não são iguais as situações precárias e tituladas e não é a mesma coisa o direito à remuneração relativa ao exercício de uma função e o direito a uma indemnização que pressupõe um prazo de vigência que não existe na situação precária e já existe na vigência de uma comissão de serviço a termo) e da confiança (a haver expectativas as mesmas não eram legítimas nem fundadas)."

*

Acórdão de 15.11.2019, do TCAN – 1ª Secção – Contencioso Administrativo – Proc. 00204/13.6BEBRG

Relator: Ricardo de Oliveira e Sousa

Descritores: Comissão de serviço – Indemnização fundada por motivos de extinção ou reorganização da unidade orgânica – Densificação do que se deve entender por "12 meses de exercício de funções seguidos".

Sumário:

"I – O nº 1 do artigo 26º do Estatuto do Pessoal Dirigente dos Serviços e Organismos da Administração Pública [daqui em diante E.P.D.], aprovado pela Lei nº 2/2004, de 15 de janeiro, na redações dadas pela Lei nº 51/2005, de 30/08; pela Lei nº 64-A/2008, de 31/12; pela Lei nº 3-B/2010, de 28/04; e pela Lei nº 64/2011, de 22/12, correlaciona o direito à indemnização emergente da cessação da comissão de serviço por motivos de extinção ou reorganização da unidade orgânica ou de necessidade de imprimir nova orientação à gestão dos serviços ao exercício de funções mínimo de 12 meses seguidos.

II – Não resultando de forma clara da literalidade do visado preceito é se o "os 12 meses seguidos de exercício de funções" a que se reporta se compreende, apenas e tão só, a comissão de serviço – resultante de nomeação ou renovação – que esteja a decorrer no momento de extinção ou reorganização da unidade orgânica, ou se, entendendo-se que a comissão de serviço é uma apenas, tendo o seu início, eventuais renovações e o seu termo, o seu tempo integral desta pode ser contado, impõe-se atender aos demais elementos da interpretação normativa.

III – Neste domínio, cabe notar que a simples verificação das situações previstas no artigo 25º, nº 1 do EPD extingue a relação jurídica que existia durante a vigência da comissão de serviço, pelo que se torna necessária à pratica de um novo ato de nomeação para se iniciar uma nova comissão de serviço.

IV – Donde tem se concluir que a comissão de serviço "nascida" com um ato de nomeação, enquanto não se extinguir, é só uma, independentemente do número de renovações a que for sujeita, pelo que não sentimos qualquer hesitação em assumir que a contagem dos "12 meses seguidos de exercício de funções" a que se reporta o nº 1 do artigo 26º do EPD deverá reger-se por este enquadramento – no sentido da inclusão do tempo integral da comissão de serviço para efeitos de eventual atribuição da indemnização devida – e não por qualquer outro, como o postulado pela sentença recorrida.

V – Neste enquadramento, e sopesando a factualidade coligida no probatório sob os pontos 1) a 3), donde emerge que a Recorrente esteve investida em regime de comissão de serviço para o exercício de funções correspondentes pelo período seguido de 6 anos e 7 meses, é de inteira evidência que lhe assiste o direito de indemnização preconizado no artigo 26º, nº 1 do EPD, a calcular nos termos legais, isto é, em função do tempo que faltar para o termo da comissão de serviço e no montante que resultar da diferença entre a remuneração base do cargo dirigente cessante e a remuneração da respetiva categoria de origem [cfr. Nº 2 do artigo 26º do EPD].

VI – Sendo o quadro fáctico a atender é o que resulta fixado em 1ª instância, e não um qualquer outro, é de concluir que não foi demonstrado qualquer lastro factual que permita concluir que a Recorrente, com a atuação do Recorrido descrita nos autos, sofreu angustia, perturbação, revolta e sentimentos de justiça, situação que tem um verdadeiro efeito de implosão em relação à pretensão indemnizatória adicional da Recorrente."

*

Acórdão de 13.11.2020, do TCAN – 1ª Secção – Contencioso Administrativo – Proc. 00771/12.1BECBR

Relator: Alexandra Alendouro

Descritores: Comissão de serviço – Diretora de Unidade de Centro Distrital do ISS, IP – Cessação antecipada por motivos de extinção ou reorganização da unidade orgânica – Indemnização – "12 meses de exercício de funções seguidos".

Sumário:

"I – O artigo 26º, nº 1, do Estatuto do Pessoal Dirigente dos Serviços e Organismos da Administração Pública [EPD], aprovado pela Lei nº 2/2004, de 15 de Janeiro, nas redacções dadas pelas Leis nºs 51/2005, de 30/08, 64-A/2008, de 31/12; 3-B/2010, de 28/04 e 64/2011, de 22/12, condiciona o direito à indemnização emergente da cessação da comissão de serviço por motivos de extinção ou reorganização da unidade orgânica ou de necessidade de imprimir nova orientação à gestão dos serviços ao exercício de funções mínimo de 12 meses seguidos.

II – A cessação antecipada de comissão de serviço de Directora de Unidade de Centro Distrital do ISS, IP, por motivo de reestruturação da referida unidade, não resultou ope legis, do DL nº 83/2012, de 30/03 que aprova a nova Lei Orgânica do ISS, IP e da Portaria nº 135/2012, de 08/05 que aprovou os então novos Estatutos do referido Instituto, mas de deliberação de Conselho Directivo do Instituto da Segurança Social, I. P., em cumprimento, designadamente do artigo 10º da Lei Orgânica e do artigo 1º nºs 8 e ss dos novos Estatutos.

III – E nessa medida, a Recorrida preenche o requisito mínimo do exercício de funções por 12 meses seguidos, assistindo-lhe, o direito ao pagamento da indemnização que lhe foi arbitrada pela sentença recorrida."

*

Acórdão de 30.11.2016, do TCAN – 1ª Secção – Contencioso Administrativo – Proc. 00455/13.3BEBRG

Relator: Maria Fernanda Antunes Aparício Duarte Brandão

Descritores: Gestor público/Exercício de funções dirigentes – Impossibilidade absoluta de nomeação e exercício de funções – Indemnização pela expropriação do direito à execução.

Sumário:

"I – O gestor público tem direito a "despesas de representação";

I.I – As chamadas "despesas de representação" tanto podem assumir a natureza compensatória como remuneratória, consoante correspondam à designação conceptual tout court ou assumam a forma de um efectivo e constante suplemento remuneratório, indissociavelmente ligado à remuneração base de que depende, por forma regular, contínua e periódica;

I.2 – No caso, têm carácter remuneratório já que as efectivas despesas de representação se encontram previstas no contrato de nomeação com carácter regular, contínuo e periódico, acompanhando sempre o vencimento.

II – A ora Recorrente tinha direito a ser nomeada e a exercer as funções dirigentes, pelo que havendo uma impossibilidade absoluta de tal nomeação e exercício de funções ocorrer, tem direito a ser indemnizada pela expropriação do direito à execução;

II.1 – Sendo as despesas de representação englobadas na retribuição a que a Autora/Recorrente teria direito a perceber mensalmente, mostram-se passíveis de integrar a indemnização devida pelo Recorrido;

II.2 – Assim sendo, o montante indemnizatório devido à Recorrente terá de corresponder à diferença entre a situação patrimonial que teria se a sentença condenatória pudesse ter sido executada e aquela que tem por força da impossibilidade absoluta de se executar tal sentença;

II.3 – Já no que concerne à limitação ao período temporal de um ano de diferenças remuneratórias, da indemnização fixada pelo Tribunal a quo, importa conjugar o nº 2 do artigo 26º da Lei 2/2004, de 15 de janeiro, com o que preceitua o seu nº 3, sendo que, da articulação entre essas disposições, resulta que este último normativo veio consagrar um plafond máximo ao montante indemnizatório, correspondente a um ano de retribuições, independentemente do tempo que, à data da cessação de funções, ao dirigente faltasse cumprir para atingir o termo normal da comissão de serviço."

*

Acórdão de 11.09.2015, do TCAN – 1ª Secção – Contencioso Administrativo – Proc. 01289/06.7BEPRT

Relator: Joaquim Cruzeiro

Descritores: Cargo dirigente – Exercício efetivo de funções.

Sumário:

"Estando em causa o exercício de funções de um lugar de Dirigente que não existe no organograma do serviço, não se pode concluir que o mero exercício dessas funções, por quem não as poderia legalmente exercer, possa dar direito a uma remuneração correspondente a esse lugar."

*

Acórdão de 08.05.2008, do TCAN – 1ª Secção – Contencioso Administrativo – Proc. 00044/06.9BEPRT

Relator: José Luís Paulo Escudeiro

Descritores: Cessação comissão serviço – Ato político – Ato administrativo – Falta de fundamentação – Falta de audiência prévia – Direito de indemnização.

Sumário:

"I – Actos políticos são os praticados no desempenho da função política e que têm por objecto directo e imediato a conservação da sociedade política e a definição e prossecução dos interesses essenciais da colectividade mediante a livre escolha dos rumos ou soluções consideradas preferíveis, exprimindo tais actos, precisamente, as opções do poder político, as quais não podem, por isso, ser sujeitas a controlo jurisdicional, por este se ter de situar ao nível do controle de legalidade, não podendo os tribunais exercer, assim, qualquer tipo de apreciação quanto ao mérito ou demérito de tais volições primárias dos órgãos políticos, quando actuem no exercício da função política.

II – Não é acto político o despacho conjunto que exonera o Presidente de uma Comissão de Coordenação e Desenvolvimento Regional.

III – A comissão de serviço dos titulares dos cargos dirigentes cessa, entre outros caos, por despacho fundamentado, designadamente na situação de necessidade de imprimir nova orientação à gestão dos serviços – artº 25º-1-e)-IV da Lei 2/04, de 15.JAN, na redacção dada pela Lei 51/05, de 30.AGO.

IV – A cessação da comissão de serviço com fundamento na necessidade de imprimir nova orientação à gestão dos serviços, pressupõe a prévia audição do dirigente sobre as razões invocadas, independentemente da organização de qualquer processo – Cfr. Artº 25º-2 da Lei 2/04, de 15.JAN, na redacção dada pela Lei 51/05, de 30.AGO.

V – Traduzindo-se a fundamentação do acto administrativo como a enunciação clara do itinerário cognoscitivo percorrido pelo seu autor por forma a esclarecer de modo perceptível o seu destinatário da sua ratio decidendi, o acto impugnado que se limite, em sede de motivação, a reproduzir o texto legal "necessidade de imprimir nova orientação à gestão dos serviços" sem aludir a uma qualquer concretização da realidade fáctica a ela subsumível, não se configura como suficientemente fundamentado.

VI – Quanto à audiência prévia dos interessados, independentemente das exigências procedimentais a ele respeitantes contempladas nos artºs 100º e segs. Do CPA, no caso da cessação da comissão de serviço de titulares de cargos dirigentes, impunha-se a sua observância, desde logo, nos termos enunciados pelo nº 2 do artº 25º da Lei 2/04, de 15.JAN, na redacção dada pela Lei 51/05, de 30.AGO.

VII – O nº 1 do artº 26º da Lei 2/04, de 15.JAN, na redacção inicial, dispunha que anterior à Lei 51/05, de 30.AGO, do seguinte modo:

"Os dirigentes têm direito a uma indemnização quando a cessação da comissão de serviço decorra da extinção ou reorganização da unidade orgânica e desde que contem pelo menos 12 meses seguidos de exercício do cargo.".

VIII – Entretanto, na redacção dada pela Lei 51/05, aquele normativo legal, passou a ter a seguinte redacção:

"Quando a cessação da comissão de serviço se fundamente na extinção ou reorganização da unidade orgânica ou na necessidade de imprimir nova orientação à gestão dos serviços, os dirigentes têm direito a uma indemnização desde que contem, pelo menos, 12 meses seguidos de exercício de funções.".

IX – Entretanto, por força do disposto no nº 1 artº 8º da Lei 51/05, o disposto, designadamente, no nº 1 do artigo 26º da Lei nº 2/2004, de 15 de Janeiro, na redacção que lhes é conferida pela presente lei, é aplicável aos actuais titulares de cargos dirigentes apenas no termo do prazo da comissão de serviço, ou da respectiva renovação, que se encontre a decorrer na data da sua entrada em vigor, mantendo-se, em tais casos, em vigor as redacções anteriores da referida lei.

X – Tendo o Recorrido, tomado posse do cargo de Vice-Presidente da CCDRN em 01.OUT.03, em regime de comissão de serviço pelo período de 3 anos, a referida comissão de serviço só terminaria em 01.OUT.06, pelo que à data da entrada em vigor da Lei 51/05 – 04-SET.05 – o Recorrido mantinha a comissão de serviço.

XI – E tendo a sua comissão de serviço cessado por despacho de 05.SET.05, com fundamento na "necessidade de imprimir nova orientação à gestão dos serviços", o nº 1 do artº 26º da Lei 2/04, na redacção anterior à vigência da Lei 55/05, aplicável ex vi do nº 1 do artº 8º deste último diploma legal, não lhe confere direito a qualquer indemnização, porquanto aquele normativo legal não previa aquele fundamento para efeitos da aquisição do direito a indemnização."

*

Acórdão de 23.05.2019, do TCAN – 1ª Secção – Contencioso Administrativo – Proc. 00838/16.7BEPRT

Relator: Frederico Macedo Branco

Descritores: Cessação comissão serviço – Alteração da matéria de facto – Fundamentação – Violação de princípio – Falta de audiência prévia – Direito de indemnização.

Sumário:

"1 – Em sede de recurso jurisdicional o tribunal de recurso, em princípio, só deve alterar a matéria de facto em que assenta a decisão recorrida se, após ter sido reapreciada, for evidente que ela, em termos de razoabilidade, foi mal julgada na instância recorrida.

Com efeito, o Tribunal de recurso está privado da oralidade e da imediação que determinaram a decisão de primeira instância, sendo que a gravação da prova, por sua natureza, não fornece todos os elementos que foram diretamente percecionados por quem julgou em primeira instância e que ajuda na formação da convicção sobre a credibilidade do testemunho.

2 – Nem sempre a fundamentação do ato administrativo é (ou tem de ser) exaustiva; a fundamentação não tem que ser prolixa, basta que seja suficiente e adequada.

A fundamentação do ato administrativo, no que toca à clareza e suficiência, deve ter como padrão um destinatário normal, de modo a ficar habilitado a defender conscientemente os seus direitos e interesses legítimos legalmente protegidos.

3 – Não basta invocar a verificação em abstrato de qualquer violação de princípio ínsito em lei ordinária ou inconstitucionalidade, importando que a sua verificação seja densificada e demonstrada, o que não ocorreu.

Não é de conhecer por omissão de substanciação no corpo de alegação, a violação dos princípios Constitucionais, designadamente por interpretação desconforme mormente à Lei Fundamental, se o Recorrente se limita a afirmar a referida desconformidade de interpretação e de aplicação, sem apresentar, do seu ponto de vista, as razões de facto e de direito do discurso jurídico fundamentador nem, sequer, a modalidade a que reverte o vício afirmado."

Excertos:

"(...)

Da indemnização prevista no Artº 26º da Lei nº 2/2004, de 15/01

Reclama o Recorrente o pagamento da indemnização prevista no art. 26º da Lei 2/2004, de 15.01, Direito que o Tribunal a quo terá recusado reconhecer, com o fundamento de que o Autor não havia exercido as funções agora cessadas pelo tempo mínimo previsto na lei para a aquisição do almejado crédito indemnizatório, ou seja, 12 meses.

Referiu a este respeito o Tribunal a quo, o seguinte:

"Acontece que o A. formula tal asserção com um erro de base no raciocínio jurídico.

O Impetrante soma dois tempos diversos, adstritos a duas situações distintas de nomeação em cargo dirigente que não se podem confundir. O A. junta a deliberação de 07/11/2012 do Conselho de Diretivo do IEFP, que o nomeou, "até à conclusão do procedimento concursal para recrutamento e provimento do referido cargo, em regime de substituição, Subdelegado Regional do Norte", com a deliberação nº 14/2015, de 05/01/2015, que decidiu "Designar o licenciado JCPFS, em comissão de serviço, com efeitos a 7 de janeiro de 2015, pelo período de cinco anos, para exercer o cargo de Subdelegado Regional do Norte do IEFP".

(...)

Como se vê, a lei exige que o dirigente conte, pelo menos, 12 meses seguidos de exercício de funções numa determinada comissão de serviço, o que não sucedeu com o caso do A., porquanto, a nova unidade funcional no cargo de Subdelegado Regional Norte do IEFP (em efetividade e não em regime de substituição) teve o seu início reportado a 07/01/2015 e acabou por cessar em 31/12/2015. Pelos motivos expostos, o A. não tem direito à indemnização indicada no artigo 26º, nº 1, da Lei nº 2/2004, de 15/01."

Objetivamente, refere o aludido nº 1 do art. 26º da Lei nº 2/2004, que "Quando a cessação da comissão de serviço se fundamente na extinção ou reorganização da unidade orgânica ou na necessidade de imprimir nova orientação à gestão dos serviços, os dirigentes têm direito a uma indemnização desde que contem, pelo menos, 12 meses seguidos de exercício de funções".

O que está em causa é o direito indemnizatório decorrente do exercício efetivo de funções em resultado de um processo concursal e não o desemprenho funcional meramente instrumental em decorrência de um qualquer regime substitutivo, em face do que se acompanha o entendimento adotado em 1ª instância ao considerar apenas relevante o período de 7 de janeiro de 2015 a 31/12/2015, em que as funções foram desempenhadas em comissão de Serviço a título pessoal e não substitutivo.

No desenvolvimento da sua argumentação o Recorrente pretende confundir factos e circunstâncias moldando-as às suas pretensões.

Na realidade, o que se mostra impeditivo da atribuição da pretendida indemnização não é o facto do tribunal a quo não ter somado dois períodos distintos de exercício de funções como dirigente, mas singelamente o facto de o Recorrente pretender somar dois períodos de natureza diversa, a saber o período em que as funções foram desempenhadas em regime de substituição, com aquele em que as funções foram já desempenhadas em Comissão de Serviço em decorrência do procedimento concursal entretanto realizado.

Em face do que antecede, improcederá igualmente a pretensão indemnizatória vinda de ser analisada (nº 1 do art. 26º da Lei 2/2004, de 15.01). (...)"

*

Acórdão de 19.06.2020, do TCAN – Contencioso Administrativo – 1ª Secção – Proc. 01976/16.1BEBRG

Relator: Maria Fernanda Antunes Aparício Duarte Brandão

Descritores: Cessação de comissão de serviço no cargo de Vice-Presidente da Comissão de Coordenação e Desenvolvimento Regional do Norte – Fundamentação.

Excertos:

"(...)

A título subsidiário, pediu o Autor a condenação dos Réu no pagamento da indemnização correspondente à cessação lícita da comissão de serviço, prevista no artº 26º da Lei 2/2004, de 15 de janeiro, no valor de 33.804,68 €, acrescida de juros à taxa legal desde 24 de julho de 2016.

Para o efeito alegou, em síntese, o seguinte:

– foi designado para exercer o cargo de Vice-Presidente da Comissão de Coordenação e Desenvolvimento Regional do Norte em regime de comissão de serviço pelo período de 5 anos, com efeitos a partir de 18.02.2015, tendo tal comissão de serviço cessado por despacho de 21.07.2016 do Ministro do Planeamento e das Infra-estruturas;

– nos termos do artº 26º do Estatuto tem direito ao pagamento de uma indemnização que corresponderia à diferença da remuneração base do cargo dirigente cessante e a remuneração da respectiva categoria de origem;

– o Réu Ministério, logo em sede de contestação, considerou que o Autor não demonstrou que o motivo principalmente determinante da cessação da comissão de serviço tenha sido outro que não a necessidade de imprimir uma nova orientação à gestão dos serviços; no que ao pedido indemnizatório diz respeito, considera que, no âmbito do dever de execução de uma eventual sentença de anulação, nada o impediria de praticar um novo acto administrativo que produzisse os mesmos efeitos do acto anulado, desde que não reincidente nos mesmos vícios, pelo que a mera anulação sempre seria insuficiente para fundar a pretensão indemnizatória do Autor; já quanto ao pedido subsidiário, reconhece o direito do Autor, adiantando que pretende proceder à sua concretização.

Ora, nos termos da citada lei que aprovou o estatuto do pessoal dirigente dos serviços e organismos da administração central, regional e local do Estado, Artigo 26º, sob a epígrafe:

Indemnização

1 – Quando a cessação da comissão de serviço se fundamente na extinção ou reorganização da unidade orgânica ou na necessidade de imprimir nova orientação à gestão dos serviços, os dirigentes têm direito a uma indemnização desde que contem, pelo menos, 12 meses seguidos de exercício de funções.

2 – A indemnização referida no número anterior será calculada em função do tempo que faltar para o termo da comissão de serviço e no montante que resultar da diferença entre a remuneração base do cargo dirigente cessante e a remuneração da respectiva categoria de origem.

3 – O montante da indemnização tem como limite máximo o valor correspondente à diferença anual das remunerações, nelas se incluindo os subsídios de férias e de Natal.

(...).

Como é sabido, o Estado e as demais pessoas colectivas *públicas indemnizarão os particulares a quem, no interesse geral, mediante* actos administrativos legais ou actos materiais lícitos, tenham imposto encargos ou causado prejuízos especiais e anormais.

Efectivamente, nas "situações, em que a pretensão do autor permanece na mesma relação jurídica (responsabilidade civil extracontratual do Estado) e onde a condenação se atém aos factos alegados pela parte, desde que o contraditório tenha sido assegurado, nada obsta à condenação do réu a título de responsabilidade civil por factos lícitos ainda que o autor tenha formulado a pretensão invocando a responsabilidade delitual." – Acórdão do STA de 23/11/2010, proc. 444/10).

"I – São pressupostos da responsabilidade extracontratual do Estado e demais pessoas colectivas de direito público, por actos *lícitos praticados no domínio de gestão pública, prevista no* art. 9º do DL nº 48.051, de 21.11.67: (I) um acto *lícito do Estado ou de outra pessoa* colectiva *pública; (II) praticado* por motivo de interesse público; (III) um prejuízo especial e anormal; (IV) nexo de causalidade entre o acto e o prejuízo. II – Por prejuízo especial entende-se aquele que não é imposto à generalidade das pessoas, mas a pessoa certa e determinada em função de uma específica posição relativa; por prejuízo anormal aquele que não é inerente aos riscos normais da vida em sociedade, suportados por todos os cidadãos, ultrapassando os limites impostos pelo dever de suportar a actividade *lícita da Administração." – Ac. do STA de 02/12/2010, proc. 629/10, ainda que proferido num contexto diferente.*

"A exigência de um dano ou encargo especial e anormal é justificado à luz de um princípio de socialidade. Só são indemnizáveis os danos ou encargos que incidam sobre uma pessoa ou um grupo, sem afectarem a generalidade das pessoas (dano especial), e que simultaneamente ultrapassem os custos próprios da vida em sociedade e mereçam, pela sua gravidade, a tutela do direito (dano anormal).

"Anormal é, por sua vez, o dano que, pela sua gravidade, tem relevância ressarcitória; de tal modo que não há lugar ao pagamento de indemnização se o dano não exceder os encargos normais exigíveis como contrapartida dos benefícios emergentes da existência e funcionamento dos serviços públicos."

É que "(...) A ideia da exigência destes dois requisitos de responsabilidade assenta, (...) na necessidade de estabelecer um duplo travão: a) evitar a sobrecarga do tesouro público, limitando o reconhecimento de um dever indemnizatório do Estado nos casos de danos inequivocamente graves, b) procurar ressarcir danos que, sendo graves, incidem desigualmente sobre certos cidadãos."

Destarte, a (i) especialidade e a (ii) anormalidade são requisitos do prejuízo passível de indemnização enquanto pressuposto da responsabilidade civil.

No caso concreto o Estatuto de que beneficia o Autor assegura-lhe a indemnização atrás exposta que, repete-se, o próprio Réu/Ministério reconhece, sem sequer por em causa o quantum peticionado. (...)"

*

Acórdão de 09.02.2012, do TCAS – Contencioso Administrativo – 2º Juízo – Proc. 08255/11

Relator: Ana Celeste Carvalho

Descritores: Providência cautelar – Características gerais da medida cautelar: adequação, necessidade, utilidade e instrumentalidade.

Sumário:

"I. Constituem pressupostos gerais da tutela cautelar, a adequação, necessidade, utilidade e instrumentalidade da concreta medida cautelar requerida.

II. Sendo praticado ato administrativo que determina a não renovação da comissão de serviço no exercício de determinado cargo, carece de tais características a providência cautelar de suspensão de eficácia de ato administrativo.

III. Seria medida cautelar própria, adequada e instrumental a acautelar o perigo da delonga da ação principal, a providência cautelar de natureza antecipatória, que recolocasse provisoriamente a requerente no exercício do cargo que vinha exercendo até á prática do ato impugnado.

IV. A providência conservatória de suspensão de eficácia de ato administrativo não é adequada, necessária, útil e instrumental ao efeito jurídico pretendido."

Excertos:

"(...)

No caso dos autos, a requerente formulou o pedido de adoção da providência cautelar de suspensão de eficácia de ato administrativo, com isso pretendendo obstar à produção dos seus efeitos jurídicos, isto é, obstar à cessação da comissão de serviço, pretendendo manter-se provida no respetivo cargo que vinha exercendo.

O ato administrativo suspendendo consiste no despacho do Presidente do Instituto dos Registos e do Notariado, IP, datado de 21/02/2011, que determinou a não renovação da comissão de serviço da requerente no cargo de Coordenadora do Setor de Administração dos Recursos Humanos e que fossem desencadeadas as diligências necessárias à abertura do correspondente procedimento concursal de recrutamento, não se vislumbrando que a providência cautelar requerida seja adequada e instrumental a assegurar o efeito jurídico que pretende obter, de manter-se no exercício de tal cargo.

Deste modo, ainda que a providência cautelar requerida fosse decretada, a mesma não seria apta ou idónea a determinar a renovação da comissão de serviço da ora recorrente, já que de uma providência de natureza meramente conservatória e não antecipatória, se trata.

A requerente apenas podia almejar a alteração da sua situação atual existente, mediante a adoção de uma providência antecipatória, que a recolocasse – ainda que provisoriamente, como é próprio da tutela cautelar –, no exercício do cargo de Coordenadora que vinha exercendo, o que não se mostra requerido em juízo.

Para tanto, não se mostra suficiente a mera suspensão de eficácia do ato administrativo que a retira do exercício do cargo, pois que essa providência é apenas apta a paralisar os efeitos do ato praticado, não tendo a aptidão de introduzir uma alteração na atual situação jurídica e a produção de quaisquer efeito jurídicos novos, diferentes daqueles que existem no atual momento.

"As providências cautelares conservatórias têm o propósito de evitar a deterioração do equilíbrio de interesses existente à partida, procurando que ele se mantenha, a título provisório, até que a questão de fundo seja dirimida no processo principal. Visam dar resposta a interesses dirigidos à conservação de situações jurídicas já existentes (...)

As providências cautelares antecipatórias têm (...) o alcance de antecipar, a título provisório, a constituição de uma situação jurídica nova, diferente da existente à partida (...) Disso são exemplo os tipos de providências mencionados nas alíneas b), c) e d) do nº 2. (...)" – vide Mário Aroso de Almeida e Carlos Alberto Fernandes Cadilha, in "Comentário ao Código de Processo nos Tribunais Administrativos", Almedina, 2005, págs. 555 a 557.

Sobre esta questão, cfr. entre outros, o Acórdão do STA, datado de 27/04/2006, no processo nº 19/2006: "As providências cautelares destinam-se a obter uma regulação provisória dos interesses envolvidos num determinado litígio, podendo traduzir-se, consoante o seu conteúdo, em antecipar, a título provisório, a constituição de uma situação jurídica nova cuja obtenção se visa alcançar, a título definitivo, no processo principal (providências antecipatórias), ou a manutenção, a título provisório, de uma situação jurídica já existente, até que a situação seja definida, a título definitivo, no processo principal (providências conservatórias).".

Acresce, com relevo, que a comissão de serviço em que a recorrente fora provida, tem a duração de três anos, a contar de 22 de abril de 2008, tendo cessado em 22 de abril de 2011, pelo que, também por efeito do decurso do prazo da comissão de serviço, não se mostra adequado ou útil o mero decretamento da providência cautelar de suspensão de eficácia.

Donde apenas mediante a adoção de uma providência de caráter antecipatório – a renovação provisória de comissão de serviço – e não a providência de natureza conservatória requerida, seria apta, adequada, necessária e útil a acautelar o efeito jurídico pretendido pela requerente, associado ao perigo da delonga do processo principal.

Por essa via, a providência carece igualmente de instrumentalidade em relação ao processo principal.

Assim, carece a providência cautelar requerida das necessárias e indispensáveis características da tutela cautelar, quanto o de a providência requerida ser adequada, necessária, útil e instrumental para tutelar a situação jurídica ameaçada.

Neste sentido, de entre outros, cfr. o Acórdão deste Tribunal, de 14/09/2010, proc. nº 6427/10.

Pelo que, não estão reunidos os legais pressupostos gerais de que a lei faz depender a adoção da providência cautelar requerida, a que alude o disposto no nº 1 do artº 112º do CPTA.

Assim se concluindo, fica prejudicado o conhecimento e decisão do objeto do recurso, nos termos delimitados pelas conclusões da alegação do recurso jurisdicional."

ARTIGO 26º-A
Suspensão

1 – A comissão de serviço dos titulares dos cargos de direção superior de 2º grau e de direção intermédia suspende-se quando sejam designados para gabinetes de membros do Governo ou equiparados ou em regime de substituição.

2 – A comissão de serviço suspende-se por quatro anos ou enquanto durar o exercício do cargo ou função, se este tiver duração inferior, sendo as funções de origem asseguradas em regime de substituição.

3 – O período de suspensão conta, para todos os efeitos legais, como tempo de serviço prestado no cargo de origem.

Contém as alterações introduzidas pela Lei nº 64/2011, de 22/12.

nº 1

1. No regime da comissão de serviço instituído pelo EPDAP, a possibilidade de suspensão da comissão de serviço é objeto de regulação específica neste artigo 26º-A. Neste contexto, a figura da suspensão da comissão do dirigente está prefigurada como uma vicissitude modificativa da relação laboral, limitada, do ponto de vista funcional, a determinados cargos dirigentes e de utilização legitimada apenas para as situações de desempenho de determinadas funções públicas.

As limitações à aplicação da figura da suspensão da comissão de serviço no exercício de cargos dirigentes são fundamentalmente determinadas pelo primado do interesse público na gestão dos serviços e organismos e pelo interesse em garantir as condições para o exercício destes cargos.

2. O EPDAP prevê a possibilidade de a comissão de serviço dos titulares de cargos dirigentes ser suspensa, mas somente estando reunidos os seguintes pressupostos cumulativos:

a) Se trate de cargos de direção superior de 2º grau ou de cargos de direção intermédia; e apenas
b) No caso de esses titulares de cargos dirigentes serem designados para gabinetes dos membros do Governo ou equiparados ou em regime de substituição para outros cargos dirigentes.[180]

[180] O que também decorre do disposto no nº 3 do artigo 10º do DL nº 11/2012, de 20 de janeiro.

Assim, se um Diretor-Geral de um serviço central de um determinado Ministério for designado como Chefe de Gabinete de um membro do governo, a respetiva comissão de serviço cessa nos termos da alínea b) do nº 1 do artigo 25º do EPDAP, não podendo ser suspensa ao abrigo deste artigo 26º-A.

3. A natureza, a composição, a orgânica e o regime jurídico a que estão sujeitos os gabinetes dos membros do Governo, estão regulados pelo DL nº 11/2012, de 20 de janeiro. O gabinete do Primeiro-Ministro rege-se pelo DL nº 12/2020, de 20 de janeiro.

Estes gabinetes são estruturas de apoio direto à atividade política dos membros do Governo, tendo por missão coadjuvá-los no exercício das suas funções.

Os gabinetes dos membros do Governo têm a seguinte composição:

a) Chefe do gabinete;
b) Adjuntos;
c) Técnicos especialistas;
d) Secretários pessoais.

Integram também os gabinetes dos membros do Governo o pessoal de apoio técnico-administrativo e auxiliar[181].

O gabinete do Primeiro-Ministro, para além dos membros elencados anteriormente, dispõe também de assessores.

O chefe do gabinete é responsável pela direção e coordenação do gabinete, cabendo-lhe realizar a ligação aos serviços e organismos dependentes do respetivo membro do Governo, aos gabinetes dos restantes membros do Governo e às demais entidades públicas e privadas. Pode ainda exercer competências relativas a assuntos administrativos correntes que lhe sejam delegados pelo respetivo membro do Governo, na área de competências deste.

No caso específico do chefe do gabinete do Primeiro-Ministro, o mesmo é responsável pela direção e coordenação do Gabinete, incluindo o serviço de apoio privativo, cabendo-lhe ainda a representação do Primeiro-Ministro e a ligação aos serviços e organismos da Presidência do Conselho

[181] Especifica-se no DL nº 12/2010, de 20 de janeiro, que no pessoal auxiliar também se incluem os motoristas (nº2 do artigo 2º).

de Ministros, aos gabinetes dos restantes membros do Governo e às demais entidades públicas e privadas.

Os assessores do gabinete do Primeiro-Ministro coordenam as respetivas assessorias e prestam o apoio político e técnico especializado nas respetivas áreas de competência, podendo um deles (ou um dos adjuntos do mesmo gabinete) exercer a função de oficial de segurança do Chefe do Governo.

Os adjuntos prestam o apoio político e técnico que lhes seja determinado[182].

Os técnicos especialistas prestam apoio na sua área de especialidade e não estão sujeitos ao regime de exclusividade, mas o exercício de outras funções ser expressamente autorizado no respetivo despacho de designação.

Os secretários pessoais prestam apoio ao membro do Governo e ao respetivo gabinete.

O pessoal de apoio técnico-administrativo e auxiliar exerce as funções que lhes forem determinadas pelo membro do Governo respetivo.

Sem prejuízo do referido quanto aos técnicos especialistas e nas exceções infra elencadas, os membros dos gabinetes exercem as suas funções em regime de exclusividade, com renúncia ao exercício de outras atividades ou funções de natureza profissional, públicas ou privadas, exercidas com carácter regular ou não, e independentemente de serem ou não remuneradas.

Não colidem com o citado regime de exclusividade:

a) As atividades de representação do membro do Governo respetivo;
b) A participação em comissões ou grupos de trabalho por indicação do membro do Governo;
c) A participação, em representação do Governo, em conselhos consultivos, comissões técnicas de acompanhamento ou de fiscalização ou outros organismos colegiais previstos na lei;
d) As atividades de criação artística e literária, bem como quaisquer outras de que resulte a perceção de remunerações provenientes de direitos de autor;
e) A realização de conferências, palestras, ações de formação de curta duração e outras atividades de idêntica natureza;
f) A participação dos membros dos gabinetes em órgãos sociais de pessoas coletivas sem fins lucrativos desde que não pertencentes ao sector de atividade pelo qual é responsável o membro do Governo respetivo.

182 No caso dos adjuntos do gabinete do Primeiro-Ministro, fazem-no sob orientação do chefe do Gabinete e dos assessores.

Por outro lado, quando expressamente autorizadas no respetivo despacho de designação, os membros dos gabinetes podem exercer:

a) Atividades em instituições de ensino superior, designadamente as atividades de docência e de investigação, em regime de tempo integral ou tempo parcial, nos termos da legislação em vigor;
b) Atividades compreendidas na respetiva especialidade profissional prestadas, sem carácter de permanência, a entes não pertencentes ao sector de atividade pelo qual é responsável o membro do Governo respetivo.

Os membros dos gabinetes estão sujeitos ao regime de incompatibilidades, impedimentos e inibições previstos nas disposições reguladoras de conflitos de interesses resultantes do exercício de funções públicas e no CPA.

No período de três anos subsequentes à cessação das respetivas funções, os membros dos gabinetes não podem desempenhar os cargos de inspetor-geral e subinspetor-geral, ou a estes expressamente equiparados, no sector específico em que exerceram funções. Fica salvaguardado, no entanto, a situação de regresso à atividade exercida à data da designação, sem prejuízo da aplicação das disposições relativas a impedimentos constantes do CPA.

Durante o exercício das respetivas funções, os membros dos gabinetes não podem celebrar quaisquer contratos de trabalho ou de prestação de serviços com as entidades tuteladas pelo respetivo membro do Governo que devam vigorar após a cessação das suas funções.

Aos membros dos gabinetes é ainda aplicável o regime constante dos artigos 3º, nº 2, alínea a), 13º, 14º, 18º e 18º-A da Lei nº 52/2019, de 31 de julho, na sua redação vigente.

nº 2

4. A suspensão da comissão de serviços dos titulares de cargos dirigentes acima referenciados e nos termos previstos no nº 1, não é vitalícia nem assume duração indeterminada.

Com efeito, a suspensão da comissão de serviço tem a duração máxima de quatro anos, ou corresponderá à duração do exercício do cargo ou função, se este tiver uma duração inferior àquela.

5. Enquanto durar a suspensão da comissão de serviço do dirigente, as funções de origem serão asseguradas em regime de substituição, nos moldes previstos no artigo 27º do EPDAP.

nº 3

6. O dirigente cuja comissão de serviço seja suspensa ao abrigo deste artigo 26º-A, tem os seus direitos salvaguardados, designadamente, contando o período de suspensão, para todos os efeitos legais, como tempo de serviço contado no cargo de origem (*vd.* também artigo 28º do EPDAP e respetivas notas).

7. Parecer Jurídico nº DSAJAL 202/13, da CCDRC - Comissão de Coordenação e Desenvolvimento Regional do Centro, de 09.09.2013

Consultável em https://ccdrc.pt/index.php?option=com_pareceres&view=details&id=2154&Itemid=45

Responsável: Maria José L. Castanheira Neves (Diretora de Serviços de Apoio Jurídico e à Administração Local)

Excertos:

"(...) II

Estatuto do Pessoal Dirigente

(...)

Estabelecia especificamente o artigo 19º da lei nº 49/99 o seguinte:

«A comissão de serviço do pessoal dirigente suspende - se nos casos seguintes:

a) Exercício dos cargos de Presidente da República, deputado à Assembleia da República, membro do Governo, Ministro da República para as Regiões Autónomas, Governador e Secretário-Adjunto do Governo de Macau e outros por lei a eles equiparados, membros dos governos e das assembleias regionais, governador civil e vice-governador civil, presidente e vice-presidente do Conselho Económico e Social, presidente de câmara municipal e de comissão administrativa ou vereador em regime de permanência, juiz do Tribunal Constitucional;

b) Exercício dos cargos de chefe da Casa Civil e do Gabinete do Presidente da República e membros da Casa Civil e do Gabinete do Presidente da República, chefe de gabinete e adjunto do Presidente da Assembleia da República, dos membros do Governo, do Ministro da República e dos grupos parlamentares, dos governos e assembleias regionais e, bem assim, de assessor do Primeiro-Ministro, ou outros por lei a eles equiparados;

c) Exercício de cargo ou função de reconhecido interesse público, desde que de natureza transitória ou com prazo certo de duração, que não possa ser desempenhado em regime de acumulação;

d) Exercício de funções em regime de substituição nos termos do artigo 21º ou nas situações previstas em lei especial.»

Tal significava que até à revogação da lei nº 49/99 estava expressamente prevista a suspensão de cargos dirigentes pelo exercício de um cargo de eleito local dada a parte final da alínea a) do artigo 19º.

No entanto, este quadro legal foi posteriormente alterado, no que respeita ao Estatuto dos cargos Dirigentes, com a entrada em vigor da lei nº 2/2004, de 15 de Janeiro.

Efetivamente, nesta lei não só deixou de existir norma própria a estatuir o regime das suspensões como, por outro lado, foi incluída nas normas transitórias uma disposição a estabelecer apenas a manutenção das situações existentes de suspensão da comissão de serviço aquando da entrada em vigor da lei.

Ou seja, era inequívoco que o legislador de 2004 pretendeu terminar com a possibilidade de existirem novas suspensões de comissões de serviço de cargos dirigentes, mantendo apenas as situações já existentes, no respeito pelo princípio da salvaguarda das situações já constituídas.

Nesse sentido, aliás, se pronunciou a Procuradoria-geral da República no seu parecer PGR 00002514, publicado no DR, II série, de 22/09/2005, cujas conclusões são as seguintes:

«1. A lei nº 2/2004, de 15 de Janeiro (Estatuto do Pessoal Dirigente), ao contrário dos estatutos anteriores, não prevê a figura da suspensão da comissão de serviço do pessoal dirigente;

2. Na vigência deste diploma, e sem prejuízo das situações ressalvadas na norma transitória do artigo 37º, nº 2, a tomada de posse seguida de exercício de funções como membro do Governo, por titular de cargo dirigente, não origina a suspensão da respetiva comissão de serviço, cessando esta nos termos previstos no artigo 25º, nº 1, a);»

Com a lei nº 2/2004, a interpretação racional deste diploma, atendendo especialmente aos elementos sistemático e histórico, conduz-nos a uma única conclusão: o legislador pretendeu terminar com o instituto da suspensão da comissão de serviço de cargos dirigentes, mantendo apenas as situações de suspensão vigentes aquando da sua entrada em vigor, no sentido de respeitar as situações já constituídas à data da sua entrada em vigor.

No referido parecer da PGR 00002514, publicado no DR, II série, de 22/09/2005, é referido que «foram as soluções da proposta de lei nº 89/IX que acabaram por vingar sendo claros os motivos que levaram a propor a eliminação deste instituto «a afirmação do primado do interesse público na gestão dos organismos tem também como corolário que se garantam as condições para o pleno exercício dos cargos, eliminando fatores e instabilidade que dificultam a prestação e dão oportunidade à desresponsabilização. É neste âmbito que se elimina a figura de direito á suspensão da comissão de serviço, ao abrigo da qual se eternizavam situações precárias ao mais alto nível.»

O Estatuto do Pessoal Dirigente voltou novamente a ser alterado com a nova redação dada à lei nº 2/2004, de 15/01, pela lei nº 51/2005, de 30 de Agosto.

Efetivamente com a lei 51/2005, de 30 de Agosto, foi aditado um novo artigo (26º-A) com a seguinte redação:

«1 – A comissão de serviço dos titulares dos cargos de direção superior do 2º grau e de direção intermédia suspende-se quando sejam nomeados para cargos dirigentes cuja comissão de serviço possa cessar pela mudança de Governo, para gabinetes de membros do Governo ou equiparados ou em regime de substituição.

2 – A comissão de serviço suspende-se por quatro anos ou enquanto durar o exercício do cargo ou função, se este tiver duração inferior, sendo as funções de origem asseguradas em regime de substituição.

3 – O período de suspensão conta, para todos os efeitos legais, como tempo de serviço prestado no cargo de origem.»

Este artigo foi novamente alterado, na redação dada pela lei nº 64/2011, de 22 de Dezembro, mantendo-se os seus números 2 e 3, mas sendo a atual redação do seu número 1 a seguinte:

«A comissão de serviço dos titulares dos cargos d direção superior de 2º grau e de direção intermédia suspende-se quando sejam designados para gabinetes de membros do Governo ou equiparados ou em regime de substituição».

No confronto com a lei 49/99, última lei, a prever o instituto da suspensão da comissão de serviço retira-se, basicamente, o seguinte:

– O cargo de direção superior do 1º grau nunca se suspende (diretor-geral e cargos equiparados) só se suspendendo os cargos de direção superior do 2º grau (subdiretor-geral e equiparados) bem como os cargos de direção intermédia;

– Não está expressamente prevista a suspensão de funções dirigentes aquando do exercício de cargos autárquicos;

– O período máximo de suspensão é de quatro anos;

Quais as ilações interpretativas que se podem retirar deste elemento histórico?

Julgamos que é patente que se pretende continuar com o objectivo introduzido pela lei nº 4/2004, embora de modo mais moderado, isto é, não se pretende que se eternizem as situações de suspensão e daí o limite de quatro anos da suspensão, e que não se pretendeu abranger neste regime de suspensão os titulares de cargos políticos. (...)".

8. Jurisprudência

Acórdão de 12.07.2006, do STA – 2ª Subsecção – Contencioso Administrativo – Proc. 01201/05

Relator: Rosendo José

Descritores: Estatuto do pessoal dirigente – Comissão de serviço – Suspensão de comissão de serviço – Chefe de gabinete.

Sumário:

"I – Na vigência da redacção originária da Lei 2/2004, de 15 de Janeiro, a comissão de serviço como dirigente – chefe de Divisão do Apoio ao Plenário da Assembleia da Republica – cessou pela nomeação e exercício de funções como chefe de gabinete de membro do Governo, por aplicação do artº 25º nº 1 al. a), pelo que não se suspendeu.

II – Aquela Lei, ao contrário dos estatutos anteriores do Pessoal dirigente não prevê, com o sentido de a impedir, a suspensão da comissão de serviço do pessoal dirigente.

III – A Lei 51/2005, de 30 de Agosto, modificou o regime de prestação de serviço do pessoal dirigente introduzindo alterações na Lei 2/2004, entre as quais a alteração do artigo 25 e a introdução do artigo 26-A, passando de novo a prever a suspensão da comissão de serviço para o pessoal dirigente nomeado para gabinetes de membros do Governo ou equiparados. Mas a reintroduzida suspensão não se aplica ao pessoal que cessou entretanto a comissão de serviço. (...)"

SECÇÃO V
Substituição

ARTIGO 27º
Designação em substituição

1 – Os cargos dirigentes podem ser exercidos em regime de substituição nos casos de ausência ou impedimento do respetivo titular quando se preveja que estes condicionalismos persistam por mais de 60 dias ou em caso de vacatura do lugar.

2 - A designação em regime de substituição é feita pela entidade competente, devendo ser observados todos os requisitos legais exigidos para o provimento do cargo, com exceção do procedimento concursal a que se referem os artigos 18º a 21º

3 - A substituição cessa na data em que o titular retome funções ou passados 90 dias sobre a data da vacatura do lugar, salvo se estiver em curso procedimento tendente à designação de novo titular.

4 - Em qualquer caso, verificando-se a situação prevista na parte final do número anterior, a substituição cessa imperativamente se, no prazo de 45 dias após a entrega pelo júri da proposta de designação referida no nº 8 do artigo 19º, o membro do Governo que tenha o poder de direção ou de superintendência e tutela sobre o serviço ou órgão a que respeita o procedimento concursal não tiver procedido à designação.

5 - O prazo referido no número anterior é interrompido na data da convocação das eleições para a Assembleia da República ou da demissão do Governo, retomando-se com a investidura parlamentar do novo Governo.

6 - A substituição pode ainda cessar, a qualquer momento, por decisão da entidade competente ou a pedido do substituto, logo que deferido.

7 - O período de substituição conta, para todos os efeitos legais, como tempo de serviço prestado no cargo anteriormente ocupado, bem como no lugar de origem.

8 - O substituto tem direito à totalidade das remunerações e demais abonos e regalias atribuídos pelo exercício do cargo do substituído, independentemente da libertação das respectivas verbas por este, sendo os encargos suportados pelas correspondentes dotações orçamentais.

Contém as alterações introduzidas pelos seguintes diplomas:
- Lei nº 51/2005, de 30/08;
- Lei nº 64/2011, de 22/12;
- Lei nº 128/2015, de 03/09.

nº 1

1. Os cargos dirigentes podem ser exercidos em regime de substituição nos casos de ausência ou impedimento do respetivo titular quando se preveja que estes condicionalismos persistam por mais de sessenta dias, ou em caso de vacatura do lugar.

2. A figura jurídica da *substituição* do exercício de funções decorre de um dos princípios gerais que regem a atividade administrativa, concretamente o princípio da continuidade dos serviços públicos. Segundo este princípio, a continuidade dos serviços públicos deve ser assegurada em todas as circunstâncias, sendo a atividade administrativa, por natureza, contínua e ininterrupta, atentos os interesses públicos que cabe a AP prosseguir.

O artigo 43º do CPA prevê a figura da substituição referindo-se aos "casos em que a lei habilita um órgão a suceder, temporária ou pontualmente, no exercício da competência que normalmente pertence a outro órgão", passando o órgão substituto a exercer, como competência própria e exclusiva, os poderes do órgão substituído, suspendendo-se a aplicação da norma atributiva de competência do último.

Assim, o princípio da substituição deve considerar-se implícito no nosso ordenamento jurídico-administrativo e assume relevância em situações específicas como as do pessoal provido em cargos dirigentes.

3. O CPA refere-se, no seu atual artigo 42º, à figura da *suplência*, fazendo-o em termos idênticos aos que no CPA de 1991 (artigo 41º) se atribuíam à substituição.

No atual regime jurídico-administrativo, ocorre suplência quando, nos "casos de ausência, falta ou impedimento do titular do órgão ou do agente, cabe ao suplente designado na lei, nos estatutos ou no regimento, agir no exercício da competência desse órgão ou agente". Na falta de designação expressa, a suplência cabe ao inferior hierárquico e, em caso de igualdade de posições, ao mais antigo. O exercício de funções em regime de suplência abrange os poderes que hajam sido delegados ou subdelegados no órgão ou agente.

Relevante doutrina jusadministrativista considera a suplência como uma modalidade da figura da substituição, caracterizando a primeira como uma forma de substituição *ex lege*, dado que resulta sempre direta e automaticamente da lei a determinação do órgão substituto e das circunstâncias que lhe servem de fundamento. Configura, assim, uma "substituição antecipadamente regulada", que "tem sempre como pressuposto uma vicissitude referente ao titular do órgão substituído, explicando o princípio da continuidade dos serviços públicos o carácter vinculado ou necessário de uma tal substituição"[183].

[183] Paulo Otero, citado no Parecer do Conselho Consultivo da PGR com o nº P001022005, de 14.02.2006, cujos excertos se reproduzem mais adiante nas notas a este artigo 27º do

nº 2

4. Na designação em regime de substituição, feita pela entidade competente, devem ser observados todos os requisitos legais exigidos para o provimento do cargo com exceção do procedimento concursal (artigos 18º a 21º do EPDAP), uma vez que necessidade de designação de um substituto do titular ausente ou impedido, ou em caso de vacatura do cargo, assume-se como excecional e transitória. É, no entanto, uma transitoriedade que não se configura como pontual (caso em que se deveria recorrer à aplicação do regime da suplência, previsto no artigo 42º do CPA, mencionado na nota precedente). Na verdade, deverá ocorrer a designação de um substituto do titular ausente ou impedido quando seja previsível, que esses condicionalismos persistam por mais de sessenta dias ou quando ocorra a vacatura do lugar.

5. Exemplos de situações em que a lei prevê expressamente a designação de um dirigente em substituição do titular efetivo do cargo dirigente, são as consignadas nos artigos 24º, nº 3, 25º, nº 1, alínea b), 2ª parte e 26º-A do EPDAP, já anteriormente anotados.

nº 3

6. O exercício de funções dirigentes em regime de substituição cessa na data em que o titular do cargo retome funções ou passados noventa dias sobre a data da vacatura do lugar. Só assim não sucederá se estiver em curso procedimento concursal tendente à nomeação de novo titular, o que permitirá justificar o prolongamento da substituição até à conclusão do procedimento e provimento no cargo de novo dirigente "efetivo".

nºs 4 e 5

7. A substituição cessa obrigatoriamente quando, estando em curso procedimento concursal visando a nomeação de novo titular para cargo de direção superior, e tendo a CRESAP procedido à entrega ao membro do Governo competente da proposta com indicação dos três candidatos selecionados como adequados ao provimento do cargo (cf. nº 8 do artigo 19º do

EPDAP. No mesmo parecer, para o qual se remete, são citados outros ilustres jusadministrativistas, ilustrando a relação entre as figuras da substituição e da suplência.

EPDAP), o mesmo governante não proceda à designação do novo dirigente no prazo de quarenta e cinco dias.

8. O referido prazo é, no entanto, interrompido na data de convocação de eleições para a Assembleia da República ou da demissão do Governo, recomeçando com a investidura parlamentar do novo Governo, uma vez que, por imposição legal expressa, nesse interregno não pode ocorrer a designação de titulares de cargos de direção superior (nº13 do artigo 19º do EPDAP).

9. O disposto nos nºs. 4 e 5 deste artigo 27º não se aplica quando a substituição se refere a titulares de cargos de direção intermédia.

nº 6

10. O exercício de funções em regime de substituição pode também cessar, a qualquer momento, por decisão da entidade competente ou a pedido do substituto, a partir do momento em que seja deferido.

Uma interpretação literal do disposto neste nº 6 do artigo 27º poderia levar-nos a concluir que, sendo permitido que a entidade competente determine, a qualquer momento (naturalmente, sem pedido prévio nesse sentido por parte do substituto), a cessação das funções em regime de substituição, que a decisão inerente não necessitaria de ser devidamente fundamentada. Tal entendimento não será, porém, o correto. É certo que se poderá argumentar em contrário que a própria lei caracteriza o regime da substituição como de natureza precária e transitória, o que é, necessariamente, do conhecimento do dirigente substituto. Porém, configurando-se como um ato administrativo que afeta a esfera jurídico-funcional-patrimonial do visado, tal decisão deve ser obrigatoriamente fundamentada, nos termos previstos nos artigos 152º e 153º do CPA.

11. Ainda relativamente à previsão legal de a entidade competente poder fazer cessar a substituição a qualquer momento, suscita-se a questão de, estando nós perante o que será um poder discricionário, fica a mesma entidade dispensada de proceder à audiência prévia do interessado (o dirigente substituto).

Durante algum tempo parte da jurisprudência considerou que, uma vez que, quer a nomeação em substituição, quer a cessação da mesma, pode efetivar-se, a qualquer momento, por decisão da entidade administrativa competente, esta atua no exercício de um poder predominantemente discricionário, pelo que, não implicando o exercício de funções dirigentes em regime de substituição o preenchimento de um lugar a título permanente, sendo, ao invés, a nomeação precária, não tem a Administração de proceder à audiência prévio do dirigente substituto (cf. Acórdão de 24.05.2001, do TCAS – 2ª Subsecção – Contencioso Administrativo – Proc. 037899/99, sumariado mais abaixo).

Porém, como se refere no Acórdão do TCAS, de 19.04.2007, no âmbito do Recurso nº 05394/01, "ao contrário do que se pensou em certo tempo, a margem de autonomia decisória conferida pela lei à Administração não constitui, por si, um factor de exclusão da obrigatoriedade de fundamentação. Deve acrescentar-se agora que a discricionaridade, concebida no seu sentido mais amplo, não é sequer (ou não é também) uma razão para considerar suficiente como conteúdo fundamentador a mera revelação de que o agente usou de facto os poderes (discricionários) que lhe cabiam (cfr. José Carlos Vieira de Andrade, "O Dever de Fundamentação Expressa de Actos Administrativos", Almedina, 1991, pág. 258 e seguintes)."

Acresce que a situação ora em preço não se enquadra em nenhuma das alíneas do nº 1 do artigo 124º do CPA, que elenca os casos em que a Administração pode não proceder à audiência prévia do interessado[184].

Deste modo, embora o poder de fazer cessar o exercício de funções dirigentes em regime de substituição configure seja predominantemente discricionário, entendimentos que a entidade competente deverá, antes de tomar a decisão final, dar a conhecer a sua intenção ao interessado, permitindo que o mesmo se pronuncie, se assim o entender, sobre as questões de direito e de facto que considere relevantes para a matéria (artigo 121º do CPA).

nºs 7 e 8

12. O período de substituição conta, para todos os efeitos legais, como tempo de serviço prestado no cargo anteriormente ocupado, bem como no lugar de origem, assistindo ao dirigente substituto cessante o direito à tota-

[184] Salienta-se, inclusive, que na versão atual do CPA, a dispensa de audiência dos interessados é uma faculdade do responsável pela direção do procedimento ("pode não proceder"), sendo que na versão anterior o CPA elencava expressamente as situações em que "não há lugar" à mencionada audiência.

lidade das remunerações e demais abonos e regalias conferidos pelo exercício das funções inerentes ao cargo do substituído.

Os respetivos encargos são suportados pelas correspondentes dotações orçamentais do serviço competente.

13. Doutrina do Conselho Consultivo da PGR

Parecer nº P001022005 (nº convencional PGRP00002698), de 14.02.2006, publicitado a 13.07.2007, solicitado pelo Ministério das Finanças e Administração Pública

Consultável em http://www.dgsi.pt/pgrp.nsf/0/055ead1657876b1e80257 08c003cf606

Relator: Manuel Matos

Descritores: Instituto Nacional de Administração – Cargo dirigente – Vice-Presidente – Substituição – Suplência – Remuneração – Nomeação em substituição – Impedimento – Princípio da continuidade do serviço público – Carreira da função pública – Interpretação da lei.

Conclusões:

1ª Nos termos disposto no artigo 27º, nº 1, do estatuto do pessoal dirigente dos serviços e organismos da administração central, regional e local do Estado, aprovado pela Lei nº 2/2004, de 15 de Janeiro, e como também se previa nos anteriores estatutos (artigo 21º da Lei nº 49/99, de 22 de Junho, e artigo 8º do Decreto-Lei nº 323/89, de 26 de Setembro), os cargos dirigentes podem ser exercidos em regime de substituição nos casos de ausência ou impedimento do respectivo titular ou por vacatura do lugar;

2ª Em tal situação, e em conformidade com o disposto no nº 6 do artigo 27º da Lei nº 2/2004, e como igualmente se estabelecia nos demais preceitos legais citados na conclusão anterior, o substituto tem direito à totalidade das remunerações e demais abonos e regalias correspondentes, em abstracto, ao cargo ocupado em regime de substituição e não à remuneração que o substituído concretamente auferisse por, nomeadamente, se encontrar já integrado em determinado escalão da sua categoria, ou mercê da titularidade, conferida por lei, de um específico estatuto remuneratório.

Excertos:

"(...) Para a devida compreensão da figura jurídica da substituição do exercício de funções, aqui presente, há que convocar um dos princípios gerais do exercício da actividade administrativa: o princípio da continuidade dos serviços públicos, segundo o qual a continuidade dos serviços públicos deve ser assegurada em todas as circunstâncias. Por força dos interesses públicos que lhe cabe prosseguir, a actividade administrativa é por natureza contínua e ininterrupta.

Como se lê no parecer nº 3/2002, «[p]ara assegurar a continuidade, evitando rupturas decorrentes de incidências ocasionais ou acidentais (v. g., falta, ausência ou impedimento do titular de um cargo), a lei deve instituir mecanismos que prevejam a possibilidade de designar um substituto que exerça temporariamente a competência que normalmente é exercida pelo titular do órgão ou cargo».

O princípio da continuidade, como princípio geral do exercício da actividade administrativa, teve expressão directa no Decreto-Lei nº 42800, de 11 de Janeiro de 1960, em cujo preâmbulo, com tradução no respectivo artigo 16º, se afirmava ser «princípio de que a regularidade e a continuidade do exercício da função pública não devem ser afectadas por qualquer situação de afastamento temporário dos seus agentes», devendo os chefes dos serviços tomar as providências necessárias para que «exista sempre um funcionário apto a responder pelos assuntos normalmente confiados a outros».

Actualmente a norma geral com idêntica dimensão pode encontrar-se no artigo 41º do Código do Procedimento Administrativo, significando que o princípio da substituição, em termos gerais, deve continuar a considerar-se implícito no ordenamento jurídico-administrativo – para além de situações específicas de determinado tipo de funções e de pessoal, e de directas referências próprias, relativas a determinadas estruturas funcionais, como por exemplo o pessoal colocado em cargos dirigentes, aspecto que nos vai interessar particularmente nesta consulta.

João Alfaia define a substituição no exercício de funções como a atribuição transitória do exercício de funções a um ou mais funcionários ou agentes, que não ocuparão o lugar respectivo.

Mais recentemente, Paulo Otero define a substituição como uma permissão conferida pela ordem jurídica de um órgão da Administração (substituto) agir em vez de outro órgão administrativo (substituído), praticando actos sobre matérias cuja competência primária ou normal pertence a este último:

Em termos conceituais, a substituição, segundo este Autor, apresenta-se com o resultado da conjugação dos elementos: estrutural (sub--rogação entre dois órgãos da Administração; um órgão em vez de outro); funcional (possibilidade de o órgão substituto praticar actos sobre matérias cuja competência primária ou normal pertence ao órgão substituído); e legitimador (dependência de permissão conferida pela ordem jurídica ao órgão substituto).

Ainda no âmbito conceitual da substituição, Paulo Otero examina as figuras da suplência e da substituição.

A suplência tem como pressuposto a ausência, falta ou impedimento temporário do titular de um órgão, visando em primeiro lugar assegurar a continuidade dos serviços públicos, impedindo a sua interrupção por causas exclusivamente atinentes ao suporte físico do órgão.

O artigo 41º do Código do Procedimento Administrativo (CPA), com a epígrafe «Substituição», dispõe:

«Artigo 41º

Substituição

1 – Nos casos de ausência, falta ou impedimento do titular do cargo, a sua substituição cabe ao substituto designado na lei.

2 – Na falta de designação pela lei, a substituição cabe ao inferior hierárquico imediato, mais antigo, do titular a substituir.

3 – O exercício de funções em substituição abrange os poderes delegados ou subdelegados no substituído.»

Como salienta PAULO OTERO, este preceito acolhe realidades plurisignificativas sem unanimidade de integração conceitual na doutrina. A referida expressão poderia abranger situações de suplência e ter subjacentes situações de interinidade, subsumíveis ou não ao conceito de substituição.

Como quer que seja, porém, a substituição prevista no CPA, com projecções específicas em diversos diplomas, tem sido apresentada como um modo de suplência, fixada ex lege, uma vez que resulta directa e automaticamente da lei a determinação quer das concretas circunstâncias que lhe servem de fundamento, quer a determinação do substituto.

A propósito da distinção entre delegação de poderes, substituição, representação e suplência, MARCELO REBELO DE SOUSA refere-se a esta última figura jurídica nos seguintes termos:

«Na suplência, na ausência, falta, impedimento ou vacatura de cargo, a lei prevê que um outro titular assegure, transitoriamente, as respectivas funções. A suplência resulta directamente de lei e consiste na designação transitória de um novo titular para o mesmo órgão».

PAULO OTERO, tratando da suplência ao nível dos órgãos singulares (perspectiva que aqui nos interessa), configura-a como um fenómeno interorgânico, o que deverá determinar que a mesma se deva subsumir juridicamente no conceito de substituição. A especificidade desta forma de substituição decorre das seguintes duas circunstâncias:

«1ª) – A suplência é uma forma de substituição ex lege (-), uma vez que resulta sempre directa e automaticamente da lei a determinação do órgão substituto e das concretas circunstâncias que lhe servem de fundamento (-). Por isso mesmo, diz-se que a suplência é uma substituição antecipadamente regulada (-);

«2ª) – A suplência consiste numa forma de substituição que tem sempre como pressuposto uma vicissitude referente ao titular do órgão substituído, explicando o princípio da continuidade dos serviços públicos o carácter vinculado ou necessário de uma tal substituição».

O artigo 41º do CPA contempla, como já se disse, uma situação de substituição (suplência) ex lege ou ope legis, não carecendo a sua concretização da mediação de qualquer acto formal de nomeação.

Distinta dessa suplência, é o exercício transitório de funções em regime de substituição em cargos de direcção ou de chefia que pressupõe um acto de nomeação (designação) formal.

A situação fáctica subjacente a esta consulta respeita, precisamente, ao exercício, em regime de substituição, de um cargo dirigente – presidente do Instituto Nacional de Administração – pelo que se justifica se convoquem os dispositivos legais que o prevêem.(...)

III

1. O Decreto-Lei nº 427/89, de 7 de Dezembro, define o regime de constituição, modificação e extinção da relação jurídica de emprego na Administração Pública, tornando-se aplicável aos serviços e organismos da administração central, bem como aos institutos públicos, e, através de diploma próprio, à administração regional autónoma e à administração local.

O seu Capítulo III (artigos 22º a 27º) é dedicado à modificação da relação jurídica de emprego, estatuindo o nº 1 do artigo 22º que «a relação jurídica de emprego constituída por nomeação pode, a todo o tempo e sem prejuízo das situações funcionais de origem, ser transitoriamente modificada através da nomeação em substituição e da nomeação em comissão de serviço extraordinária».

A nomeação, em regime de substituição, em lugar dirigente é contemplada no seu artigo 23º [18], nos seguintes termos:

«Artigo 23º

Nomeação em substituição

1 – Considera-se em substituição a nomeação a título transitório em lugar dirigente ou de chefia enquanto durar a sua vacatura ou a ausência ou impedimento do respectivo titular.

2 – À nomeação em substituição é aplicável o disposto no artigo 8º do Decreto-Lei nº 323/89, de 26 de Setembro.

3 – Sem prejuízo do disposto no número anterior o tempo de serviço prestado em regime de substituição em lugares de chefia considera-se, para todos os efeitos legais, designadamente antiguidade, progressão na carreira, e promoção, como prestado na categoria correspondente ao cargo exercido naquele regime, quando o substituto venha nela a ser provido a título normal e sem interrupção de funções.»

2. O Decreto-Lei nº 323/89, de 26 de Setembro, estabelecia «o estatuto do pessoal dirigente dos serviços e organismos da administração central, local do Estado e regional, bem como, com as necessárias adaptações, dos institutos públicos que revistam a natureza de serviços personalizados ou de fundos públicos» (artigo 1º, nº 1).

O seu artigo 8º, para que remetia o nº 2 do transcrito artigo 23º do Decreto-Lei nº 427/89, dispunha sobre o exercício dos cargos dirigentes em regime de substituição, sendo reproduzido, quase integralmente, no artigo 21º do subsequente estatuto do pessoal dirigente, aprovado pela Lei nº 49/99, de 22 de Junho.

Estes preceitos correspondem ao artigo 27º do actual estatuto do pessoal dirigente dos serviços e organismos da administração central, local e regional do Estado, aprovado pela Lei nº 2/2004, de 15 de Janeiro, cujo teor importa conhecer:

«Artigo 27º

Nomeação em substituição

1 – Os cargos dirigentes podem ser exercidos em regime de substituição nos casos de ausência ou impedimento do respectivo titular quando se preveja que estes condicionalismos persistam por mais de 60 dias ou em caso de vacatura do lugar.

2 – A nomeação em regime de substituição é feita pela entidade competente, devendo ser observados todos os requisitos legais exigidos para o provimento do cargo.

3 – A substituição cessa na data em que o titular retome funções ou passados 60 dias sobre a data da vacatura do lugar, salvo se estiver em curso procedimento tendente à nomeação de novo titular.

4 – A substituição pode ainda cessar, a qualquer momento, por decisão da entidade competente ou a pedido do substituto, logo que deferido.

5 – O período de substituição conta, para todos os efeitos legais, como tempo de serviço prestado no cargo anteriormente ocupado, bem como no lugar de origem.

6 – O substituto terá direito à totalidade das remunerações e demais abonos e regalias atribuídos pelo exercício do cargo do substituído, independentemente da libertação das respectivas verbas por este, sendo os encargos suportados pelas correspondentes dotações orçamentais.»

3. Como se sublinha no citado parecer nº 3/2002, «[o] regime relativo à substituição de cargos dirigentes acolhido no diploma [na Lei nº 49/99] retoma, no essencial, as soluções já anteriormente consagradas. À substituição de cargos de direcção e chefia da Administração central referia-se o artigo 11º do Decreto-Lei nº 191-F/79, de 26 de Junho, e o artigo 8º do Decreto-Lei nº 327/89, de 26 de Setembro, em termos em tudo idênticos».

A lei previa, em caso de vacatura do cargo ou de ausência ou impedimento do titular para além de um certo período de tempo (60 dias), um duplo modo de substituição, a operar sucessivamente: pelo substituto designado na lei (na lei que estabeleça a organização e funcionamento da estrutura orgânica onde se verifique a situação), ou, não havendo substituto legal, pelo substituto designado por despacho do membro de Governo competente (cfr. artigo 21º, nº 5, da Lei nº 49/99).

Contemplava-se ainda uma distinção entre duas situações condicionantes da substituição: por um lado, a substituição a operar em caso de vacatura do cargo; por outro, a substituição a ter lugar em caso de impedimento ou ausência do titular do cargo.

Estabelecia o nº 2 do artigo 21º da Lei nº 49/99, como requisito para a autorização da substituição que fosse previsível que aqueles condicionalismos (vacatura, impedimento ou ausência) persistissem por mais de 60 dias, fixando-se no nº 3 do mesmo preceito, para o caso de vacatura do lugar, um limite máximo de duração da substituição: seis meses.

4. Refira-se que a distinção, no que respeita à duração máxima do exercício de funções em regime de substituição, continua a ser acolhida no actual estatuto do pessoal dirigente, aprovado pela Lei nº 2/2004, tendo-se estabelecido, porém, uma significativa redução do limite máximo de duração da substituição. Assim, o nº 3 do artigo 27º deste diploma determina a cessação da substituição «passados 60 dias sobre a data da vacatura do lugar, salvo se estiver em curso procedimento tendente à nomeação de novo titular».

Vejamos, finalmente, as soluções normativas que, com relevo para o exame da questão colocada a este corpo consultivo, se contêm na lei orgânica do INA.

(...)

A nosso ver, a assinalada distinção entre as duas situações em que se operou o exercício de funções de presidente do INA em regime de substituição – por impedimento do titular do cargo ou por vacatura do lugar – circunscreve-se, relevantemente, aos limites da respectiva duração no tempo: um máximo de seis meses (actualmente 60 dias) para a substituição por vacatura do lugar; sem limite definido, no caso de substituição devido a impedimento ou ausência do titular do cargo dirigente.

Assim, quer à luz da norma contida no nº 6 do artigo 27º da Lei nº 2/2004, quer à luz do princípio geral do sistema retributivo, traduzido na ligação da remuneração à função exercida, afigura-se-nos não se justificar uma diferenciação, em termos remuneratórios, no caso de a substituição ocorrer por impedimento ou ausência do titular substituído, ou no caso em que se verifique por vacatura do lugar, quando o exercício do cargo pelo substituto deve pautar-se exactamente pelos mesmos critérios nas duas situações, sendo, portanto, exactamente igual a respectiva prestação funcional.

Também não nos parece que a substituição por impedimento do titular do cargo radique num critério "intuitu personae" que, «tendo em vista a escolha de uma personalidade que pelo seu perfil, experiência, conhecimento da Administração Pública» seja julgado «em especiais condições pessoais para substituir no cargo, por período indefinido, o titular impedido».

A ser assim, naquela situação, para a substituição do presidente do INA que fosse professor catedrático, a personalidade escolhida deveria ser também um professor universitário. Só assim se lograria obter uma teórica equivalência entre os dois titulares (substituído e substituto).

Ora, nem o estatuto do pessoal dirigente consagra tal regra, nem a mesma decorre, manifestamente, da lei orgânica do INA. Sublinhe-se que esta, ao tratar da nomeação do presidente (artigo 6º), estabelece que a escolha pode recair em uma de duas personalidades: ou em professor catedrático de nomeação definitiva ou numa personalidade habilitada com licenciatura com elevado mérito científico ou profissional com experiência relevante no domínio da Administração Pública (nº 1).

A beneficiação remuneratória do cargo do presidente do INA verifica-se exclusivamente quando ele é exercido por um professor catedrático. Só em tal situação se verifica, nos termos do nº 2 do artigo 6º da lei orgânica do INA, a equiparação ao cargo de reitor das universidades ou institutos universitários.

Consagra-se, pois, uma remuneração específica, equiparada à auferida por reitor das universidades, para o presidente do INA que seja professor catedrático. Quando tal cargo for exercido por personalidade não detentora dessa especial categoria, a remuneração correspondente aquela que, em termos gerais, está prevista: a correspondente para o cargo de director-geral.

2. Retomando a caracterização da figura da substituição, poder-se-á afirmar, como Paulo Veiga e Moura, que se está «perante uma figura que apenas se destina a assegurar a eficiência dos serviços e a regularidade do exercício das funções que incumbem ao pessoal dirigente e de chefia (-) pelo que a nomeação em substituição não é mais que uma designação para o exercício de funções em vez de outrem (-)».

«Contudo – prossegue o mesmo Autor – por ela opera-se uma modificação qualitativa da relação jurídica de emprego do funcionário designado como substituto, o qual passa a ser obrigado a exercer funções distintas das que eram próprias da sua categoria profissional e a ter direito à percepção da totalidade dos vencimentos e demais abonos atribuídos pelo exercício do cargo do substituído».

Perante o disposto no nº 8 do artigo 21º da Lei nº 49/99 (nº 6 do artigo 27º da Lei nº 2/2004), aplicável por força do nº 2 do artigo 23º do Decreto-Lei nº 427/89, o Autor que vimos acompanhando considera que «[e]stes preceitos devem ser interpretados no sentido de apenas reconhecerem ao funcionário substituto a remuneração e demais abonos devidos ao escalão 1 da categoria ou cargo que se passa a exercer em regime de substituição – v. ac. do Pleno da 1ª Secção do STA, de 4.6.97, Proc. Nº 36296.

Deste modo, mesmo nas situações de ausência ou impedimento do titular do cargo dirigente, o substituto não terá direito à remuneração e aos abonos por aquele auferidos, mas, apenas, os que sejam reconhecidos ao 1º escalão da categoria ou cargo cujas funções se passaram a desempenhar».

Como se refere no Acórdão de 4 de Junho de 1997, do Pleno da 1ª Secção do Supremo Tribunal Administrativo (acima citado], «[o] nº 8 do artigo 8º do DL 323/89 [de teor igual ao do nº 8 do artigo 21º da Lei nº 49/99 e ao do nº 6 do artigo 27º da Lei nº 2/2004] é bem preciso no sentido de que a remuneração devida ao substituto é a correspondente ao cargo que em substituição passou a exercer ou, noutros termos, à categoria funcional exigida para o seu desempenho, não a equivalente à do funcionário substituído».

Esta asserção harmoniza-se com o princípio da necessária ligação da remuneração ao lugar ocupado, sendo que, como se sublinha no mesmo acórdão, «o vencimento é calculado por referência a factores objectivos, não discriminatórios – categoria e tempo de serviço nela prestado – e não a partir de circunstância fortuita, como sucederia se o seu cálculo se operasse em atenção à situação concreta do funcionário substituído, ao qual, embora seja sempre exigida a mesma categoria para o exercício de um determinado cargo, pode nela contar mais ou menos tempo de serviço e assim o integrar num ou noutro dos diversos escalões que a categoria comporta».

O mesmo entendimento foi tomado no Acórdão de 16 de Abril de 1997, do Pleno da 1ª Secção do Supremo Tribunal Administrativo, de onde se retira o seguinte trecho:

«Nos termos do artº 8º do DL nº 233/89 [nº 8 do artigo 21º da Lei nº 49/99 e nº 6 do artigo 27º da Lei nº 2/2004], o funcionário que exerce, em regime de substituição, um cargo dirigente tem direito "à totalidade dos vencimentos e demais abonos e regalias atribuídos pelo exercício do cargo do substituído, independentemente da libertação das respectivas verbas por este, sendo os encargos suportados pelas correspondentes dotações orçamentais".

A regra tem uma clara razão de ser: a compensação devida a quem exerce, em regime de substituição, um cargo dirigente a que a lei em função do seu nível e responsabilidade, atribui uma determinada remuneração.

Um imperativo de justiça postula, assim, que o exercício do cargo de dirigente seja igualmente remunerado, independentemente de ele estar cometido ao seu titular ou a um substituto.

Esta paridade só se compreende, pois, relativamente a uma remuneração inerente ao cargo, sem, consequentemente, a ponderação de condições próprias ou pessoais do titular do cargo substituído com eventual incidência no seu estatuto remuneratório e que nada têm a ver com o nível e onerosidade do cargo.

De resto, podendo a substituição ocorrer por impedimento do titular ou por vacatura do lugar, só esta interpretação permite a aplicação do preceito, como se impõe, a ambas as situações».

(...) Concluindo, afigura-se-nos também que decorre claramente do texto do artigo 27º, nº 6, da Lei nº 2/2004 que o substituto tem direito à remuneração abstractamente correspondente ao cargo ocupado em regime de substituição e não à remuneração que o substituído concretamente aufira por força do seu posicionamento em determinado escalão na sua categoria, ou por força de expressa consagração legal, a seu favor, de um específico estatuto remuneratório.

(...)

O ponto de partida da interpretação da lei tem de estar no texto. A letra ou o texto da norma é, naturalmente, o ponto de partida da interpretação, cabendo-lhe, desde logo, uma função negativa: eliminar tudo quanto não tenha qualquer apoio ou correspondência no texto. Pode ter então de se proceder a uma interpretação extensiva ou restritiva, ou até correctiva, se o texto não tiver sido suficientemente esclarecedor ou permitir mais do que uma leitura; a letra é o ponto de partida, mas é também um elemento irremovível da interpretação na procura do sentido com que a norma deve valer, de acordo com os elementos de apreensão sistemáticos, históricos, racionais e teleológicos[38].

O elemento racional ou teleológico consiste na razão de ser da norma (ratio legis), no fim visado pela edição da norma, nas soluções que tem em vista e que pretende realizar.

O elemento sistemático compreende a consideração de outras disposições que formam o complexo normativo do instituto em que se integra a norma interpretada, isto é, que regulam a mesma matéria (contexto da lei), assim como a consideração de disposições legais que regulam questões paralelas; compreende ainda o lugar sistemático que compete à norma interpretada no ordenamento geral, assim como a sua concordância com o espírito ou a unidade intrínseca do sistema.

A conclusão acima firmada tem, como se disse, uma clara correspondência verbal no nº 6 do artigo 27º da Lei nº 2/2004. O preceito trata da matéria da remuneração do substituto por referência ao cargo do substituído, o que, em termos sistemáticos, se harmoniza com os princípios gerais que enformam a retribuição.

Se o legislador pretendesse remunerar o substituto por referência à remuneração concretamente auferida pelo titular do cargo substituído teria, certamente, recorrido a outra fórmula textual. Poderia dizer, por exemplo, que o substituto terá direito à totalidade dos vencimentos e demais abonos e regalias que o titular do cargo substituído auferia...(...)"

14. Parecer do Ministério Público junto do TCAS, de 17.06.2008
Proc. TAF nº 01124/98 - Proc. nº 00906/05 - 2º Juízo (Acórdão de 27.11.2008), consultável em http://www.dgsi.pt/jtcampca.nsf/a10cb5082dc606f980256 5f600569da6/5aeeddb0e9467cc08025746c00548d72
Magistrado: Clara Rodrigues
Descritores: Cessação - Nomeação - Cargo dirigente em regime de substituição - Poder discricionário - Vício de falta de fundamentação.

Excertos:
"(...)
I - O presente recurso jurisdicional, vem interposto pelo recorrente, Presidente da CM ... da sentença de fls. 39 e segs., do TAC de Lisboa (juízo liquidatário), que, julgando procedente o recurso contencioso interposto pela ora recorrida, anulou, por falta de fundamentação, o despacho proferido por aquele, em 10.07.1998, através do qual fez cessar as funções exercidas por esta, em regime de substituição, de Chefe de Divisão de Planeamento, do Departamento de Planeamento e Gestão Urbana, daquela Câmara.(...)

Defende o recorrente que o acto sindicado é uma instrução dada pelo superior hierárquico a um subalterno em matéria de serviço, a qual não carecia de ser fundamentada.

Todavia, conforme se fundamenta na sentença recorrida «não constitui o acto, ao fazer cessar o exercício de um cargo de chefia em regime de substituição, um acto meramente interno, perspectivável somente no domínio do poder de emitir instruções e directivas de serviço, mas como acto que pode afectar direitos e interesses legalmente protegidos da recorrente».

Não se estando, por isso, perante um acto interno, não é aplicável ao caso o nº 2 do art. 124º do CPA.

Porém, haverá de se analisar, mesmo assim, da necessidade da sua fundamentação.

Como escreve Paulo Veiga e Moura, «a nomeação em substituição consiste na designação de um funcionário para exercer transitoriamente as funções próprias de um lugar dirigente ou de chefia, por motivo de vacatura do lugar, ausência ou impedimento do respectivo titular» (cfr. "Função Pública", 1º vol., Coimbra Editora, 1999, pag. 397).

Continuando a seguir o mesmo autor e Paulo Otero «Não se trata de uma verdadeira nomeação por não implicar o preenchimento de um lugar do quadro a título permanente – características das verdadeiras nomeações. Pelo contrário, está – se perante uma figura que apenas se destina a assegurar a eficiência dos serviços e a regularidade do exercício das funções que incumbem ao pessoal dirigente e de chefia, pelo que a nomeação em substituição não é mais que uma designação para o exercício de funções em vez de outrem» (cfr. Paulo Veiga e Moura, ob. cit., p. 398, Paulo Otero, "O poder de substituição em Direito Administrativo – Enquadramento Dogmático – Constitucional", Lisboa, 1995, p. 391.

No que ao caso importa, dispõe o nº 1 do artigo 1º do DL nº 198/91 de 29/05:

«Objecto e âmbito

1 – O Decreto-Lei nº 323/89, de 26 de Setembro, com excepção do capítulo III e do artigo 23º, aplica-se ao pessoal dirigente das câmaras municipais e dos serviços municipalizados, com as adaptações constantes do presente diploma.».

Estipulando o seu Artigo 7º

«Substituição

1 – No caso de vacatura do lugar, a substituição tem a duração de seis meses, podendo ser prorrogada por dois períodos, de igual duração, desde que sejam abertos obrigatoriamente concursos de que não resultem efeitos úteis.».

Nada prevendo o mesmo diploma quanto à cessação da nomeação em substituição, haverá que recorrer ao disposto no art. 8º do DL nº 323/89 de 26/09, por força do art. 1º daquele citado DL nº 198/91, com as devidas adaptações.

Reza assim o nº 4 do art. 8º Do DL nº 323/89

«4 – A substituição cessará na data em que o titular do cargo dirigente inicie ou retome funções **ou, a qualquer momento, por decisão do membro do Governo que a determinou** ou a pedido do substituto, logo que deferido.» (bold nosso).

Define-se, nesta disposição legal, com clareza a possibilidade de o membro do Governo que determinou a substituição a poder fazer cessar a qualquer momento, abrangendo tal discricionariedade, no caso de nomeação em substituição, não só a escolha da pessoa como o momento de proceder à substituição e o de proceder à cessação respectiva.

Resulta, assim, que o direito subjectivo do titular da substituição possui limites claros, decorrentes da transitoriedade e precariedade referidas.

Todavia, como se explana no Acórdão deste TCAS de 19/04/2007, Rec. 05394/01, que passamos a citar «(...) ao contrário do que se pensou em certo tempo, a margem de autonomia decisória conferida pela lei à Administração não constitui, por si, um factor de exclusão da obrigatoriedade de fundamentação. Deve acrescentar-se agora que a discricionaridade, concebida no seu sentido mais amplo, não é sequer (ou não é também) uma razão para considerar suficiente como conteúdo fundamentador a mera revelação de que o agente usou de facto os poderes (discricionários) que lhe cabiam (cfr. José Carlos Vieira de Andrade, "O Dever de Fundamentação Expressa de Actos Administrativos", Almedina, 1991, pág. 258 e seguintes).».

Ora, o despacho recorrido, ao fazer cessar a nomeação em regime de substituição da ora recorrida, não esboçou fundamentação alguma, nem sequer de forma genérica, devendo tê-lo feito, pois que estando a decorrer o primeiro período da prorrogação da referida nomeação, desta decisão discricionária resultava, em concreto, um prejuízo na esfera da ora recorrida, mormente no âmbito remuneratório, ficando esta sem poder perceber da motivação que presidiu àquela cessação abrupta.

Assim sendo e pelos demais fundamentos constantes da sentença recorrida, para os quais remetemos por deles concordarmos, que o despacho recorrido, em nosso entender, padeça de vício de falta de fundamentação tal como o decidiu a sentença recorrida, que dessa forma não enferma de erro de julgamento com violação do art. 124º nº 2 do CPA, que não é aplicável ao caso em apreço.

IV – Pelo que, em face do exposto emito parecer no sentido de ser negado provimento ao presente recurso jurisdicional, mantendo – se a sentença recorrida.(...)"

15. Jurisprudência

Acórdão de 24.05.2001, do TCAS – 2ª Subsecção – Contencioso Administrativo – Proc. 037899/99

Relator: António de Almeida Coelho da Cunha

Descritores: Nomeação em substituição – Cessação do regime de substituição – Poder discricionário – Lei nº 49/99, de 22 de junho.

Sumário:

"I – O regime de nomeação em substituição, consistente na nomeação transitória de um funcionário para exercer as funções próprias de um lugar dirigente ou de chefia, não implica o preenchimento de um lugar do quadro a título permanente.

II – Na verdade, quer a nomeação em substituição, quer a cessação respectiva podem efectivar-se, a qualquer momento, por decisão do membro do Governo competente para o efeito (nº 4 do artº 21º da Lei nº 49/99, de 22 de Junho), que assim actua no exercício de um poder predominantemente discricionário."

*

Acórdão de 22.03.2007, do TCAN – 1ª Secção – Contencioso Administrativo – Proc. 00661/03-Porto

Relator: José Augusto Araújo Veloso

Descritores: Tempo de serviço – Exercício funções em regime substituição – Técnico Tributário.

Sumário:

"I. O nº 3 do artigo 23º do DL nº427/89 de 7 de Dezembro [aditado pelo artigo único do DL nº 102/96 de 31 de Julho] constitui uma norma inovatória, cujo fundamento material é reportado, no preâmbulo do diploma que o aditou, a um imperativo de justiça;

II. Segundo esta norma, o tempo de serviço prestado em regime de substituição em lugares de chefia releva para todos os efeitos legais na categoria correspondente ao cargo exercido naquele regime, se e quando o substituto venha nele a ser provido a título normal e sem interrupção de funções;

III. O tempo de exercício de funções, prestado como chefe de repartição de finanças em regime de substituição por um técnico tributário, que, sem qualquer hiato temporal acabou nomeado definitivamente nesse cargo de chefia, releva para efeitos da sua candidatura ao processo de progressão previsto no artigo 52º nº 4 do DL nº 557/99 de 17 de Dezembro."

*

Acórdão de 22.10.2021, do TCAN – 1ª Secção – Contencioso Administrativo – Proc. 02339/15.1BEPRT

Relator: Luís Miguéis Garcia

Descritores: Chefe de serviços de administração escolar – Regime de substituição – Audiência prévia.

Sumário:

"I – O tempo de serviço prestado em regime de substituição em lugares de chefia considerava-se, para todos os efeitos legais, designadamente antiguidade, progressão na categoria e promoção, como prestado na categoria correspondente ao cargo exercido naquele regime, quando o substituto viesse nela a ser provido a título normal e sem interrupção de funções.

II – A preterição de audiência prévia é, no caso, vício inoperante."

*

Acórdão de 17.01.2008, do TCAN – 1ª Secção – Contencioso Administrativo – Proc. 01210/04.7BEPRT

Relator: José Luís Paulo Escudeiro

Descritores: Chefe de serviços de administração escolar – Regime de substituição – Duração exercício.

Sumário:

"I – Quando não estiver afecto a um estabelecimento de ensino um chefe de serviços de administração escolar ou, estando-o, se preveja a sua ausência ou impedimento por um período superior a 30 dias, as funções de chefia serão exercidas pelo assistente de administração escolar de mais elevada categoria em exercício de funções nesse estabelecimento, a designar pela respectiva direcção executiva.

II – Quando se verificar a vacatura do lugar, a nomeação em regime de substituição terá a duração de 6 meses, renovável por iguais períodos, até ao máximo de 18 meses.

III – Compete à direcção executiva de cada escola designar, em caso de ausência ou impedimento do titular do lugar, por um período superior a 30 dias ou de vacatura do lugar, outro funcionário para desempenhar, em regime de substituição, as funções de chefe de serviços de administração escolar ou de encarregado do pessoal auxiliar de acção educativa.

IV – O funcionário a designar será, conforme a substituição em causa, o assistente administrativo/assistente de administração escolar em categoria mais elevada ou auxiliar de acção educativa em escalão mais elevado que esteja a exercer funções na escola.

V – O funcionário a designar não poderá desempenhar funções, em regime de substituição, por um período superior a 18 meses."

*

Acórdão de 17.01.2008, do TCAN – 1ª Secção – Contencioso Administrativo – Proc. 0838/16.7BEPRT

Relator: Frederico Macedo Branco

Descritores: Cessação da comissão de serviço – Alteração da matéria de facto – Fundamentação – Violação de princípio.

Sumário:

"1 – Em sede de recurso jurisdicional o tribunal de recurso, em princípio, só deve alterar a matéria de facto em que assenta a decisão recorrida se, após ter sido reapreciada, for evidente que ela, em termos de razoabilidade, foi mal julgada na instância recorrida.

Com efeito, o Tribunal de recurso está privado da oralidade e da imediação que determinaram a decisão de primeira instância, sendo que a gravação da prova, por sua natureza, não fornece todos os elementos que foram diretamente percecionados por quem julgou em primeira instância e que ajuda na formação da convicção sobre a credibilidade do testemunho.

2 – Nem sempre a fundamentação do ato administrativo é (ou tem de ser) exaustiva; a fundamentação não tem que ser prolixa, basta que seja suficiente e adequada.

A fundamentação do ato administrativo, no que toca à clareza e suficiência, deve ter como padrão um destinatário normal, de modo a ficar habilitado a defender conscientemente os seus direitos e interesses legítimos legalmente protegidos.

3 – Não basta invocar a verificação em abstrato de qualquer violação de princípio ínsito em lei ordinária ou inconstitucionalidade, importando que a sua verificação seja densificada e demonstrada, o que não ocorreu.

Não é de conhecer por omissão de substanciação no corpo de alegação, a violação dos princípios Constitucionais, designadamente por interpretação desconforme mormente à Lei Fundamental, se o Recorrente se limita a afirmar a referida desconformidade de interpretação e de aplicação, sem apresentar, do seu ponto de vista, as razões de facto e de direito do discurso jurídico fundamentador nem, sequer, a modalidade a que reverte o vício afirmado."

CAPÍTULO III
Direitos e deveres

SECÇÃO I
Direitos

ARTIGO 28º
Salvaguarda de direitos

1 – Os titulares de cargos dirigentes gozam, independentemente do seu vínculo de origem, dos direitos gerais reconhecidos aos trabalhadores em funções públicas do serviço ou órgão em que exerçam funções.

2 – O pessoal dirigente conserva o direito ao lugar de origem e ao regime de segurança social por que está abrangido, não podendo ser

prejudicado na sua carreira profissional por causa do exercício daquelas funções, relevando para todos os efeitos no lugar de origem o tempo de serviço prestado naquele cargo.

nº 1

1. O nº 1 deste artigo 28º confere aos titulares de cargos dirigentes os direitos gerais reconhecidos aos trabalhadores em funções públicas do serviço ou órgão no qual exerçam funções.

O gozo destes direitos gerais ocorre independentemente do vínculo de origem do dirigente, inclusive, como poderá suceder no que tange aos titulares dos cargos de direção superior, mesmo quando o dirigente superior não possua vínculo de emprego público. Com efeito, como se constatou em sede da análise ao artigo 18º do EPDAP, os titulares dos cargos de direção superior podem ser recrutados, por procedimento concursal, de entre indivíduos com licenciatura concluída há, pelo menos dez ou oito anos (consoante se trate de cargos de direção superior de 1º grau ou de 2º grau), à data da abertura do concurso, "vinculados ou não à Administração Pública", desde que possuam competência técnica, experiência profissional e formação adequadas ao exercício das respetivas funções. De modo diferente, os titulares dos cargos de direção intermédia apenas podem ser recrutados, por procedimento concursal, "de entre trabalhadores em funções públicas contratados ou designados por tempo indeterminado ..." (artigo 20º, nº 1, do EPDAP).

2. Assim, com as devidas adaptações, os titulares de cargos dirigentes no exercício dos seus direitos devem agir de boa-fé (artigo 70º, nº 1, da LTFP) e têm o direito a, *v.g.*:

i. Serem respeitados e tratados com urbanidade;
ii. Ser-lhes paga pontualmente a remuneração legalmente fixada para o cargo desempenhado;
iii. Frequentar formação profissional e específica, inicial e contínua, incluindo a que seja obrigatória e/ou necessária ao desempenho das suas funções e manutenção e renovação da comissão de serviço respetiva (cf. artigo 19º, nº 2, alínea c) do DL nº 86-A/2016, de 29 de dezembro, Portaria nº 146/2011, de 7 de abril);
iv. Proteção da segurança e saúde no exercício das suas funções (cf. artigos 71º e 72º, nº 2, da LTFP, com as adequadas adaptações);

v. Serem avaliados nos termos previstos na Lei nº 66-B/2007, 28 de dezembro – subsistema SIADAP 2.

nº 2

3. Uma vez que o exercício de funções dirigentes é realizado em regime de comissão de serviço (artigos 6º, nºs 1, 2 e 3, alínea c) e 9º, nº 1, alínea a), da LTFP), revestindo, assim, uma natureza temporária, normalmente por cinco ou três anos (consoante se tratos de cargos de direção superior ou de direção intermédia, respetivamente), embora suscetível de renovação, não pode esse exercício de funções prejudicar a normal evolução da carreira do trabalhador anteriormente vinculado à Administração Pública, designadamente no que tange à contagem do tempo de serviço decorrido em comissão de serviço na carreira e categoria nas quais o trabalhador se encontra integrado e às quais regressará quando terminar a comissão de serviço.

O mesmo decorre também do previsto no artigo 11º da LTFP, que, apesar de, numa primeira leitura, parecer dirigir-se apenas aos trabalhadores que, no seu percurso profissional, possam mudar definitivamente de órgão ou serviço, englobará, naturalmente, as situações em que um trabalhador esteve ausente do órgão ou serviço em resultado do exercício de funções dirigentes, retomando as funções iniciais após cessar a comissão de serviço como dirigente.

Mas especificamente no que se refere à cessação da comissão de serviço, dispõe o nº 5 do artigo 290º da LTFP que "o trabalhador regressa à situação jurídico-funcional de que era titular, quando constituída e consolidada por tempo indeterminado, ou cessa o vínculo de emprego público, havendo lugar ao pagamento de indemnização quando prevista em lei especial."

4. Quanto ao direito a eventual indemnização pela cessação da comissão de serviço e moldes em que a mesma se realiza, atente-se no artigo 26º do presente Estatuto e notas que apresentamos relativamente ao mesmo.

5. Doutrina do Conselho Consultivo da Procuradoria-Geral da República

Parecer nº 331/2000, do Conselho Consultivo da PGR, de 16.12.2004, solicitado pelo Ministro da Educação, consultável em https://www.ministeriopublico.pt/pareceres-pgr/1122

Relator: Pinto Hespanhol

Descritores: Direito à carreira – Cargo dirigente – Secretário – Contagem de tempo de serviço – Comissão de serviço – Gestão corrente – Direito ao provimento – Carreira da função pública – Categoria.

Conclusões:

"1ª O direito à carreira dos funcionários nomeados como dirigentes integra, no domínio da vigência do artigo 32º da Lei nº 49/99, de 22 de Junho, as seguintes faculdades: (i) candidatura aos concursos de acesso que forem abertos na sua carreira de origem, durante a pendência da respectiva comissão de serviço; (ii) provimento em categoria superior à que possuam à data da cessação do exercício de funções dirigentes, a atribuir em função do número de anos de exercício continuado nestas funções, agrupados de harmonia com os módulos de promoção na carreira; (iii) regresso ao lugar de origem, findo o exercício de funções dirigentes, caso não estejam em condições de beneficiar do disposto na alínea anterior;

2ª Quando ocorra mudança de categoria durante o exercício do cargo dirigente, nos termos do nº 5 do artigo 32º da Lei nº 49/99, de 22 de Junho, conjugado com o disposto na alínea a) do nº 2 do mesmo artigo, o tempo de serviço relevante para a reconstituição da carreira, findo o exercício de funções dirigentes, é apenas o prestado a partir da data de provimento na última categoria profissional a que o funcionário ascendeu na pendência da comissão de serviço;

3ª Nesta conformidade, em relação a um funcionário que na pendência do exercício de funções dirigentes, iniciadas em 21 de Outubro de 1999, ascendeu, por efeito de concurso, em 22 de Março de 2002, à categoria de assessor da carreira técnica superior, o tempo de serviço relevante para a reconstituição da carreira, finda a comissão de serviço, em 21 de Outubro de 2002, é apenas o tempo prestado nessas funções dirigentes a partir da data de provimento na referida categoria de assessor;

4ª Uma vez que o remanescente do tempo prestado em funções dirigentes, contado a partir da data de provimento na aludida categoria de assessor, se cifra em 6 meses e 29 dias, o funcionário em causa não tem direito a provimento em categoria superior à que possuía quando cessou a comissão de serviço."

*

Parecer nº 00093/2004, de 17.03.2005, publicado em DR a 22.09.2005, consultável em https://www.ministeriopublico.pt/pareceres-pgr/1268

Homologado pelo Ministro do Ambiente, Ordenamento do Território e Desenvolvimento Regional

Relator: Maria de Fátima da Graça Carvalho

Descritores: Pessoal dirigente – Nomeação – Comissão de serviço – Suspensão da comissão de serviço – Cessação automática da comissão de serviço – Membro do Governo – Função política – Revogação tácita.

Conclusões:

"1ª – A Lei nº 2/2004, de 15 de Janeiro (Estatuto do Pessoal Dirigente), ao contrário dos estatutos anteriores, não prevê a figura de suspensão da comissão de serviço do pessoal dirigente;

2ª – Na vigência deste diploma, e sem prejuízo das situações ressalvadas na norma transitória do artigo 37º, nº 2, a tomada de posse seguida de exercício de funções como membro do Governo, por titular de cargo dirigente, não origina a suspensão da respectiva comissão de serviço, cessando esta nos termos previstos no artigo 25º, nº 1, a)."

6. Jurisprudência

Acórdão de 19.04.2018, do TCAS – Contencioso Administrativo – 2º Juízo – Proc. 10354/13 (1384/09.0BEALM)

Relator: Pedro Marchão Marques

Descritores: Transição de carreiras – Comissão de serviço.

Sumário:

"i) A omissão de pronúncia existe quando o tribunal deixa, em absoluto, de apreciar e decidir as questões que lhe são colocadas e não quando deixa de apreciar argumentos, considerações, raciocínios, ou razões invocados pela parte em sustentação do seu ponto de vista quanto à apreciação e decisão dessas questões.

ii) A comissão de serviço implica o exercício temporário de funções diversas da categoria do trabalhador, com o regresso às funções anteriormente desempenhadas, logo que finda a comissão.

iii) O art. 31º do Estatuto do Instituto Público do Emprego e Formação Profissional, garantia os direitos dos trabalhadores do IEFP que fossem chamados a desempenhar funções em institutos públicos, isto é, garantia a manutenção do lugar de origem e os direitos nele adquiridos, considerando-se esse período, como tempo de serviço prestado no IEFP.

iv) Cessada a comissão de serviço cessa igualmente o direito ao estatuto que correspondia à função desempenhada, nomeadamente remuneratório, retornando o trabalhador à categoria base e ao correspondente estatuto, podendo tal implicar descida na valorização relativa das funções e no montante da retribuição.

v) Tendo o ora Recorrente recebido indevidamente as remunerações que lhe foram processadas, bem como os respectivos descontos, haverá direito à reposição das importâncias indevidamente recebidas após a data da cessação da comissão de serviço.

vi) O que não colide com o princípio da segurança e certezas jurídicas e bem assim da tutela da confiança.

vii) Dado que a diferença de valor de remuneração que veio a ocorrer teve como parâmetro inicial um direito precário, transitório ou temporário por natureza, o princípio da irredutibilidade da remuneração não se coloca, nem por aí é susceptível de sair afectado o princípio da igualdade.

*

Acórdão de 25.05.2012, do TCAN – Contencioso Administrativo – 1ª Secção – Proc. 00342709.0BEPNF

Relator: Maria do Céu Dias Rosa das Neves

Descritores: Carreira – Exercício de cargo dirigente – Contagem tempo de serviço – Mudança categoria.

Sumário:

"I – Quando ocorra mudança de categoria durante o exercício do cargo dirigente, o tempo de serviço prestado nessas funções e que tenha sido contado para provimento na última categoria profissional a que o funcionário ascendeu, não releva para reconstituição da carreira.

II – Se o recorrente, na pendência do exercício de funções dirigentes, iniciadas em 1 de Julho de 2000, ascendeu, por efeito de concurso, em 24 de Abril de 2001 à categoria de técnico superior principal, o tempo de serviço relevante para a reconstituição da sua carreira, é o tempo prestado nessas funções dirigentes contado a partir de 24 de Abril de 2001 e não desde a data de início de funções dirigentes como aquele pretende."

ARTIGO 29º
Direito à alteração de posicionamento remuneratório na categoria de origem

(Revogado.)

Contém as alterações introduzidas pelos seguintes diplomas:

– Lei nº 51/2005, de 30/08;

– Lei nº 64-A/2008, de 31/12;

– Lei nº 3-B/2010, de 28/04.

1. Apesar de o direito à alteração de posicionamento remuneratório previsto no artigo 29º do EPDAP ter sido revogado pelo nº 2 do artigo 25º da Lei nº 3-B/2010, de 28 de maio (LOE para 2010), o mesmo preceito manteve-se aplicável aos titulares dos cargos dirigentes então designados, mesmo que em regime de substituição ou em gestão corrente, nele não se incluindo, porém, eventuais renovações posteriores (artigo 29º, nº 3 da LOE para 2010).

Antes da revogação do preceito operada pelo citado nº 2 do artigo 25º da LOE para 2010, nos termos do nº 3 do artigo 29º da Lei 64-A/2008 de 31 de Dezembro (LOE para 2009), o disposto na anterior redação dos artigos 29º e 30º da Lei nº 2/2004, de 15 de Janeiro, alterada pela Lei nº 51/2005, de 30 de Agosto, devia ser tomado em consideração para efeitos do reposicionamento remuneratório do dirigente na categoria, nos termos do artigo 104º da Lei nº 12-A/2008, de 27 de Fevereiro, quando ainda não fosse titular da categoria superior da respetiva carreira.

2. Jurisprudência

Acórdão de 18.09.2020, do TCAN, 1ª Secção – Contencioso Administrativo, Proc. 00341/13.7BEBRG

Relator: Helena Canelas

Descritores: Estatuto do Pessoal Dirigente – Comissão de Serviço – Progressão na carreira de origem – Congelamento da contagem do tempo de serviço.[185]

Sumário:

"I – O congelamento da contagem do tempo de serviço prestado pelos funcionários, agentes e outros trabalhadores da administração pública central, regional e local e pelos demais servidores do Estado, operado pela Lei nº 43/2005, de 29 de agosto e depois com a Lei nº 53-C/2006, de 29 de dezembro, aplica-se ao pessoal dirigente, para efeitos do disposto no artigo 29º do Estatuto do Pessoal Dirigente.

II – Ao trabalhador não assistia o direito à progressão na carreira de origem, que o artigo 29º do Estatuto do Pessoal Dirigente então previa para o final do exercício das funções dirigentes em comissão de serviço, se não preenchia o módulo de tempo necessário para o efeito por não poder ser contabilizado como tempo de serviço o período que mediou entre 30 de agosto de 2005 e 31 de dezembro de 2007."

[185] http://www.dgsi.pt/jtcn.nsf/89d1c0288c2dd49c802575c8003279c7/4ebafabae4a16696802586030051001a.

*

Acórdão de 27.07.2020, do TCAS, Secção do Contencioso Administrativo, Proc. 928/19.4BELSB

Relator: Sofia David

Descritores: Nulidade decisória - Lei nº64-A/2008, de 31/12 - Titulares de cargos dirigentes - Serviço de Estrangeiros e Fronteiras - Suspensão da contagem do tempo de serviço - Parecer desfavorável do Ministro das Finanças - Lei nº 114/2017, de 29/12 - Igualdade na ilegalidade - Obrigação de pagamento de encargos do processo no âmbito da intimação para a proteção de direitos, liberdades e garantias.[186]

Sumário:

"(...)

III - Nos termos do artº 29º da Lei nº 2/2004, de 15/01, alterada pela Lei nº 51/2005, de 30/08 e pela Lei nº 64-A/2008, de 31/12, os titulares de cargos dirigentes tinham direito à alteração de posicionamento remuneratório na categoria de origem caso exercessem, continuadamente, pelo período de 3 anos, funções dirigentes, sendo que aos dirigentes integrados em carreiras especiais exigia-se, ainda, a verificação de outros requisitos fixados em lei especial;

IV - Entretanto, a Lei nº 3-B/2010, de 28/04, revogou aquele preceito, mas a situação dos indicados dirigentes ficou salvaguardada pelo artº 25º, nº 3, deste diploma (cf. também nº 2);

V - Por seu turno, o artº 24º, nº 9, da Lei nº 55/B/2010, de 31/12 e o 20º, nº 5, da Lei nº 64-B/2011, de 30/12, determinaram a não contagem do tempo de serviço prestado em 2011 e em 2012, para efeitos de mudança de posição remuneratória, quando tal mudança dependesse apenas do decurso de determinado período de prestação de serviço, legalmente estabelecido para tal efeito;

VI - Por força da suspensão na contagem do tempo de serviço, os AA. e Recorrentes não preenchiam o requisito relativo ao período de 3 anos de exercício de funções dirigentes em 28/02/2013 e em 16/01/2023, as datas em que foram proferidos os despachos do Director Nacional do SEF a reconhecer-lhes o direito de alteração do posicionamento remuneratório;

VII - Portanto, não há que condenar o Ministro das Finanças a emitir o despacho prévio favorável previsto no artº 18º, nº 9, da Lei nº 114/2017 de 29/12;

VIII - O princípio da igualdade não releva na ilegalidade;

[186] http://www.dgsi.pt/jtca.nsf/170589492546a7fb802575c3004c6d7d/3e322c342a1eca5a802585c3004b282a.

IX – Se no âmbito de uma intimação para protecção de direitos, liberdades e garantias a pretensão dos respectivos AA. ficou totalmente vencida, estes são responsáveis, pelos encargos do processo de recurso, nos termos do artº 4º, nº 2, al. b), e 6 do RCJ.

*

Acórdão de 18.10.2019, TCAN – 1ª Secção – Contencioso Administrativo – Proc. 00070/18.5BEVIS

Relator: Frederico Macedo Branco.

Descritores: Professora Coordenadora – Provas públicas – "Tempus regit actum".[187]

Sumário:

"1 – Vigorando uma nova lei disciplinadora do regime jurídico dos Institutos Politécnicos, enquanto «lex nova», quando é apresentado o Requerimento da aqui Recorrente em 2017, para a realização de provas públicas de acesso à categoria de Professora Coordenadora, o qual veio a merecer decisão de indeferimento, é este o regime que vigorará e deverá ser aplicado à análise do requerido, à luz do referido princípio "tempus regit actum".

Com efeito, é pacífico que a regularidade e validade dos atos tem de ser aferida em função do que se disciplina nas leis que lhe são contemporâneas de acordo com o aludido princípio, pois que a legalidade dos atos administrativos afere-se pela realidade fáctica e pelo quadro normativo vigente à data em que é apresentado o requerimento e consequentemente é proferida decisão.

O princípio "tempus regit actum" constitui a regra geral de aplicação das leis no tempo e significa que as normas jurídicas têm efeito apenas para o futuro. Trata-se de um princípio geral de Direito, recebido no artigo 12º do Código Civil, que nos diz que a lei nova, em regra, é de aplicação imediata e tem ínsito o princípio da não retroatividade.

2 – O que estava em causa era saber se à Recorrente, com a categoria de professora adjunta da carreira docente do ensino superior politécnico, assistiria o direito de aceder à categoria de professora coordenadora da mesma carreira, sem abertura de concurso, mediante prestação de provas públicas nos termos do artº 26º do Decreto Lei nº 185/81 de 1 de julho (ECPDESP) na sua redação inicial, em decorrência do exercício de funções dirigentes como subdiretora da Estação Agronómica Nacional (cargo equiparado a direção de serviços), ao abrigo do artº 29º da Lei nº 2/2004 de 15 de Janeiro na redação dada pela Lei nº 51/2005.

[187] http://www.gde.mj.pt/jtcn.nsf/89d1c0288c2dd49c802575c8003279c7/905641941208046e802584c000585878.

O que importava pois verificar era se estaria a Recorrente em condições de requerer a prestação das provas públicas e o acesso à categoria de professora coordenadora, 10 anos depois de cessado o exercício de funções dirigentes, sendo que o artº 26 do ECPDESP e o artº 29º da Lei 2/2004 haviam sido entretanto alterados, modificando significativamente as condições de acesso à categoria de professor coordenador.

3 – Em concreto, a Recorrente cessou a comissão de serviço, como subdiretora da Estação Agronómica Nacional em 30.03.2007, sem que, desde aí e até 13.06.2017, tivesse manifestado qualquer vontade de requerer a prestação de provas públicas para aceder à categoria de professora coordenadora, por força do exercício daquelas funções dirigentes, sendo que entretanto o enquadramento legal da situação foi sendo significativamente alterado.

Desde logo, o Artº 29º da Lei nº 2/2004 de 15 de janeiro na redação dada pela Lei nº 51/2005 de 30 de agosto, em que assenta a pretensão da Recorrente, foi revogado pelo nº 2 do artº 25º da Lei nº 3-B/2010 de 28 de abril, em face do que quando o requerimento foi apresentado, não tinha a correspondente pretensão já cobertura legal."

*

Acórdão de 20.10.2016, TCAS – Contencioso Administrativo – 2º Juízo – Proc. 12555/15

Relator: Nuno Coutinho

Descritores: Pessoal dirigente – Alteração de posicionamento remuneratório.

Sumário:

"Por força da "norma travão" constante do artº 29º nº 3 da Lei nº 64-A/2008, de 31 de Dezembro (diploma que aprovou o Orçamento de Estado para 2009) apenas relativamente aos dirigentes que em 31 de Dezembro de 2008 não fossem detentores da categoria mais alta da respectiva carreira seria aplicável, no termo da comissão de serviço, a redacção do artigo 29º da Lei nº 2/2004, de 15 de Janeiro, alterada e republicada em anexo à Lei nº 51/2005, de 30 de Agosto, para efeitos de reposicionamento remuneratório na categoria de origem."

ARTIGO 30º
Efetivação do direito de acesso na carreira

(Revogado.)

1. Ver notas ao artigo 29º deste Estatuto.

ARTIGO 31º
Estatuto remuneratório

1 – A remuneração do pessoal dirigente é estabelecida em diploma próprio, o qual poderá determinar níveis diferenciados de remuneração em função do tipo de serviço ou órgão em que exerce funções.

2 – Ao pessoal dirigente são abonadas despesas de representação de montante fixado em despacho do Primeiro-Ministro e do membro do Governo responsável pela área da Administração Pública.

3 – O pessoal dirigente pode, mediante autorização expressa no despacho de designação, optar pelo vencimento ou retribuição base da sua função, cargo ou categoria de origem, não podendo, todavia, exceder, em caso algum, o vencimento base do Primeiro-Ministro.

4 – Os titulares dos cargos de direção intermédia que não tenham vínculo à Administração Pública não podem optar pelo vencimento ou retribuição base da sua função, cargo ou categoria de origem.

5 – Para efeitos do disposto no nº 3, é adotado como referência o vencimento ou retribuição base médio efetivamente percebido durante o ano anterior à data do despacho de designação.

6 – A identificação dos níveis remuneratórios correspondentes às remunerações base dos cargos de direção intermédia de 3º grau ou inferior é efetuada no diploma orgânico ou estatutário que os preveja.

7 – Aos titulares de cargos de direção superior são atribuídos prémios de gestão em termos definidos em decreto regulamentar.

8 – Aos titulares de cargos de direção intermédia são atribuídos prémios de desempenho nos termos previstos, com as necessárias adaptações, para os trabalhadores que exercem funções públicas.

Contém as alterações introduzidas pelos seguintes diplomas:
- Lei nº 51/2005, de 30/08;
- Lei nº 64-A/2008, de 31/12;
- Lei nº 64/2011, de 22/12.

1. O artigo 31º do EPDAD versa sobre o estatuto remuneratório dos titulares de cargos dirigentes, o qual tem sido, em parte, objeto de controvérsia em resultado de contradição parcial com outros diplomas legais. Antes, porém, de analisarmos concretamente o estatuto remuneratório dos dirigentes, caberá fazer uma breve incursão recordatória sobre o que a LTFP preceitua sobre o conceito de remuneração, suas componentes e o direito à mesma.

2. O direito à remuneração é reconhecido, em termos genéricos, no artigo 145º da LTFP, que discorre que a remuneração é devida com o início de funções (sem prejuízo do regime especial de produção de efeitos da aceitação), cessando tal direito com a extinção do vínculo de emprego público. A determinação do valor da remuneração deve ser feita tendo em consideração a quantidade, a natureza e qualidade do trabalho, devendo respeitar-se o princípio de que para trabalho igual salário igual. Assim, as normas legais em matéria de remunerações não podem ser afastadas ou derrogadas por instrumento de regulamentação coletiva de trabalho, salvo quando previsto expressamente na lei (artigo 144º da LTFP).

A remuneração dos trabalhadores com vínculo de emprego público (e recorde-se que este vínculo pode revestir as modalidades de contrato de trabalho em funções públicas, nomeação e comissão de serviço – artigo 6º da LTFP) reveste três componentes:

a) Remuneração base;
b) Suplementos remuneratórios;
c) Prémios de desempenho (artigo 146º da LTFP).

Os níveis remuneratórios da remuneração base correspondentes, designadamente, aos cargos exercidos em comissão de serviço são fixados por decreto regulamentar (nº 1 do artigo 149º da LTFP).

A *remuneração base* é o montante pecuniário correspondente ao nível remuneratório da posição remuneratória onde o trabalhador se encontra na categoria de que é titular ou do cargo exercido em comissão de serviço. A remuneração base anual é paga em catorze mensalidades, correspondendo uma delas ao subsídio de Natal e outra ao subsídio de férias (artigo 150º da LTFP).

Quando o vínculo de emprego público se constitua por comissão de serviço[188], o trabalhador tem o direito de optar, a todo o tempo, pela remune-

[188] O que sucede, como enuncia o artigo 9º da LTFP, no caso de a) cargos não inseridos em carreiras, designadamente os cargos dirigentes; e b) funções exercidas com vista à aquisição de formação específica, habilitação académica ou título profissional por trabalhador com vínculo de emprego público por tempo indeterminado.

ração base devida na situação jurídico-funcional de origem que esteja constituída por tempo indeterminado (artigo 154º, nº 1 da LTFP).[189]

Os *suplementos remuneratórios* correspondem aos acréscimos remuneratórios devidos pelo exercício de funções em postos de trabalho que apresentam condições mais exigentes relativamente a outros postos de trabalho caracterizados por idênticos cargos ou por idênticas carreira e categoria, sendo apenas devidos a quem ocupe esses postos de trabalho, haja um exercício efetivo de funções e enquanto perdurarem as condições de trabalho que determinaram a sua atribuição (artigo 159º, nºs 1, 2 e 4 da LTFP).

O nº 3 do artigo 159º explicita que são devidos suplementos remuneratórios quando os trabalhadores, nos postos de trabalho identificados acima, sofram, no exercício das suas funções, condições de trabalho mais exigentes:

a) de forma anormal e transitória, designadamente as decorrentes de prestação de trabalho suplementar, noturno, em dias de descanso semanal, complementar e feriados e fora do local normal de trabalho; ou
b) de forma permanente, designadamente as decorrentes de prestação de trabalho arriscado, penoso ou insalubre, por turnos, em zonas periféricas, com isenção de horário e de secretariado de direção.

Por último, os *prémios de desempenho* constituem um sistema de recompensa do desempenho a atribuir pelo dirigente máximo do órgão ou serviço a trabalhadores que, cumulativamente, exerçam funções no órgão ou serviço e, na falta de lei especial em contrário, tenham obtido, na última avaliação do seu desempenho, a menção máxima ou a imediatamente inferior a ela. Com essa finalidade, o dirigente máximo do órgão ou serviço, no prazo máximo de quinze dias após o início da execução do orçamento, fixa, fundamentadamente, o universo dos cargos e o das carreiras e categorias onde a atribuição de prémios de desempenho pode ter lugar, com as desagregações necessárias do montante disponível em função de tais universos, tendo em conta as verbas orçamentais destinadas a suportar este tipo de encargos. (artigos 166º e 167º da LTFP).

[189] Como analisaremos mais adiante, esta disposição legal contraria o disposto no nº 3 do artigo 31º do EPDAP, tendo a matéria sido objeto de dois Pareceres do Conselho Consultivo da Procuradoria-Geral da República, os quais foram homologados pelos membros do Governo que os solicitaram e publicados em Diário da República.

nºs 1, 2 e 6

3. A remuneração do pessoal dirigente é genericamente determinada em percentagem do valor padrão (100%) fixado para o cargo de Diretor-Geral, nos termos estabelecidos no DL nº 383-A/97, de 23 de dezembro, como se evidencia nos quadros reproduzidos seguidamente[190] [191]:

DIRIGENTES		
Cargos de Direção Superior de 1º Grau		
Diretor-geral Secretário-geral Inspetor-geral Presidente	i) n) r)	100 [64 e 65] 3 778,97 €
Cargos de Direção Superior de 2º Grau		
Subdiretor-geral Secretário-geral Adjunto Subinspetor-geral Vogal de direção Vice-presidente	i) n) r)	85 [53 e 54] 3 212,12€
Cargos de Direção Intermédia de 1º Grau		
Diretor de serviços	i) n) r)	80 [49 e 50] 3 023,18€
Cargos de Direção Intermédia de 2º Grau		
Chefe de Divisão	i) n) r)	70 [42 e 43] 2 645,28€

4. Porém, o EPDAP prevê que a remuneração do pessoal dirigente pode ser estabelecida em diploma próprio, o qual pode determinar níveis diferenciados de remuneração, em função do tipo de serviço ou órgão em que o dirigente exerce as respetivas funções.

Podemos evidenciar tal nos seguintes sistemas remuneratórios previstos para outros cargos dirigentes[192]:

[190] Fonte: Sistema Remuneratório da Administração Pública 2022, da DGAEP, Modernização do Estado e da Administração Pública (consultável em www.dgaep.gov.pt/upload/catalogo/SRAP_2022.pdf).

[191] Sendo: i) Índice; n) Nível remuneratório da tabela única remuneratória; e r) Remuneração base.

[192] *Vide* as duas precedentes notas de rodapé.

INSPEÇÃO-GERAL DAS FINANÇAS		
DIRIGENTES		
Inspetor-geral de finanças	i) n) r)	100 [82 e 83] 4 717,21 €
Subinspetor-geral de finanças	i) n) r)	90 [73 e 74] 4 245,49€
Inspetor de finanças diretor	i) n) r)	80 [64 e 65] 3 773,77€
Inspetor de finanças chefe	i) n) r)	75 [59 e 60] 3 537,91€

UNIVERSIDADES		
Reitoria		
Reitor	i) n) r)	375 [110 e 111] 6 211,93€
Vice-reitor	i) n) r)	360 [106 e 107] 5 963,46€

INSTITUTOS POLITÉCNICOS		
Cargos de gestão		
Presidente	i) n) r)	365 [107 e 108] 6 046,28€
Vice-presidente	i) n) r)	350 [102 e 103] 5 797,81€

ADMINISTRADOR HOSPITALAR		
Administrador-geral	i) n) r)	100 [64 e 65] 3 778,97€
Administrador de 1ª classe	i) n) r)	85 [53 e 54] 3 212,12€

Administrador de 2ª classe	i)	80
	n)	[49 e 50]
	r)	3 023,18€
Administrador de 3ª classe	i)	70
	n)	[42 e 43]
	r)	2 645,28€

COMISSÕES PARA A DISSUASÃO DA TOXICODEPENDÊNCIA		
Presidente	i)	850
	n)	[48 e 49]
	r)	2 952,97€
Vogal	i)	730
	n)	[40 e 41]
	r)	2 536,08€

GABINETE NACIONAL SIRENE		
Coordenador	i)	-
(equiparado a Diretor de serviços)	n)	[49 e 50]
	r)	3 023,18€
Coordenador-adjunto	i)	-
(equiparado a Chefe de divisão)	n)	[42 e 43]
	r)	2 645,28€

PROVEDORIA DE JUSTIÇA		
Coordenador	i)	-
(Vencimento de Diretor-geral)	n)	[64 e 65]
	r)	3 778,97€

CORPO ESPECIAL DE FISCALIZAÇÃO E CONTROLO DA DIREÇÃO-GERAL DO TRIBUNAL DE CONTAS		
Dirigentes		
Diretor-geral	i)	100
	n)	[98 e 99]
	r)	5 584,52€
Subdiretor-geral	i)	95
	n)	[93 e 94]
	r)	5 305,30€

DIRIGENTES – ADMINISTRAÇÃO LOCAL		
CÂMARAS MUNICIPAIS		
Cargos de Direção Superior de 1º Grau		
Diretor municipal	i) n) r)	100 [64 e 65] 3 778,97€
Cargos de Direção Intermédia de 1º Grau		
Diretor de departamento municipal	i) n) r)	80 [49 e 50] 3 023,18€
Cargos de Direção Intermédia de 2º Grau		
Chefe de divisão municipal	i) n) r)	70 [42 e 43] 2 645,28€

SERVIÇOS MUNICIPALIZADOS		
Cargos de Direção Superior de 1º Grau		
Diretor-delegado	i) n) r)	100 [64 e 65] 3 778,97€
Cargos de Direção Intermédia de 1º Grau		
Diretor de departamento municipal	i) n) r)	80 [49 e 50] 3 023,18€
Cargos de Direção Intermédia de 2º Grau		
Chefe de divisão municipal	i) n) r)	70 [42 e 43] 2 645,28€

5. Relativamente aos cargos de direção intermédia do 3º grau ou inferior, a identificação dos níveis remuneratórios correspondentes às remunerações base é efetuada no diploma orgânico ou estatutário que os preveja.

6. Ao pessoal dirigente são abonadas despesas de representação de montante fixado em despacho do Primeiro-Ministro e do membro do Governo responsável pela Administração Pública. Tais montantes são automaticamente atualizados na mesma percentagem da atualização salarial anual do pessoal da Administração Pública. Essas despesas de representação são abonadas em doze mensalidades, não sendo acumuláveis com outros suplementos de idêntica natureza que sejam já abonados, sem prejuízo do direito de opção pelo regime mais favorável (cf. Despacho conjunto nº 625/99, de 13 de julho, publicado no DR, 2ª série, nº 179, de 03.08.1999).

O quadro seguinte sintetiza, em termos gerais, o *supra* referido[193]:

Tabela Remuneratória: 3778,97€[194]

Cargos	%	Remunerações	Despesas de representação
Cargos de Direção Superior de 1º Grau	100	3778,97€	787,38€
Cargos de Direção Superior de 2º Grau	85	3212,12€	590,83€
Cargos de Direção Intermédia de 1º Grau	80	3023,18€	314,95€
Cargos de Direção Intermédia de 2º Grau	70	2645,28€	197,13€

7. Resumidamente, podemos referenciar as seguintes fontes legais no que concerne às estruturas de carreira e estruturas remuneratórias das carreiras dirigentes[195]:

Designação	Base legislativa		
	Estrutura da carreira	**Estrutura remuneratória**	**Outras componentes remuneratórias**
Dirigentes	Lei nº 2/2004, de 15/01	Lei nº 2/2004, de 15/01 (artigo 31º) DL nº 383-A/87, de 23/12	Despacho conjunto nº 625/99, de 13/07
Inspeção-Geral de Finanças (Dirigentes)	DL nº 96/2012, de 24/03	DL nº 96/2012, de 24/03	
Reitor/Vice-reitor	DL nº 62/2007, de 9/10	DL nº 76/96, de 18/06 DL nº 212/97, de 18/08	DL nº 388/90, de 10/12
Cargos de gestão do Ensino Superior Politécnico	DL nº 62/2007, de 9/10	DL nº 245/91, de 6/07 DL nº 76/96, de 18/06 DL nº 212/97, de 18/08	DL nº 388/90, de 10/12

193 Fonte: www.dgaep.gov.pt.

194 Valor atualizado de acordo com a atualização de 0,9% prevista no Decreto-Lei nº 109-A/2021, de 07 de dezembro (fonte: www.dagep.gov.pt).

195 Adaptado de Sistema Remuneratório da Administração Pública 2022, da DGAEP, Modernização do Estado e da Administração Pública (consultável em www.dgaep.gov.pt/upload/catalogo/SRAP_2022.pdf).

Administração Hospitalar (i)	DL nº 101/80, de 8/05 (artigo 5º)	DR nº 6/95, de 21/02 (mapa anexo) DL nº 70-A/2000, de 5/05 DL nº 77/2001, de 5/03 DL nº 23/2002, de 1/02 DL nº 54/2003, de 28/03 DL nº 57/2004, de 19/03	DL nº 101/80, de 8/05 (artigo 12º)
Comissão para dissuasão da toxicodependência (Presidente/Vogais)	Lei nº 30/2000, de 19/11 (artigo 7º)	Portaria nº 428-A/2001, de 23/04 (nº 1)	
Gabinete Nacional SIRENE (Coordenador/ Coordenador-adjunto)	DL nº 292/94, de 16/11 (artigo 6º/4) Lei nº 2/2004, de 15/01	DL nº 292/94, de 2/11 (artigo 7º) DL nº 383-A/87, de 23/12 Despacho conjunto nº 625/99, de 13/95	
Provedoria de Justiça (Coordenador)	DL nº 80/2021, de 6/10	DL nº 80/2021, de 6/10	
Corpo Especial de fiscalização e controlo da DG do Tribunal de Contas (Dirigentes)	DL nº 440/99, de 2/11 (artigo 11º) Lei nº 98/97, de 26/08 Lei nº 2/2004, de 15/01	DL nº 240/99, de 2/11 (anexo I)	
Dirigentes (Administração Local)	Lei nº 49/2012, de 29/09 Lei nº2/2004, de 15/01	Lei nº 2/2004, de 15/01 (artigo 31º) DL nº 383-A/87, de 23/12	Despacho conjunto nº 625/99, de 13/07, *ex vi* artigo 24º da Lei nº 49/2012, de 29/08

(i) A par desta carreira existem lugares de administração considerados lugares dirigentes, com as equiparações seguintes (DL nº158/2001, de 18 de maio: Administrador-geral – Diretor-Geral; Administrador de 1ª classe – Subdiretor-Geral; Administrador de 1ª Classe – Diretor de Serviços; Administrador de 3ª Classe – Chefe de Divisão).

nºs 3, 4 e 5

8. A Lei nº 2/2004, de 15 de janeiro, que aprovou o atual EPDAP, na sua versão original (e o mesmo sucedia com os prévios estatutos do pessoal dirigente[196]), não continha qualquer disposição relativa ao direito de opção pela remuneração auferida no lugar de origem por parte dos dirigentes da Administração Pública.

[196] DL nº 191-F/99, de 26 de junho, DL nº 323/89, de 26 de setembro e Lei nº 49/99, de 22 de junho.

A Lei nº 51/2005, de 30 de agosto, alterou este artigo 31º, passando no seu nº 3 a prever-se que o pessoal dirigente pode, mediante autorização expressa no despacho de designação, optar pelo vencimento ou retribuição base da sua função, cargo ou categoria de origem, não podendo, contudo, em caso algum, exceder o vencimento base do Primeiro-Ministro. Mais se prevê, no nº 5 do artigo em anotação, que, para tal efeito, é adotado como referência o vencimento ou retribuição base efetivamente recebido durante o ano anterior à data do despacho de nomeação. Aliás, já anteriormente, o DL nº 353-A/89, de 16 de outubro, no seu artigo 7º tinha estabelecido que, todos os (então designados) funcionários que passassem a exercer transitoriamente funções em lugar ou cargo diferente daquele em que estivessem providos, poderiam optar pelo estatuto remuneratório de origem (e, neste caso, a todo o tempo).

Esta possibilidade de o dirigente poder ser autorizado a optar pela remuneração auferida no lugar de origem visa salvaguardar o princípio da eficiência na Administração Pública, permitindo o recrutamento de dirigentes – mesmo que (apenas no caso dos dirigentes de grau superior) não possuam vínculo à Administração Pública –, mediante o pagamento de retribuição de nível análogo à que anteriormente auferiam e que teriam direito a voltar a perceber após a cessação da comissão de serviço em causa, regressando ao respetivo lugar de origem.

A Lei nº 12-A/2008, de 27 de fevereiro (LVCR), que aprovou o regime de vinculação, de carreiras e de remunerações dos trabalhadores que exercem funções públicas, veio, porém, introduzir dúvidas no que concerne ao exercício do direito de opção, por parte do dirigente, pela remuneração base devida na situação jurídico-funcional de origem, desde que constituída por tempo indeterminado, uma vez que no seu artigo 72º estatuiu que "quando a relação jurídica de emprego público se constitua por comissão de serviço, ou haja lugar a cedência de interesse público, o trabalhador tem o direito de optar, a todo o tempo, pela remuneração base devida na situação jurídico-funcional de origem que esteja constituída por tempo indeterminado" (sublinhado nosso). A dúvida manteve-se mesmo com a LTFP, aprovada pela Lei nº 35/2014, de 20 de junho, pois esta, apesar de ter revogado a LVCR, fez constar norma de igual teor no nº 1 do seu artigo 154º.

A controvérsia resultava do facto de, enquanto o nº 3 do artigo 31º do EPDAP estatui que o dirigente pode optar pelo vencimento ou retribuição base da sua função, cargo ou categoria de origem, desde que tal conste expressamente autorizado no respetivo despacho de designação, por seu turno, no nº 1 do artigo 154º da LTFP (e no artigo 72º da LVCR) prevê-se que o pessoal dirigente pode exercer tal opção a todo o tempo.

Tratando-se de diplomas legais do mesmo nível hierárquico, defendeu-se, por um lado, que sendo tanto a LVCR como a LTFP cronologicamente posteriores ao EPDAP (e também às alterações acima referidas introduzidas em 2005 no artigo 31º, pela Lei nº 51/2005), seria o normativo consignado nas leis mais recentes que deveria aplicar-se, entendendo-se ter ocorrido a revogação tácita do disposto no nº 3 do artigo 31º do EPDAP. Ou seja, os dirigentes cujas designações em comissão de serviço para o exercício de funções dirigentes fossem posteriores à entrada em vigor da LVCR (e, sequentemente, da LTFP), poderiam optar, a todo o tempo, pela remuneração base devida na situação jurídico-funcional de origem (desde que a mesma estivesse constituída por tempo indeterminado).

Outros, porém, alicerçados no disposto no artigo 36º da Lei nº 2/2004, de 15 de janeiro, bem como no entendimento de que o regime da comissão de serviço do pessoal dirigente constituía um ordenamento jurídico específico e distinto do regime da comissão de serviço aplicável aos restantes trabalhadores em funções públicas, defendiam a tese oposta, isto é, a de que o EPDAP configurava uma lei especial que prevalecia sobre quaisquer disposições gerais ou especiais, pelo que, o pessoal dirigente só poderia optar pela remuneração base devida na respetiva situação jurídico-funcional de origem se tal possibilidade fosse expressamente autorizada no respetivo despacho de designação[197].

Esta matéria controversa veio a ser analisada pelo Conselho Consultivo da Procuradoria-Geral da República (CC da PGR) nos seus Pareceres nºs. 29/2014, de 29 de novembro e 1/2016, de 21 de abril, ambos homologados pelos membros do Governo que os haviam solicitado e, consequentemente, objeto de publicação no Diário da República para serem seguidos pela Administração Pública[198] (*infra,* transcrevem-se as conclusões vertidas nos identificados pareceres).

[197] Cf. posição defendida pela Inspeção-Geral de Finanças, transcrita em sede do Parecer nº 1/2016, do CC da PGR, que identificaremos adiante.

[198] Nos termos do artigo 50º, nº 1 do Estatuto do Ministério Público, "Quando homologados pelas entidades que os tenham solicitado ou a cujo setor respeite o assunto apreciado, as conclusões dos pareceres do Conselho Consultivo sobre disposições de ordem genérica são publicados na 2ª série do Diário da República para valerem como interpretação oficial, perante os respetivos serviços, das

Concluiu o CC da PGR que "existindo colisão normativa entre a disposição constante do artigo 72º, nº 1, da Lei nº 12-A/2008 (consignando que o trabalhador pode efetuar a opção remuneratória a todo o tempo) e a constante do artigo 31º, nº 3, da Lei nº 2/2004 (estatuindo que a opção depende de autorização expressa a exarar no despacho de designação), deverá entender-se que o artigo 72º da Lei nº 12-A/2008 revogou, nessa medida, o nº 3 do artigo 31º da Lei nº 2/2004, o que significa que os trabalhadores designados em comissão de serviço como dirigentes podem optar *a todo o tempo* pela remuneração base devida na situação jurídico-funcional de origem que esteja constituída por tempo indeterminado", existindo continuidade, quanto ao regime jurídico aplicável, no diploma que cronologicamente lhe sucedeu, isto é, a LTFP e o respetivo artigo 154º.[199]

Cabe salientar, no entanto, que esta faculdade de opção, a todo o tempo, pela remuneração "do lugar de origem" só se verifica desde que reunidos dois pressupostos: a função ou o cargo a exercer tenha natureza transitória (o que é característico de todos os cargos dirigentes no nosso ordenamento jurídico) e que o trabalhador a nomear para o cargo dirigente mantenha o direito ao lugar de origem, ao qual poderá regressar após o exercício transitório das funções para que foi nomeado – ou seja, quando cessada a comissão de serviço –, reassumindo a sua anterior situação jurídico-funcional.

A referida faculdade de opção, a todo o tempo, pela remuneração devida na situação jurídico-funcional de origem não é, assim, legalmente viável nos casos seguintes:

a) Titulares dos cargos de direção intermédia que não tenham vínculo à Administração Pública (artigo 31º, nº 4 do EPDAP);
b) Dirigentes cuja comissão de serviço tenha cessado e sejam imediatamente nomeados para o exercício de outro cargo ou função de natureza transitória de nível remuneratório inferior, uma vez que o cargo dirigente cessante não constitui um "lugar de origem" para efeito de opção remuneratória;

matérias que se destinam a esclarecer.". Mais preceitua o nº 2 do mesmo artigo que "Se o objeto de consulta interessar a duas ou mais áreas governativas que não estejam de acordo sobre a homologação do parecer, esta compete ao Primeiro-Ministro."

[199] Os fundamentos expendidos pelo CC da PGR no sentido de contrariar a argumentação de que o EPDAP, constituindo uma lei especial, prevaleceria sobre o regime contido na LVCR, encontram-se amplamente explicados no seu Parecer nº 29/2014, publicado no DR e também consultável nas bases de dados da PGR (https://www.ministeriopublico.pt/pagina/conselho-consultivo-da-procuradoria-geral-da-republica).

c) Dirigentes cuja comissão de serviço se tenha suspendido durante o exercício de outros cargos ou funções de natureza transitória, uma vez que o cargo dirigente suspenso não constitui um "lugar de origem" para efeitos de opção remuneratória;
d) Dirigentes cuja situação jurídico-funcional de origem não esteja constituída por tempo indeterminado.

Com efeito, a remuneração base relaciona-se com a titularidade de uma categoria e respetivo posicionamento remuneratório que corresponda a necessidade permanente do serviço, bem como ao exercício de cargos/funções que não tenham natureza transitória.

Como preceitua o nº 3 deste artigo 31º do EPDAP, em conjugação com o nº 1 do artigo 154º da LTFP, embora o pessoal dirigente possa optar pelo vencimento ou retribuição base devida na situação jurídico-funcional de origem que esteja constituída por tempo indeterminado, tal nunca poderá exceder o vencimento do Primeiro-Ministro.[200]

Pela Lei nº4/85, de 9 de abril (entretanto objeto de várias alterações – cf. Bibliografia), foi aprovado o estatuto remuneratório dos titulares de cargos políticos, consignando-se no seu artigo 9º que o Primeiro-Ministro percebe mensalmente um vencimento correspondente a 75% do vencimento do Presidente da República, tendo direito a um abono para despesas de representação no valor de 40% do respetivo vencimento.

A Lei nº 26/84, de 31 de julho, com as alterações posteriores nela introduzidas (cf. Bibliografia), estabeleceu o regime de remuneração do Presidente da República. Dispõe o artigo 1º desta lei que o vencimento mensal ilíquido do Chefe de Estado é de "400000$00", tendo direito a um abono mensal para despesas de representação de 40% desse valor. Os referidos vencimento e o abono são automaticamente atualizados, sem dependência de qualquer formalidade, em função e na proporção das alterações à remuneração mensal ilíquida fixada para o cargo de director-geral na Administração Pública (artigo 2º do diploma).

[200] O mesmo sucede no caso de cedência de interesse público para o exercício de funções em órgão ou serviço a que seja aplicável a LTFP (nº 2 do artigo 154º da LTFP), e ainda relativamente aos gestores públicos (artigo 28º, nº 8 do EGP, com as exceções consignadas no nº 9 do mesmo artigo).

nº 7

9. Aos titulares de cargos de direção superior podem ser atribuídos *prémios de gestão* em termos que devem constar de decreto regulamentar.

A atribuição de prémios de gestão está, usualmente mais conexionada com o setor empresarial público, destinando-se a gestores que exerçam funções executivas em empresas públicas do Setor Empresarial do Estado.

Com efeito, o Estatuto do Gestor Público (EGP), aprovado pelo Decreto-Lei nº 71/2007, de 27 de março, na redação vigente, prevê um regime remuneratório para os gestores públicos que pode incluir uma remuneração variável, dependente do grau de cumprimento de objetivos predeterminados. Desta forma, ao abrigo do regime atual, mediante o cumprimento dos objetivos que lhes tenham sido fixados no contrato de gestão, aos gestores públicos pode ser atribuído um incentivo, em função do respetivo desempenho e que constitui um reconhecimento e um incentivo à boa gestão (artigo 30º, nº 1, alínea b) do EGP). A Portaria nº 317-A/2021, de 23 de dezembro, vem regular as condições de atribuição aos gestores públicos da parcela da remuneração variável que está associada ao reconhecimento e incentivo da boa gestão das empresas públicas.

10. Fora do âmbito do setor empresarial do Estado, enveredou-se antes por uma estratégia que passa por recompensar os trabalhadores e dirigentes de determinados órgãos ou serviços, mediante o estabelecimento de um sistema de à inovação na gestão pública.

O Sistema de Incentivos à Inovação na Gestão Pública (SIIGeP), estabelecido pela Portaria nº 186/2018, de 27 de junho, destina-se às entidades da administração pública direta e indireta, aos seus dirigentes e trabalhadores, e compreende incentivos diversos que visam estimular a inovação nos seguintes domínios: a) valorização dos recursos humanos, b) melhoria dos ambientes de trabalho e c) desenvolvimento de modelos de gestão.

Os incentivos à inovação revestem as seguintes modalidades:

1. Capacitação para a inovação, incluindo ações de formação, experiências de trabalho em instituições internacionais inovadoras ou outros incentivos análogos que reforcem as competências para a inovação:
   a. Competências de inovação;
   b. Competências digitais;
   c. Competências de liderança;
   d. Programa de Liderança em Intercâmbio da União Europeia.

2. Desenvolvimento de projetos experimentais, que visem testar novos modelos de gestão com objetivos concretos de melhoria de funcionamento dos serviços públicos.
3. Prémios, para reconhecer publicamente os projetos inovadores na gestão que apresentem resultados mensuráveis.

A equipa de coordenação, que promove a aplicação e a avaliação do SIIGeP, é composta pelo Instituto Nacional de Administração, I.P., (INA, I. P.), que assume as funções de gestor de equipa; pela Agência para a Modernização Administrativa, I. P. (AMA, I.P.); e pela Direção-Geral da Administração e do Emprego Público (DGAEP) - Despacho nº 10041/2021, de 15 de outubro.

nº 8

11. Por seu turno, aos titulares de cargos de direção intermédia podem ser atribuídos *prémios de desempenho* nos termos previstos, com as necessárias adaptações, nos artigos 166º e 167º da LTFP (cf. notas introdutórias ao presente artigo do Estatuto).

12. Doutrina do Conselho Consultivo da PGR

Parecer nº 29/2014, de 29 de novembro

Solicitado pelo Ministro do Ambiente, Ordenamento do Território e Energia

Relatora: Alexandra Leitão

Publicado no DR, 2ª série, nº 250, de 29 de dezembro de 2014.

Descritores: Dirigente – Carreira especial – Carreira de inspeção – Comissão de serviço – Remuneração de origem – Estatuto remuneratório – Suplemento remuneratório – Revogação tácita – Lei especial.

Conclusões:

"1. O artigo 72º, nº 1, da Lei nº 12-A/2008, de 27 de fevereiro, estabelece que o trabalhador cuja relação jurídica de emprego público se constitua por comissão de serviço tem o direito de optar, a todo o tempo, pela remuneração base devida na situação jurídico-funcional de origem que esteja constituída por tempo indeterminado, sendo que esta solução foi mantida pelo artigo 154º, nº 1, da Lei nº 35/2014, de 20 de junho.

2. O artigo 31º, nº 3, da Lei nº 2/2004, de 15 de janeiro, por sua vez, estabelece que o pessoal dirigente pode, mediante autorização expressa no despacho de

designação, optar pelo vencimento ou retribuição base da sua função, cargo ou categoria de origem, não podendo, todavia, exceder, em caso algum, o vencimento base do Primeiro-Ministro.

3. A Lei nº 12-A/2008, de 27 de fevereiro, é posterior à Lei nº 2/2004, de 15 de janeiro, pelo que devem considerar-se revogadas as normas deste último diploma que sejam contrárias à Lei nº 12-A/2008, de 27 de fevereiro, uma vez que esta regula de forma global a matéria relativa aos regimes de vinculação, de carreiras e de remunerações dos trabalhadores que exercem funções públicas e tem, por isso, preferência aplicativa. Trata-se de uma revogação parcial tácita, por incompatibilidade de soluções normativas.

4. Sendo assim, no que respeita ao regime da opção pela remuneração base por parte do pessoal dirigente, o nº 1 do artigo 72º da Lei nº 12-A/2008, de 27 de fevereiro, revogou o nº 3 do artigo 31º da Lei nº 2/2004, de 15 de janeiro, o que significa que os trabalhadores designados em comissão de serviço podem optar a todo o tempo pela remuneração base devida na situação jurídico-funcional de origem que esteja constituída por tempo indeterminado.

5. O regime jurídico da carreira especial de inspeção, aprovado pelo Decreto-Lei nº 170/2009, de 3 de agosto, incluiu na remuneração base os suplementos remuneratórios auferidos pelos trabalhadores integrados naquela carreira, estabelecendo, quanto às comissões de serviço em curso à data da sua entrada em vigor, que as mesmas se mantêm em vigor sem alterações, designadamente no que respeita à remuneração (artigo 14º).

6. Desta disposição resulta que o regime aprovado pelo Decreto-Lei nº 170/2009, de 3 de agosto, não se aplica imediatamente aos trabalhadores integrados na carreira especial de inspeção que se encontrassem, à data da entrada em vigor daquele diploma, a exercer funções em comissão de serviço, continuando, por isso, a aplicar-se-lhes o disposto no Decreto-Lei nº 112/2001, de 6 de abril, até à cessação da respetiva comissão de serviço, incluindo eventuais renovações.

7. Ora, no âmbito do Decreto-Lei nº 112/2001, de 6 de abril, o suplemento de função inspetiva não estava integrado na remuneração base, sendo, pelo contrário, calculado com base numa percentagem dessa remuneração e abonado em doze mensalidades. Este regime é igualmente aplicável, nos termos do artigo 13º daquele diploma, aos dirigentes que exerçam funções de direção sobre o pessoal da carreira inspetiva, que auferem um suplemento definido em percentagem da sua remuneração base como dirigentes.

8. Sendo assim, o artigo 14º do Decreto-Lei nº 170/2009, de 3 de agosto, afasta a possibilidade, prevista nos artigos 72º, nº 1, e 154º, nº 1, respetivamente da Lei

nº 12-A/2008, de 27 de fevereiro, e da Lei nº 35/2014, de 20 de junho, de os dirigentes optarem, a todo o tempo, pela remuneração base, na medida em que prevalece sobre estes diplomas de acordo com os critérios cronológico (relativamente à Lei nº 12-A/2008, de 27 de fevereiro) e da especialidade (relativamente a ambas).

9. Os dirigentes da carreira especial de inspeção cuja comissão de serviço estivesse em curso à data da entrada em vigor do Decreto-Lei nº 170/2009, de 3 de agosto, não podem optar pela remuneração base de origem da tabela única anexa a este diploma."

*

Parecer nº 1/2016, de 21 de abril

Solicitado pelo Ministro das Finanças

Relator: Fernando Bento

Homologado pelo Despacho nº 651/16/MF, do Ministro das Finanças, de 26 de setembro

Publicado no DR, 2ª série, nº194, de 10 de outubro de 2016.

Descritores:

"Pessoal Dirigente – Gestor Público – Remuneração de Origem – Faculdade de Opção – Nomeação – Relação Jurídica de Emprego Público – Contrato Individual de Trabalho – Contrato de Trabalho em Funções Públicas – Comissão de Serviço – Suspensão da Comissão de Serviço – Acumulação de Cargos – Cedência de Interesse Público – Interpretação da Lei – Unidade do Sistema Jurídico – Revogação Tácita."

Conclusões:

"1ª – A Lei nº 2/2004, de 15 de janeiro, na redação originária, e bem assim os estatutos do pessoal dirigente que a antecederam (Decreto-Lei nº 191-F/79, de 26 de junho, Decreto-Lei nº 323/89, de 26 de setembro, e Lei nº 49/99, de 22 de junho), não continham qualquer disposição relativa ao direito de opção pela remuneração auferida no lugar de origem por parte dos dirigentes da Administração Pública;

2ª – Estabeleceu-se, entretanto, no artigo 7º do Decreto-Lei nº 353-A/89, de 16 de outubro, que em todos os casos em que o funcionário passasse a exercer transitoriamente funções em lugar ou cargo diferente daquele em que estivesse provido, lhe seria reconhecida a faculdade de optar a todo o tempo pelo estatuto remuneratório devido na origem;

3ª – Essa estatuição genérica, à semelhança do que sucedeu com análogos preceitos setoriais que a precederam, obedeceu a uma ratio determinada, tendente a salvaguardar, em matéria de recrutamento, o princípio da eficiência na Administração Pública: existindo nesta cargos ou funções de natureza transitória a preencher, quase em exclusivo, por trabalhadores já integrados nos respetivos quadros, a possibilidade de os mesmos virem a ser desempenhados pelos mais aptos ficaria comprometida se lhes não fosse garantido um nível remuneratório igual, no mínimo, ao que já anteriormente tinham e a que voltariam a ter direito uma vez findo o exercício de tais cargos ou funções temporários;

4ª – Para que tal ratio se mostrasse presente, era essencial que a função ou cargo a exercer tivesse natureza transitória e que o funcionário a nomear para o mesmo mantivesse o direito ao lugar de origem, ao qual poderia regressar após o exercício transitório de funções, reassumindo o correspondente estatuto;

5ª – O pressuposto do direito ao lugar de origem mostrar-se-ia preenchido quer relativamente a funcionários de nomeação vitalícia, quer a dirigentes cuja comissão de serviço se suspendesse durante exercício de outros cargos ou funções de natureza transitória (constituindo neste caso o lugar de origem o cargo dirigente suspenso e posteriormente reassumido);

6ª – Tal pressuposto não se mostraria, ao invés, preenchido relativamente a dirigentes cuja comissão de serviço tivesse cessado e que fossem imediatamente nomeados para o exercício de outro cargo ou função de natureza transitória de nível remuneratório inferior, já que o cargo dirigente cessante não constituiria, ao abrigo de tal regime, *lugar de origem* para efeito de opção remuneratória, restando ao respetivo titular a opção pela remuneração de origem relativa ao lugar de nomeação vitalícia a que continuasse com direito;

7ª – A Lei nº 51/2005, de 30 de agosto, alterou o artigo 31º da Lei nº 2/2004, passando a estabelecer-se no respetivo nº 3 que o pessoal dirigente pode, mediante autorização expressa no despacho de nomeação, optar pelo vencimento ou retribuição base da sua função, cargo ou categoria de origem, não podendo, todavia, exceder, em caso algum, o vencimento base do Primeiro-Ministro, e no nº 5 que, para tal efeito, é adotado como referência o vencimento ou retribuição base médio efetivamente percebido durante o ano anterior à data do despacho de nomeação;

8ª – A *ratio* que determinou a emissão das correspondentes normas é a mesma que esteve na base do regime consignado no artigo 7º do Decreto-Lei nº 353-A/89: salvaguardar o princípio da eficiência na Administração Pública, possibilitando o recrutamento de dirigentes, mesmo sem vínculo à Administração Pública (neste caso apenas relativamente a dirigentes de grau superior), mediante pagamento de retribuição de nível análogo à que anteriormente auferiam e que teriam direito a voltar a auferir após a cessação da comissão de serviço correspondente, regressando ao respetivo *lugar de origem*;

9ª – Para que tal *ratio* se mostrasse presente, continuou a ser necessária, relativamente a dirigentes com vínculo à Administração Pública, a reunião cumulativa dos pressupostos referidos na 4ª conclusão;

10ª – A Lei nº 12-A/2008, de 27 de fevereiro, que estabeleceu o regime de vinculação, de carreiras e de remunerações dos trabalhadores que exercem funções públicas, estatuiu no respetivo artigo 72º que «quando a relação jurídica de emprego público se constitua por comissão de serviço, ou haja lugar a cedência de interesse público, o trabalhador tem o direito de optar, a todo o tempo, pela remuneração base devida na situação jurídico-funcional de origem que esteja constituída por tempo indeterminado», tendo norma de igual conteúdo passado a constar do artigo 154º, nº 1, da Lei Geral do Trabalho em Funções Públicas aprovada pela Lei nº 35/2014, de 20 de junho, que revogou a Lei nº 12-A/2008;

11ª – Como já anteriormente se sustentou no Parecer nº 29/2014, de 20 de novembro de 2014, deste Conselho, existindo colisão normativa entre a disposição constante do artigo 72º, nº 1, da Lei nº 12-A/2008 (consignando que o trabalhador pode efetuar a opção remuneratória a todo o tempo) e a constante do artigo 31º, nº 3, da Lei nº 2/2004 (estatuindo que a opção depende de autorização expressa a exarar no despacho de designação), deverá entender-se que o artigo 72º da Lei nº 12-A/2008 revogou, nessa medida, o nº 3 do artigo 31º da Lei nº 2/2004, o que significa que os trabalhadores designados em comissão de serviço como dirigentes podem optar a todo o tempo pela remuneração base devida na situação jurídico-funcional de origem que esteja constituída por tempo indeterminado;

12ª – O artigo 72º, nº 1, da Lei nº 12-A/2008, tendo passado a impor que a opção se reportasse à remuneração base devida em situação jurídico-funcional de origem constituída por tempo indeterminado, deixou de a admitir nas situações referidas na 5ª conclusão, parte final, relativas a comissões de serviço de dirigentes suspensas para exercício de outros cargos ou funções de natureza transitória – tendo operado, na medida correspondente, a derrogação do nº 3 do artigo 31º da Lei nº 2/2004;

13ª – A situação referida na 6ª conclusão, que não gerava o direito de opção pela remuneração do cargo dirigente cessante ao abrigo da Lei nº 2/2004 (na redação da Lei nº 51/2005), continuou a não o conferir ao abrigo da disposição constante do artigo 72º, nº 1, da Lei nº 12-A/2008 (bem como do artigo 154º, nº 1, da Lei Geral do Trabalho em Funções públicas), existindo, a tal propósito, continuidade nos diplomas que cronologicamente se sucederam quanto ao regime jurídico aplicável;

14ª – Estabelece-se no artigo 28º, nº 8, do Estatuto do Gestor Público aprovado pelo Decreto-Lei nº 71/2007, de 27 de março, que mediante autorização expressa no ato de designação ou eleição, os gestores podem optar pelo vencimento do lugar de origem, não podendo, todavia, exceder, salvo no caso do número seguinte, o vencimento mensal do Primeiro-Ministro;

15ª - Caso um trabalhador em funções públicas seja designado para o exercício de funções de gestor público, o disposto em tal disposição legal, em conjugação com o disposto no artigo 72º, nº 1, da Lei nº 12-A/2008 e, subsequentemente, no artigo 154º, nº 1, da Lei Geral do Trabalho em Funções Públicas, habilita-o a optar pelo vencimento correspondente à respetiva situação jurídico-funcional de emprego público de origem se constituída por tempo indeterminado, não lhe sendo facultada a opção pela remuneração auferida em momento imediatamente anterior à designação para o exercício de funções no órgão de gestão decorrente de cargo ou função de natureza transitória cuja relação jurídica se extinguiu."

Salienta-se que o Parecer *supra* mereceu *Declaração de Voto* (Eduardo André Folque da Costa Ferreira), da qual se transcrevem alguns trechos:

"(...)

Sem hesitar na votação favorável do presente parecer, pretendo esclarecer o sentido que, a meu ver, deve ser extraído da 11ª Conclusão quando ali se refere, na esteira do Parecer nº 29/2014, deste corpo consultivo, a medida (a expressão é, mais precisamente «nessa medida») em que teria sido revogado o disposto no artigo 31º, nº 3, do Estatuto do Pessoal Dirigente dos Serviços e Organismos da Administração Central, Regional e Local do Estado, aprovado pela Lei nº 2/2004, de 15 de janeiro.

Deliberou este Conselho Consultivo aprovar o citado Parecer, em 20 de novembro de 2014, dando por verificada a incompatibilidade do disposto naquela disposição legal com o enunciado do artigo 72º (opção de remuneração base) da Lei nº 12-A/2008, de 27 de fevereiro[80], assim como com o disposto no artigo 154º (opção pela remuneração base) da Lei Geral do Trabalho em Funções Públicas, aprovada por anexo à Lei nº 35/2014, de 20 de junho.

Desta incompatibilidade retirou a revogação da norma anterior, como se fixou na Conclusão 3ª:

(...)

Ao passo que a norma anterior facultava ao pessoal dirigente optar pelo vencimento ou remuneração base da sua função, cargo ou categoria de origem, desde que no termo inicial da designação constasse autorização expressa e não se excedesse o valor do vencimento base do Primeiro-Ministro, já as duas normas posteriores citadas não apenas dispensam a autorização, como permitem que o direito de opção seja exercido a todo o tempo.

Como norma especial, o disposto no artigo 31º, nº 3, do Estatuto do Pessoal Dirigente, haveria de prevalecer, não fora considerar-se que os critérios gerais para resolução dos concursos normativos tinham sido preteridos pelo disposto nos artigos 80º e 82º (fontes normativas da comissão de serviço) da Lei nº 12-A/2008, de 27 de fevereiro.

De tal sorte que a posição do Estatuto do Pessoal Dirigente como lei especial perante o regime geral sobre vínculos, carreiras e remunerações, cedia perante a ficção legal contida no artigo 80º, nº 2, alínea b), de o qualificar como lei geral.

Não creio que se conclua deste raciocínio pela revogação, posto que as citadas disposições da Lei nº 12-A/2008, de 27 de fevereiro, limitavam-se a ordenar a prevalência de umas normas sobre outras, ao arrepio dos critérios tradicionais do direito comum, designadamente do artigo 7º do Código Civil.

De resto, a mesma Lei nº 12-A/2008, de 27 de fevereiro, por via do artigo 116º, foi tão meticulosa na individualização das normas revogadas quanto na omissão de qualquer efeito revogatório sobre o Estatuto do Pessoal Dirigente.

Ora, a Lei nº 12-A/2008, de 27 de fevereiro, veio, ela própria, a ser objeto de revogação global por parte da Lei nº 35/2014, de 20 de junho, permanecendo em vigor tão-somente as normas transitórias dos seus artigos 88º a 115º.

Por conseguinte, os artigos 80º e 82º, em cujo enunciado se ancorava a doutrina expendida na 3ª Conclusão do Parecer nº 29/2014, encontram-se hoje revogados.

Por seu turno, a Lei nº 35/2014, de 20 de junho, não apenas se furtou a ficcionar que o Estatuto do Pessoal Dirigente constituía lei geral nos conflitos normativos que opusessem ambos os regimes, como também se absteve de o incluir entre os diplomas expressamente revogados, no todo ou em parte (cf. artigo 42º).

Aqui chegado, não deixo de verificar que a Lei Geral do Trabalho em Funções Públicas, no artigo 154º permite ao dirigente ou a outro trabalhador em funções públicas designado em comissão de serviço optar a todo o tempo pela «remuneração base devida na situação jurídico funcional de origem que esteja constituída por tempo indeterminado» (nº 1).

Contudo, o âmbito de aplicação desta norma é cerceado pelo âmbito de aplicação do Estatuto do Pessoa Dirigente. Ela aplica-se apenas aos cargos dirigentes a quem não se aplica o Estatuto: aqueles que através do artigo 1º, nº 5, da Lei nº 2/2004, de 15 de janeiro, ficaram excluídos[82], como outros cujo regime se limite a uma equiparação estatutária parcial.

Opor-se-á que este entendimento abre as portas a uma discriminação entre o pessoal dirigente, mas a verdade é que foi essa a opção do legislador, ele próprio pouco sensível ao princípio constitucional da igualdade de salário por trabalho igual (artigo 59º, nº 1, alínea a), da Constituição) sempre que por meio do direito à opção por um vencimento superior privilegia, sem fundamento objetivo bastante, o comissário designado, a quem aproveita com utilidade a opção. Não certamente aos trabalhadores em funções públicas que, igualmente recrutados para cargos dirigentes, têm quase sempre no lugar de origem uma remuneração exígua."

13. Jurisprudência

Acórdão de 09.06.2017, do TCAN – Proc. 00219/06.0BEMDL – 1ª Secção Contencioso Administrativo

Relator: Helder Vieira

Descritores: Estatuto remuneratório – Cumulação de remunerações – Exercício transitório de funções – Opção pelo estatuto remuneratório devido na origem.

Sumário:

"I – Vertia o Decreto-Lei nº 353-A/89, de 16 de Outubro, – que estabelecia regras sobre o estatuto remuneratório dos funcionários e agentes da Administração Pública e a estrutura de remunerações base das carreiras e categorias nele contempladas –, pelo seu artigo 7º, sob a epígrafe "opção de remuneração" que "em todos os casos em que o funcionário passe a exercer transitoriamente funções em lugar ou cargo diferente daquele em que está provido é-lhe reconhecida a faculdade de optar a todo o tempo pelo estatuto remuneratório devido na origem".

II – Para tanto, não pode o estatuto remuneratório devido na origem reportar-se ele próprio a um lugar ou funções de natureza transitória, mas antes reportar-se ao lugar ou cargo em que o funcionário ou agente está provido.

III – A opção de remuneração que essa lei permite era aplicável apenas aos funcionários e agentes da Administração Pública, como resulta do artigo 1º do referido Decreto-Lei nº 353-A/89, pelo que a opção de remuneração apenas pode ser utilizada pelos funcionários que tenham um vínculo com a Administração Pública e relativamente a essa qualidade, e tão-só pelo estatuto remuneratório devido na origem."

*

Saneador-sentença de 25.01.2021, do TAF Sintra – Proc. 1041/16.1 BESNT
(Decisão não transitada em julgado – em recurso junto do TCAS)

Excertos:

"(...) AB, identificado nos autos, veio intentar contra M, sito (....), a presente Acção Administrativa de Reconhecimento do Direito, nos termos do artigo 37º, nº 1, al f) do CPTA pedindo que seja declarado o direito do A. a auferir, como X [cargo dirigente superior de 1º grau], "o vencimento base médio efetivamente percebido no ano anterior à data do despacho de nomeação", nos termos do disposto no artigo 31º, nºs 3 e 5, do Estatuto do Pessoal Dirigente, com as devidas e legais consequências.

Alega, no essencial e em síntese que, tendo desempenhado, até 31.12.2014, as funções de YY da Direção do NN, em regime de comissão de serviço, nos termos do disposto (.....) e auferindo de remuneração base a quantia de € 4 000,00, foi o A. designado, – com efeitos a 1 de janeiro de 2015, na sequência de procedimento concursal, (...) em comissão de serviço e pelo período de cinco anos, [para] exercer o cargo de X (...), conforme Despacho Ministerial identificado nos autos.

No entanto, e não obstante ter sido autorizado pelo M optar pela remuneração do cargo de origem, nos termos do disposto no artº 31º nº 3 e 5 do Estatuto do Pessoal Dirigente, certo é que, ao A. não tem vindo a ser abonada essa quantia, razão por que se viu obrigado a recorrer a juízo.

Regularmente citado, contestou o M., alegando que (...) A remuneração abonada ao Autor nunca considerou o valor do vencimento base médio efetivamente percebido no ano imediatamente anterior à data da sua designação como X, *in casu*, o correspondente às funções de YY que o mesmo exerceu nos termos conjugados do disposto no artigo (...), até 31/12/2014, data em que cessou definitivamente este último vínculo.

É que o vínculo laboral do Autor, anteriormente ao cargo de X, era de mera comissão de serviço, a qual se extinguiu, pelo que, nunca poderia ser remunerado pelo montante remuneratório correspondente a um vínculo laboral extinto.

Citando o Parecer da PGR publicado no DR, II, nº 194, de 10/10/2016, homologado pelo Despacho do Ministro das Finanças de 26/09/2016, conclui pela improcedência da acção. (...)

O Autor, na qualidade de Dirigente da Administração Pública, pretende que lhe seja reconhecido o direito a auferir, como X, o vencimento base médio efetivamente percebido no ano anterior à data do despacho de nomeação, ou seja, quando era YY, em regime de comissão de serviço, auferindo, então, a remuneração base de € 4 000,00, em vez dos € 3 500,00, que aufere, actualmente, como X (...).

Mais entende o Autor que M a tal o autoriza, no Despacho que consta do nº 7 do probatório.

Mas não tem razão.

Esse Despacho apenas autoriza o Autor "a optar pela remuneração do cargo de origem,".

Pergunta-se: o cargo de origem era o que ocupava anteriormente à ....., como YY? (vínculo precário)

Ou era o seu cargo na carreira de C, tal como consta no mapa de pessoal de XX? (vínculo por tempo indeterminado)

Vejamos:

Dispõe o artº 31º do Estatuto do Pessoal Dirigente (Lei nº 2/2004, de 15/01, com as alterações da Lei nº 68/2013, de 29 Agosto, por ainda não se poder aplicar a Lei nº 128/2015, de 03/09, que ainda não se encontrava em vigor na data dos factos): (...)

Com base em tal preceito, entende o Autor que deveria receber a sua remuneração por referência ao seu cargo anterior, em YY

Mas não tem razão.

Atente-se que a interpretação da Lei não é (não deve ser) tópica, mas sistemática.

O legislador nunca poderia ter estabelecido, no nº 5, um Princípio de "comissão de comissões", referindo-se a um vínculo precário imediatamente anterior de uma comissão de serviço de remuneração superior, quando tinha sido tão cauteloso, no nº 4, ao proibir a opção pela remuneração anterior a quem não tivesse vínculo à Administração Pública – não se fosse dar o caso de algum gestor muito bem pago num cargo de Administração numa empresa privada, vir onerar o Estado com uma remuneração altíssima, que abalasse os cofres do Estado...

Assim, uma norma que se pretende acauteladora dos dinheiros públicos, mas ao mesmo tempo, sem prejuízo para o funcionário que fosse nomeado para uma comissão de serviço, remunerada muito abaixo do seu vencimento habitual, nunca poderia ser interpretada, no sentido (literal e completamente descontextualizado) como pretende o Autor – de ser remunerado por uma comissão anterior, de vínculo precário e extinto.

É que o Autor incorre no equívoco de considerar que o seu lugar de origem era o que ocupava anteriormente, quando o seu lugar de origem era o de XX numa carreira (...), tal como constava do mapa de pessoal da XX.

Conforme se diz no Parecer da PGR nº 1/2016, de 21/04/2016, publicado no DR, II, nº 194, de 10 Outubro (nos autos a fls. 65 e ss.), que subscrevemos na íntegra, e cuja análise histórico legislativa nos ajuda a melhor compreender o alcance e sentido da lei, "(...) as alterações introduzidas no artigo 31º da Lei nº 2/2004 pela Lei nº 51/2005 não tiveram como finalidade, principal ou secundária, determinar um aumento da despesa pública com o instituto da opção por parte dos dirigentes pela remuneração de origem, permitindo aos mesmos passar a optar, não pela remuneração do lugar de origem, mas sim pela remuneração, se superior, do cargo dirigente imediatamente anterior cuja comissão tivesse, entretanto, cessado.

A atribuição de um tal direito, mostrando-se totalmente fora da ratio que esteve na base da instituição do direito de opção pela remuneração de origem e em frontal contradição com o circunstancialismo histórico em que se operou a modificação legislativa em causa, levaria, aliás, a soluções absurdas. Seria, com efeito, de todo incompreensível que o legislador permitisse a um dirigente cuja comissão não foi renovada ou foi mesmo interrompida por razões de deficiente desempenho de funções ou por motivos disciplinares, caso fosse seguidamente investido num cargo dirigente de nível remuneratório inferior, continuar a auferir, pelo exercício do direito de opção, a remuneração base correspondente ao cargo dirigente cessante imediatamente anterior.

Uma tal solução entraria, por outro lado, em contradição, em termos de contexto, com os preceitos decorrentes dos nºs 1 e 4 do artigo 26º da Lei nº 2/2004.

(...) A intenção normativa de restringir os casos de possibilidade de opção pela remuneração origem no que respeita a dirigentes, e não de os alargar a novas situações, ressalta, de igual modo, da disposição transitória constante do artigo 8º, nº 1, da Lei nº 51/2005, consignando que o regime decorrente dos nºs 3 e 5 do artigo 31º da Lei nº 2/2004 só seria aplicável aos então dirigentes no termo do prazo da comissão de serviço ou da respetiva renovação. Caso fosse intenção do legislador conferir aos dirigentes ex novo a possibilidade de opção pela remuneração base de um cargo dirigente imediatamente anterior, não faria qualquer sentido estar a relegar para o termo da comissão de serviço ou da renovação o exercício da correspondente opção.

(...) Concluindo que

7ª – A Lei nº 51/2005, de 30 de agosto, alterou o artigo 31º da Lei nº 2/2004, passando a estabelecer-se no respetivo nº 3 que o pessoal dirigente pode, mediante autorização expressa no despacho de nomeação, optar pelo vencimento ou retribuição base da sua função, cargo ou categoria de origem, não podendo, todavia, exceder, em caso algum, o vencimento base do Primeiro-Ministro, e no nº 5 que, para tal efeito, é adotado como referência o vencimento ou retribuição base médio efetivamente percebido durante o ano anterior à data do despacho de nomeação. (...)

In casu, o cargo exercido pelo Autor no período imediatamente anterior ao de X de natureza precária (comissão de serviço Y), que se extinguiu quando o Autor iniciou a comissão na XX.

A posição remuneratória do Autor nessa Comissão de serviço não podia ser considerada na XX, porque o seu cargo de origem não era o que exerceu, no período imediatamente anterior, no YY (vínculo precário), mas o da carreira (...) de XX (com vínculo de tempo indeterminado).

Em consequência, improcede a acção.(...)"[201]

ARTIGO 32º
Regime de direito privado

(Revogado.)

Contém as alterações introduzidas pela Lei nº 64-A/2008, de 31/12.

ARTIGO 33º
Apoio

1 - Aos titulares dos cargos dirigentes são aplicáveis os regimes de patrocínio judiciário e isenção de custas previstos nos Decretos-Leis nºs 148/2000, de 19 de julho, e 34/2008, de 26 de fevereiro.

2 - Os titulares dos cargos de direção superior de 1º grau podem ser apoiados por um trabalhador que exerça funções de secretariado.

3 - Os trabalhadores que exerçam funções de secretariado são designados, com o seu acordo, por despacho do titular do cargo, afixado no órgão ou no serviço e inserido na respetiva página eletrónica, e, sem prejuízo do disposto no número seguinte, cessam aquelas funções, sem quaisquer formalidades, na data da cessação ou da suspensão de funções de quem os designou.

4 - As funções de secretariado cessam, a todo o tempo, por iniciativa do titular do cargo ou do trabalhador.

5 - Os trabalhadores que exerçam funções de secretariado têm direito a um suplemento remuneratório cujo montante pecuniário é fixado na portaria referida no nº 2 do artigo 68º da Lei nº 12-A/2008, de 27 de fevereiro[202].

[201] Os trechos reproduzidos foram adaptados do original e expurgados de elementos identificadores das partes envolvidas, atento o facto de a decisão da primeira instância ter sido objeto de recurso, ainda não tendo sido proferido acórdão pelo Tribunal superior.

[202] Ver nota de rodapé 2. Conferir o artigo 159º da LTFP.

6 – Sem prejuízo do disposto no número anterior, o trabalho prestado fora do período e dos dias normais de trabalho dos trabalhadores que exerçam funções de secretariado não é remunerado.

Contém as alterações introduzidas pelos seguintes diplomas:
– Lei nº 64-A/2008, de 31/12;
– Lei nº 64/2011, de 22/12.

nº 1

1. O DL nº 148/2000, de 19 de julho, fixa o regime de (a) pagamento de custas e de (b) patrocínio judiciário dos membros do Governo e dos altos dirigentes da Administração Pública quando demandados em virtude do exercício das suas funções.

O legislador explica a razão de ser deste diploma no facto de "No que respeita ao Governo, tem-se generalizado a prática de demandar os seus membros e outros altos funcionários, juntamente com a Administração Pública. Esta situação é susceptível de provocar algumas dificuldades, porquanto envolve, na maior parte dos casos o pagamento das taxas de justiça e a nomeação de patrono. Tendo em conta que a mesma se fundamente na relação entre as funções exercidas e as acções ou os recursos em causa, é adequado o estabelecimento de mecanismos que salvaguardem as possibilidades de defesa dos membros do Governo à luz do regime vigente em matéria de representação do Governo e das demais entidades públicas".

2. Antes de nos debruçarmos sobre o regime contido no DL nº 148/2000, cabe salientar, tal como se invoca no preâmbulo do diploma que o "direito de acção contra o Estado e as demais entidades públicas, bem como contra os titulares dos seus órgãos, resulta do artigo 22º da Constituição, em virtude da regra segundo a qual a cada direito há-de corresponder a devida tutela jurídica". Com efeito, nos termos do citado preceito constitucional, o "Estado e as demais entidades públicas são civilmente responsáveis, em forma solidária com os titulares dos seus órgãos, funcionários ou agentes, por acções ou omissões praticadas no exercício das suas funções e por causa desse exercício, de que resulte violação dos direitos, liberdades e garantias ou prejuízo para outrem."

A nível infraconstitucional, a Lei nº 67/2007, de 31 de dezembro (alterada pela Lei nº 31/2008, de 17 de julho)[203], aprovou o Regime da Respon-

[203] Esta lei não é, naturalmente, referida no DL nº 148/2000, de 19 de julho, porquanto posterior a esse diploma.

sabilidade Civil Extracontratual do Estado e Demais Entidades Públicas (RRCEE), publicado em anexo à mesma lei e dela sendo parte integrante. Este regime visa regular a responsabilidade civil extracontratual do Estado e das demais pessoas coletivas de direito público por danos resultantes do exercício das funções legislativa, jurisdicional e administrativa, em tudo o que não esteja previsto em lei especial. As disposições desta lei aplicam-se aos danos derivados de ações e omissões surgidas no exercício da função administrativa e adotadas no exercício de prerrogativas de poder público ou reguladas por disposições ou princípios de direito administrativo, abrangendo a responsabilidade civil dos titulares dos órgãos, trabalhadores e demais colaboradores ao serviço das entidades abrangidas, por danos decorrentes de ações ou omissões adotadas no exercício das funções administrativa e jurisdicional e por causa desse exercício (cf. artigo 1º do RRCEE).[204]

3. Retomando a análise do DL nº148/2000, o seu artigo 1º prevê que os membros do Governo, os Diretores-Gerais, os Secretários-Gerais, os inspetores gerais e equiparados para todos os efeitos legais, bem como os responsáveis pelas estruturas de missão a que se refere o artigo 28º da Lei nº 4/2004, de 15 de janeiro[205], estão dispensados do pagamento de custas, em todos os tribunais, quando pessoalmente demandados em virtude do exercício das suas funções e qualquer que seja a forma do processo. Porém, quando decisão judicial transitada em julgado conclua que as entidades em causa não foram demandadas em virtude do exercício das suas funções, ou que a atuação ou omissão em causa não respeite a esse exercício de funções públicas, aquelas serão responsáveis pelo pagamento das custas processuais.

4. No que tange ao patrocínio judiciário, o artigo 2º do DL nº 148/2000 diferencia a representação judicial dos membros do Governo da dos

[204] *Vd.* nossas notas ao arrigo 15º do EPDAP, no âmbito da responsabilidade civil dos titulares de cargos dirigentes.

[205] Estabelece os princípios e normas a que deve obedecer a organização administrativa direta do Estado. O texto do DL nº 148/2000 menciona os encarregados de missão referidos no artigo 37º da Lei nº 49/99, de 22 de junho, que então continha o estatuto do pessoal dirigente, mas esse diploma foi revogado pela Lei nº 2/2004, de 15 de janeiro, que aprovou o atual EPDAP e que deixou de mencionar os encarregados ou os responsáveis pelas estruturas de missão.

demais titulares de cargos públicos especificados no nº 1 do artigo 1º. Assim, os membros do Governo que sejam demandados em virtude do exercício das suas funções, podem ser patrocinados judicialmente por consultores do Centro de Competências Jurídicas do Estado integrado na Presidência do Conselho de Ministros ou por advogados contratados em regime de avença pelo mesmo Centro, especificamente para a prática daquele patrocínio. A partir de 02.01.2018 entrou em vigor o DL. nº 149/2017, de 6 de dezembro, que criou o Centro de Competências Jurídicas do Estado – JurisAPP, o qual, entre outras atribuições, tem a incumbência de assegurar o patrocínio dos membros do Governo, quando demandados em virtude do exercício das suas funções, nos termos previstos pelo DL nº 148/2000, de 19 de julho (cf. artigo 2º, nº 2, alínea d), do DL nº 149/2017, de 6 de dezembro).

Nos termos conjugados dos artigos 1º, nº, 1 e 2º, nº 2, do DL nº 148/2000, de 19 de julho, o patrocínio judiciário dos titulares de cargos de direção superior de 1º grau pode ser assegurado pelos serviços jurídicos dos respetivos ministérios ou, na sua falta, por advogados contratados especificamente para a prática daquele patrocínio, mediante despacho de autorização do respetivo membro do Governo.

Em qualquer das situações *supra* referidas, o patrocínio judiciário assim previsto depende de requerimento do interessado (nº 3 do artigo 2º do citado DL nº 148/2000).

5. De referir que, no caso específico dos dirigentes dos serviços de inspeção, o regime jurídico da atividade de inspeção da administração direta e indireta do Estado (aprovado pelo DL nº 276/2007, de 31 de julho, alterado pelo DL nº 32/2012, de 13 de fevereiro e pela Lei nº 114/2017, de 29 de dezembro), prevê que os mesmos (bem como o pessoal de inspeção), quando sejam arguidos ou parte em processo contraordenacional, disciplinar ou judicial, por atos cometidos ou ocorridos no exercício e por causa das suas funções, têm direito a ser assistidos por advogado, indicado, nos termos da lei, pelo dirigente máximo do serviço de inspeção, ouvido o interessado, retribuído a expensas do organismo correspondente. Os mesmos dirigentes (e pessoal) dos serviços de inspeção tem ainda o direito ao pagamento das custas processuais, bem como a transportes e ajudas de custo quando a localização dos tribunais ou das entidades judiciais assim o justifiquem. Porém, as importâncias eventualmente despendidas ao abrigo do citado regime devem ser reembolsadas pelo trabalhador interessado que lhes deu causa, em caso de condenação no processo judicial (vd. artigo 19º do citado jurídico da atividade da inspeção).

6. O DL nº 34/2008, de 26 de fevereiro, também referido no nº 1 do artigo 33º do EPDAP, aprovou o Regulamento das Custas Processuais (RCP), já tendo, posteriormente, sido objeto de várias alterações. O RCP aplica-se aos processos que corram termos nos tribunais judiciais, nos tribunais administrativos e fiscais e no balcão nacional de injunções (artigo 2º do RCP).

Conforme preceituado no artigo 3º, nº 1 do RCP, as custas processuais abrangem a taxa de justiça (matéria regulada nos artigos 5º a 15º do RCP), os encargos (artigos 16º a 24º do RCP) e as custas de parte (artigos 25º a 26º-A do RCP).

Nos termos da alínea d) do nº 1 do artigo 4º do RCP, estão isentos de custas "Os membros do Governo, os eleitos locais, os diretores-gerais, os secretários-gerais, os inspetores-gerais e equiparados para todos os efeitos legais e os demais dirigentes e funcionários, agentes e trabalhadores do Estado, bem como os responsáveis das estruturas de missão, das comissões, grupos de trabalho e de projeto a que se refere o artigo 28º da Lei nº 4/2004, de 15 de janeiro, qualquer que seja a forma do processo, quando pessoalmente demandados em virtude do exercício das suas funções". Porém, quando se conclua – por decisão judicial, necessariamente – que os atos não foram praticados em virtude do exercício das suas funções ou quando a parte tenha atuado dolosamente ou com culpa grave, aquela fica obrigada ao pagamento das custas (artigo 4º, nº 3, do RCP).

nº 5

7. Em virtude da revogação da Lei nº 12-A/2008, de 27 de fevereiro (vulgo LVCR), pela Lei nº 35/2014, de 20 de junho (que aprovou a LTFP), a remissão realizada no nº 5 deste artigo 33º do EPDAP para o artigo 68º, nº 2 da LVCR, deve entender-se, desde 01.08.2014, como sendo relativa ao nº 2 do artigo 147º da LTFP.

SECÇÃO II
Deveres

ARTIGO 34º
Deveres específicos

Para além dos deveres gerais dos trabalhadores do serviço e órgão em que exercem funções, o pessoal dirigente está sujeito aos seguintes deveres específicos:

a) Dever de manter informado o Governo, através da via hierárquica competente, sobre todas as questões relevantes referentes aos serviços;

b) Dever de assegurar a conformidade dos atos praticados pelo pessoal do respetivo serviço com o estatuído na lei e com os legítimos interesses dos cidadãos;

c) Dever geral de assiduidade e cumprimento do período normal de trabalho, assim como o dever de a qualquer momento comparecer ao serviço quando chamado.

1. Apesar da titularidade de cargos dirigentes, seja de direção superior, seja de direção intermédia, os dirigentes, além de sujeitos aos deveres específicos elencados neste artigo, não deixa de estar ou continuar sujeitos aos deveres gerais dos trabalhadores em exercício de funções públicos, bem como aos deveres que recaem sobre os trabalhadores do serviço ou órgão que dirigem (pense-se, por exemplo, de deveres consignados em regulamentos internos[206] ou em códigos de ética ou de boa conduta vigentes no órgão ou serviço).

Com efeito, como decorre do nº 1 do artigo 73º da LTFP, o trabalhador está sujeito não só aos deveres previstos na mesma lei, como também noutros diplomas legais e regulamentos e no instrumento de regulamentação coletiva de trabalho que lhe seja aplicável.

2. Constituem deveres gerais do trabalhador os consignados no nº 2 do artigo 73º da LTFP:

[206] Nos termos do artigo 75º da LTFP

DEVERES	NOÇÃO
Prossecução do interesse Público[207]	Defesa do interesse público, no respeito pela Constituição, pelas leis e pelos direitos e interesses legalmente protegidos dos cidadãos.
Isenção	Não retirar vantagens, diretas ou indiretas, pecuniárias ou outras, para si ou para terceiro, das funções que exerce.
Imparcialidade[208]	Desempenhar as funções com equidistância relativamente aos interesses com que seja confrontado, sem discriminar, positiva ou negativamente, qualquer deles, na perspetiva do respeito pela igualdade dos cidadãos.
Informação[209]	Prestar ao cidadão, nos termos legais, a informação que seja solicitada, com ressalva daquela que, naqueles termos, não deva ser divulgada.
Zelo	Conhecer e aplicar as normas legais e regulamentares e as ordens e instruções dos superiores hierárquicos, bem como exercer as funções de acordo com os objetivos que tenham sido fixados e utilizando as competências que tenham sido consideradas adequadas.
Obediência[210]	Acatar e cumprir as ordens dos legítimos superiores hierárquicos, dadas em objeto de serviço e com a forma legal.
Lealdade	Desempenhar as funções com subordinação aos objetivos do órgão ou serviço.
Correção	Tratar com respeito os utentes dos órgãos ou serviços e os restantes trabalhadores e superiores hierárquicos.
Assiduidade e Pontualidade	Comparecer ao serviço regular e continuadamente e nas horas que estejam designadas.
Formação contínua e aperfeiçoamento profissional[211]	Frequentar ações de formação e aperfeiçoamento profissional na atividade em que exerce funções, só delas podendo ser dispensado por motivo atendível.

[207] Decorre de princípios gerais da atividade administrativa como os princípios da legalidade e da prossecução do interesse público e da proteção dos direitos e interesses dos cidadãos (artigos 3º e 4º do CPA).

[208] Este dever resulta do princípio da imparcialidade, que deve nortear toda a atividade da administração pública (artigo 9º do CPA), e que encontra expressão nas garantias de imparcialidade consignadas nos artigos 69º a 76º do CPA. O dever de imparcialidade concretiza-se igualmente nas garantias de imparcialidade previstas nos artigos 19º a 24º da LTFP.

[209] O dever de informação decorre dos princípios constitucionais consignados nos artigos 37º (Liberdade de expressão e de informação), 48º (Participação na vida política) e 268º, nºs 1 e 2 (Direitos e garantias dos administrados) da Constituição, bem como de vários princípios gerais da atividade administrativa, consagrados a nível infra constitucional, mormente do princípio da colaboração com os particulares (artigo 11º do CPA, com concretização no normativo contido no Decreto-Lei nº 135/99, de 22 de abril, com todas as alterações nele

3. É claro, no entanto, que alguns dos deveres gerais, bem como os deveres previstos em regulamentos internos dos serviços ou num determinado instrumento de regulamentação coletiva de trabalho, só serão suscetíveis de aplicação aos titulares de cargos dirigentes com a devida adaptação, como, por exemplo, os deveres de obediência ou de assiduidade, uma vez que enquanto durar a comissão de serviço como dirigente, este deixa, naturalmente, de ter de obedecer a ordens e instruções de outros dirigentes que não se situem hierarquicamente acima de si, nem tem de cumprir a modalidade de horário de trabalho a que antes estava obrigado, se este fosse, por exemplo, um horário rígido, um horário flexível ou um trabalho por turnos (*vide* artigos 110º a 116º da LTFP). Recorde-se que, nos termos enunciados nos artigos 117º da LTFP e 13º do EPDAP, os trabalhadores titulares de cargos dirigentes e os que chefiem equipas multidisciplinares gozam de isenção de horário.

4. Além dos enunciados deveres gerais, o dirigente está sujeito aos deveres específicos previstos neste artigo 34º, os quais, apesar dessa qualificação, acabam por ser o que podemos designar como *deveres gerais* dos titulares de cargos dirigentes:

a) O dever de manter informado o Governo, através da via hierárquica competente, sobre todas as questões relevantes referentes aos serviços[212].

posteriormente introduzidas), da administração eletrónica (artigo 14º do CPA, igualmente com concretização no citado Decreto-Lei nº 135/99, de 22 de abril) e da administração aberta (artigo 17º do CPA). No entanto, o princípio e o dever de prestar informação encontram as ressalvas ou limitações legais relativas a matérias como a segurança interna e externa, a investigação criminal, o sigilo fiscal e a privacidade das pessoas (Cf. artigos 17º, nº 2 e 18º do CPA, a Lei do Acesso aos Documentos Administrativos, aprovada pela Lei nº 26/2016, de 22 de agosto, a Lei da Proteção dos Dados Pessoais, aprovada pela Lei nº 67/98, de 26 de outubro, bem como o Regulamento Geral sobre Proteção de Dados, aprovado pelo Regulamento (UE) 2016/679, do Parlamento Europeu e do Conselho, de 27.04.2016, e a Lei nº 58/2019 de 8 de agosto, que assegura a execução do citado Regulamento na ordem jurídica nacional).

[210] O dever de obediência está sujeito às ressalvas ou limites previstos no artigo 177º da LTFP.

[211] Com interesse relativamente a este dever, que também é um direito do trabalhador (com o correlativo dever do empregador de proporcionar formação profissional ao trabalhador – artigos 71º, nºs 1, alínea d) e 2, e 72º, nº 2), veja-se o DL nº 86-A/2016, de 29 de dezembro, que define o regime da formação profissional na administração pública, mormente os respetivos artigos 8º, 9º e 15º.

[212] Relacionada com este dever, veja-se, designadamente, a competência conferida aos dirigentes superiores na alínea e) do nº 1 do artigo 7º do EPDAP.

b) O dever de assegurar a conformidade dos atos praticados pelo pessoal do respetivo serviço com o estatuído na lei e com os legítimos interesses dos cidadãos.

c) O dever geral de assiduidade e cumprimento do período normal de trabalho, assim como o dever de a qualquer momento comparecer ao serviço quando chamado.

Relativamente a esta última alínea e como preceitua o nº 3 do artigo 117º da LGTP, recorda-se que o facto de o titular de cargo dirigente gozar de isenção de horário, não o dispensa de respeitar o dever geral de assiduidade, nem do cumprimento da duração semanal de trabalho legalmente estabelecida.

ARTIGO 35º
Formação específica supletiva

(Revogado.)

Contém as alterações introduzidas pela Lei nº 51/2005, de 30/08.

CAPÍTULO IV
Disposições finais e transitórias

ARTIGO 36º
Prevalência

1 - A presente lei prevalece sobre quaisquer disposições gerais ou especiais relativas aos diversos serviços ou órgãos.

2 - *(Revogado.)*

Contém as alterações introduzidas pela Lei nº 51/2005, de 30/08.

ARTIGO 37º
Normas transitórias

1 - A entrada em vigor da presente lei não prejudica as nomeações do pessoal dirigente existentes àquela data nem a contagem dos respetivos prazos.

2 – A suspensão das comissões de serviço ao abrigo do disposto no artigo 19º da Lei nº 49/99, de 22 de junho[213], mantém-se até ao termo dos mandatos que lhes deram origem.

3 – As equiparações dos cargos dirigentes feitas antes da entrada em vigor da presente lei consideram-se eficazes para efeitos do disposto nos nºs 3 e 4 do artigo 2º da mesma.

4 – Mantêm-se válidos os concursos cujos avisos de abertura se encontrem publicados à data de entrada em vigor da presente lei, os quais deverão prosseguir os seus termos ao abrigo da legislação em vigor à data da sua abertura.

5 – Mantém-se em vigor o disposto no artigo 3º do Decreto-Lei nº 34/93, de 13 de fevereiro[214].

6 – O disposto no artigo 33º da Lei nº 49/99, de 22 de junho, aplica-se aos dirigentes que se encontrem em funções à data em vigor da presente lei e que preencham os requisitos nele previstos até à cessação da respetiva comissão de serviço.

ARTIGO 38º
Norma revogatória

São revogadas as Leis nºs 12/96, de 18 de abril, e 49/99, de 22 de junho.

1. A Lei nº 12/96, de 18 de abril, aprovou um regime de incompatibilidades, resultante do exercício dos cargos dirigentes em regime de exclusividade, que abarcava os presidentes, vice-presidentes e vogais da direção de instituto público, fundação pública ou estabelecimento público, bem como os diretores-gerais e subdiretores-gerais, e aqueles cujo estatuto lhes fosse equiparado em razão das suas funções, independentemente da sua forma de provimento ou designação.

[213] Diploma revogado (estabelecia o estatuto do pessoal dirigente dos serviços e organismos da administração central e local do Estado e da administração regional, bem como, com as necessárias adaptações, dos institutos públicos que revistam a natureza de serviços personalizados ou de fundos públicos).

[214] Alterou o Estatuto do Pessoal Dirigente, aprovado pelo Decreto-Lei nº 323/89, de 26 de setembro, na parte referente ao direito a carreira.

A Lei nº 49/99, de 22 de junho, aprovou o estatuto do pessoal dirigente dos serviços e organismos da administração central e local do Estado e da administração regional, bem como, com as necessárias adaptações, dos institutos públicos que revistam a natureza de serviços personalizados ou de fundos públicos.

ARTIGO 39º
Entrada em vigor

A presente lei entra em vigor no dia 1 do mês seguinte ao da sua publicação.

1. O EPDAP entrou em vigor no dia 01.02.2015.

ANEXO I

[a que se refere a alínea d) do nº 1 do artigo 7º]

Autorizar a abertura de concursos e praticar todos os atos subsequentes, nomear e exonerar o pessoal do quadro e determinar a conversão da designação provisória em definitiva, bem como autorizar situações de mobilidade e comissões de serviço.

Celebrar, renovar e rescindir contratos de pessoal.

Autorizar a prestação de trabalho extraordinário, noturno, em dias de descanso e em feriados.

Assinar os termos de aceitação e conferir a posse ao pessoal.

Autorizar a aceitação ou posse em local diferente daquele em que o pessoal foi colocado, prorrogar o respetivo prazo, solicitar que aquelas sejam autorizadas ou conferidas pela autoridade administrativa ou por agente diplomático ou consular e conceder ao pessoal dos serviços externos o direito ao vencimento a partir da data da aceitação ou da posse, independentemente da entrada em exercício das novas funções.

Autorizar a atribuição dos abonos e regalias a que os trabalhadores em funções públicas tenham direito, nos termos da lei.

Autorizar a inscrição e participação do pessoal em congressos, reuniões, seminários, colóquios, cursos de formação ou outras iniciativas semelhantes que decorram em território nacional quando importem custos para o serviço, bem como a inscrição e participação em estágios.

Praticar todos os atos relativos à aposentação do pessoal, salvo no caso de aposentação compulsiva, e, em geral, todos os atos respeitantes ao regime de segurança social, incluindo os referentes a acidentes em serviço.

Praticar os atos da competência dos titulares dos cargos de direção intermédia relativamente a dirigentes e a pessoal que se encontrem na sua dependência.

Autorizar, dentro dos limites estabelecidos pelo respetivo orçamento anual, transferências de verbas subordinadas à mesma classificação orgânica e a antecipação até dois duodécimos por rubrica, com limites anualmente fixados pelo Ministério das Finanças.

Autorizar a constituição de fundos permanentes das dotações do respetivo orçamento, com exceção das rubricas referentes a pessoal, até ao limite de um duodécimo.

Celebrar contratos de seguro e de arrendamento e autorizar a respetiva atualização, sempre que resulte de imposição legal.

Autorizar deslocações em serviço, qualquer que seja o meio de transporte, bem como o processamento dos correspondentes abonos ou despesas com a aquisição de bilhetes ou títulos de transporte e de ajudas de custo, antecipadas ou não.

Autorizar as despesas resultantes de indemnizações a terceiros ou da recuperação de bens afetos ao serviço danificados por acidentes com intervenção de terceiros.

Autorizar despesas eventuais de representação dos serviços, bem como as de carácter excecional.

Qualificar como acidente em serviço os sofridos pelo pessoal e autorizar o processamento das respetivas despesas.

Autorizar o processamento de despesas cujas faturas, por motivo justificado, deem entrada nos serviços para além do prazo regulamentar.

ANEXO II
[a que se refere a alínea e) do nº 1 e a alínea h) do nº 2 do artigo 8º]

Autorizar o exercício de funções a tempo parcial. Justificar ou injustificar faltas. Conceder licenças e autorizar o regresso à atividade, com exceção da licença sem vencimento por um ano por motivo de interesse público e da licença de longa duração.

Autorizar o gozo e a acumulação de férias e aprovar o respetivo plano anual.

Autorizar o abono do vencimento de exercício perdido por motivo de doença.

Autorizar a inscrição e participação do pessoal em congressos, reuniões, seminários, colóquios, cursos de formação em regime de autoformação ou outras iniciativas semelhantes que decorram em território nacional quando não importem custos para o serviço.

Autorizar o pessoal a comparecer em juízo quando requisitado nos termos da lei de processo.

BIBLIOGRAFIA

Legislação

- *Código Civil,* aprovado pelo Decreto 47344/66, de 25 de novembro, com todas as alterações legais nele introduzidas.
- *Código de Processo Civil, aprovado pela Lei nº 41/2013, de 26 de junho, com todas as alterações legais nele introduzidas.*
- *Código de Processo Penal,* aprovado pelo Decreto-Lei nº 78/87, de 17 de fevereiro, com todas as alterações legais nele introduzidas.
- *Código do Procedimento Administrativo,* aprovado pelo Decreto-Lei nº 4/2015, de 7 de janeiro, alterado pela Lei nº 72/2020, de 16 de novembro.
- *Código do Trabalho,* aprovado pela Lei nº 7/2009, de 12 de fevereiro, com todas as alterações legais nele introduzidas.
- *Código Penal,* aprovado pelo Decreto-Lei nº 48/95, de 15 de março, com todas as alterações legais nele introduzidas.
- *Constituição da República Portuguesa,* aprovada pelo Decreto de 10 de abril de 1976, com as revisões operadas pelas Leis nºs 1/82, de 30 de setembro, 1/89, de 8 de julho, 1/92, de 25 de novembro, 1/97, de 20 de setembro, 1/001, de 12 de dezembro, e 1/2004, de 24 de julho.
- *Estatuto da Carreira Diplomática,* aprovado pelo Decreto-Lei nº 40/98, de 27 de fevereiro, alterado pelos Decretos-Leis nºs 153/2015, de 2 de setembro, 10/2008, de 17 de janeiro, Lei nº 55-A/2010, de 31 de dezembro, e pelos Decretos-Leis nºs 140/2014, de 16 de setembro, e 79/2015, de 14 de maio.
- *Estatuto da Carreira dos Educadores de Infância e dos Professores dos Ensinos Básico e Secundário,* aprovado pelo Decreto-Lei nº 139-A/90, de 28 de abril, alterado pelos Decretos-Leis nºs 105/97, de 29 de abril, 1/98, de 2 de janeiro, 35/2003, de 27 de fevereiro, 121/2005, de 26 de julho, 229/2005, de 29 de dezembro, 224/2006, de 13 de novembro, 15/2007, de 19 de janeiro, 35/2007, de 15 de fevereiro, 270/2009, de 30 de setembro, 75/2010, de 23 de junho, e 41/2012, de 21 de fevereiro.

- *Estatuto do Gestor Público,* aprovado pelo Decreto-Lei nº 71/2007, de 27 de março, alterado pela Lei nº 64-A/2008, de 31 de dezembro, pelo Decreto--Lei nº 8/2012, de 18 de janeiro, Retificação nº2/2012, de 25 de janeiro, e Decreto-Lei nº 39/2016, de 28 de julho.
- *Estatuto do Ministério Público,* aprovado pela Lei nº68/2019, de 27 de agosto, alterada pela Lei nº 2/2020, de 31 de março.
- *Estatuto dos Militares das Forças Armadas,* aprovado em anexo ao DL nº 90/2015, de 29 de maio, alterado pela Lei nº 10/2018, de 2 de março e pelo DL nº 75/2021, de 25 de agosto.
- *Estatuto do Pessoal Dirigente da Administração Local,* aprovado pela Lei nº 49/2012, de 29 de agosto, alterada pelas Leis nºs 82-B/2014, de 31 de dezembro, 42/2016, de 28 de dezembro, e 114/2017, de 29 de dezembro.
- *Estatuto do Pessoal Dirigente dos Serviços e Organismos da Administração Pública,* aprovado pela Lei nº 2/2004, de 15 de janeiro, alterada pelas Leis nºs 51/2005, de 30 de agosto, 64-A/2008, de 31 de dezembro, 3-B/2010, de 28 de abril, 64/2011, de 22 de dezembro, 68/2013, de 29 de agosto, e 128/2015, de 3 de setembro.
- *Estatuto do Pessoal Dirigente dos Serviços e Organismos da Administração Regional – Açores,* aprovado pelo Decreto Legislativo Regional nº 2/2005/A, de 9 de maio.
- *Estatuto Remuneratório dos Titulares de Cargos Políticos,* aprovado pela Lei nº 4/85, de 9 de abril, retificada pela Declaração de Retificação publicada no DR, 1ª série, de 13 de agosto de 1984, alterada pelas Leis nºs 16/87, de 1 de junho, 102/88, de 25 de agosto, 26/95, de 18 de agosto, 3/2001, de 23 de fevereiro e 44/2019, de 21 de junho.
- *Lei de Acesso aos Documentos Administrativos,* aprovada pela Lei nº 26/2016, de 22 de agosto, alterada pelas Leis nºs 58/2019, de 08 de agosto, 33/2020, de 12 de agosto, e 68/2021, de 26 de agosto.
- *Lei do Enquadramento Orçamental,* aprovada pela Lei nº 151/2015, de 11 de setembro, alterada pelas Leis nºs 2/2018, de 29 de janeiro, 37/2018, de 7 de agosto, 41/2020, de 18 de agosto, e 10-B/2022, de 22 de abril.
- *Lei Geral do Trabalho em Funções Públicas,* aprovada pela Lei nº 35/2014, de 20 de junho, retificada pela Declaração de Retificação nº 37-A/2014, de 19 de agosto, com as alterações introduzidas pelas Leis nºs 82-B/2014, de 31 de dezembro, 84/2015, de 7 de agosto, 18/2016, de 20 de junho, 42/2016, de 28 de dezembro, 25/2017, de 30 de maio, 70/2017, de 14 de agosto, 73/2017, de 16 de agosto, 49/2018, de 14 de agosto, 71/2018, de 31 de dezembro,

79/2019, de 2 de setembro, 82/2019, de 2 de setembro, e 2/2020, de 31 de março.

- *Lei Orgânica do Ministério dos Negócios Estrangeiros*, aprovada pelo Decreto-Lei nº 121/2011, de 29 de dezembro.
- *Lei-Quadro dos Institutos Públicos,* aprovada pela Lei nº 3/2004, de 15 de janeiro, com as alterações introduzidas pela Lei nº 51/2005, de 30 de agosto, pelos Decreto-Lei nº 200/2006, de 25 de outubro, Decreto-Lei nº 105/2007, de 3 de abril, Lei nº 64-A/2008, de 31 de dezembro, Decreto-Lei nº 40/2011, de 22 de março, Resolução da Assembleia da República nº 86/2011, de 11 de abril, Lei nº 57/2011, de 28 de novembro, Decreto-Lei nº 5/2012, de 17 de janeiro, Decreto-Lei nº 123/2012, de 20 de junho, Lei nº 24/2012, 8 de julho, Lei nº 66-B/2012, de 31 de dezembro, Decreto-Lei nº 102/2013, de 25 de julho, Decreto-Lei nº 40/2015, de 16 de março, Decreto-Lei nº 96/2015, de 29 de maio e Decreto-Lei nº 61/2022, de 23 de setembro.
- *Lei de Segurança Interna,* aprovada pela Lei nº 53/2008, de 29 de agosto, alterada pelas Retificação nº 66-A/2008, de 28 de outubro, Lei nº 59/2015, de 24 de junho, DL nº 49/2017, de 24 de maio, Lei nº 21/2019, de 25 de fevereiro, Lei nº 73/2021, de 12 de novembro, e pelo DL nº 122/2021, de 30 de dezembro.
- *Regime da Responsabilidade Civil Extracontratual do Estado e demais Entidades Públicas,* aprovado em anexo à Lei nº 67/2007, de 31 de dezembro, alterada pela Lei nº 31/2008, de 17 de julho.
- *Regulamento das Custas Processuais,* aprovado pelo Decreto-Lei nº 34/2008, de 26 de fevereiro, com todas as alterações nele introduzidas, sendo a mais recente a da Lei nº 7/2021, de 26 de fevereiro.
- *Regime de Remuneração do Presidente da República,* aprovado pela Lei nº 26/84, de 31 de julho, retificada pela Declaração de Retificação publicada no DR, 1ª série, de 13 de agosto de 1984, alterada pelas Leis nºs 33/88, de 24 de março, 102/88, de 25 de agosto, 63/90, de 26 de dezembro, 28/2008, de 3 de julho, e DL nº 91/2021, de 5 de novembro.
- *Regulamento Geral de Proteção de Dados da União Europeia,* aprovado pelo Regulamento (UE) 2016/679 do Parlamento Europeu e do Conselho, de 27 de abril de 2016.
- *Regime de formação profissional na Administração Pública,* aprovado pelo Decreto--Lei nº 86-A/2016, de 29 de dezembro.
- *Regime Jurídico das Autarquias Locais,* aprovado pela Lei nº 75/2013, de 12 de setembro, retificada pelas Declarações de Retificação nºs 46-C/2013, de 1 de

novembro e 50-A/2013, de 11 de novembro, e com as alterações introduzidas pelas Lei nº 25/2015, de 30 de março, 69/2015, de 16 de julho, de 7-A/2016, de 30 de março, 42/2016, de 28 de dezembro, 50/2018, de 16 de agosto, e 66/2020, de 4 de novembro.

- *Regime Jurídico das Instituições de Ensino Superior,* aprovado pela Lei nº 62/2007, de 10 de setembro, alterada pela Lei nº 36/2021, de 14 de junho.
- *Regime da Valorização Profissional dos Trabalhadores com Vínculo de Emprego Público,* aprovado em anexo à Lei nº 27/2017, de 30 de maio.
- Decreto-Lei nº 191-F/79, de 26 de junho *(Estabelece o regime aplicável ao pessoal dirigente da Administração Pública).*
- Lei nº 34/87, de 16 de julho, com todas as alterações nela posteriormente introduzidas *(Determina os crimes de responsabilidade dos titulares de cargos políticos).*
- Decreto-Lei nº 383-A/87, de 23 de dezembro *(Aprova uma tabela de novos vencimentos para os dirigentes).*
- Decreto-Lei nº 323/89, de 26 de setembro *(Estabelece o estatuto do pessoal dirigente dos serviços e organismos da administração central, local do Estado e regional, bem como, com as necessárias aplicações, dos institutos públicos que revistam a natureza de serviços personalizados ou de fundos públicos)* – revogada.
- Lei nº 98/97, de 26 de agosto, com todas as alterações nela posteriormente introduzidas *(Lei de Organização e Processo do Tribunal de Contas).*
- Decreto-Lei nº 106/98, de 24 de abril, alterado pelos Decreto-Lei nº 137/2010, de 28 de dezembro, Lei nº 82-B/2014, de 31 de dezembro, e Decreto-Lei nº 33/2018, de 15 de maio *(Estabelece normas relativas ao abono de ajudas de custo e de transporte pelas deslocações em serviço público).*
- Lei nº 49/99, de 22 de junho *(Estabelece o estatuto do pessoal dirigente dos serviços e organismos da administração central, local do Estado e regional, bem como, com as necessárias aplicações, dos institutos públicos que revistam a natureza de serviços personalizados ou de fundos públicos)* – revogada.
- Despacho Conjunto nº 625/99, de 13 de julho, publicado no DR, 2ª Série, nº 179, de 3 de agosto de 1999 *(aprova os montantes a atribuir aos dirigentes da Administração Pública a título de suplemento mensal por despesas de representação).*
- Decreto-Lei nº 148/2000, de 19 de julho *(Estabelece o regime de pagamento de custas e de patrocínio judiciário dos membros do Governo e dos altos dirigentes da Administração Pública quando demandados em virtude do exercício das suas funções).*
- Lei nº 4/2004, de 15 de janeiro, com as alterações introduzidas pela Lei nº 51/2005, de 30 de agosto, pelos Decreto-Lei nº 200/2006, de 25 de

outubro, Decreto-Lei nº 105/2007, de 3 de abril, Lei nº 64-A/2008, de 31 de dezembro, Lei nº 57/2011, de 28 de novembro, Decreto-Lei nº 116/2011, de 5 de dezembro, e Lei nº 64/2011, de 22 de dezembro *(Estabelece os princípios e normas a que deve obedecer a organização da administração direta do Estado).*

- Decreto Legislativo Regional nº 5/2004/M, de 22 de abril *(Adapta à administração regional autónoma da Madeira a Lei nº 2/2004, de 15 de janeiro).*
- Lei nº 66-B/2007, de 28 de dezembro, alterada pelas Leis nºs. 64-A/2008, de 31 de dezembro, 55-A/2010, de 31 de dezembro, e 66-B/2012, de 31 de dezembro *(Estabelece o sistema integrado de gestão e avaliação do desempenho na administração pública).*
- Lei nº 64/2011, de 22 de dezembro, alterada pela Lei nº 128/2015, de 3 de setembro *(Modifica os procedimentos de recrutamento, seleção e provimento nos cargos de direção superior da Administração Pública, procedendo à quarta alteração à Lei nº 2/2004, de 15 de Janeiro, que aprova o estatuto do pessoal dirigente dos serviços e organismos da administração central, regional e local do Estado, e à quinta alteração à Lei nº 4/2004, de 15 de Janeiro, que estabelece os princípios e normas a que deve obedecer a organização da administração direta do Estado, e aprova em anexo os Estatutos da Comissão de Recrutamento e Seleção para a Administração Pública – CRESAP).*
- Decreto-Lei nº 11/2012, de 20 de janeiro *(Estabelece a natureza, a composição, a orgânica e o regime jurídico a que estão sujeitos os gabinetes dos membros do Governo).*
- Decreto-Lei nº 12/2012, de 20 de janeiro *(Estabelece a natureza, a composição, a orgânica e o regime jurídico do Gabinete do Primeiro-Ministro).*
- Decreto-Lei nº 47/2013, de 5 de abril *(Estabelece o regime jurídico-laboral dos trabalhadores recrutados para exercer funções nos serviços periféricos externos do Ministério dos Negócios Estrangeiros, incluindo os trabalhadores das residências oficiais do Estado).* bem como pelo Decreto-Regulamentar nº 3/2013, de 8 de maio.
- Decreto-Lei nº 137/2014, de 12 de setembro, com as alterações nele introduzidas pelos Decreto-Lei nº 34/2018, de 15 de maio e Decreto-Lei nº 127/2019, de 29 de agosto *(Estabelece o modelo de governação dos fundos europeus estruturais e de investimento para o período de 2014-2020).*
- Resolução do Conselho de Ministros nº 73-B/2014, de 16 de dezembro *(Cria as estruturas de missão para os programas operacionais temáticos, regionais do continente e de assistência técnica que integram o ciclo de programação dos Fundos Europeus Estruturais e de Desenvolvimento, designado por Portugal 2020, e à criação* das estruturas de missão a funcionar junto das comissões de coordenação e desenvolvimento regional).

- Lei nº 77/2015, de 29 de julho *(Estabelece o regime jurídico da organização dos serviços das entidades intermunicipais e o estatuto do respetivo pessoal dirigente).*
- Lei nº 52/2019, de 31 de julho, com as alterações introduzidas pelas Leis nºs 69/2020, de 9 de novembro, 58/2021, de 18 de agosto, e 4/2022, de 6 de janeiro *(Regula o exercício de funções por titulares de cargos políticos e altos cargos públicos, suas obrigações declarativas e regime sancionatório).*
- Lei nº 58/2019, de 8 de agosto *(Assegura a execução, na ordem jurídica nacional, do Regulamento (UE) 2016/679 do Parlamento e do Conselho, de 27 de abril de 2016, relativo à proteção das pessoas singulares no que diz respeito ao tratamento de dados pessoais e à livre circulação desses dados).*
- Decreto-Lei nº 19/2021, de 15 de março *(Altera o modelo de ensino e formação na Administração Pública, cria o Instituto Nacional de Administração, I. P. (INA, I. P.), e extingue a Direção-Geral da Qualificação dos Trabalhadores em Funções Públicas).*
- Resolução do Conselho de Ministros nº37/2021, de 6 de abril *(Aprova a Estratégia Nacional Anticorrupção 2020-2024).*
- Decreto-Lei nº 109-E/2021, de 9 de dezembro *(Cria o Mecanismo Nacional Anticorrupção e estabelece o regime geral de prevenção da corrupção).*
- Lei nº 93/2021, de 21 de dezembro *(Estabelece o regime geral de proteção de denunciantes de infrações, transpondo a Diretiva (UE) 2019/1937 do Parlamento Europeu e do Conselho, de 23 de outubro de 2019, relativa à proteção das pessoas que denunciam violações do direito da União).*
- Lei nº 94/2021, de 21 de dezembro (*Aprova medias previstas na Estratégia Nacional Anticorrupção, alterando o Código Penal, o Código de Processo Penal e leis conexas).*
- Portaria nº 164/2022, de 23 de junho *(Regula a instalação do Mecanismo Nacional Anticorrupção).*
- Decreto-Lei nº 52/2022, de 4 de agosto *(Aprova o Estatuto do Serviço Nacional de Saúde).*
- Portaria nº 669/2022, de 7 de setembro (*Define os termos em que são constituídos consórcios entre o Instituto Nacional de Administração, I.P., e instituições de ensino superior e do sistema científico e tecnológico, com vista ao desenvolvimento de ações de formação na Administração Pública).*

Doutrina

- Almeida, Mário Aroso de; Cadilha, Carlos Alberto Fernandes – *Comentário ao Código de Processo nos Tribunais Administrativos,* Tomos I e II, Almedina, 4ª edição, 2020.

- Amaral, Diogo Freitas do – *Curso de Direito Administrativo, Vol. 1,* Almedina, 3ª edição, setembro 2012 (7ª reimpressão da edição de novembro de 2006).
- Antunes, Abel e Casquinha, David – *Direito Disciplinar Público, Comentário ao Regime Jurídico-Disciplinar da LTFP,* Rei dos Livros, 1ª edição, setembro 2018.
- Baptista, Margarida – *Regime Disciplinar da Administração Pública, Guia prático com formulários,* Rei dos Livros, 1ª edição, setembro 2017.
- Batalhão, Carlos José (Coordenação) – *Código de Processo nos Tribunais Administrativos, anotações práticas,* Almedina, 2ª edição, agosto 2021.
- Cadilha, Carlos Alberto Fernandes – *Regime da Responsabilidade Civil Extracontratual do Estado e Demais Entidades Públicas, Anotado,* Coimbra Editora, 2008.
- Carvalho, Raquel – *Comentário ao Estatuto Disciplinar dos Trabalhadores que Exercem Funções Públicas,* Universidade Católica Editora, Lisboa, 2014.
- Catarino, João Ricardo – *Finanças Públicas e Direito Financeiro,* Almedina, 2012.
- Coletânea de Legislação do Tribunal de Contas, dirigida por Tavares, José F.F., coordenação de Silva, Fernando Oliveira e Poiares, Conceição, Departamento de Estudos, Prospetiva e Estratégia, edição eletrónica, 2021.
- Fonseca, Rui Guerra da (Org.) – *Código do Procedimento Administrativo – Versão comparada 1991 – 2015,* Associação Académica da Faculdade de Direito de Lisboa, reimpressão, maio 2015.
- Gabinete dos Juízes Assessores, Assessoria Cível do Supremo Tribunal de Justiça – *A responsabilidade civil extracontratual do Estado na Jurisprudência das Secções Cíveis do Supremo Tribunal de Justiça (sumários de acórdãos de 1996 a dezembro de 2012), ebook,* março de 2013.
- Gaspar, António Henriques – *Responsabilização por Actos de Gestão Pública,* 19.01.2018, disponível *online* em http://seminarios.tcontas.pt/seminario3/textos/ seminario3__20180119__presidente-stj.pdf.
- Leal-Henriques, Manuel – *Procedimento Disciplinar,* Editora Rei dos Livros, 2002.
- Leal-Henriques, Manuel; SANTOS, Manuel José Carrilho de Simas – *Código Penal Anotado,* 1º e 2º volumes, Editora Rei dos Livros, 3ª edição, respetivamente 2002 e 2000.
- Lima, Pires de; Varela, Antunes – *Código Civil Anotado,* volumes I, II e III, 4ª edição revista e atualizada, Coimbra Editora, 1986 (volume II) e 1987 (volumes I e III).

- MARTINS, Guilherme d'Oliveira; MARTINS, Guilherme Waldemar d'Oliveira; MARTINS, Maria d'Oliveira – *A Lei de Enquadramento Orçamental, anotada e comentada*, 2ª edição, Almedina, 2009.
- MIRANDA, Jorge e MEDEIROS, Rui – *Constituição Portuguesa Anotada*, Tomo I, Coimbra Editora, 2005.
- MOURA, Paulo Veiga – *Estatuto Disciplinar dos Trabalhadores da Administração Pública, anotado*, Coimbra Editora, 2009.
- MOURA, Paulo Veiga; ARRIMAR, Cátia – *Os novos regimes de vinculação, de carreiras e de remunerações dos trabalhadores da Administração Pública*, Coimbra Editora, 2008.
- OLIVEIRA, Mário Esteves de – GONÇALVES, Pedro Costa – AMORIM, J. Pacheco – *Código do Procedimento Administrativo*, Almedina, 2ª edição, abril 2007.
- PEREIRA, Paulo Trigo; AFONSO, António; ARCANJO, Manuela; SANTOS, José Carlos Gomes – *Economia e Finanças Públicas*, Escolar Editora, 3ª edição, 2009.
- PINHEIRO, Alexandre Sousa – SERRÃO, Tiago – CALDEIRA, Marco – COIMBRA, José Duarte – *Questões Fundamentais para a Aplicação do CPA*, Almedina, Instituto de Ciências Jurídico-Políticas e Centro de Investigação de Direito Público, março 2016.
- PIRES, Miguel Lucas – *Os regimes de vinculação e a extinção das relações jurídicas dos trabalhadores da Administração Pública*, Almedina, março 2013.
- SÁNCHEZ, Pedro Fernández e ALVES, Luís M. (coordenação) – *O Regime Disciplinar dos Trabalhadores em Funções Públicas, Advogados e Magistrados Judiciais*, Conselho Regional de Lisboa da Ordem dos Advogados, AAFDL Editora, Lisboa 2020.
- Sistema Remuneratório da Administração Pública 2022 – DGAEP, Modernização do Estado e da Administração Pública (consultável em www.dgaep.gov.pt/upload/catalogo/SRAP_2022.pdf).
- SOUSA, Marcelo Rebelo de, e MATOS, André Salgado de – *Responsabilidade Civil Administrativa, Direito Administrativo Geral*, Tomo III, Dom Quixote, 2008.
- SOUSA, Rui Correia de – *Lei Geral do Trabalho em Funções Públicas, 2ª edição – Anotada e Complementada, e Legislação Complementar*, Vida Económica, fevereiro 2019.
- VIEIRA, Vítor Manuel Freitas – *O Novo Código do Procedimento Administrativo – Perguntas e Respostas*, Almedina, janeiro 2016.

Sítios Eletrónicos Úteis

- www.cresap.pt (CRESAP – Comissão de Recrutamento e Seleção para a Administração Pública).
- www.dgaep.gov.pt (Direção-Geral da Administração e do Emprego Público).
- www.dgsi.pt (Base de Dados Jurídicas do Instituto de Gestão Financeira e Equipamentos da Justiça, IP).
- www.dre.pt (Diário da República Eletrónico).
- https://legislacao.mai-gov.info/ii/ (Portal em Segurança do Ministério da Administração Interna).
- www.igf.gov.pt (Inspeção-Geral de Finanças – Autoridade de Auditoria)
- https://www.ministeriopublico.pt/pagina/conselho-consultivo-da-procuradoria-geral-da-republica (Conselho Consultivo da Procuradoria-Geral da República).
- www.pgdlisboa.pt/leis/ (Procuradoria-Geral da República de Lisboa /legislação).
- www.parlamento.pt (Assembleia da República).
- www.portugal.gov.pt (Portal do Governo).
- www.presidencia.pt (Presidência da República).
- www.provedor-jus.pt (Provedoria da Justiça).
- www.sta.pt (Supremo Tribunal Administrativo).
- www.stj.pt (Supremo Tribunal de Justiça).
- www.tribunalconstitucional.pt (Tribunal Constitucional).
- www.tcontas.pt (Tribunal de Contas).

ÍNDICE